电子商务与网络营销
（e-Commerce & e-Marketing）

刘文良 著

· 北京 ·

内 容 提 要

本书分为三部分，分别讲述了电子商务基础、电子商务策略、电子商务营销。

本书的编写以“案例”“理论”“实务”为导向，并从企业“策略与经营”的角度深入浅出地探讨电子商务与网络营销，非常适合企业管理、营销管理、电子商务或工商管理等相关专业作为“电子商务与网络营销”的教学用书，也适合对电子商务或网络营销有兴趣的社会人士作为自学参考之用。

图书在版编目（CIP）数据

电子商务与网络营销 = e-Commerce & e-Marketing / 刘文良著. -- 北京 : 中国水利水电出版社, 2017.1

ISBN 978-7-5170-4967-8

Ⅰ. ①电… Ⅱ. ①刘… Ⅲ. ①电子商务－网络营销 Ⅳ. ①F713.365.2

中国版本图书馆CIP数据核字(2016)第309509号

责任编辑：周春元　　加工编辑：夏雪丽　　封面设计：梁　燕

书　　名	电子商务与网络营销（e-Commerce & e-Marketing） DIANZI SHANGWU YU WANGLUO YINGXIAO （e-Commerce & e-Marketing）
作　　者	刘文良　著
出版发行	中国水利水电出版社 （北京市海淀区玉渊潭南路 1 号 D 座　100038） 网址：www.waterpub.com.cn E-mail：mchannel@263.net（万水） sales@waterpub.com.cn 电话：（010）68367658（营销中心）、82562819（万水）
经　　售	全国各地新华书店和相关出版物销售网点
排　　版	北京万水电子信息有限公司
印　　刷	三河市铭浩彩色印装有限公司
规　　格	184mm×260mm　16 开本　25.25 印张　662 千字
版　　次	2017 年 1 月第 1 版　2017 年 1 月第 1 次印刷
印　　数	0001—3000 册
定　　价	58.00 元

PREFACE
序

非常感谢读者们对前面四版的支持，使本书可以有机会进行改版。本书第五版主要强化网络经济的新概念，例如跨界竞争、微电影营销、全渠道（omni channel）零售、限时抢购（flash sale）等，亦修改了一些不符合时代发展趋势的案例。

虽然，网际网络进入了 Web 2.0 甚至 Web 3.0 的时代，但电子商务的本质并没有改变，只是更加清晰而已，因此本书依然强调应从策略与经营的观点切入，将内容分为三部分，分别为："电子商务基础篇""电子商务策略篇""网络营销篇"。

电子商务的内容非常广泛，要掌握商机，必须先对整体架构有一个全盘的了解。本书在"电子商务基础篇"中先介绍了电子商务的基本概念与基础建设，进而介绍了电子商务付费系统、安全机制、道德及社会问题，最后从实务角度探讨电子商务网站的建立。

在网络泡沫化后，企业应认识到唯有深入了解电子商务经营的模式与策略，才能找到电子商务经营的获利方式。因此，本书特别设计了"电子商务策略"一篇，分别介绍实体企业与虚拟企业的网络经营策略。

网络营销虽然是一个较新的营销范畴，但大部分仍传承自传统营销理论，而网络上的营销环境与传统的有许多不同，甚至完全相反，因此仍有许多值得大家探讨的地方。为此，本书在"网络营销篇"中特别规划了七章，先探讨网络营销的基本概念与网络营销规划，接着介绍网络营销的核心——网络营销组合（产品、价格、渠道、促销），最后则探讨移动商务与网络营销。

本书以"案例""理论""实务"三个导向为主要设计原则，并从企业"策略与经营"的角度深入浅出地探讨电子商务与网络营销，非常适合企业管理、营销管理、电子商务或工商管理等相关专业作为"电子商务与网络营销"的教学用书，也非常适合对电子商务或网络营销有兴趣的社会人士作为自学参考之用。

笔者才疏学浅，又加上教学、研究、服务与杂事烦身，虽力求完善，然而难免仍有疏漏之处，恳请各位读者不吝指正。E-mail：VougeLiu@twu.edu.tw。

刘文良

环球科技大学营销管理系

CONTENTS

目录

Part I　电子商务基础篇

第 1 章　电子商务基本概念

第 2 章　电子商务的商业模式

第 3 章　Web 2.0 与云商务

第 8 章　虚拟企业的网络经营策略

第 9 章　从策略到行动：网络消费者行为与数字转型

Part III　网络营销篇

第 10 章　网络营销导论

第 11 章　网络营销规划

电子商务基本概念

1 CHAPTER

导读：中国电子商务市场世界最大

中华人民共和国商务部 2014 年 3 月 9 日表示，2013 年中国电子商务市场总交易额已经超过 10 万亿元人民币，其中网络零售交易额大约 1.85 万亿元人民币，5 年来平均增速在 80%。有乐观估计中国已经超过美国，成为世界上最大的网络零售市场。中国电子商务研究中心的报告指出，截至 2013 年 12 月，中国 B2C 网络零售市场（包括平台式与自主销售式），“天猫商城”排名第一，占 50.1%；“京东”以 22.4%名列第二；第三是“苏宁易购”占比 4.9%，与 2012 年相比，位居前四名的电商企业（天猫、京东、苏宁易购及腾讯电商）排序没有发生变化。

2014 年初数据显示，我国网友有近 6 亿，而有网购经历的也已达 4 亿左右，其中每月都会网购至少一次的已经超过 1.3 亿人，而且正在呈年轻化趋势。网络零售已是大势所趋。电子商务正在改变人们的生活习惯和消费习惯。2013 年天猫商城“双十一”销售额达到 350 亿元，吸引着越来越多年龄层的消费者网上购物。

麦肯锡研究报告指出，2012 年中国网络零售总额为 1.3 万亿元人民币，2013 年达到 1.8 万亿元人民币，其中 40%是新增消费，这说明电子商务在促进消费、拉动内需方面将发挥重要作用。

中国邮政表示，2006 年邮政体制改革时，每年快递业务量只有 10 亿件，到了 2013 年，快递业务量增长到 92 亿件，其中有超过 60%是来自网购。

虽然近几年快递业经历了跨越式发展，但中国邮政表示，目前国内快递市场还处于供不应求的阶段。快递运营飞机不足百架，技术装备落后，分拣处理多依靠人工。境内快递企业服务水平不高，能力不足，还停留在低价格同质化竞争阶段。行业安全角势和监管工作也面临着严峻考验。在这种情况下，造成物流服务水平不高，快件延误、丢失、损毁等问题时有发生，也出现了消费者维权难、索赔难等问题。快速蓬勃发展的中国电子商务市场，仍存在隐患，消费者最担心的是物流，45%的消费者认为商品可能会在运送过程中被假货掉包、无法按时送达、运送时损坏等，另外还有网络商品的品质、售后服务、网络支付等，也都是消费者有所疑虑的。

为给广大网购群体营造一个安全的网络消费环境，确保他们的合法权益得到保护，2013 年我国相关部门对《消费者权益保护法》进行了修改，其中明确指出：除特殊商品外，网购商品在到货之日起 7 日内可无理由退货。

1-1 电子商务的基本概念

一、电子商务的定义

简单来说，电子商务（electronic commerce）就是互联网（Internet）加上商务（commerce），如图 1-1 所示。亦即，电子商务就是把传统的商业活动搬到新兴的互联网上来进行。也因此台湾地区经济部商业司将电子商务定义为：电子商务（electronic commerce，e-Commerce）是指任何经由电子化形式所进行的商业交易活动。

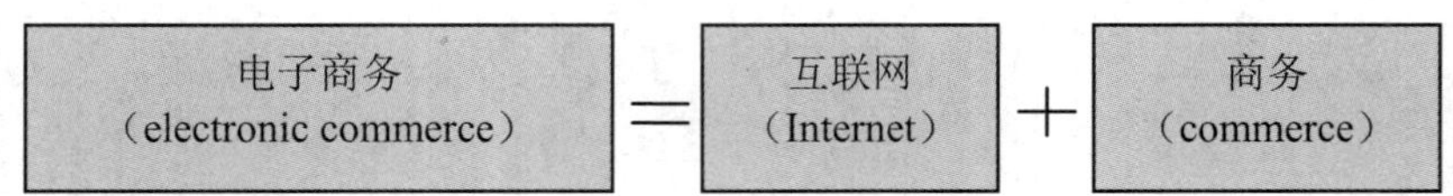

图 1-1 电子商务的简单定义

R.Kalakota 和 B.Whinston（1997）认为，所谓“电子商务”是指利用网际网络进行购买、销售或交换产品与服务。目的在于降低成本、缩短产品的生命周期、快速得到顾客反馈，以及提高服务的品质。电子商务是个人与企业线上交易的流程，其中包括了企业对消费者（B2C）及企业与企业（B2B）之间的交易。同时，R.Kalakota 和 B.Whinston（1999）也认为从不同的角度来看，企业对电子商务的定义会有所不同，如表 1-1 所示。

表 1-1 不同角度的电子商务的定义

观察角度	对电子商务的定义
从通信的角度	电子商务是利用电话线、电脑网络来传递资讯、产品及服务
从电子技术的角度	电子商务是通过一组中间媒介，将数位的输入转换成加值输出的处理过程
从企业流程的角度	电子商务是商业交易及工作流程自动化的技术应用，即所谓 e-corporation
从上网者的角度	电子商务提供了在网络上购买与销售产品和资讯的服务，让消费者有更多选择
从服务的角度	电子商务是企业管理阶层想要降低服务成本、提高产品的品质、加速服务传递速度的一种工具

电子商务是现代商业活动的主流，无论传统产业或是新兴产业都难逃电子商务潮流的冲击。归纳以上的定义可知：电子商务是“企业可将其产品、服务、广告及所要提供的资讯等讯息，通过网络提供给消费者或合作伙伴，使其可以借由企业所设置的网站服务器获得所需的资讯，并且也能直接在企业的网站上订购商品或是从事相关商务活动”。

二、电子商务的本质是“商务”而非“电子”

电子商务（electronic commerce）可以拆开为“电子”（electronic）与“商务”（commerce）。“电子”强调的是互联网技术；而“商务”强调的是正确的商业模式（business model）。互联网络相关技术可以有办法取得，但好的商业模式却是不可强求的，因此电子商务的本质在于“商务”而不是“电子”，如图 1-2 所示。

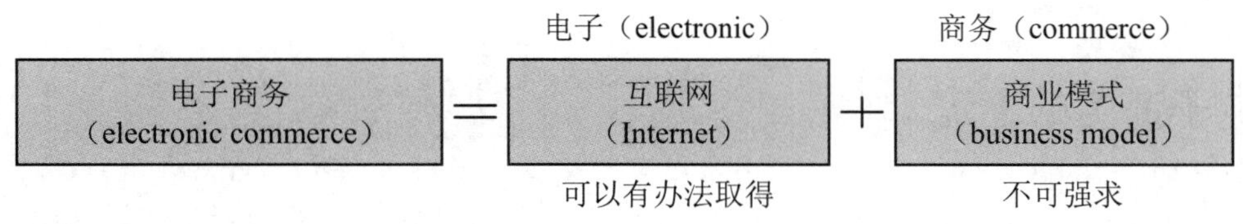

图 1-2　电子商务的本质是“商务”而非“电子”

三、电子商务的架构

Whinston、Stahl 和 Choi 在 1997 年合著的《电子商务学》一书中探讨电子商务的核心与电子商务的发展时，以市场的 3 个方面来分析电子商务潜在的发展方向，精简地将企业可以运用的电子商务的流程解析出来。

他们认为，市场是由 3 个大的方面所组成：❶产品；❷销售流程；❸参与的个体。产品相关的处理程序包括产品选择、生产、营销研究、搜寻、订购、付款、运送、售后服务等；市场的参与个体包括买方、卖方、中介者等。这 3 个市场要素可能是实体的，也可能是数字的。通过这 3 个方面，可以看出企业电子商务可能的发展方向。换言之，其根据销售的产品（服务）、销售流程、参与者之数字化程度可将电子商务分成八种商业模式，其存在两个极端：传统实体商务与纯电子商务。电子商务的架构如图 1-3 所示。

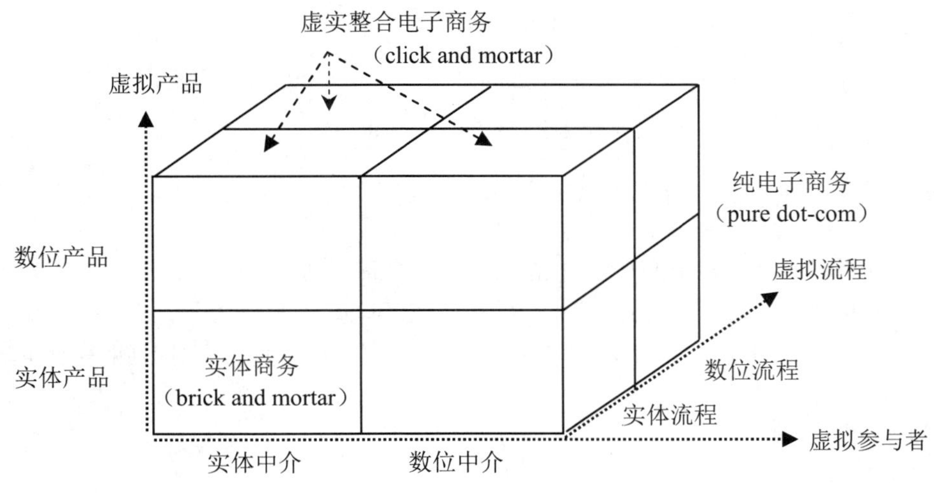

图 1-3　电子商务的架构

其中最右上角因为所销售的产品为数位产品，处理流程亦为数字化流程，配送亦是经由网络传送而不是由经销商配送，故为“纯电子商务”，例如上网看电影、下载音乐等即属于此区域的商务范畴。“实体商务”（brick and mortar）则是以实体流程拜访客户、处理订单并有实体物流的交货流程。国外把拥有土地、厂房等资产的传统实体企业称为“红砖与灰泥”（brick and mortar）。除此两个区域外的其他区域，如 Amazon 因其所出售的图书是经由快递公司运送，故其处理流程虽为数字化流程，但并不属于“纯电子商务”而是所谓的“虚实整合经营模式”（click and mortar）。click and mortar 是指企业结合虚拟与实体的经营模式。“click”是鼠标点击，用来表示虚拟商务；而“mortar”是灰泥之意，用来表示实体商务。

四、电子商务的七流

通过电子化的角度，可将电子商务分为七个流（flow）来探讨，其中包括 4 个主要流（商流、物流、资金流、信息流）及 3 个次要流（人才流、服务流、设计流），如图 1-4 所示。

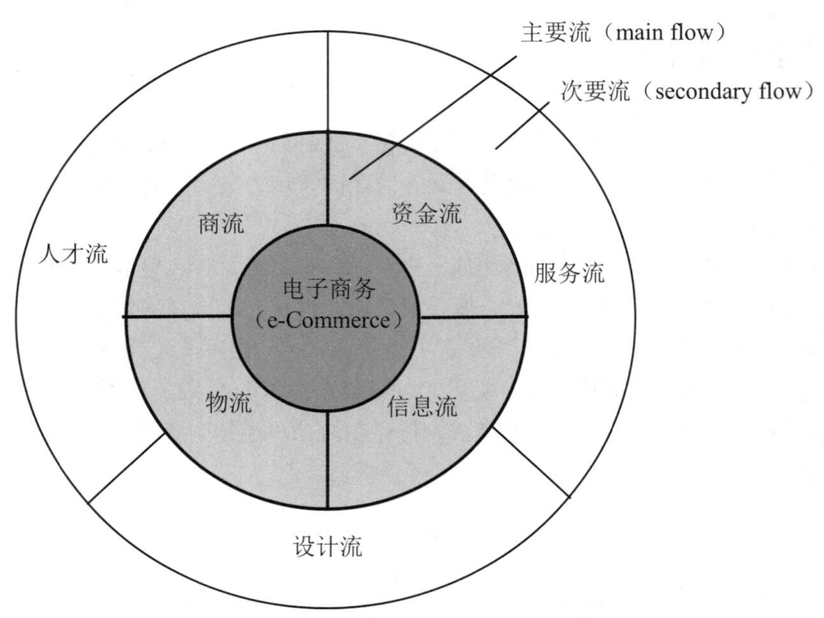

图 1-4　电子商务的七流

商流

电子商务中的“商流”是指资产所有权的转移，亦即商品由制造商、物流中心、零售商到消费者的所有权转移的过程，如商品策划、采购、销售管理、渠道管理、卖场管理、消费者服务等，而此处的重点偏向于网站的设计。因为企业网站本身就代表了一种店面，所以网站的规划也就等于店面的规划。

物流

“物流”是指实体物品流动或运送传递，如由原料转换成完成品，最终送到消费者手中的实体物品流动的过程，包含：产品开发、制造、储运、保管、供应商管理与物流管理等。电子商务上的物流与实体上的物流相似，重点在于厂商如何将产品送至消费者手中。因为，当消费者通过网络在该厂商的网站上直接下单，此时除了非实体商品外，厂商无法直接通过网络，将实体的产品送给消费者，而必须通过物流系统，将产品运送至消费者处。

资金流

“资金流”是指电子商务中钱或账的流通过程，亦即因为资产所有权的移动而造成的金钱或账务的移动，包含应收、应付、会计、财务、税务等。电子商务上的资金流，其重点在于支付系统与安全机制。因为当消费者直接通过网络进行消费时，目前常用的信用卡付款方式，就是将信用卡资料直接传送给厂商，而在传送的过程当中，难免会产生安全性的问题，因此，资金流在电子商务中所扮演的角色也是十分重要的。

信息流

“信息流”是指信息的交换，即为达到上述 3 项流动而产生的信息交换，包含各项信息交换、经营决策与管理分析等。电子商务中的信息流是通过网站上的留言板、会员资料、监测软件等，来收集有关的消费者信息。

人才流

“人才流”的重点在于培训互联网暨电子商务的人才，以满足现今电子商务热潮对人力资源的需求。基本上，这类人才必须同时了解“网络科技”与“商务”“商业经营模式”，因此培养不易。

服务流

“服务流”的重点在于将多种服务顺畅地连接在一起，使分散的、断断续续的网络服务变成连续的服务。

设计流

“设计流”的重点有两个，一是针对 B2B 的协同商务而设计；二是针对 B2C 的商务网站进行设计。在协同商务设计方面，强调企业间设计信息的分享与共享。在商务网站设计方面，则强调顾客界面的友好性与个性化。

五、电子商务的特性

1. **全年全天无休**：通过网络服务器的运作，可提供全天 24 小时的全年性、全时性服务，减少时间及空间因素的影响。
2. **全球化市场**：互联网可跨越国界的限制，增加全球性营销与交易，迅速扩大市场渠道及供应链到全世界范围的潜在客户。
3. **个性化需求**：利用网络，企业可提供满足使用者个性化需求的信息、产品及服务等，同时实施推动式与拉动式的不同的营销策略。
4. **成本低廉具有竞争性**：通过网络的商品销售可缩短销售渠道、降低运营成本、实现规模经济，提供较具竞争性的价格给顾客。

5. **创新性的商业机会与价值**：可开发传统形式之外的商品及服务，如虚拟市场、数位钱包、个人新闻及网络认证服务等。商品及服务的内容与形式也不必固定，可随需求的弹性不同加以组合及改变。
6. **快速有效的互动**：通过多媒体使用者界面可提供更具亲和性的互动式操作环境，方便使用者进行查询、浏览、传输等作业及交易支付功能。线上即时处理及回应、过程及进度查询、收货回复、意见反馈及问题解答等功能，可缩短整体商业交易的企业流程及时间。
7. **多媒体资讯**：通过多媒体技术，可使商品目录、电子商品及交易信息等有更丰富的内容及展现形式。
8. **使用方便且选择性多**：个人电脑及浏览器已成为共通的接口，上网更容易更方便，且网络市场不断扩大，消费者面临选择的机会越来越多。

六、电子商务的影响

电子商务的应用可以产生许多好处，不论是对企业、消费者或是对社会。

电子商务对消费者的影响

- 更多的选择。
- 更多的主导权与控制权。
- 更低廉的价格。
- 更贴心的服务。
- 数字商品或服务的取得更加方便。
- 更个性化的商品与服务。
- 人与人之间更方便的互动。

电子商务对企业的影响

- 可接触更多的潜在顾客。
- 可获得更多更直接的顾客信息。
- 销售时间与地点更加不受限制。
- 与顾客的互动沟通更直接、更低成本。
- 有助于降低存货。
- 提高回应顾客的时效与能力。
- 信息产生、传播、存储和使用成本更加低廉。

电子商务对社会的影响

- 创造新的商机与就业机会。
- 公共信息可以更方便地传播。
- 改变工作方式与形态，例如在家工作。

- 使落后国家有机会迅速获取先进知识、商品或服务。
- 信息流通更加方便，更能满足知的权利。

1-2　电子商务的新经济法则

电子商务的兴起，冲击了原有的经济学思维，改变了原有的经济典范与经济特质，并使一些经济特质更为明显。然而，即使信息科技不断地进步，基本经济原理却仍然是最佳的指引。若想观察一个正盛行的新产业其竞争环境时，最重要的是必须先了解这个新产业的市场经济特质，才能根据对市场经济特质的了解透视电子商务发展现象。本节归纳出网络所具备的经济特性，详细说明如下：

一、摩尔定律：网际网络成长动力

英特尔（Intel）前董事长戈登·摩尔（Gordon Moore）首先观察到，电脑芯片上元器件的数目每 18 个月会增长一倍。这个定律在过去 50 年广为流传，一些世界级专家判断，在未来 50 年内这个定律依然适用。摩尔定律（Moore's Law）所隐含的意义为：电脑的存储容量和运算能力每五年会增加十倍，每十年增加百倍，每十五年增加一千倍，这种惊人的速度在科技发展史上前所未见。然而，网络通信科技的发展，速度之快让摩尔定律不得不相形见绌。因此又有学者提出所谓新的摩尔定律（New Moore's Law）——光纤定律：网际网络频宽每 9 个月就会增加一倍的容量，而成本降低一半，如图 1-5 所示。

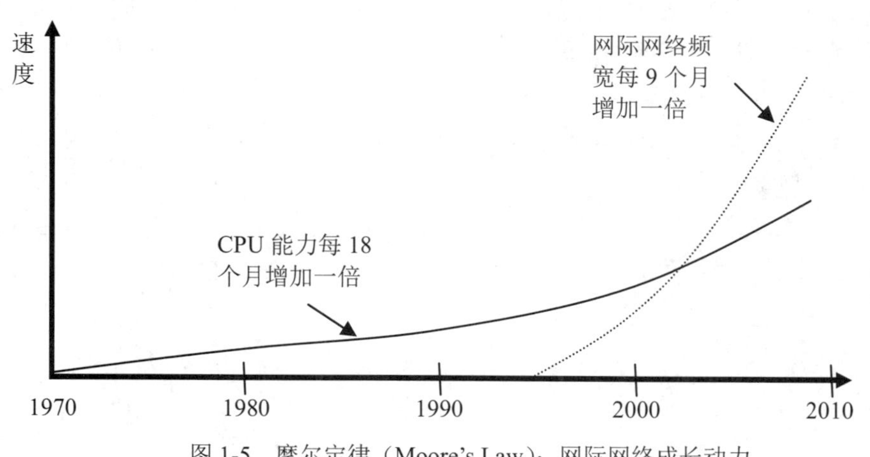

图 1-5　摩尔定律（Moore's Law）：网际网络成长动力

二、梅特卡夫定律

3Com 创办人，也是以太网（Ethernet）协议的设计者罗伯·梅特卡夫提出“网络的效用将与使用者数目的平方成正比”，也就是数字经济的“边际报酬递增法则”。梅特卡夫定律（Metcalfe's Law）反映出所谓的“网络效应”，亦即网络每加入新节点或使用者，其价值便大幅增加，进而衍生为某项商业产品的价值随使用人数的增加而增加的定律，如图 1-6 所示。

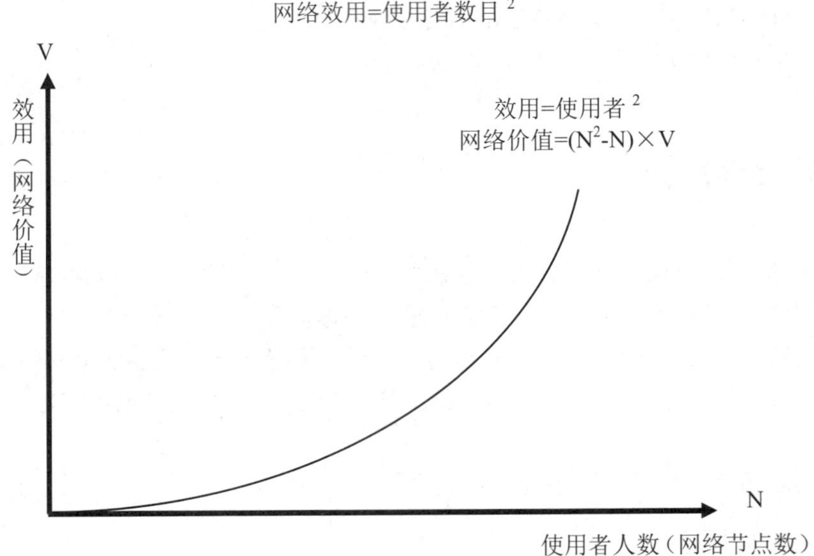

图 1-6 网络价值与使用者人数的相对关系

资料来源：修改自 Ward Hanson（2000）

梅特卡夫定律：网络效用与使用者数目的平方成正比。

梅特卡夫定律背后的理论，即所谓的“网络外部性”（network externality）。使用者越多对原来的使用者而言，不仅其效果不会如一般经济财产（人越多分享越少），反而其效用会越大。

如图 1-7 所示，随着网络的发展而出现的可能交谈数目。如果网络上只有两个人，就只有一组对话；当三个人时，就有三组对话；当四个人时，有六组对话；当五个人时，有十组对话。梅特卡夫（Metcalfe）定律指出，随着上网人数的增加，网络对话（价值）将以网络规模平方的速度增加。

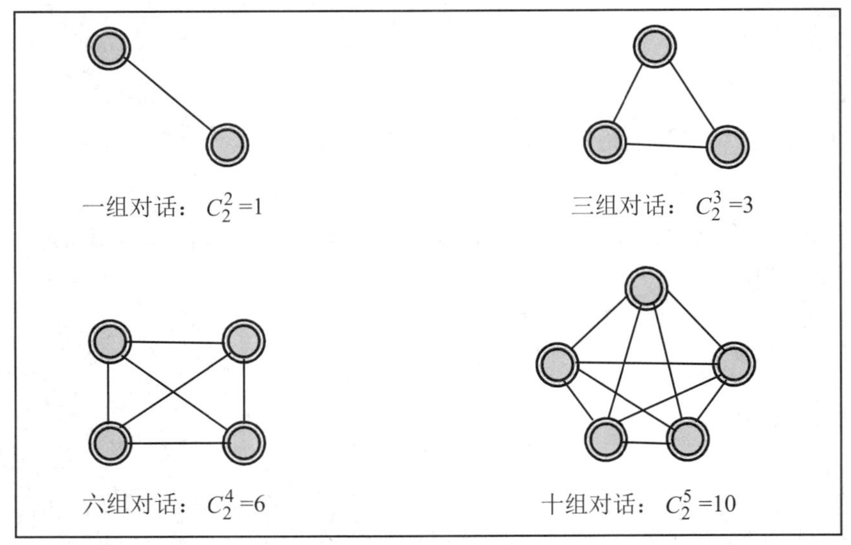

图 1-7 网络对话数目

资料来源：修改自 Ward Hanson（2000）

摩尔定律加上产业合流现象形成到处信息化，梅特卡夫定律再把到处信息化的企业，以网络外部性的乘数效果加以连接，造就一个规模可与实体世界相媲美，充满无数商机及成长潜力惊人的全球化电子商务市场。

三、扰乱定律

唐斯及梅振家提出，结合了“摩尔定律”与“梅特卡夫定律”的第二级效应称为扰乱定律（law of disruption），如图 1-8 所示。科技是以快速的、突破性的跳跃而进步着，但商业结构体制、社会结构体制及政治法律结构体制的演化却是渐进的，其速度远远落后于科技变化速度，因此在这期间产生了鸿沟（gap）。

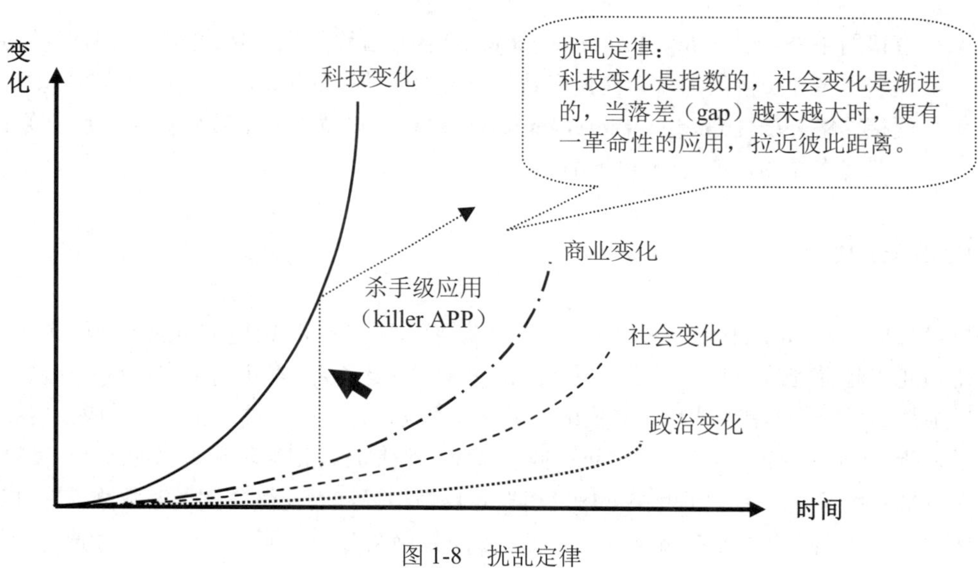

图 1-8 扰乱定律

四、网络外部性

网络效应（network effect）是指一项产品对个别使用者的价值取决于总使用人数，此即在市场上占有优势地位，并建立具有技术标准与领导地位的高科技产品，其所制造出来的效果，经济学上称之为网络效应。网络效应来自于网络外部性（network externality），也就是一项产品对个别使用者的价值取决于总使用人数。学者 Kevin（1999）指出，网络的价值随着成员数目的增加而呈等比级数增加，提升后的价值又会吸引更多成员加入，反复循环，形成“大者恒大、弱者愈弱”的情况。上网的价值在于上网人数的多寡，越多人加入此网络，对使用者的价值也越高。

Katz（1985）认为网络外部性主要决定于：

1. **直接实质影响（direct physical effect）**：当使用相同或兼容产品的消费者越多，所产生的直接网络外部性便越大。
2. **间接影响（indirect effect）**：意指互补性或是其他周边产品的使用者人数，当使用者越多，所产生的间接网络外部性效应也越大。

3. **售后服务(post-purchase service)**：售后服务的优劣可以决定产品销售的持久性与名声，而售后服务要靠产品销售量以拓展服务网的范围，并增加服务的经验。

网络外部效应具有正面与负面两种，正面的外部性以“网络经济”为最佳例子，通信技术是最明显具有网络效应特质的产业包括电子邮件、网际网络，甚至大家熟悉的电话、传真机等，网络效应会导向需求面的规模经济与正反馈循环。根据梅特卡夫定律：网络价值是随着使用者数目的平方而成长的。当有 n 位使用者时，网络价值对所有人而言是 $n\times(n-1)=n^2-n$。

正向网络外部性（positive network externality）：是指许多人都已拥有或购买某种商品的情况下，消费者希望能够拥有或购买拥有此商品的意愿增加。而负向网络外部性（negative network externality）即在网络购物环境中，若消费者会因购买或拥有某商品的人数增加，而减少拥有或购买该商品的意愿。Liebowitz 与 Margolis（1994）、Varian（1996）将网络外部性分为直接与间接两种：

1. **直接网络外部性（direct internet externality）**：指消费者购买产品享受其产品的品质，随着更多消费者的加入，能使产品价值增加或减少的情形。
2. **间接网络外部性（indirect internet externality）**：随着互补品或耐久品售后服务的增加，消费者享受的价值愈增加的情形。

五、正反馈循环

在网络效应（network effect）下，会启动正反馈循环，所谓正反馈循环是随着使用人数的增加，产品的价值越来越受青睐而吸引更多人使用，最后达到关键多数，在市场上取得绝对优势。简而言之，正反馈循环导致“大者恒大，弱者愈弱”定律。这就是为什么科技会在爆炸性成长后展开长期领导期的原因。Macintosh 与微软 Windows 操作系统之争是正反馈循环最著名的例子，微软因为经营策略是开放系统策略，启动了网络效应，引发正反馈循环，而使得微软“大者恒大”；相对的，Macintosh 则采取了封闭式的系统策略，因此无法引发网络效应，而造成“弱者愈弱”。正向回馈（positive feedback）与网络效应如图 1-9 所示。

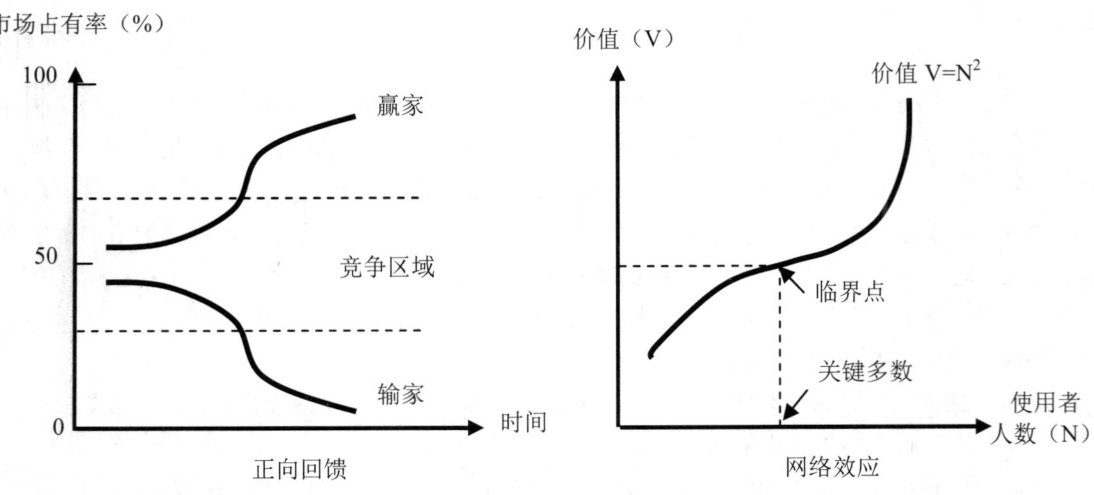

图 1-9 正向回馈与网络效应

六、报酬递增

传统经济学上说的“报酬递减法则”（law of diminishing returns）指出，物质世界里相同的生产投入终究会得到递减的报酬。但在网络经济下，所有的信息终究可被以数字形式予以创造、传递及存储，一夜之间把所有的产业某种程度上都变成“知识产业”，如网络上的文章、新闻或某种娱乐内容，当它的读者越多，力量就越大，利益也越大；当越过某一门槛后，其报酬即可随每个单位的投入而不断增高（如图 1-10 所示）。报酬递增法则（law of increasing returns）遂成为网络经济时代一个普遍的现象。

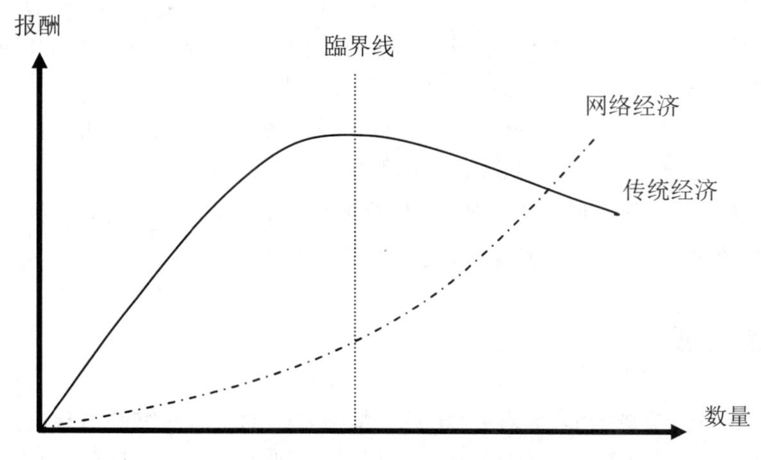

图 1-10　数字经济报酬递增法则

经济导致报酬递增定律，产品或服务的使用单位越多，每一单位的价值就会变高。报酬递增的产生是由于“网络外部性”所创造的良性反馈回路，报酬递增可以产生累积和强化的效应，这个模式初期的营收增长相当缓慢，经过一段时间之后，营收会突然剧增，同时单位成本也会稳定下降。网际网络的价值随着成员数目的增加而增加，然后价值的增加又将吸引更多成员加入，进而造成报酬递增。而报酬递增及网络外部性造成明显的垄断。报酬递增型的企业以思科（Cisco）、甲骨文（Oracle）或微软（Microsoft）等网络赢家为主要代表。

七、需求的规模经济

实体世界讲求“供给的规模经济”（supply-side scale economy），也就是当生产数量（规模）越大，单位生产成本就越低，也就越有经济效益。然而，在数字世界中讲求“需求的规模经济”，因为数字产品虽然开发成本很高，但再制成本很低，甚至接近于零，故生产数量（规模）的大小，对单位生产成本的影响不大。因此为了降低开发成本，就需要有更多的消费者采用，才能降低单位开发成本，这也就形成了需求的规模经济。有越多的人采用，单位开发成本就越低，也就越有价值。

需求的规模经济是信息市场的常态。当需求经济启动时，会产生消费者预期心理，即如果消费者预期产品会成功，会形成一窝蜂使用的情况，造成更多的人使用此产品。反之，如果消费者预期产品不会被广泛使用，则会展开恶性循环，因此，在消费者预期心理中，会造成受欢迎的产品越受欢迎，被摒弃的商品会被淘汰。微软的成功最重要的就是因为它引发了消费的预期心理，建立了在需求面的规模经济，也就是说，消费者选择微软的产品并不是因为这个操作系统是最好的，而是大家预期这个操作系统会被广泛使用，因此造成一窝蜂使用的情形，最后形成了产业的标准。

八、明显独占（赢者通吃）

因为网络效应所产生的正反馈现象与需求的规模经济效应，企业为了抢夺短暂的市场控制权，一家独大与标准竞争成为网络常态。报酬递增及网络外部性因素形成明显的垄断。如果通过竞争取得控制权，可能被控垄断。但是，由于信息制造与网络效应、正反馈现象、需求面规模经济等相关，当市场规模较小而维持最低效率的生产规模较大时，有时由单一企业供应整个市场可能是比较经济的。由于报酬递增率，会产生自然专卖者，也就是明显独占。

也由于这个特性，造成 1999—2000 年的第一代电子商务的泡沫化。例如：门户网站主要剩下 Yahoo!、拍卖网站主要剩下 eBay 与 Yahoo!、网络书店主要剩下 Amazon。其实网络并不是泡沫化，只是达到一种赢者通吃的“稳定状态”。因此，电子商务的发展不应由“有多少网站生存”来决定（供应面），而是应该由“多少人上网”来决定（需求面）。

九、外显供给增加

现实生活中，每个消费者所能触及的“市场”都是有限的。但网络的出现可以大幅增加消费者的选择，而且现在又有一些比价搜索网站，可以帮助消费者在无数的网络商店中，找出最便宜的选择。

十、个性化定价

在经济学上，资讯品有两种制造成本：高昂的制造成本与低廉的变动成本。资讯产品的制造成本很高，但再制成本很低，当再制成本趋近于零时，应该以消费者的价值为定价基础。但是，一项产品对每一个人的价值都是不同的，所以，差别定价便成为更适当的策略。因此，根据不同的市场区域设计不同的产品版本与售价是必要的。于是产品与价格差异化成为定价方式，大量量身定做、内容个性化、产品分版等都是资讯业常用的策略。

十一、动态交易

随着网络的成熟，消费者市场将会变得更有流动性，对供需改变的回应，也会更加敏锐，变得更加动态。动态交易对消费性产业所带来的改变幅度，并不容易掌握。然而，如果公司不能掌握动态交易的性质，并调整自己去适应这种新环境，在越来越多的消费者上网购物之后，它将会失去对价格、收益及利润的控制。

十二、套牢效应

所谓套牢效应（Lock-in Effect）是指信息产品有强烈的系统化特质，若市场没有统一的标准，消费者若要转换单一的产品，便需要付出极大的成本。例如，更换软件时，会发现文件无法完全转移；使用的工具不兼容，或者甚至必须重新将整个系统更换。因此，若市场上有一个统一的标准，便可以有效地减轻套牢现象，所以，竞争形态成为“统一标准”，以扩大市场占有率。在统一的标准下，消费者可以避免被套牢；但是，市场如果只由一个单一的供应商建立统一标准，提供消费者产品（不论软件或硬件），这样最后会不会造成市场的垄断，仍有待商榷。

十三、从重视市场占有率移转到重视顾客荷包占有率

以往企业着重于市场占有率的极大化，它所强调的是企业角度下的“商品”。不过在顾客经济时代，企业着重的不再是“产品的市场占有率”，而是以顾客为中心，思考如何提升“顾客的荷包占有率”（顾客份额），如图 1-11 所示。

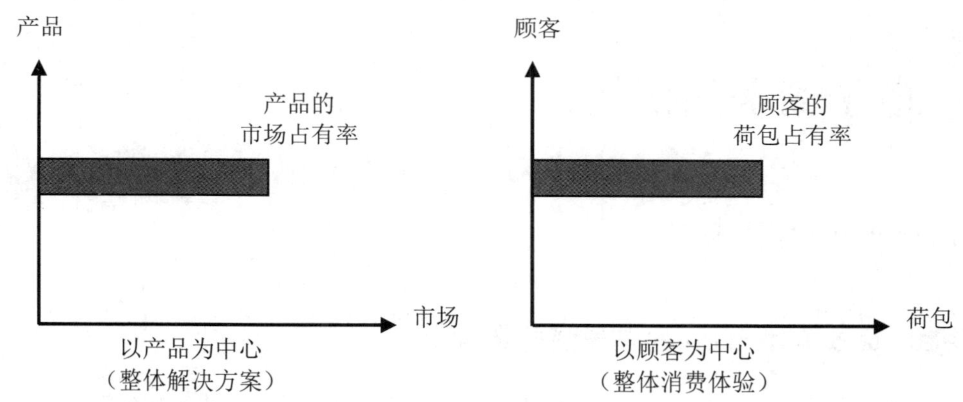

图 1-11　产品市场占有率与顾客荷包占有率

十四、史特金定律

史特金定律（Sturgeon's Law）认为“任何事物，其中 90%都是垃圾”。换句话说，在量产的网络信息中，特别是网友创造的内容，90%都是垃圾。在网络社群中，只有 1%的人在贡献内容，10%的人参与评价，而 90%以上的大多数是沉默的。因此，在茫茫网海中，只有少数 1%的人所贡献内容中的 10%是具有价值的。换言之，只有 0.1%微小机会值的关键内容（1%的人贡献×10%具有价值的内容），能够带来网络的微革命；另外，1%机会值的关键内容（10%的人参与评价×10%具有价值的内容），具有数字传播影响力。

十五、距离经济理论

在传统经济模式下，“距离”是商业经营的主要障碍。若能利用网际网络的特性与优势，解决“某些距离问题”，就能找到商机和盈利点，谁先发现“距离”市场的空白，寻找到适合网络经济发展的有效空间，谁就抓住了美好的未来。所谓的“距离”，包括实体空间和虚拟世界中时间、空间、文化、需求等方面的差异；距离的长短决定着市场需求的大小；经济行为在多大程度上缩短了距离，就能在多大程度上创造出经济效益。

距离经济理论的核心精神有三点：一要最大限度地发现并缩小网络与用户需求之间的距离（如经营思维距离、信用距离、产品运输距离）；二要创造与传统经济模式下不同的“距离”市场，找出目标市场的空白点；三要通过拉动“距离”建立稳固的全球合作范畴。实现这一切的根本在于最大限度地发挥网络的优势。

基本上，根据距离经济理论可以很容易找出网络公司业绩不佳的原因，许多入口网站、搜索引擎的新闻板块、搜索引擎的内容与设计几乎一样，与电视、报纸的内容大同小异，没能真正解决传统经济模式下因“距离”问题而带来的不同需要与欲望（needs and wants）；许多电子商务公司没有找到准确的市场需求和商业切入点。电子商务的开展，首先要从最容易产生“距离”的市场开始。

1-3 电子商务的架构

一、从产业的角度来看

Kalakota & Whinston 的电子商务架构

Kalakota & Whinston（1997）以产业区隔为导向，将电子商务的产业架构分为几个层级，如图1-12 所示，依次为：

1. **电子商务应用（e-Commerce application）**：包含各种不同领域的应用服务产业，如供应链管理、随选视频、远端金融服务、采购与购买、线上营销及广告、居家购物等服务提供者。
2. **一般商业服务架构（common business service infrastructure）**：提供有效支持线上商业交易流程的一般商业服务为主，含安全技术、验证服务、电子支付工具、电子分类目录等服务提供者。
3. **讯息及资讯传送技术（messaging and information distribution infrastructure）**：以提供格式化及非格式化资料交换中介软件服务的产业为主，含电子资料交换、电子邮件、超媒体传输协议等。
4. **多媒体内容及网络出版基础架构（multimedia content and network publishing infrastructure）**：主要的产业为以网络传输交换为主体的多媒体内容制作及出版者，含HTML、Java、WWW 等发展工具及应用服务提供者（ASP）。

5. **信息网络基础架构（Network Infrastructure）**：主要的产业为信息传输供应者，含电信公司、有线电视公司、无线通信服务公司、网际网络及私人或公众资料网络连线服务公司，以及路由器相关产业等。

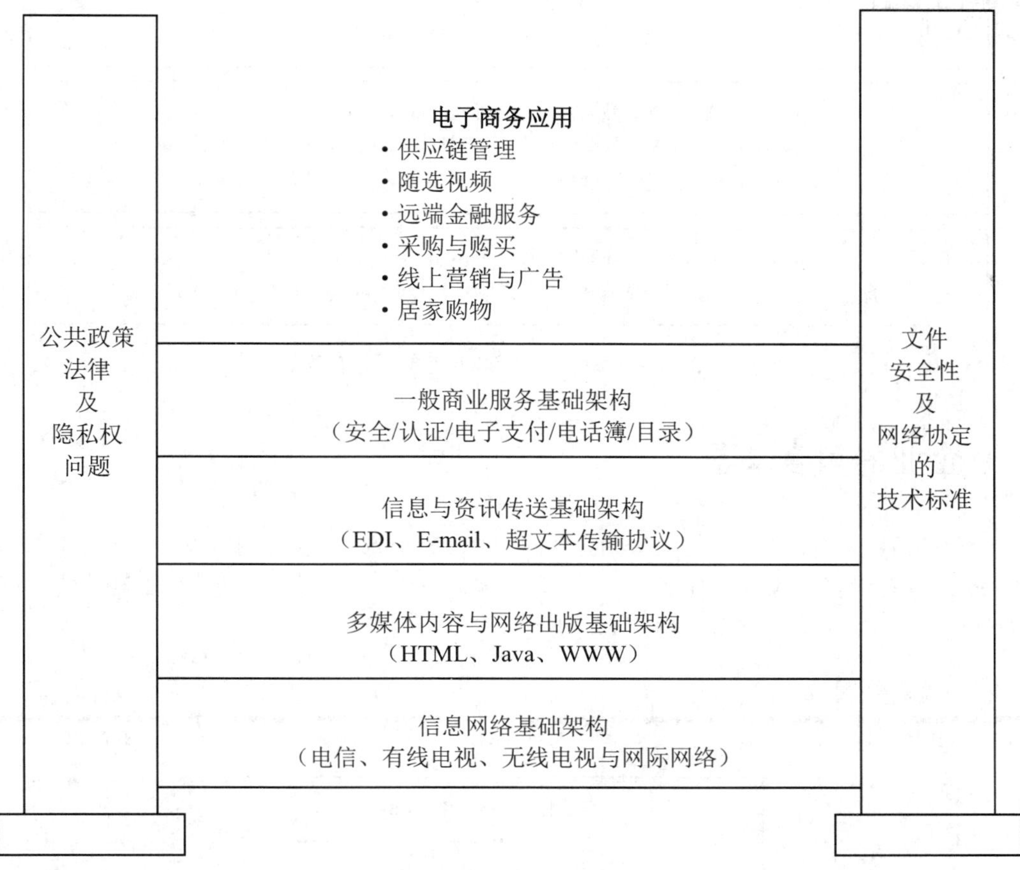

图 1-12　Kalakota & Whinston 的电子商务架构

另一方面，电子商务的两大支柱，也同样有着不可或缺的重要性。

1. **公共政策**：以便将使用权、隐私权、信息定价等问题纳入管理。
2. **技术标准**：以便将文件安全性、网络协议、网络传输方式等纳入管理，达到整个网络上的兼容性。

对电子商务应用及各种基础建设的发展而言，公共政策的配合和技术标准的研拟是两大重要支柱。关于著作权和隐私权的保障、消费者的保护、非法交易的侦查、网络信息的监督，以及交易纠纷的仲裁等，都需要制定相关的公共政策及法律条文来配合。此外，为了确保整体网络的兼容性，在发展各项基础建设及电子商务应用时，各种工具、使用者界面及传输协议的标准化是绝对必要的。

CommerceNet 跨产业电子商务架构

Tenenbaum，Chowdhry，and Hughes（1997）提出 CommerceNet 跨产业电子商务架构 EcoSystem，其主要分为四层（如图 1-13 所示）。

第一层：网际网络市场服务（i-market services）
（房屋中介、证券交易、垂直供应链等）

第二层：商业服务（business services）
（跨市场零售及企业间供应链等）

第三层：商务服务（commerce services）
（数字钱包、安全多媒体邮件、智慧卡基底的安全与支付、数字内容传输、应用收费与会计、交易管理、代理人管理等）

第四层：网络服务（network services）
（服务品质管理、网际协议多播、收货回应、验证封包、智慧型防火墙等）

图 1-13 CommerceNet 跨产业电子商务服务架构

二、从企业的角度来看

从企业的角度来看，电子商务可分为企业间网络（Extranet）、企业内网络（Intranet）与网际网络（Internet），而其又对应两大对象——企业与顾客，因而可分为企业对企业（B2B）电子商务与企业对消费者（B2C）电子商务，如图 1-14 所示。

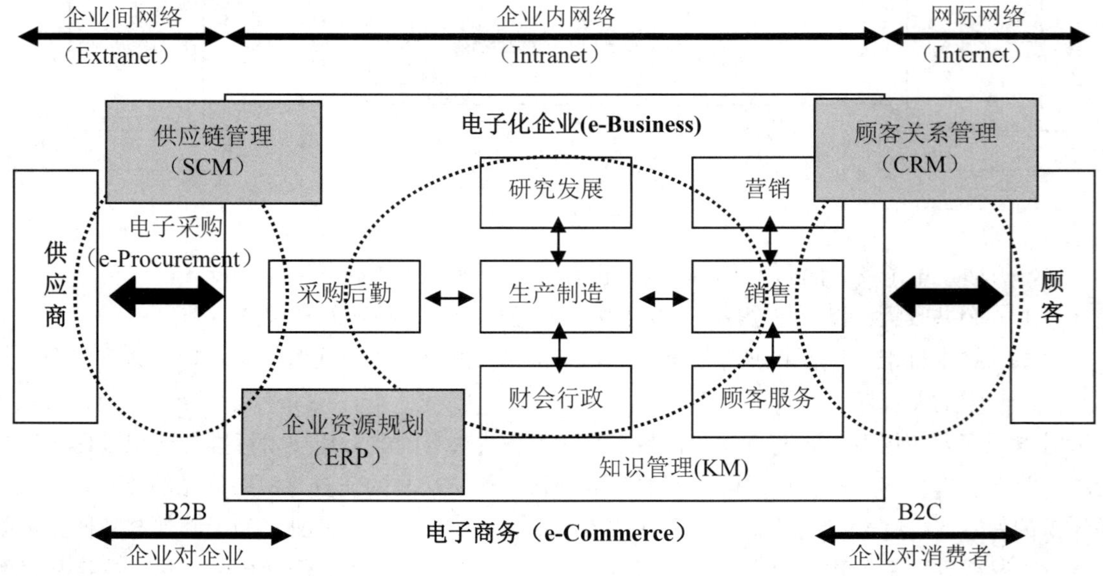

图 1-14 企业角度下的电子商务架构

1-4 电子商务的沿革

一、互联网的起源与发展

整个互联网的起源与发展，可以分为以下几个时期：

1. **孕育期，1957—1967 年**：互联网起源于 20 世纪 60 年代，最初只是由美国国防部所设立的高级研究计划署（ARPA），初期研究主力放在太空计划及战略导弹上，后来一直从事与国家安全有关的高科技研究，在 1969 年发展出军事用的网络 ARPANet，网络就此孕育诞生。
2. **发芽期，1969—1979 年**：由于军事网络 ARPANet 的诞生，连接了美国国防部与大学等研究单位，主要作为流通研究成果和通信之用；而后在 1973 年 ARPANet 向国际拓展到英国和挪威。虽然 BBN 在 1974 年开放了 Telnet，也就是商业版的 ARPANet，但是商业机构和一般百姓仍少有机会一试。另外，这个时期文件传输协议（File Transfer Protocol，FTP）、TCP 通信协议（Transmission Control Protocol）相继出现。而让电脑可以通过电话线连接上网的调制解调器（modem），也由 Ward Christensen 发明。
3. **成长期，1982—1993 年**：互联网（Internet）这个名词在 1982 年首次被使用。ARPANet 分为两个部分：ARPANet 和 MilNet，前者用于研发和学术界，后者则专门用于国防资料的传输。网域名称在“域名系统”（Domain Name System，DNS）的提出后，按照规范，相继创造出如.edu、.gov、.com、.org、.net 等域名。这个阶段美国政府开放互联网络给一般民众及商业使用。万维网（World Wide Web，WWW）的概念被提出，互联网走入产业、家庭和人们的生活。1993 年美国国会制订了国家信息化基础建设法，民间也成立了互联网协会。
4. **绽放期，1993 年之后**：1994 年网络书店 Amazon（亚马逊）成为发展电子商务的先驱。互联网就此普及而且蓬勃发展，第一家浏览器公司“网景”（Netscape）创立，拍卖网站、网络银行也相继出现，Yahoo!、eBay、Dell 等的创立，让网络商务飞快成长。1997 年，美国总统克林顿发表电子商务政策白皮书，电子商务成为美国的重要国策。Amazon、Dell、eBay 等，显然是全球互联网与电子商务发展的典范。

二、电子商务的沿革

台湾地区相关部门将电子商务的发展沿革提前至 1970 年代开始，分为五个阶段，摘要如下：

1. **第一阶段，1970 年代**：银行间利用本身自有的网络，进行电子资金转账（Electronic Funds Transfer，EFT）作业，借由电子的汇款信息来提供电子支付的最佳途径。在美国，每天就有 400 万美元以上金额的 EFT 通过连接银行、自动票据交换所与公司的电脑网络进行交换。

2. **第二阶段，1970 年代末～1980 年代初：**电子数据交换（Electronic Data Interchange，EDI）与电子邮件（E-mail）是这个阶段企业间最流行的以电子信息技术形式表达的电子商务；而电子邮件也是 Internet 所提供的工具中，使用最广泛的一种。电子信息技术，在其后几年里发展出许多不同的技术：例如文件工作流程系统（document workflow systems）、桌上视频会议（desktop video conferencing）以及工程上的技术资料交换（technical data interchange）等。
3. **第三阶段，1980 年代中期：**以线上服务的形式提供消费者新的互动（如聊天室）与知识分享的方式（如新闻群组与文件传输 FTP），如此的互动方式发展出网络世界虚拟社群（virtual community）的想法，同时也就有了地球村（global village）的观念。
4. **第四阶段，1980 年代末～1990 年：**电子信息技术转化成工作流程系统或群组软件（groupware）的一部分，最有名的就是 Lotus Notes。
5. **第五阶段，1990 年代万维网的出现：**Internet 上的万维网（WWW）提供商业使用是一个关键性的重大突破，因其在应用程序和使用上的便利性有大进展，而成为电子商务的转折点。

电子商务的发展如表 1-2 所示。

表 1-2　电子商务的发展

发展阶段	年代	代表技术
第一阶段	1970 年代	电子资金转账（EFT）
第二阶段	1970 年代末至 1980 年代初	电子数据交换（EDI）与电子邮件（E-mail）
第三阶段	1980 年代中期	线上服务与知识分享
第四阶段	1980 年代末至 1990 年代初	工作流程系统与群组软件
第五阶段	1990 年代之后	互联网（Internet）与万维网（WWW）

而学者 Kalakota 认为电子商务的发展过程可分为下列四个阶段：

1. **第一阶段，电子资金转账（EFT）：**电子商务的发展可回溯至 1970 年代的电子资金转账。电子资金转账是经由银行之间安全的加密网络所提供的电子支付体制，例如转账、ATM 等。
2. **第二阶段，电子数据交换（EDI）与电子邮件（E-mail）：**1970 年代晚期至 1980 年代初期，由于电子数据交换以及电子邮件等电子信息交换技术的出现，在企业界大为流行，也使得电子商务有了新的应用风貌。EDI 与 E-mail 等电子信息交换技术以自动化与电子化取代了企业间传统繁琐的文件交换程序，大大提升了企业间的运作效率。
3. **第三阶段，线上服务与知识分享：**到了 1980 年代中期，聊天室、新闻群组、文件传输协议等新一代的互动方式发展起来，借由互联网人们可以用较少的成本与地球另一端的人进行沟通、信息的存取和交换，如此社会化的互动创造了网络世界居民，并产生虚拟社群，同时带来了地球村的概念。
4. **第四阶段，互联网（Internet）与万维网（WWW）：**1990 年代初期，电脑网络技术有了突破性的发展，互联网与万维网的出现，以及其本身的易学易用，使得电子商务开始全面普及，网络虚拟社会因此产生。

三、从第一代电子商务到第二代电子商务

第一代电子商务是一个成长期，从 1995 年首次广泛地使用 Web 来宣传商品开始，到 2000 年纯达康（pure dot.com）公司泡沫化结束。在这一波失败的企业名单中，包括 eToy.com（玩具）、FogDog.com（运动用品）与 Eve.com（美容用品）等都已结束营业，而存活下来的有雅虎（Yahoo.com）及亚马逊网络书店（Amazon.com）。

第二代电子商务开始于 2001 年 1 月，许多电子商务公司正重新整顿其公司的资产与股票价值，并开始着重于获利。第一代和第二代电子商务间存在着许多不同点，如表 1-3 所示。

表 1-3　第一代与第二代电子商务的比较

第一代电子商务	第二代电子商务
技术导向	商务导向
着重成长	着重获利
完全市场	不完全市场，存在品牌与网络效应
纯达康（pure dot.com）策略	虚拟整合（clicks and bricks）策略
先占优势	政策跟随者见长

资料来源：修改自高卉芸译（2003）

1-5　电子商务的经营模式

一、电子商务经营模式的分类

1. **企业对消费者（B2C）电子商务模式：**企业直接将商品或服务推上网络，并提供充足的信息与便利的界面吸引消费者选购，是网络上最常见的销售模式。例如：亚马逊网络书店（Amazon）。一般 B2C 交易流程如图 1-16 所示。
2. **企业对企业（B2B）电子商务模式：**即在电子商务交易中，组成元素为企业与其相关伙伴。例如：企业直接在网络上与另一企业进行交易活动，如 Commerce One。一般来说，B2B 占整个电子商务市场中的交易金额最高。B2B 交易流程如图 1-17 所示。
3. **消费者对消费者（C2C）电子商务模式：**即在电子商务交易中，由消费者直接与消费者进行交易，例如 eBay 拍卖网站。一般 C2C 交易流程如图 1-18 所示。
4. **点对点（P2P）模式电子商务：**即在电子商务交易中，组成元素主要以“以物易物”的方式来交易。例如 ezPeer。

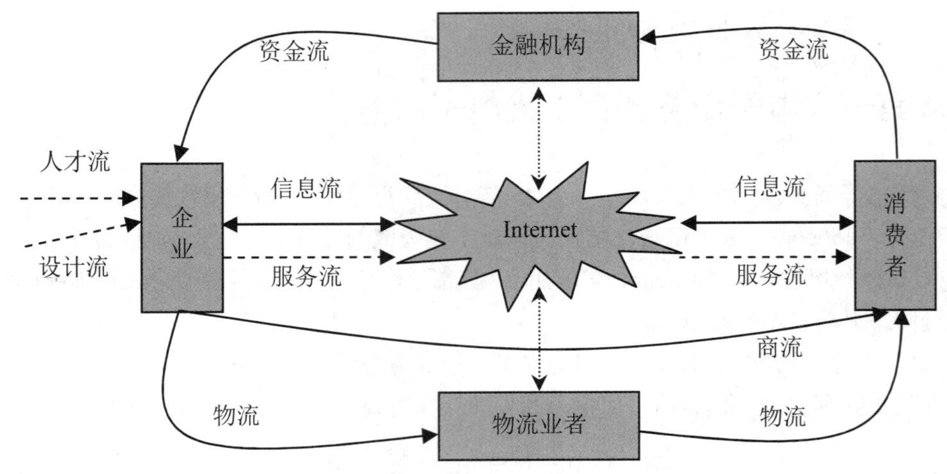

图 1-16　一般 B2C 交易流程

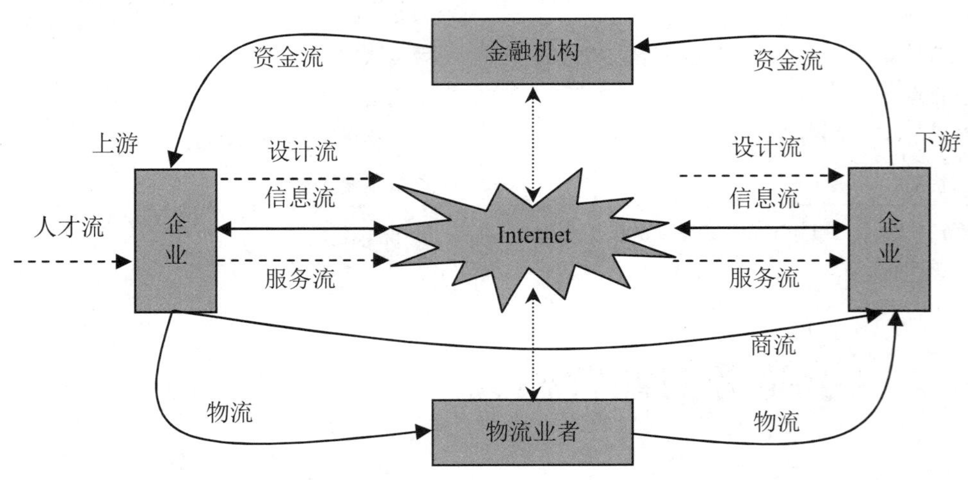

图 1-17　一般 B2B 交易流程

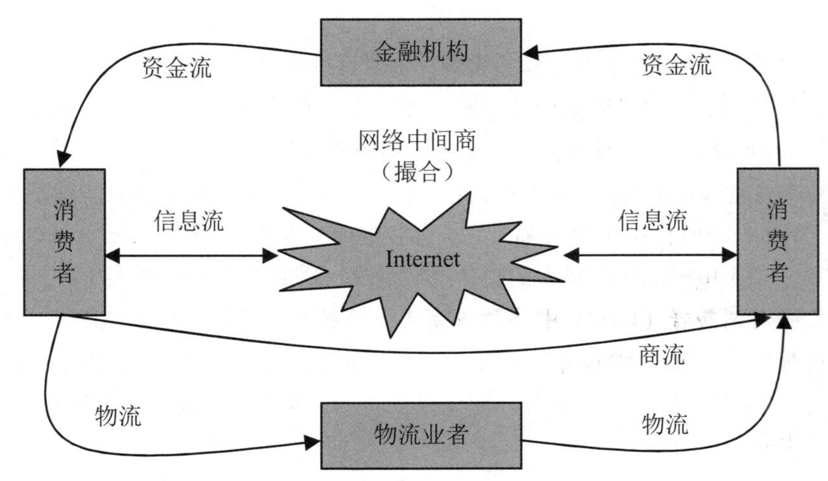

图 1-18　一般 C2C 交易流程

二、B2C 电子商务

企业对消费者（B2C）的电子商务，就是企业通过网络销售产品或服务给个人消费者。靠网络直销起家的戴尔电脑（Dell）、销售书起家的亚马逊网络书店（Amazon.com），甚至销售金融产品的 E*Trade，已经是这个领域家喻户晓的名字。

表 1-4　台湾地区各网购平台 2014 年 1 月商品数排行榜

排名	购物平台	商品数
1	PChome 线上购物	795,673
2	momo 购物网	476,849
3	Yahoo 购物中心	447,030
4	GO HAPPY 快乐购物网	277,175
5	udn 买东西	198,614
6	东森购物网	190,124
7	payeasy	170,379
8	森森购物网	161,064
9	7net 云端超市	154,453
10	大买家量贩网络店	93,793

资料来源：EZprice 比价网，统计至 2014 年 1 月 1 日，《联合晚报》整理。

2014 年台湾地区十大购物网站，商品数由大到小依次是“PChome 线上购物”“momo 购物网”“Yahoo 购物中心”“GO HAPPY 快乐购物网”“udn 买东西”，上述这些都是台湾地区最知名的 B2C 电子商务网站。

三、B2B 电子商务

企业间的电子商务可以使整个“供应链”与“分销链”管理进一步自动化，通过 Internet，节省成本，提高效率。B2B（Business to Business），顾名思义，就是企业对企业的电子商务。企业与企业之间的交易与信息流动，过去受限于地理与空间的限制，必须靠人的移动或传真才能处理，但是在数字时代，Internet 即可处理，而且更快更便宜。

B2B 电子商务的四个发展阶段

Morgan Stanley 认为 B2B 电子商务的演进可分为四个发展阶段：

- **第一阶段：** 电子数据交换（EDI）。在此阶段，企业间各自形成封闭网络，只通过既有的各种通信标准来管理资料的传送工作。
- **第二阶段：** 基础的电子商务。在此阶段，买卖双方直接一对一在网站上进行交易，并不依赖任何中间商。

- **第三阶段：**电子交易市集。在此阶段，新兴的中间商产生，并促成电子交易市集，提供一个让买卖双方进行交易的环境。
- **第四阶段：**协同商务。此阶段将第三阶段推进到企业运作的范畴，在企业的作业流程中，将事前、事中、事后的观念引入此阶段，除了注重自己本身企业内部的流程运作之外，并通过上、下游一起协同合作，整合企业内外流程。

B2B 案例一：阿里巴巴（中国）

阿里巴巴是目前全球最知名的 B2B 成功案例，创办人为马云。阿里巴巴创立于 1999 年，公司总部分别设在香港和杭州。阿里巴巴的 B2B 网站由英文站（www.alibaba.com）、中文站（china.alibaba.com）和日文站（japan.alibaba.com）组成。

B2B 案例二：Commerce One（美国）

第一商务（Commerce One）是全球企业对企业（B2B）电子商务解决方案的领导厂商，1994 年创立于美国，1997 年 4 月才更名为 Commerce One，是以文具等间接物料的水平 B2B 电子商务起家，再逐渐切入以直接原料为主的垂直 B2B 电子商务。

Commerce One 与 Ariba 最大的不同在于，Commerce One 的交易平台偏向于“买方”，而 Ariba 的交易平台则是以“卖方”为主，所以 Ariba 的主要客户皆为产业中排名前几的供应商，例如 Cisco、BMW、Motorola、HP、Dell 等，而且是属于封闭式的交易平台。

Commerce One 的“商务链解决方案”（Commerce Chain Solution）包含两项主要组件：BuySite 与 MarketSite。BuySite 是一套采购自动化软件，用以帮助企业建立标准化的电子采购网站，协助企业客户简化采购交易的流程与提高采购效率。MarketSite 则帮助想要自己建立交易市场的企业客户，其能协助企业客户聚集众多的卖方，以吸引买方至平台交易。

B2B 电子市集经营模式

Morgan Stanley 认为电子市集经营模式，可分成四种：

1. **由买方建立（Buy-side）：**此经营模式是由大型买方所建立的交易市集，在此市场中大都是私人厂商，为增加自己的竞争力以及节省研发成本，通常向外界与技术提供者进行策略联盟（如图 1-19 所示）。例如台塑网。

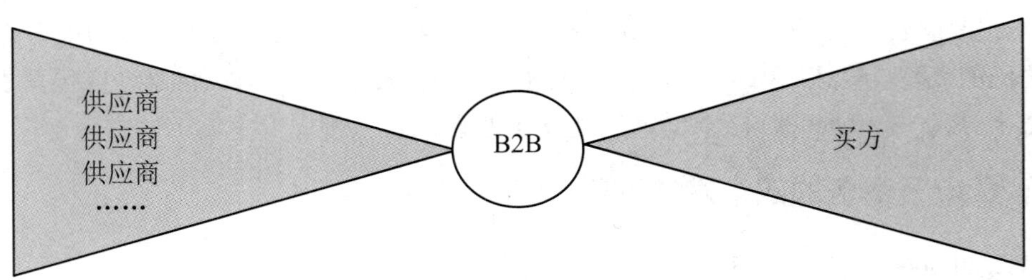

图 1-19 买方建立的电子市集

2. **由卖方建立（Sell-side）：**此经营模式是由大型卖方所建立的交易市集，此类卖方大多具有市场独占优势。此市集能创造独占及难以模仿的进入障碍（如图 1-20 所示）。例如 Cisco。

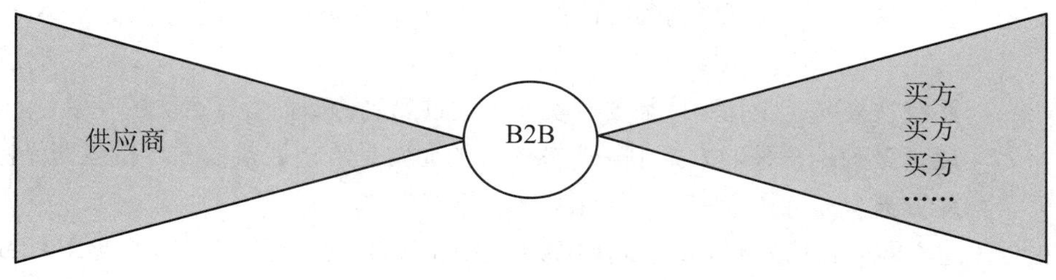

图 1-20　卖方建立的电子市集

3. **交易市集（Marketplace）**：此经营模式中，交易行为不被买卖双方所支配，为一个独立公开的交易市集，其主要收益为订单撮合与中介费，帮助买卖双方快速进行交易，减少交易成本，是一个多对多的架构，如图 1-21 所示。

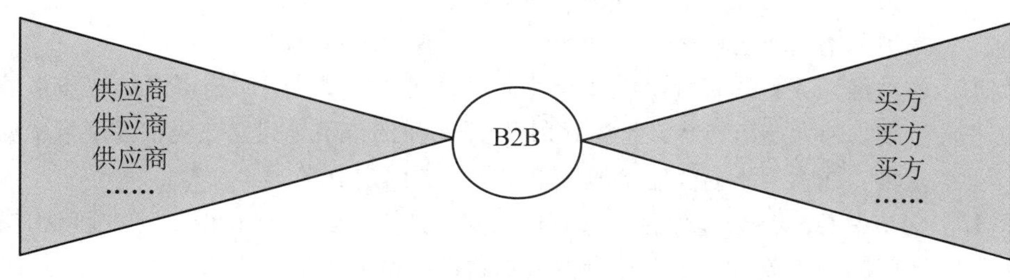

图 1-21　交易市集

4. **内容整合（Content Aggregator）**：此经营模式建构并维护多个供应商所需的产品目录，让供应商能在交易市集中购足所需的产品与服务，节省采购的成本，如图 1-22 所示。

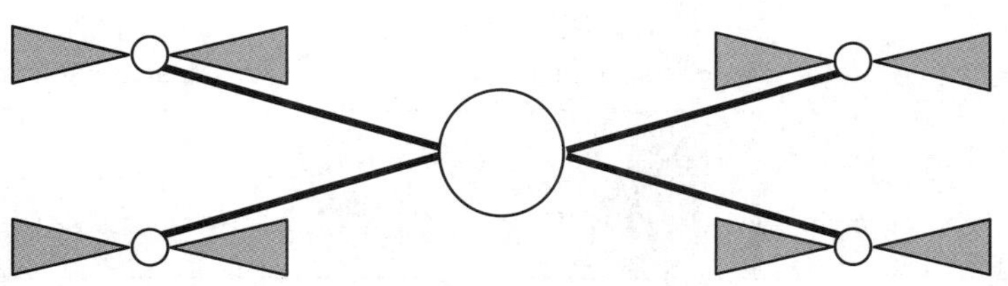

图 1-22　内容整合经营模式

B2B 按采购项目与采购方式分类

Kaplan & Sawhney（2000）认为 B2B 可依采购项目与采购方式来分类。广义而言，企业的采购项目可分为制造所需物料（manufacturing inputs）及营运所需物料（operating inputs）两大类。

1. **制造所需物料**：是指未经加工过的原料，或可被直接制成完成品的零件。通常是向特定垂直产业供应商采购。而这些物料的采购流程也需要独特的运筹管理及后援机制。
2. **营运所需物料**：通常是指保养、维修及运作（Maintenance、Repair、Operating，亦即 MRO）所需的产品或服务，包括办公设备、备用物品、机票、电脑、打印机、清洁服务等。这些营运所需物料是任何企业都需要的，因此无须向特定垂直产业供应商采购，而可由特定水平产业供应商来供应。

而企业的采购方式，则可分为系统性采购（systematic souring）及现货采购（spot souring）两大类。

1. **系统性采购：**是指那些需要买卖双方经过反复协商而签订合约的交易。
2. **现货采购：**该采购方式中，买方的目的通常是希望以最低的价格立即满足需求，买卖双方甚少拥有紧密关系，彼此甚至互不相识。

根据上述不同的企业采购模式，可将 B2B 电子市集分为营运维护中枢（MRO hubs）、型录中枢（catalog hubs）、收益经理人（yield managers）及交易中心（exchanges）四个部分。

1. **营运维护中枢：**是指提供交易成本较高，但产品或服务价值较低的 B2B 电子市集。此类 B2B 电子市集的价值是建立在提升企业客户采购流程的效率上。例如 Ariba、Commerce One 等。
2. **型录中枢：**是指提供非商品制造所需物料的电子市集，其价值是降低交易成本。型录中心是针对特定产业，以买方为主，扮演与卖方协商的角色；或者以卖方为主，扮演虚拟分销的角色。例如 Chemdex、PasticsNet.com 等。
3. **收益经理人：**是指提供能让企业在短时间内拓展营运所需资源的现货市场，例如制造产能、劳力及广告等。此类 B2B 电子市集的价值是建立在提供高度可变动的价格及需求量、或大量不易变现（或快速取得）的固定资产上。
4. **交易中心：**类似传统的交易中心，线上交易中心让企业采购主管能借由快速取得生产所需的商品或半成品，达到舒缓销售高峰产能不足、或销售淡季产能过剩等供需不平衡困境的电子市集。交易中心同时与买卖双方建立良好合作关系，买卖双方能因此省却互相协商合约的麻烦，让交易更容易进行。例如 e-Steel。

B2B 电子市集示意图如图 1-23 所示。

	营运所需物料（operating inputs）	制造所需物料（manufacturing inputs）
系统性采购（systematic souring）	营运维护中枢（MRO hubs）	型录中枢（catalog hubs）
现货采购（spot souring）	收益经理人（yield managers）	交易中心（exchanges）

图 1-23 B2B 电子市集

B2B 按水平与垂直分类

Goldman Sachs 将 B2B 再细分为水平市场（horizontal market）及垂直市场（vertical market），如图 1-24 所示。水平市场的服务对象是跨产业的，所交易的产品或服务是任何产业都有需求的；而垂直市场则是提供特定所需的产品或服务。每一种电子市集都有不同的营业收入，水平市场的营业收入除了每笔交易的佣金收入之外，还包括广告刊登收入、竞标佣金收入、产品上架收入，以及客户建站开设店面的收入等。垂直市场的营业收入大致和水平市场相似；此外，还包括授权与客户端企业资源计划（ERP）系统相整合的软件版权收入、提供有价值内容的订阅收入等。

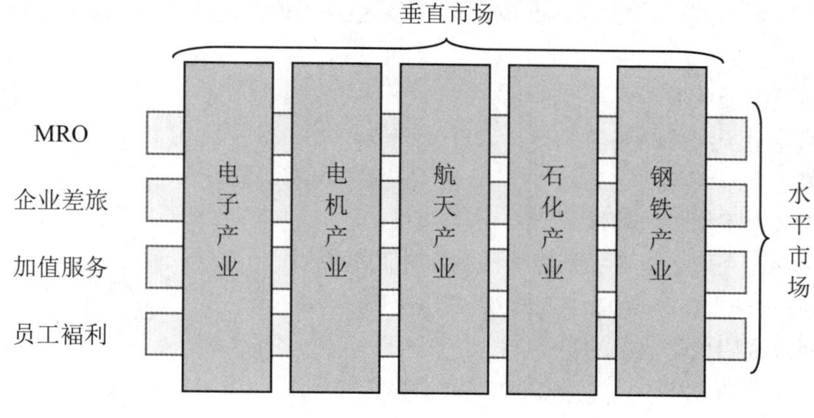

图 1-20　B2B 水平市场及垂直市场

B2B 电子商务的优点

从买方的角度来看：减少采购流程中的成本、减少存货成本、减少繁琐的采购、更多选择和更好的价格。

从卖方的角度来看：减少相关的销售成本、在接触新客户的同时获取新的利益、降低订单处理成本。

学习测评

1. 何谓电子商务？
2. 简述电子商务的架构。
3. 简述电子商务的七流。
4. 简述电子商务的特性。
5. 任举 5 个电子商务的新经济法则，并简单说明。
6. 简单说明 Kalakota & Whinston 的电子商务架构。
7. 简单说明电子商务的沿革。
8. 简述何谓 B2C 电子商务，并举例说明它的应用。
9. 简述何谓 B2B 电子商务，并举例说明它的应用。
10. 简述何谓 C2C 电子商务，并举例说明它的应用。

案例讨论：后起之秀 Pazzo 直追 Lativ

Pazzo，2010 年 10 月成立，年营收就达新台币 1.8 亿万元，之后每年营收都翻倍，成长速度之快，与第一家网络原生服饰品牌 Lativ 创立之初不相上下。不同的是，Lativ 走 UNIQLO 简单设计、平价与大量生产的路线，而 Pazzo 则主打 18～35 岁的女性市场，学习 Zara、H&M 走快速流行路线，一周可推出 80 款新品。

Pazzo 成立时资本额仅 750 万元，2013 年已增资至 4000 万元，每天从仓库出货的包裹数量最少也有 2000 个，折扣季时包裹数量更可轻松破万，以产品均价 500 元估计，2013 年营收约在 5 亿元以上。

Pazzo 的品牌精神为“exshop＋exfashion＋express”。简单来说，Pazzo 就是要“快速商店＋快速时尚＋快速配货”。Pazzo 认为：流行女装，就是要把 6 个月的量压在一个礼拜进行销售，因为，少女顶多只会给你一个月的机会。对于美系的 Gap、日系的 UNIQLO 走平价大众与简单设计路线的品牌来说，产品生命周期可以横跨两季；但对主打 18～35 岁少女市场的 Pazzo 来说，每个礼拜都要想办法推陈出新，长达半年的准备期根本无法即时反应市场需求。

为与时间赛跑，Pazzo 大胆砸钱，预测潮流，提早 3 个月备料，以金钱换取时间，把采购原料的环节往前拉。如果 Pazzo 设计师看好下一季可能会流行具弹性的牛仔布与金属扣，公司立刻提前三个月买进，备齐在仓库里，把原本需要近半年的生产流程压缩掉一半，仓库里随时有足够的材料，让设计师根据市场需求去做变化，做到即时反应、快速时尚。这并不是什么新招，Zara 也是这样做，但这需要经济规模、胆识与眼光，一般公司模仿不了。Pazzo 有 20 位设计师，每周推出 80 款以上新品，业界估计年出货量应该在数百万件以上，足够支撑此一库存的成本。

备料、打样一条龙。上线一年之后，2011 年 Pazzo 紧追“快时尚”概念，将制程结构大胆改良。Pazzo 表示，现货销售自制商品，尤其是做流行类商品，“赌错”或“滞销”是主要风险，Pazzo 控制估错风险的方法是“尽量缩短制程。首先是大量存备原物料，设计团队每周固定时间看新料、3 天策划、1 周完成至少 80 款商品下订，并且收编创办人廖承豪父亲的成衣厂班底作为打样中心，就近在台北制版。

为了尽量贴近市场，Pazzo 只做最近两个月将要销售的商品，新款数量压低到一千件。此外，Pazzo 团队设计了一套公式，计算出什么季节、什么商品、在多少时间卖了多少件、销售比例到达时间、预测最后销售量，随时监控补货时机与数量。目前 Pazzo 五成商品在台湾制造，合作的加工厂多达三四十家，规模从十几人到三百人都有，就是为了根据订单需求外包加工，例如数量少的补货单，交付小厂速度比大厂快，补货单可冲高到一万件。

Pazzo 表示，许多企业都误解了，认为快速流行就是少量多样，这是错误的。Pazzo 认为：只要开发出漂亮的花色，十万件也不够卖。Pazzo 靠着精准流程，2013 年创下单款女性马卡龙色系的内搭裤一个月热卖超过 40 万件的记录！面对这么大规模的补货，大多数卖家终究因为发现不及时、调配材料不及时、工厂制作不及时，只能看着市场需求干瞪眼，而 Pazzo 终于蹲低练功，成功达阵。

包下成衣厂，掌控品质。除了原料库存之外，后端的加工部分，Pazzo 用比业界高出至少两成的工钱包下成衣厂，要求工厂只能接他的单。这样既可以省下排程的时间，也能像 Lativ 一样自己掌握品质。

Pazzo 野心很大，不满于只做台湾地区的市场，而是想把版图扩张到全世界，目前在大陆地区已成立新品牌，电子商务的年代给了 Pazzo“做梦”的机会。

2013 年底，Pazzo 首度接受外部资金入股提案，OMG 以每股 111 元、共计新台币 1.06 亿元入股 24%。Pazzo 表示，如果要更上一层楼，确实需要借助资本市场的协助才能跨境交易，跟国外比较大的品牌做竞争，美国、东南亚及大陆地区都有考虑，并计划安排团队直接到当地经营。目前已经有第二个品牌 MEIER.Q 进入大陆市场，2014 年将推出专属的移动购物 APP 软件。

讨论问题：

1. Pazzo 的经营模式合理吗？说说你的看法。
2. 你觉得 Pazzo 有何值得学习的地方或应改进之处？请提出你的看法。

CHAPTER 2

电子商务的商业模式

导读："限时抢购"——亚洲电商新宠

Line 的贴纸设计有趣又多样化，很符合亚洲人喜欢用表情或图片表达心情的个性，特别是在泰国，许多公司直接将 Line 作为官方渠道，并发送贴纸来吸引使用者。2013 年 12 月网络流传一则名为《Closer》的泰国限定广告，短短 1 分半的影片，故事内容关于一个小女孩失去妈妈后也失去了笑容，学校老师告知小女孩的父亲要更关心她，父亲于是用妈妈的手机打出信息，告诉小女孩爸爸会永远守护她。Line 一改活泼的营销风格，广告相当赚人热泪。这则广告也让人注意到 Line 在泰国的发展。

2013 年 12 月初，Line 在泰国推出"限时抢购"（flash sale），发布了 3 款 Line 最为人喜爱的角色版 iPhone 5/5S 手机壳，每个售价 499 泰铢（约 92 元人民币），在 24 分钟内就全部卖完！

在限时抢购手机壳之后，2013 年 12 月中旬 Line 与知名化妆品品牌 Maybelline 成为商业伙伴，并与泰国电商物流整合公司 aCommerce 技术合作，再次推出"限时抢购"。看准 Line 在泰国拥有 2 千万的用户（约占泰国总人口的三分之一），更是泰国排名第一的聊天软件，Maybelline 发布了新闻稿正式宣布与 Line 成为移动商务的合作伙伴。三方合作模式为：Line 提供在 APP 上的购物界面，Maybelline 提供新款未上市的话题性产品，再由电商整合公司 aCommerce 一手包办仓储、物流、客服以及后续的退换货等客户服务。活动从 12 月 16 日持续到 12 月 20 日，通过这次神秘的限时抢购活动，Line 的用户可以优先买到 Maybelline 2014 年才正式上架的新款化妆品。

Line 的"限时抢购"四大有趣的特点：

1. APP 渠道限定：只能经由 Line 的 APP 限时抢购界面购买，无法从其他地方下订单。

2. 三个点击即可完成购买：从开始购买到结账，消费者只需要点击三次即可完成整个订购流程。

3. 不一定要用信用卡：Line 的限时抢购支持货到付款的支付方式。

4. 送货到家：限时抢购的物品，直接送到顾客手中。

不只 Line 玩闪购，2013 年 11 月初突破全球 1 亿用户的韩国通信应用 Kakao Talk 与日本网络商城 Qoo10 合作，在日本市场推出限时抢购频道，在每天晚上 6 点到 9 点的 3 个小时内，从 Qoo10 中选出两款热门商品以优惠价格进行抢购，让消费者可通过 Kakao Talk 买到优惠商品。

限时抢购这个概念在美国或欧洲大概已经发展了两三年，但在亚洲则是 2013 年下半年以后才开始较频繁地出现。现在已有 Line、Kakao Talk、微信等通信软件，结合限量商品或独家商品快速销售的成功案例，限时抢购已成为亚洲电子商务的新宠儿！

2-1 电子商务的商业模式

一、基本概念

商业模式（business model）是一系列有规划的活动，用以从市场上得到利润。商业模式是整个商业计划的核心。

商业计划（business plan）是说明企业商业模式的文件。电子商业其商业模式（business model）的目标在于使用和产生网络及电子商业的正面效应。

二、商业模式的主要元素

成功的电子商业的商业模式包括 8 个主要元素，如表 2-1 所示。

表 2-1 商业模式的 8 个主要元素

主要元素	关键问题
1. 价值主张	消费者的需求与欲望是什么，消费者想要怎样的整体消费体验
2. 收益模式	企业将如何获利
3. 市场机会	企业满足于哪种市场（区域），这个市场（区域）的规模有多大
4. 竞争环境	有谁已经存在于你想要加入的市场（区域）
5. 竞争优势	企业可为这个市场（区域）带来什么特殊的利益
6. 市场策略	企业计划如何满足这个市场（区域）的需求，并从中获取利润
7. 组织发展	企业需要搭配什么样的组织机构，才能实现商业计划
8. 管理团队	企业的高层管理团队必须具有什么样的经验与背景

价值主张

一家企业的价值主张是其商业模式的核心。价值主张（value proposition）定义一家企业的解决方案（产品 / 服务）如何满足顾客的需求或欲望。要发展和分析价值主张，企业必须先回答下列问题：

1. 为什么消费者要选择跟自己的企业进行交易，而不选择其他企业？
2. 本企业提供了哪些其他企业所没有或无法提供的服务或产品？

从消费者的角度来看，成功的电子商业价值主张包括：产品的个性化与定制化、产品搜索成本的降低、价格发现成本的降低、可视的交货运送流程、简化的交易流程等。

收益模式

收益模式（revenue model）主要描述企业如何获取收益、产生利润。虽然目前已经发展出许多不同的收益模式，不过大多数仍离不开下列主要收益模式的组合：

1. 广告收益模式（advertising revenue model）：网站不仅提供访客内容、服务或产品信息，也提供一个广告场所，然后向广告主收取费用。例如早期的雅虎（Yahoo!）。换句话说，网站提供了许多内容与服务以吸引访客，借此收取网站上面的横幅广告费、固定性按钮或其他广告费收入。
2. 订阅收益模式（subscription revenue model）：到网站获取某些资料并不是完全免费的，更确切地说，会员要缴会费以便得到更高品质的服务或信息。网站借由提供内容或服务给会员，然后向这些会员收取订阅费用。
3. 手续费收益模式（transaction fee revenue model）：消费者根据其使用活动的多寡来付费，各项活动都被量化，然后根据其消费的服务量付款。网站借由促成或执行交易而向会员或厂商收取手续费用。例如电子海湾（eBay）的二手商品刊登费、线上券商 E-Trade 收取股票交易手续费。
4. 销售收益模式（sales revenue model）：网站借由销售商品、信息或服务给消费者从中赚取差价。
5. 合作收益模式（affiliate revenue model）：网站借由为“合作伙伴”介绍生意收取介绍费，或为其带来任何销售结果而收取某部分收益。例如 MyPoints.com 就依靠提供特别折扣给会员，借以撮合合作伙伴与会员达成交易而获取收益。有时亦称为结盟模式：经销商有一群盟友，可由他们的网站点击便能链接至该经销商。
6. 商情媒介模式：企业收集了关于消费者及其消费习惯的宝贵信息，并将其卖给那些需要得知顾客情报的企业，以使这些企业可以借此进一步挖掘顾客行为模式及其他有用的信息来提供更好的商品与服务给顾客。
7. 经纪模式：企业扮演市场制造者的角色，将买卖双方聚集起来，并从交易中抽取费用。
8. 经销商模式：批发商与零售商可在网络上销售商品或服务。
9. 制造商模式：制造商利用网络试着直接与最终消费者联系，而不通过批发商或零售商。
10. 社群模式：社群是建立在社群的忠诚度上而不是网络流量。其中社群成员往往已投资在发展社群成员的关系上，这使他们愿意常常光顾该网站，此种社群成员可以是非常好的销售目标。

市场机会

市场机会（market opportunity）代表企业企图进入的交易空间，以及从这个交易空间中可获取的潜在利润机会。交易空间代表一个具有真实或潜在商业价值的领域。而实际的市场机会则是以企业与其竞争者所对的每个市场利基的收益潜力。

竞争环境

一家企业的竞争环境（competitive environment）代表在同一个交易空间运作，销售满足相同或类似顾客需求的产品的竞争者的回应。基本上，竞争环境会受到以下几个因素的影响：

1. 这个交易空间有多少积极的竞争者？
2. 这些竞争者做的生意有多大？
3. 这些竞争者有多少顾客占有率？它们的顾客关系程度如何？
4. 这些竞争者的获利程度如何？
5. 这些竞争者如何为它们的产品或服务定价？
6. 这些竞争者如何为它们的产品或服务进行营销推广与促销？

一般而言，企业可能会面对四种基础的竞争者：

1. **欲望竞争者（desire competitor）**：意即消费者希望能够立刻满足的其他欲望。例如：同样一笔钱，消费者可能用来“买一辆交通工具”“买一组音响”“到欧洲旅行”，这三者间就存在所谓的欲望竞争。
2. **产品类别竞争者（generic competitor）**：意即消费者可借以满足相同欲望的其他基本方式。例如：若消费者想买一辆交通工具，则可能会买“汽车”“机车”“自行车”，这三者之间就存在所谓的产品类别竞争。而提供这三种产品类别的厂商就可视为产品类别竞争者。
3. **产品形式竞争者（product form competitor）**：意即消费者可以借以满足相同欲望的其他产品形式。例如：若消费者已选定要购买自行车，那么“三段变速”“五段变速”“十段变速”等产品形式之间就形成所谓的产品形式竞争，而提供这些产品形式的厂商就可视为产品形式竞争者。
4. **品牌竞争者（brand competitor）**：消费者借以满足相同欲望的其他品牌。例如：捷安特（Giant）、功学社（KHS）、速立达（Strida）等。

竞争优势

讨论竞争优势（competitive advantage），学者都同意，企业拥有有价值的资源，可以建立与竞争者一较高下的竞争力，进而达成维持竞争地位的局面。然而，什么是有价值的资源？一般而言可以分成实体资产、无形资产、能力等三大类。其中，实体资产就是具有有形的土地、厂房、机器、设备等。无形资产就是商誉、形象、理念等。能力就是企业可以有效配置其资源的一种才能。

每一家企业都同时拥有这三种资源，却不一定有价值，若要让这三种资源产生价值，必须比其他竞争者更快速、更直接、更符合顾客意愿地去赢得顾客的满意、支持与忠诚，让自己可以在顾客心目中成为更可靠的伙伴，这种信任感可以让企业拥有竞争优势，特别是在顾客心理与行为上都可以形成一种竞争障碍。

市场策略

市场策略（market strategy）是指企业将其如何进入交易空间、吸引顾客并从中获取利润的所有方法与细节整理起来写成的计划。

组织发展

任何企业都需要一个好的组织结构以有效实行其商业计划和市场策略。第一代电子商业的泡沫化，就是由于缺乏适当的组织结构和企业文化与之搭配，而遭受严重挫败。企业想要茁壮成长就必须要有完善的组织发展计划（organization development plan），以指导企业整合其所需完成的工作。

管理团队

商业模式中最重要的一个执行元素，是负责推动整个商业模式的管理团队（management team）。一个有力的管理团队可以有效推行商业模式，却无法拯救一个不好的商业模式，但他们可以改变这个商业模式，甚至在必要时重新定义这个商业模式，找寻利基。

三、商业模式分类的困难

电子商务的商业模式和其分类有很多种，而且还有更多新的商业模式不断诞生。这些商业模式的数量只受限于人类的想象力，本书所列出的商业模式绝对不是全部，只是目前看起来比较重要的而已。至目前为止，仍没有一种正确的方向或方式可以完美地为这些商业模式分类。

四、商业模式的分类

1. 以网络覆盖范围来分类

以网络覆盖范围来分类，电子商务可分为网际网络、企业内部网、企业外部网。

- 网际网络（internet）是通过公众网络相连的技术或概念。
- 企业内部网（intranet）是企业将互联网平台及其技术应用在企业内部事务的电子化。
- 企业外部网（extranet）是运用互联网平台及其技术与企业的供应商及合作伙伴等分享信息的概念。

2. 以交易对象来分类

以交易对象来分类，电子商务可分为 B2C、B2B、C2C、P2P 等四种形态。

- 企业对消费者（Business-to-Consumer，B2C）模式：是指企业通过互联网向消费者所提供的商业行为或服务，包括网上购物、证券交易、网上数据库等应用。这也是最早的电子商务经营模式。
- 企业对企业（Business-to-Business，B2B）模式：主要是指企业间的整合运作，如电子订单采购、投标下单、客户服务、技术支援等。一般来说，B2B 在整个电子商务市场中所占的交易份额最高。
- 消费者对消费者（Consumer-to-Consumer，C2C）模式：在电子商务交易中，由消费者直接与消费者进行交易。C2C 为消费者之间自发性的商品交易行为，例如一般个人式的拍卖网站或二手跳蚤市场等应用。

- 个人对个人（P2P）模式：即在电子商务交易中，市场主体主要通过以物易物的方式来交易。

这四类虽会有重叠，但基本上的定位及运作方式有所差别。B2B 重视的是“关系的建立”，例如：电子订单采购是要跟企业往来的厂商或商业伙伴合作；而 B2C 及 C2C 则一视同仁，不需顾虑交易对象是谁，而是更加重视交易安全及身份验证。

2-2 企业对消费者（B2C）商业模式

Laudon & Traver（2004）认为主要的 B2C 商业模式，包括：

1. **门户网站（protal site）**：例如新浪、雅虎、搜狐、谷歌等。
2. **电子零售商（e-tailer）**：例如亚马逊（Amazon）、当当网、淘宝网等。
3. **内容提供者（content provider）**：例如华尔街日报的线上新闻（WSJ.com）、哈佛管理评论（Harvard Business Review，HBR）、CNN 线上新闻（CNN.com）等。
4. **交易中介商（transaction broker）**：例如 E-Trade.com、Ameritrade.com、Schwab.com 等线上券商。
5. **市场创造者（market creator）**：例如 Priceline.com、eBay 等。
6. **服务提供商（service provider）**：例如 104 人力银行、1111 人力银行。
7. **社群提供者（community provider）**：例如爱情公寓（i-part.com）。

一、门户网站

门户网站（portal site）也称入口网站，通常它们都会提供搜索引擎帮助用户查找所需信息或网站，现在大多数的门户网站都致力于向目的网站（destination site）迈进。门户网站提供了搜索引擎服务、免费电子邮箱，以及新闻、财经、招聘、购物等各式各样的内容服务。

门户网站帮助用户自行寻找他们所需要的信息，却也不只是一个帮助使用者在网络上更为方便的工具。门户网站是一般网络用户使用网络时首先接触的网站。综观国内各大门户网站，可以发现彼此间差异性不大，因此如何在浩瀚网海中脱颖而出，与其网络品牌经营与品牌定位有很大的关系，网络使用者对于国内门户网站的品牌定位，是根据其本身的使用偏好程度与网站品牌的国际化程度所产生的。门户网站的日渐普及与市场新利基的建立，使得上网者对专业化网站的需求提高；而配合新营销时代的来临，新科技营销已从以往的大众营销走向一对一的个性化营销，在网络发达且门户网站百家争鸣的背景之下，如何提高会员注册率与如何保留住已注册的会员，是网站经营者所需考虑的两个重要课题。基本上，门户网站须具备以下特性：拥有大量顾客基础、顾客对品牌信任、具有营销能力、具有管理合作伙伴的能力、具有信息技术经验、具有创新力、能承担风险。

二、电子零售商

线上的零售商店一般称为电子零售商（e-tailer），其有着各种规模和形态，大至亚马逊网络书店，小至有网站的地方性商店，均可称为电子零售商。

值得注意的是，电子零售商的“阵亡率”超过三成。台湾地区相关部门统计，比较 2003 年、2004 年的电子商店数量，前三大“阵亡”类型为美容保养、3C 与花卉艺品，“阵亡率”分别为 45%、43%与 38%。研究发现，电子零售商有两极化的趋势：规模大、有网络品牌者逐渐拓展实体渠道，迈向虚实整合；而规模小的业者积极运用网络拍卖渠道，希望以网络拍卖流量带动营收，并且克服网络营销的难题。

三、内容提供者

网络内容提供者（Internet Content Provider，ICP）就是以销售内容或以内容来吸引会员收取会费，吸引广告为业务目标者，为跨资讯、广播两大领域下的新产业，提供给网友即时、互动及个性化的信息，以吸引网友至其网站浏览。目前内容网站的营收来源主要有：网络广告、电子商务、会员入会费、内容授权金。

内容网站一旦起初为用户免费提供内容，事实上之后就不可能要求使用者付费，假如网络内容提供者要求使用者付费，只会促使多数的网站到访者离开，同时也减少了广告商。

四、交易中介商

交易中介商（transaction broker）提供线上交易的服务功能，包括信息流、资金流甚至物流等，让买卖双方通过网站方便、快速完成繁琐的交易程序。如 E-Trade、Charles Schwab 都是交易中介商，可通过网络下单购买股票或基金。

五、市场创造者

市场创造者（market creator）即建立一个数字化的交易空间，让买卖双方可以会面、展示商品、搜索商品，并可相互议价商定商品价格。在过去，市场创造者依赖实体的交易空间来建立市场。然而，互联网发生了改变，将交易空间的实体与虚拟区分开来。最知名的例子就是 Priceline.com 让顾客自己设定愿意支付的价钱，来购买旅游住宿和其他产品；另一家是 eBay，创造一个电子环境让买卖双方可以在数字化的交易空间中互动、议定价钱，然后交易。

六、服务提供商

服务提供商（service providers）通过提供改善零售商及顾客之间的互动以降低成本的服务来赚取收入。例如：联邦快递（FexEX）的 interNetShip 服务，让使用者可以随时免费追踪物流状态。电子零售商在网上销售商品，而服务提供商则在网上提供服务，有的会收取费用，有的从其他来源获利。服务提供商基本的价值主张，就是提供给消费者一个比传统服务提供商更具有价值、更便利、更省时、更低成本的选择。

七、社群提供者

社群提供者（community provider）即创造数字化线上环境，让有类似兴趣的人可以互动、想法相近的人可以交谈，进而取得相关信息甚至相互交易（买卖商品）。社群提供者的基本价值主张，是创造一个快速、方便、集中的据点，让使用者可以专注于他们最重要的议题与兴趣。社群提供者一般依赖混合式的收益模式，包括订阅费、销售收入、手续费、合作费或广告费。

2-3 企业对企业（B2B）商业模式

Laudon & Traver（2004）认为主要的 B2B 商业模式，包括有以下几种：

一、电子分销商

电子分销商（e-Distributor）即直接为其他企业提供产品或服务的公司。对电子分销商来说，一家企业在网站上提供越多样的产品或服务，这个网站对可能的企业客户就越有吸引力。对企业客户来说，在一个地方一次购足，远比必须浏览好几个网站来找出特定零件或商品要好得多。

基本上，电子分销商将来自许多供应商的型录或产品信息，聚集在此中间商的网站。在过去，这类中间商是以纸质型录运作。对买方的企业客户而言，电子分销商提供了一个下单和一次购足的场所。而所购买的品项多为维修及作业项目（maintenance, repair, and operation items，MROs），即通常不会与供应商制定固定合约的品项（非直接原料）。

二、电子采购商

由于电子采购商的产品信息均存储在网络数据库中，所以就卖方而言，加入采购链系统就如同商品在网络或社群上进行大规模的宣传一般，不但为公司打广告并可借此模式来获得大量的订单。更因电子采购链系统平台与买方的直接连线来确认商品细节或是内容，如此一来可以减少不必要的错误，待双方彼此均已熟悉且信任对方，卖方即可针对买方公司作商品的下单预测。

例如 Ariba.com 与 CommerceOne.com 这类公司，创造线上的电子采购市场，让买家与卖家可以在此进行交易，借由市场配合服务赚取利润。对于买家，Arbia.com 为其整合线上采购的分类目录，以协助其挑选商品或服务；对于卖家，Arbia.com 通过提供包括建立目录、运送、保证及金融等方面的软件来协助卖方将产品销售给大型采购商。

三、交易市集 / 交换市集（marketplace/exchange）

B2B 交易市集又称为 B2B 中枢（B2B Hub）。B2B 交易市集聚集了大量买卖双方及自动化交易流程，使得买方可扩展产品及服务可供选择的空间，卖方可以扩展新市场、新客户，并降低双方的交易成本。B2B 交易市集是传统市集的电子版，代表买卖双方能聚集在一起交易的单一地点。交易市集具有下列几项特征：

1. 交易市集是一个开放式的网络交易环境。
2. 市场的参与者至少应由买卖双方以及市场的建构者所组成。
3. 买卖双方可在这个公平的市场上自由买卖。

B2B 交易市集主要可分为垂直交易市集与水平交易市集：

1. **垂直交易市集**：提供商品或服务给特定产业，例如钢铁业、汽车业、化学业、园艺业、木材业等。
2. **水平交易市集**：即提供特定商品或服务给不同产业的公司。特定商品或服务，例如营销、财务金融或信息系统等。

四、产业联盟

产业联盟（industry consortia）最典型的例子就是结合美国三大汽车厂通用（GM）、福特（Ford）和克莱斯勒（Daimler Chrysler）成立的汽车零件产业联盟电子市集 Covisint。由于买家（企业大客户）大部分的产品组件可能都来自同样的供应商，建立共同的交易平台，可以达到采购的规模经济，降低成本，并且找到更多的供应商。以 IBM 为例，如果单独建立一个交易平台的效果可能是 5:10，与其他同类型的公司一起分摊成本，反而可以达成 1:10 的效果，这也是企业愿意合资产业联盟电子交易市集的原因。

五、私人产业网络

私人产业网络（private industrial network）把焦点锁定在合作伙伴和供应链管理之间连续的业务流程协调上。一个标准的私人产业网络由大企业使用企业间网络来跟供应商和自己的商业伙伴连接。网络是属于买家的，而买家允许指定的供应商、经销商以及其他工业伙伴来分享产品设计与研发、生产、配送、营销、销售，甚至顾客服务与支持，还有其他未结构化的通信，包括：图形和电子邮件。另一个关于私人产业网络的专有名词是“私人交换”（private exchange），私人交换是目前成长速度最快的 B2B 产业形态。

私人产业网络是企业利用数字网络（不一定是互联网络，绝大部分企业使用电子数据交换（EDI））处理其与各供应商或合作伙伴之间的信息流与资金流。这类私人产业网络一般由一家超大型的采购公司所拥有，例如，沃尔玛（Walmart）和克莱斯勒（Chrysler）。举例来说，沃尔玛针对它的供应商运作了全球最大的私人产业网络，这些供应商借此可以在网络上监控他们自己的产品在沃尔玛的销售状况、运送状况与库存状况。目前约有 70%的私人产业网络仍使用电子数据交换（EDI）这类技术。

六、产业网络

产业网络（industrial network）通常是根据产业联盟关系而发展的。这些网络通常是由产业中大型企业所联合拥有，且具有以下共同目标：在网络上提供一套公正的商业沟通标准；共享及开放技术平台来解决产业的问题。

产业网络中最知名的例子是全球零售交易所（World Wide Retail Exchange，WWRE）。WWRE为渠道商主导的产业网络电子市集。WWRE 的目的为建立一个以满足渠道商与其供应商在供应链中商业交易的社群。换句话说，其主要是被设计来简化零售商、供应商、合作伙伴与分销商之间的交易。WWRE 的主要会员有 JC Penny、CVS Corp、Safeway、SUPPERVALU INC.、Tesco 等知名的卖场或超市。WWRE 目前有来自非洲、亚洲、欧洲、北美洲的 61 个会员，总共约 9000 亿美金的交易额。

事实上，产业网络可提供比产业联盟还要多的功能，不过这两类 B2B 商业模式已越来越相近了。

2-4 演变中的电子商务模式

一、消费者对企业（C2B）商业模式

消费者对企业（consumer to business，C2B）的商业模式是企业对消费者（B2C）商业模式的变形。顾客对企业的电子商务模式，重点虽然还是在企业与顾客之间，但其进行的方向与传统的销售商品及服务行为不同。传统的购物行为可称为“推”（push）式的销售方式，是由企业将其生产的产品卖（推）给消费者，企业有较多的自主权；而消费者对企业（C2B）的商业模式则是消费者要企业生产符合消费者需求的产品，再由消费者购买，也就是购物行为由传统的“推”转为“拉”（pull），消费者拥有较多的自主权。简单地说，C2B 的模式可算是消费者导向的营销方式，美国的 Priceline.com 就是此类的电子商务模式。

priceline.com 主要业务是让消费者自定所需的机票、酒店、日用品等的价位再寻求相关的企业来满足消费者的需求。其提供一个方便有效的“交换机制”，让想要订机票和酒店的消费者自行出价，由厂商提供符合该价位要求的产品或服务，一方面满足消费者需求，另一方面也使厂商有机会减轻未利用率、降低库存。该公司成立 1 年就吸引了约 100 万的会员，目前正以每季增加 30 万会员的速度成长。

二、消费者对消费者（C2C）商业模式

消费者对消费者（Consumer to Consumer，C2C）的商业模式，是消费者用来建立与其他消费者间的商业连接模式，拍卖网站是最好的 C2C 例子，如电子海湾（eBay）。

eBay 是 C2C 的典型范例，交易的双方都是消费者，网站经营者提供的是“交易的大会堂”——系统机制，扮演的角色是“市场促进者”。整个 eBay 就像是把实体世界的跳蚤市场搬到网络上来（平均每天有 200 万种商品），网站经营者不负责物流，而是协助市场信息的汇集以及建立信用评价制度。买卖两方消费者自行商量交货及付款方式。

三、点对点（P2P）商业模式

简单来说，点对点（Peer to Peer，P2P）是一种让个人电脑同时具备服务器（server）与客户端（client）的技术。过去的网络是建立在“主从架构”之上，所有资料及搜索引擎都架构在服务器上，用户登上网络向服务器发出请求，资料才会从彼端传输过来。P2P 技术则打破这样的规则，它让个人电脑同时担任服务器与客户端的角色。好比是一个大型的区域网络，将数以亿计的 CPU 以及硬盘空间整合在网络上，供众人分享。

一些应用软件（如 Napster 及即时通信软件）受到欢迎后，P2P 技术开始受到大众的注意。早期的 Internet 实际上是一个点对点的环境，只是后来随着互联网的发展，以服务器为依据的系统才逐渐发展来应付越来越多的使用量。但是目前，电脑已经具有更快的处理速度和较大的存储量，这使得点对点的使用者可通过电脑的直接连接来分享电脑资源和交换资料。

点对点技术，就是借由系统间的直接交换来进行电脑信息和服务的分享，最广为人知的应用模式就是 Napster，以及即时通信（instant messenger）服务。P2P 的应用除了一般人最为熟知的音乐、电影、文档的交换外，Yahoo!、即时通、微软的 MSN 也是 P2P 技术的一环，不过这些现在都逐渐消失了。

四、O2O 商业模式

何谓 O2O

O2O（Online to Offline）是指线上营销、线上购买带动线下经营和线下消费。换句话说，就是消费者是在线上购买、线上付费，再到实体商店领取商品或享受服务。O2O 的狭义定义是消费者在网络上购买实体商店的商品、服务，再实际进店享受服务，但经过这几年的发展，O2O 也出现许多变形，而这些变形也包括 O2O 的反向，从线下到线上（Offline to Online）。因此可将 O2O 广义地定义为：将消费者从网络线上带到线下实体商店或是将消费者从线下实体商店带到网络进行线上消费。

团购的基本概念

团购（group buying）是 O2O 商业模式中的重要角色。团购是指消费者集合亲朋好友，增加购买数量，借此向卖方议价。团购对于买卖双方都可降低彼此的交易成本，是一种对于买卖双方互利的营销方式。团购的蓬勃发展更为企业开启了营销渠道的新思维，团购利用宅配方式送达于消费者手中，或是超市取货，可以将货品指定送达家里附近的超市门店，直接使用转账或是货到付款，这种交易模式由繁复的过程简化到直接生产端与消费端的交易，与过去的营销模式大为不同，对消费者而言更加方便。

网络团购是一群消费者向商家采购，国际上称为“Business To Team”，简称 B2T，是继 B2B、B2C、C2C 后，又一电子商务模式。网络团购是指相互不认识的消费者，借助互联网的“网聚力量”来聚集人与资金，加大与商家的谈判能力，以求得最优的价格。尽管网络团购的出现只有短短几年时间，却已经成为一种流行的新的消费方式。

Anand & Aron（2003）认为，团购是借由聚集消费者需求，使价格随着需求增加而下降的一种数量折扣形式，其中主要两个元素为“需求聚集”与“数量折扣”。团购的过程，通常是由一群对相同产品或服务有共同需求的消费者聚集形成联盟，以较大的需求量，对厂商进行议价，要求给予价格折扣或其他经济利益（例如赠品）。因此，理论上参与团购的消费者越多，其议价能力将会越高。

团购给消费者带来的好处

1. 消费者能享受到更多优惠：参加团购，通常会比市面上实际的价格便宜 2～3 成。因为通过团购，可以将“被动的分散购买，变成主动的购买”，所以购买同样的产品，能够享受更低的价格和更佳的服务。
2. 提高消费者的购物效率：面对复杂繁多的商品，不知道该如何选择，这是大多数消费者在进行消费时常会遇到的困惑，降低了消费者的购物效率。而团购这样的消费模式，可以帮助消费者在很短的时间内做出决定，同时又避免了重复操作等问题。
3. 消费者掌握主动权：传统消费过程中，因市场信息不对称的问题，导致消费者地位处于弱势，只能被动接受。而现在，消费者可以在网络上进行良性的交流和互动，增进彼此的了解，并通过参加团购来了解产品的规格、性能、价格，借由其他购买者对产品客观的评价，达到了省时省力的目的。

团购网站现状

2014—2018 年中国团购网站行业现状、前景、发展趋势分析及投资前景预测报告显示，早在 2011 年中期，所谓的团购行业十大网站就已经基本形成，第一批十大团购网站包括：拉手网、窝窝团、美团网、满座网、糯米网、F 团、高朋网、嘀嗒团、24 券、团宝网。当时的大众点评网在团购业务上已经做得相当不错，规模也完全可以进入团购业绩前十名，不过由于在大家眼里其主业依然是点评业务，所以当时往往不被看作独立的团购网站。

这个时代的十大团购网站还处在春秋战国大混战的阶段，一方面单个网站的业务量还不是特别高，另一方面大家的差距也不是很明显。当时销售额最高的拉手网、窝窝团和美团网月销售额刚刚过亿，而其他几家月销售额也有好几千万。

随着竞争的进一步加剧，像 24 券、团宝网等陆续关门倒闭，而 F 团和高朋网合二为一，前十名又增加了大众点评网、千品网、58 团购等后来居上的新成员。

不过好景不长，即使是团购行业这剩下的 0.1%的幸存者，很快也在残酷的竞争中快速拉开了差距。其中，美团网一骑绝尘，到 2014 年初，已经一家独占整个国内团购市场超过 50%的市场份额，而大众点评网后来居上，紧随美团之后，抢占了剩余团购市场的一半份额。这个时候的团购市场，实际上就是美团和大众点评网的两强之争，因为第三名的份额只有美团的五分之一，而所谓的第六名的销售额已经只有美团的百分之一！

从团购业务的交易流水额来衡量，美团和大众点评网显然都已经是一个互联网巨头企业了。但在巨大交易流水的背后，团购行业从一开始就诞生的超低价策略的负面伤害一直延续至今，这导致即使到了美团、大众点评网独霸团购市场四分之三的份额、几乎达到垄断地位的今天，依然缺乏对消费者的议价能力，其惨不忍睹的净营收是它们内心说不出来的痛。

而在团购市场竞争依然你死我活的今天，美团和大众点评网谁也不敢松动，想简单靠提价来提升盈利能力的做法，现阶段依然不是一个聪明的选择。别忘了，除了美团和大众点评网外，后面还有一个背靠百度支持的实力不俗、虎视眈眈的糯米网！

（资料来源：中国报告大厅，http://www.chinabgao.com/k/tuangouwangzhan/19013.html）

五、限时抢购

所谓“限时抢购”（flash sale），是以网络为媒介的 B2C 电子商务零售交易活动，起源于法国网站 Vente-Privée，是指购物网站在极短的时间内临时性做出大幅降价优惠，时间非常短，一般只有 1～7 天，过了这个时间就没有这个优惠价，故称为“限时抢购”，下手要快才能买到大降价的商品。

2012 年 5 月，亚马逊（Amazon.com）推出全新的会员制时装销售网站 MyHabit.com。MyHabit.com 销售的所有产品均来自于知名设计师和品牌服饰，例如杜里（Doo.Ri）、伊丽莎白&詹姆斯（Elizabeth and James）和豪斯顿（Halston）等顶级品牌。Myhabit 是一个专门为限时销售打造的时尚购物网站，MyHabit.com 每日提供一些限时促销活动（限时抢购优惠），最高折扣将低至 4 折。该网站还提供身着所售服装的真人模特的高清照片，以及 360 度全景视频，为消费者提供独特的、完善的购物体验。此外，MyHabit.com 还将提供 4 天的免费邮寄和退货服务。

限时抢购模式有以下特征：

1. **品牌丰富：**推出知名品牌商品，供消费者选购。
2. **时间短暂：**每次推出的时间很短暂，一般为 1～7 天，先抢购者先买，限量销售，售完即止。
3. **折扣超低：**一般为商品原价的 1～5 折销售，折扣力度大。

2-5　互联网产业

互联网产业主要可分为五个层次，分别是：

- 基础建设提供商
- 应用软件提供商
- 网络中介服务提供商
- 电子商务企业
- 网络内容提供商

一、基础建设提供者

网络基础建设提供者是提供产品、服务用以建构 IP 为基础的网络基础建设公司。这些企业不仅属于互联网的基础建设，部分还与通信相关，其中，提供上网服务的互联网服务提供商（ISP）结合通信与网络特性，像美国在线（AOL）是美国最大的网络服务提供商（ISP）。ISP 虽然享有频宽优势，但要在短期之内留住客户并将人潮转换成资金流并不容易，因此与异业结盟、走向上市是ISP扩张的方式之一。近年来ISP公司面临许多挑战，例如在欧洲地区免费拨接已成为一种趋势，位于欧洲的 ISP 业者除了有广告、销售费用的收入外，还可与电信业者分享电信收入。至于全美ISP占有率最大的美国在线（AOL）就提供免费网络存取服务、免费上网设备、免费浏览器、免费即时通信软件、各项免费的个性化信息服务等附加服务，以强化竞争力。

二、应用软件提供商

因特网的应用软件是架构在IP网络基础建设之上，用来进行网络商业活动。应用软件提供商（ASP）主要以网络应用软件为主，可分为商业模式与营销模式两部分，其分类与相关公司如表2-3所示。

表 2-3 应用软件提供商（ASP）

分 类	相关公司
多媒体应用	RealNetwork、Macromedia、Microsoft
网页开发软件	Adobe、Macromedia、Microsoft
搜索引擎	Google、Baidu
拍卖	ebay、Yahoo 拍卖、露天拍卖

三、网络中间商

网络中间商通过配合采购者和销售者以提升电子商务市场的效率。网络中间商的分类和相关公司如表2-4所示。

表 2-4 网络中间商

分 类	相关公司
垂直产业的市场制造商	VerticalNet、PCOrder
线上旅游经纪商	携程旅行网（ctrip.com）、途牛旅游网（tuniu.com）、去哪儿网（travel.qunar.com）
线上证券经纪商	嘉信理财（Charles Schwab）、E*Trade
内容聚集业者	CNET、Broadcast.com
门户网站	Google、Yahoo!、PChome

四、电子商务企业

凡是通过互联网进行的商业活动，都可以算是电子商务。即使是利用网络来改善企业间与客户间的关系，例如营销、销售、顾客服务与技术支援等都是电子商务的范畴。电子商务为目前各企业所积极投入的方向，且以 B2B 未来发展潜力较为各方重视。在电子商务企业中，最具代表性的是网络书商霸主——亚马逊。亚马逊销售的图书及音乐两项商品于网络零售市场双居第一，目前亦持续进行多元化商品销售的规划，唯一较令人担心的是截至目前获利步伐缓慢，由于其所售产品多属单价低、利润低的商品，再加上近期持续于产品销售线上的扩充，故相较于已有获利的雅虎以及美国在线，亚马逊网络书店必须提出更强的成长规划才能支持目前的股价水准。

五、网络内容提供商

通过网络提供各种信息内容产品和制造内容的服务给消费者与企业的都是网络内容提供商，此部分为网络架构的顶层，借由形成社群来吸引消费者的眼光为各网站关注重点，例如地理城市（Geocity）成功地经营虚拟社群概念，会员忠诚度高，总流量始终都能维持前五位的排名，以其非经营门户网站为主的背景，显示其会员忠诚度相当高，目前已与雅虎合并，对于雅虎会员人数的增加亦有不小的贡献。而免费个人线上通信服务的 ICQ 也是网际网络的内容提供者，ICQ（其实就是 I Seek You 的简称）最主要的功能就是可使网友在线上进行即时互动、彼此相互沟通。

学习测评

1. 何谓 business model、business plan？e-business business mode 的目标是什么？
2. 传统商业模式存在哪些问题？请举例说明。
3. 请简述商业模式的八个主要成分是什么。
4. 商业模式以企业内外来分类，可分为哪几类？以交易对象来分类，又可分为哪几类？
5. 主要的 B2C 商业模式有哪些？请举例说明。
6. 主要的 B2B 商业模式有哪些？请举例说明。
7. 简述 C2B 商业模式。
8. 简述 P2P 商业模式。
9. 简述互联网产业五大层次的参与者。

案例讨论：社群商务（social commerce）Line Mall 来了

2013 年 12 月底 Line 宣布，将提供智能手机使用 C2C 电子商务服务、开设网络虚拟商城“Line Mall”。完全从移动平台出发的 Line Mall 很可能是第一个从即时通信软件踏入实体商品交易的服务。Line 指出，只要智能手机用户下载专用 APP 应用程序，就可利用 Line Mall 购买或出售衣服、化妆品、杂货等各式商品；用户仅需利用智能手机拍摄商品图片并输入价格，就可完成商品出售的设置过程，而 Line 会收取商品出售价格 10%的手续费，但不收取商品上架费用。

卖方：轻松上架。Line Mall 对卖家相当友善，卖家只需拍照，简单文案编辑后，按下“上架”键即可让商品上架。

买方：随时随地购物。强调购物确认后只要 2 分钟，就可以免运费出货的高效率体验，让许多日本女士趋之若鹜。此外，日系粉嫩界面相当吸引人，相关的买卖双方隐私沟通机制也很健全。

保证买卖双方交易安全。Line Mall 整个的交易步骤为买家支付金额后，Line Mall 会先将金额暂时保管，再通知卖家将商品寄出，买家收到货物后再把预收的钱款支付给卖家，保障买卖双方的权益。此制度保证卖方绝对拿得到钱、买方绝对收得到货，保障买卖双方的交易权益。因此，不会有付款拿不到货物，或是商品寄出却没收到钱的状况。

讨论问题：

1. Line Mall 的经营模式合理吗？说说你的看法。
2. 你觉得 Line Mall 有哪些值得学习的地方或应改进之处？说说你的看法。

Web 2.0 与云商务

3 CHAPTER

导读：传统媒体威信不再

“任何可吸引注意力的都是媒体。”根据台湾地区的民调，有93%的受访者认为新闻媒体会为了商业利益而发布不实信息。多数网友认为，若商业公司给媒体好处，媒体就会做出利于该公司产品的报道。也有网友表示，曾看过比较同类产品的新闻，但内容却偏向强调其中一个产品的优点，“很明显就是在打广告。”

此外，84%的受访者认为，媒体在进行报道时若政治倾向太明显，亦会使他们不信任媒体。尽管媒体报道偏颇，但受众未必会被媒体牵着鼻子走。有77%不信任媒体的受访者表示，在看到某些报道时，会主动求证于其他消息来源。

调查显示，有77%的受访者表示曾转换过主要接收新闻信息的渠道。其中，大多数受访者由电视转换至社群媒体获取新闻资讯。网友认为，电视新闻内容非常零碎，报道了过多周边话题，与非主流媒体相比，较无法完全聚焦于事件的原因及始末。当传统新闻媒体失去多少的专业和严谨，新闻媒体就会失去多少的受众。目前的主流媒体多一味追随网络上的信息，并用夸张的方式诠释，新闻媒体早就失去应有的专业度，受众终究会寻求其他的信息渠道。

3-1　Web 2.0

一、何谓 Web 2.0

Musser & O’Reilly（2006）在《Web 2.0：Principles and Best Practices》一书中提出 Web 2.0 的

定义：Web 2.0 是由一系列经济、社会、技术趋势所共同形成的次时代网络的基础，是一个更成熟且特殊的媒介，其特征为使用者参与、开放以及网络效应。

Web 1.0 演化到 Web 2.0 的现象对比如表 3-1 所示，代表案例如表 3-2 所示。

表 3-1 Web 1.0 演化到 Web 2.0 的现象对比

现象	Web 1.0	Web 2.0
行为模式	下载、阅读（read）	上传、分享
内容单位	网页（page）	post / record
基础架构	client/server	Web services
内容创造者	网页开发者（Web developers）	群体中的任何人
主导者	电脑玩家（geeks）	大量业余人士
主导权	网络企业	用户
线上新闻	门户网站的新闻服务	RSS 订阅
社群媒介	聊天室	博客
商业模式	销售“产品”为主	提供“服务”为主

表 3-2 Web 1.0 与 Web 2.0 的代表案例

	Web 1.0	Web 2.0
广告方式	DoubleClick	Google AdSense
相簿	Ofoto	Flickr
资料传送	Akamai	BitTorrent
音乐	mp3.com	Napster
百科全书	Britannica Online	Wikipedia
社交软件	Evite	Upcoming.org
个人媒体	Personal Website	Blogging
网站宣传	Domain name speculation	Search Engine Optimization（SEO）
网站效益评估	page views	cost per click
网络应用	screen scraping	Web services
互动方式	publishing	participation
内容管理	content management system	wikis
分类方式	directories（taxonomy）	tagging
联播聚合	stickiness	syndication

资料来源：修改自 Tim O'Reilly. What Is Web 2.0. 2005.

Web 2.0 将造成社会主导权的转移：

1. **媒体的诠释权：**由“大众媒体”转向“博主与公民记者”。
2. **专业的把关者：**由“专家学者”转向“众人智慧”。

Osimo 认为 Web 2.0 涵盖了三个层面，分别是价值层面、应用层面和技术层面，如表 3-3 所示。

表 3-3　Osimo 的 Web2.0 三个层面

层面	说明
价值（value）	1. 使用者兼具生产者 2. 集体智慧 3. 不断创新改良 4. 使用极为便利
应用（application）	1. 博客 2. 维基 3. 播客 4. 简易信息聚合（RSS feeds） 5. 标签 6. 社交网络 7. 搜索引擎 8. 多玩家在线游戏（multiple player online games）
技术（technologies）	1．Ajax 互动式网页应用程序 2. 可扩展标记语言（XML） 3. 开放式应用程序界面（open API） 4. 微格式（microformats） 5. 多媒体动画（flash/flex）

资料来源：Osimo（2008）

但 Web 2.0 所能获得的收益远少于 Web 1.0。目前美国最大的社交网站 Facebook（Web 2.0 的代表），年收益不过 3 亿美金，远不及每年超过上百万美元的亚马逊书店（Web 1.0 的代表）。简言之，Web1.0 赚到钱，Web 2.0 赚到人气。

二、Web 1.0 发展至 Web 2.0 的五大驱动力

Web 1.0 发展至 Web 2.0 的五大驱动力，主要如下：

1. **真正的全球连接：**由于网络连接了全世界，因而带来网络应用软件、网络社群效应、全球小众市场、青少年市场等的改变。全球 10 亿网络用户中，85%是经常性使用者，而其中 Web 2.0 使用者的年龄层普遍在 30 岁以下，这些现年 30 岁以下的网络使用者，又称为“数字原生代”，其中的涵义为：以电脑网络为成长过程中的玩伴，孩提或青年时期就已接触过并熟悉运用网络，而在这样的前提下，网络造就了全球性的市场。
2. **始终在线：**由于频宽的大幅提升，上网成本大幅下降，无论何时、何地、何人都可以轻易地连接网络。网络时代将所有原本舞台上的角色做了转换，舞台从“窄频”变成了“宽频”，其中的“类比产品”多被“数字产品”所取代，电脑桌前的信息、知识消费者，就像在现实生活中的多重角色一般，同时扮演消费者，也是信息、知识的生产者或出版者。

3. **广泛的网际网络存取：**不论在任何时间、任何网络，使用任何的工具或装置，在任何地点，都可以得到所需的网络内容。
4. **低起始成本：**这是最适合创业的年代，创业成本低。由于开放源代码软件以及相关硬件的成熟，加上个人电脑与服务器价格的大幅下降、企业信息系统外包服务的成熟，通过网络所带来的营销成本降低，这些种种都促使 Web 2.0 时代的创新与创业的起始成本变得相对低廉许多。
5. **使用者参与：**由于 Web 2.0 中的博客、相簿分享、影音分享等网站，让使用者得以通过创造与分享内容，以及与其他使用者互动等方式彼此交流，因而此类网站无论是访问数量还是会员注册人数均不断增加。使用者的行为与其所生长的背景息息相关，很有趣的现象是，对中国和日本的网络使用族群做行为调查，中国的使用者主要是网上交友，而日本的使用者则多为网络购物。

三、Web 2.0 的核心概念

Web 2.0 的核心概念在于“U.S.E.R”，分别介绍如下。

U = Unconstraint

U 代表“无限制”（unconstraint）。无限制指的是使用者从原本被限制、缺乏主控权、只是被动接受信息的角色转变成信息的主导者。这意味着，在自由提供网站内容与自我管理的情形下，网站的内容会呈现动态地成长。在这样的趋势之下，造成了 Web 2.0 的使用者出现明显的转变：

1. **“使用者角色”的转变：**使用者由“消费者”转变为“协力者”。使用者由被动转为主动，自己决定网站内容，并且通过彼此间的分享，来丰富网站内容。通过参与、分享的分式，使用者成为网站服务与内容产生的协力者。从以往的“有限选择中接受”转变为“主动参与创造内容”。
2. **“使用者关系”的转变：**使用者以彼此间的信赖为前提，并通过相互监督与审核的机制，在开放的讨论架构下，使用者的知识得以累积，并借以凝聚强大的力量。奠基于互信所产生的团结力量，让使用者不再只是“个人”，而是在共同愿景之下，每个人都具有登高一呼的号召力，这同时呼应了美国《时代》杂志评选年度风云人物——“You”所彰显的个人价值。

S=Service

S 代表“服务”（service）。过去许多网络公司，都提倡网络应该是一种平台，但是以“获利”为导向的企业本质，或以控制网络内容呈现与应用标准的发展策略始终无法真正让网络成为一个平台。但 Web 2.0 时代，网站内容服务化，各式的网络服务犹如百花齐放，多以服务消费者为导向，并重视使用者体验与感受。其善用网络的无疆界性与开放性，从提供内容转为提供服务，真正实践网络平台的精神。

E=Externality

E 代表“外部性”（externality）。网络外部性原是指一个兼容的系统，可以经由众人的参与，增加使用的方便性，随着越来越多的人加入，方便性就会越来越高，进而引起更多人的加入使用。这种兼容系统所创造的市场正面外部性，称为网络外部性。Web 2.0 本身就是一种兼容系统的概念，每一个人都可以通过网络，进行各类操作，不会因为使用的浏览器不同，而发生不相容的情况。在使用者越来越多的情况下，会带来方便与热潮，吸引更多人浏览。

R=Reward

R 代表“报酬”（reward）。每一个企业的最终目的都是为了营利，网络公司也不例外。总结目前全球 Web 2.0 服务，可归纳出七大获利来源，分别是：商务（commerce）、会员（membership）、广告（advertisement）、移动（mobile）、拍卖（auction）、内容（content）及虚拟物品（avatar）。虽然现今许多网络服务尚未寻找到最佳的获利模式，但毋庸置疑的是，只要能满足使用者的需求，即可创造该网络服务的价值。网络服务在使用者心中的价值，即等同于潜在的获利能力。

四、Web 2.0 的服务形态

1. **服务提供型**：“服务提供型”网站提供 Web 2.0 性质的服务，例如博客（blog）、社会网络服务（Social Network Service，SNS）、口碑式网站、影像分享网站等，是目前较普遍的形态。此类服务形态的收入来源多为广告、植入式营销、数据分析及销售或版权费等收入。
2. **服务支援型**：是指活用本身的平台，提供不同业态 Web 2.0 的网站支持服务。此类服务形态的收入来自于服务平台的提供，也有可能通过提供服务间接向终端使用者收取费用。
3. **服务利用型**：是指利用 Web 2.0 服务为企业发挥更大的效益，提高企业的效率及机能，例如让使用者参与商品策划、开发、广告、销售、宣传，或是利用服务提供型为企业进行人力资源或知识管理等服务。此类服务形态本身没有收入，多是借由活用 Web 2.0 与商品研发等企业功能结合来寻求利益。

五、Web 2.0 的应用服务

1. **混搭服务**：混搭的观念就是把多种对象搭配在一起，运用创意与巧思，产生出别具一格的创新产物。借由将几个优秀网站的功能整合到自己的网站来，来提供给使用者一个全新的服务，提升网站的附加价值。混搭服务的重点在于网站的内容与功能大多来自其他网站。例如：UrMap。
2. **网络软件**：是指网站本身会提供给使用者一套自制的软件供下载，而使用者可以利用所下载的软件，享受一些新的服务。
3. **社群共享平台**：简单来说就是网友把内容上传到网站，进而形成该网站的内容，上传的内容基本上是指像文字、图片、影音等类型的文件。例如：天涯。

4. **社群网络服务（Social Network Service，SNS）**：网友间依据各项理念、主题在社群网站中成立不同的团体，并借此进行联络、沟通与分享。例如：人人网等。其实，SNS 有三个意思，即：社会网络服务（Social Network Services）、社交网站（Social Network Site）、社交软件（Social Network Software），目前全球最有名的 SNS 就是 Myspace 和 facebook，也被网络业者视为未来的明星服务，也有专家提出了 BBS→Blog→SNS 的进化论。
5. **播客服务（Podcast）**：是由"iPod"与"Broadcast"两个词组合而成，即 MP3 Player 与广播机能的结合，而 Podcast 与传统广播最大的不同是，它能够通过 RSS 订阅的功能，让听众即时下载电台或网站上最新的 MP3 文件进行收听。

六、Web 2.0 应用的技术

1. **AJAX**：全名 Asynchronous JavaScript and XML。当使用者查看网页或输入资料的同时，AJAX 可以异步的方式传送及接收服务器送来的信息，马上验证使用者输入的资料或是更新网页，不用反复地浏览、展示。如此一来，网页里也可以做到像 Windows 程序的自动完成、拼字检查、立即校正等功能。简单来说，AJAX 就是一个 Web 互动的新方式。该方式让客户端与服务器之间仅传递或接收小量信息，尽可能地让使用者体验到有效率的回应。
2. **RSS**：全名 Really Simple Syndication，是一种将网页最新讯息以及头条新闻同步发送给订阅者的新机制。它通过 XML 语法来表现信息内容，读者自行订阅想看的新闻内容且不需提供自己的基本资料、电子邮箱，避免垃圾邮件的困扰，更方便的是可在同一个界面下浏览各个筛订的网站资讯，目前 RSS 跃然成为改变网络出版的新技术。RSS 的特点：
   - **即时性（timely）**：对于 RSS 的订阅者而言，可以最快地得到最新讯息以及头条新闻。而不用被动式地去每个网站上搜索。
   - **具有成本效益（cost-effective）**：大大降低了传输和发送的成本。如，对于新闻邮件的发送者不需要花费太多的费用即可对每个订阅者发送散播讯息。
   - **统一标准的"Tag"**：RSS 有其一定标准定义的"Tag"，提供 RSS 服务的网站都遵循此标准，不但可以方便解读也更加便于管理。
   - **RSS 可整合在电子邮件中**：通过 RSS 等软件可以将 RSS 信息完美地转换成电子邮件的格式。这也意味着订阅者会根据自己的偏好来订阅，并且也可避免电子邮件的垃圾信息和病毒。
   - **隐私性和安全性**：对订阅者而言，并不需要提供自己的电子信箱，而发行者并不能利用电子邮件重复不断地发送广告邮件。RSS 代表着不能不正当地使用网络来作为广播媒体传送相同的讯息给大量未要求传送讯息的使用者，对于订阅者而言是另外一种安全以及隐私机制。
3. **Ruby on Rails（RoR）**：是以 Ruby 语言所开发的开放原码程序的开发框架，其设计概念为"别重复同样的事"（don't repeat yourself）与"惯例优于设定"（convention over configuration），并按照 MVC（Model View Controller）结构所开发，可支持网络应用程

序的功能、生命周期，并具备整齐划一的观点。基于上述理念，RoR 在程序开发方面相当简洁，省却了了解与配置基础框架的时间，而专注于应用程序本身，有助于提高开发人员的生产力。同时，随着 AJAX 技术在 Web 2.0 时代的流行，有人将 AJAX 与 RoR 结合，称为“AJAX on Rails”，利用 Rails 所提供的工具，将 Ruby 程序转为 AJAX 程序代码，相当便利。

七、Enterprise 2.0

哈佛商学院教授 Andrew McAfee 在发表的一篇论文中，首创了“Enterprise 2.0”的说法，来形容 Web 2.0 科技逐渐蔓延到企业应用领域的趋势。其核心概念强调企业若能活用具有“SLATES”（Search 搜索、Links 连接、Authoring 写作、Tags 标签、Extensions 扩充、Signals 信号）特质的 Web 2.0 应用，可以对企业信息管理产生极大的帮助；企业内外信息将更容易产生与记录，更方便阅读和使用。借由这种协同合作的企业信息环境，可以有效地进行企业知识管理并提高员工生产力。“Enterprise 2.0”不是一种特定的产品，而是一种概念。

1. **Search（搜索）**：搜索在因特网中扮演着相当重要的角色，能将使用者想要的资源通过关键词挖掘出来，但是反观企业，使用者往往没办法轻易地在企业内部搜索到想要的资源。一般网络上的搜索通过 PageRank 算法产生出资源的重要性排名，并非所有资源一律平等看待。排得越前面的搜索结果，越有商机。虽然企业的门户网站会设计导览工具，引导使用者取得所需的资源，但输入关键词搜索往往是使用者在茫茫资料大海中，快速找到所需信息的方式。
2. **Links（连接）**：是网页的关键功能，而网页彼此的连接，不但构成复杂的知识网络，同时也产生资源重要性的权重，这是 Google 决定网页重要性的项目之一。由于网络的连接是由不特定的人士所生产、指定的，但在企业内部却是由少数的人来决定，削减了连接所能产生的丰富意义。因此开放制作企业内部连接的权力，将使得企业网页产生更多的价值。
3. **Authoring（写作）**：并不是指人人都成为作家，而是多数人都具有发表意见、分享看法的意愿，这种行为是人们上网开博客、发表评论的原因，也是撰写 Wiki 的原因。Web 2.0 的写作工具如 Wiki，让留存知识普遍化，并且让它再也不是员工额外的工作。不仅如此，其改版功能促进意见交流，并且记录内容的演变。写作甚至只是简单地贡献出一个网址，但是有这样的机制，才容易串接起彼此的看法。
4. **Tags（标签）**：是社群分类机制，人们可以自行用简短的词句，自行定义相片、书签或是文章。这个机制最重要的意义在于开放分类权限，不再由系统管理者这类少数人决定，改由任何参与网络活动的使用者来定义、分类。这样的改变，或许会付出定义不够精确、产生重复冗余的代价，但它最大的价值在于反映知识工作者实际使用信息的结构与关系，一旦累积足够的量，就会产生极丰富的意义。标签也能保留平台拜访轨迹。使用者可以利用它来记录有用的内网或网际网络的页面，并设置个性化的标签来提醒自己对这些内容的想法。如果有人使用兼容的标签，使用者就可以利用这个标签看看这些人去看过哪些相关页面，使用者即可延伸自己缺乏的部分。
5. **Extensions（扩充）**：使得一般人可以结合不同的软件工具来创作，例如在 Amazon

网站找到自己想要的图书，系统还会回应给使用者可能会喜欢的书。另外像 Pandora 这个音乐网站，使用者只要输入一个音乐家或曲目之后，可以通过喜欢或讨厌的选项来产生下一首曲目，通过简单的应对和模式的累积，就形成了使用者独特的聆听音乐风格。

6. **Signals（信号）**：动态地掌握知识内容的改变，例如 RSS 机制。信号着重在 RSS 机制，信息如果可以主动传送给使用者，降低检查信息异动的频率，自然减轻科知识工作的负担。而 RSS 刚好提供这种情况的解法。使用者可以利用 RSS 机制订阅所需的内容，一旦有新的异动，使用者即可收到最新的资讯，而无须反复检查内容是否更新。

检视 McAfee 教授提出的六个元素中，除了“连接”是 Web 1.0 就已经存在的元素，其他 5 个元素都是在 Web 2.0 时代即被突显与强调的。“搜索”来自于 Google 对于页面的特殊排序；“书写”是 Web 2.0 强调互动性、可写网页的特征，不论是博客或 Wiki 都在这个范围中；“标签”则是社群分类的技术；“延伸”则让网络以过去的知识提供进一步的智能；“信号”则让信息的传递主动化、即时化。若企业想要打造 Enterprise 2.0，必须掌握上述的 6 个元素，形成一个可以将人员、知识整合在一起的平台，以提升知识工作的执行与产出。

McAfee 教授强调 Enterprise 2.0 的三大元素是“软件”“数据”“网络”；而这三大组件如何升级到 2.0，是任何一家企业都应主动面对的课题。

八、维基（Wiki）

早在 Web 2.0 之前就有维基（Wiki）一词，Wiki 是一种网站应用技术，使用 Wiki 系统的网站称为 Wiki 网站，Wiki 是一种可在网络上开放许多使用者建立与链接网页，共同创作的编辑平台。Wiki 包含一套能够创造、改变 HTML 网页的系统，再加上一套能够对于所有变更进行纪录以及编目的系统，并可对于变更进行还原。

Wiki 系统也可以包括各种辅助工具，让使用者能轻易追踪 Wiki 的持续变化，或是让使用者之间讨论解决关于 Wiki 内容的争议。同时 Wiki 的写作者构成一个社群，Wiki 系统对社群提供交流工具，让成员之间可以彼此进行交流。此类网站最著名的莫过于维基百科（Wikipedia），通过世界各地的编辑者的合作与努力，已经创造出内容超过百万条的英文版线上百科全书，并已有多国语言版本。

3-2 长尾理论（long tail）

一、什么是长尾

“长尾效应”简单地说，就是经由网络科技的带动，过去一向不被重视、少量多样、在统计图上像尾巴一样的小众商品，却能变成比一般最受重视的畅销大卖商品（big hits）有更大的商机。

美国连线杂志（Wired Magazine）总编辑安德森（Chris Anderson）在 2004 年 10 月发表的“长尾”（long tail）一文，引起了全球广大的回响。Chris Anderson 观察到一个现象。传统上，企业都受到 80/20 定律的影响，所以企业将主要资源放在 20%核心客户或市场，渠道经理则将主要营销补助放给 20%的主力经销商……，甚至必要的时候，可以放弃贡献度较低的 80%的市场。Chris 却惊人地发现，只要市场或渠道够大，上架成本够低，就能让商品唾手可得，那冷门的市场也不容小觑，如图 3-1 所示。

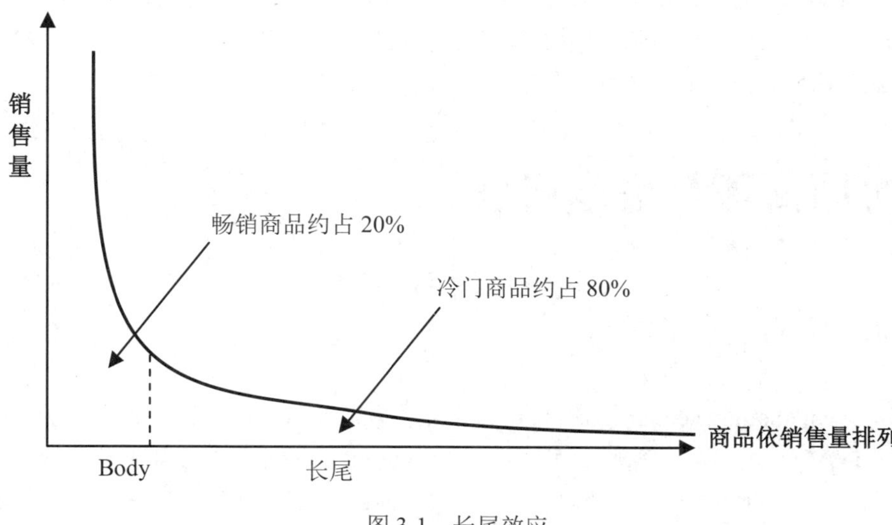

图 3-1　长尾效应

二、长尾精神

长尾理论颠覆了传统畅销品的观念（80/20 法则），转而专注在利基商品的小众市场上，照顾好小众市场就有商机，集合数量庞大的小利基商品便能创造出惊人的利润。

三、如何会有长尾效应

从音乐 CD 的例子可以看出，网络是长尾效应的主要动力，因为它大幅降低了渠道及广告的成本；更因它无远弗届，可使销售对象遍及全球，提供了各种适应特殊品味的小众合作机会。其实网络并不是唯一的因素，任何其他能使少量多样商品的供应及销售效率大幅提高的方法或技术都很重要。

四、长尾的商机何在

将少量多样的商品变成长尾市场大商机。但并不是所有产业或产品都会具有长尾效应，例如差异化较小的大宗货品（commodity）或原材料，如石油、钢铁、矿产、大豆等，或是标准化的工业基本组件是不易有长尾效应的。

五、长尾能变更长吗

Web 2.0 的兴起更进一步催化了长尾效应。由于开放及互动式的参与，使得更多不同的买方及卖方加入，也提供了更多样化的商品交易，这使得长尾不断地增长，而其市场规模也跟着扩大。

六、长尾与蓝海策略的关系

不论是传统 Porter 的差异化竞争，或是蓝海策略，都是在于回避商品与服务同质化的困境，但事实上，如果企业要创造出更多的差异化，通常代表需要经营更多的小众市场；而更多的小众市场，则是传统企业上想要避开的 80%“低获利+高成本”的市场。

3-3 协同商务与集体智慧

一、协同商务的定义

协同商务（collaborative commerce）即：将企业由内至外的所有资源如企业资源计划（ERP）、供应链管理（SCM）、顾客关系管理（CRM）等整合起来以达到企业分享知识及经验的效果。

协同产品商务（collaborative product commerce）则是“一套将数个以产品为中心的商业流程整合成一个单一、封闭回路的解决方案的软件和服务”。

二、协同商务的四大功能领域

META Group 将协同商务分为四大功能领域：

1. **设计（Design）协同商务：**包括一切分布式生产及生产定制化与上游厂商间信息流程的共享。
2. **营销 / 销售协同商务：**是指营销 / 销售阶段与渠道厂商间的关系，强调和渠道厂商之间的信息、订单、价格与品牌等流程的共享。
3. **采购协同商务：**是由数家厂商联合采购，以提高议价能力，节省采购成本。
4. **规划与预测协同商务：**协助企业与企业间在规划、预测阶段的合作，以减少供应链的长鞭效应。

三、协同商务的三大层级

Goldman Sachs 将协同商务分为三大层级：

1. **非结构性沟通层级：**是指和合作伙伴间通过非正式渠道，例如：电话、传真或电子邮件等进行相互沟通。
2. **商务交易中心层级：**是指进行产品或服务交换的过程，包括下单、付款、送货等。
3. **知识 / 流程交易中心层级：**是指企业各部门、合作伙伴与顾客间商业流程、内容及专业领域知识的交换。

协同商务的层级及发展方向如图 3-2 所示。

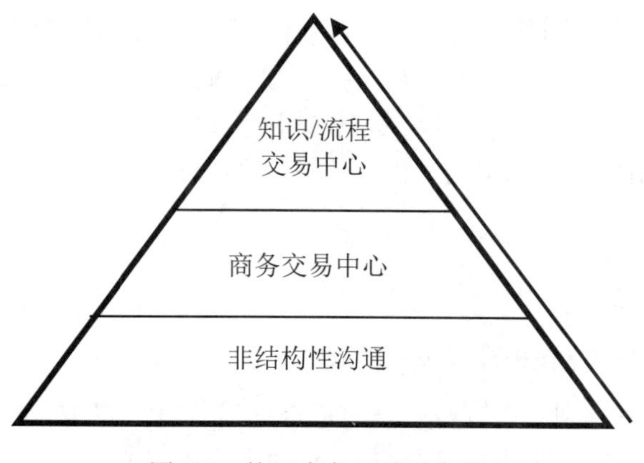

图 3-2　协同商务层级及发展方向

四、集体智慧

由于每一个人的思维有限，无法用一个人的思考模式来解决各种问题，而要经由与其他人合作所创造的集体智慧（collective intelligence），进而突破个人的思考方式。此时，协同便是借由此种不同角度处理问题的集体智慧，来提升组织的创造力。

例如，Dell 运用网络平台广纳全球客户意见，IBM 通过 Wiki 与 Podcast 让内部员工的知识得以留存，这些企业善用 Web 2.0 集体智慧的特性，发展出全新的学习模式——数字学习 2.0，鼓励员工主动学习与知识共享。

Don Tapscott 和 Anthony D. Williams 认为，集体智慧是大规模协同作业。为了使这一概念能够发生，需要遵循四项原则：开放、对等、共享、全球行动。

3-4　云计算与云商务

一、何谓云计算（Cloud Computing）

“云计算”并不是新技术也不是技术，是在实现“概念”的过程中，产生出相对应的“技术”。云计算是一种概念，代表的是利用网络使计算机能够彼此合作或使服务更无远弗届。简单来说，云计算=网络+网络运算。

其实所谓“云”就是泛指“网络”，名称来自于工程师在绘制示意图时，常以一朵云来代表网络。因此，云计算说白一点就是网络运算。凡运用网络沟通多台计算机的运算工作，或是通过网络连线取得由远端主机提供的服务等，都可以算是一种云计算。因此，云计算不是一种新技术，更严格地说，甚至不能算是技术。云计算是一种概念，代表的是利用网络使电脑能够彼此合作或使服务。

事实上，云计算的概念也不算新，其本质来自于“分布式运算”（distributed computing）与“网格运算”（grid computing）。所谓“分布式运算”，顾名思义，就是将大型工作区分成小块后，分别交由众多计算机各自进行运算再汇整结果，以完成单一计算机无力胜任的工作。而“网格运算”则是分布式运算加以延伸的一支，其主要特点在于将各种不同平台、不同架构、不同等级的电脑通过分布式运算的方式做整合运用。所谓的“网格”是指以公开的基准处理分散在各处的资料。基本上，云计算与网格运算并没有显著的不同。两者都是分布式运算的延伸，但网格运算着眼于整合众多异构平台，而云计算则强调在本地端资源有限的情况下，利用网络取得远方的运算资源。

二、云端商机

云端的意义不在于技术，而在于商业模式的改变。在云端世界里，竞争无国界，一定要做到高度差异化，才有机会存活。云端衍生出的商机可粗分为三大类：设备服务（Infrastructure as a Service，IaaS）、平台服务（Platform as a Service，PaaS）及软件服务（Soft as a Service，SaaS）等。

1. **设备服务（IaaS）商机：**企业内部云需求多。IaaS 是指专门提供设备或专业，协助企业建置或使用云计算服务的厂商。在做法上，第一步是先将服务器整合，进行虚拟化工程，进而衍生庞大商机。其中，VMware 专攻服务器虚拟化技术，全球占率超过九成。例如：全国加油站在 VMware 协助下，整合 8 台数据库服务器至 2 台高可靠度架构服务器上，并成功建置异地备援系统，进而省下 50%的成本支出。
2. **平台服务（PaaS）商机：**软件厂家之战。PaaS 是将多种不同的应用软件整合在同一个接口下。微软、Google 的云端“战争”正是在此展开。Google 从搜索引擎出发，逐渐将云服务扩增为 Google Maps、Google Docs、Gmail、Picasa 等，满足客户所有需求。而微软启动蓝天计划（Window Azure），微软的策略是“软件＋服务”，将会针对现有软件，发展相应的云服务。
3. **软件服务（SaaS）商机：**创新机会更多。SaaS 是指，各类软件安装在网络上，只要上网就可使用，客户不需再下载至自己的电脑，增加负担。Google 是目前全世界提供最多云端软件服务的公司，从邮件信箱 Gmail、影片 YouTube，到地图 Google Map 等，这些几乎都已成为使用率最高的云服务。

三、云服务

简单来说，“云服务”就是“网络服务”。凡运用网络沟通多台计算机的运算工作，或是通过网络连线取得由远端主机提供的服务等，都可以算是一种云服务。使用云服务的好处是，企业不需投入大量资金采购 IT 软硬件，也不需要增加信息管理人员，只要通过云服务供应商所提供的服务，在很短的时间内就可以迅速取得服务。这对一些分秒必争的企业营运来说，将会产生相当大的帮助。

其实，云服务的成熟取决于两大关键因素：虚拟化技术的普及，以及连网装置及速度的增加。有了虚拟化的技术，企业放在云端的资料备份及备援将会得到相当程度的保障。这让企业愿意将资料及应用程序放在云端，通过网络让各分公司能够及时取得服务，达到随选服务的需求（service on demand），加快公司整体的营运效率。

四、云服务的分类

云服务的分类，主要可分为私有云、虚拟私有云、公用云、社群云及混合云等。根据维基百科的解释如下：

1. **私有云（private cloud）**：是将云端基础设施与软硬件资源建立在防火墙内，以供机构或企业内各部门共享数据中心内的资源。私有云是完全为特定组织而运作的云端基础设施，管理者可能是组织本身，也可能是第三方；位置可能在组织内部，也可能在组织外部。
2. **虚拟私有云（Virtual Private Cloud，VPC）**：是存在于共享或公用云中的私有云，亦即一种网际云（intercloud）。
3. **公用云（public cloud）**：是第三方提供一般公众或大型产业集体使用的云端基础设施，拥有它的组织出售云服务，系统服务提供者借由租借方式提供客户有能力部署及使用云服务。
4. **社群云（community cloud）**：是由几个组织共享的云端基础设施，它们支持特定的社群，有共同的关切事项，例如使命任务、安全需求、策略与法规等。管理者可能是组织本身，也可能是第三方；管理位置可能在组织内部，也可能在组织外部。
5. **混合云（hybrid cloud）**：由两个或更多云端系统组成云端基础设施，这些云端系统包含了私有云、公用云、社群云等。这些系统保有独立性，但是借由标准化或封闭式专属技术相互结合，确保数据与应用程序的可携性，例如在云端系统之间进行负载平衡的云爆技术。

3-5 网络营销方式

一、搜索引擎营销

面对“大部分网站的新访客来自搜寻引擎”的事实，搜索引擎营销（Search Engine Marketing，SEM）的概念应运而生。搜索引擎营销是一种以通过增加搜索引擎结果页（Search Engine Result Pages，SERPs）能见度的方式来推销网站的网络营销模式。搜索引擎营销的方法主要包括：搜寻引擎优化（SEO）、付费排名及付费收录。

step 01：到搜索引擎登记网址。

这是消费者拥有控制权的年代，营销模式从过去的“主动发出广告信息”变成“当消费者需要某种服务，我第一个出现并提供”。网友通过搜索引擎查找商品信息，正是这种精神的体现。然而很多网站自始至终就没有被搜索引擎找到过，网页内容当然不会被收录到搜索引擎的数据库中。网友找不到，就更别谈要出现在搜索结果的页面上。

step 02：借由链接提高网页分数。

基本上，搜索引擎给每个网页打分数的高低，会决定搜索结果的排列顺序，而你的网页被别人的网页链接的次数越多，这个分数越高。因此企业要做的一件重要的事情即：增加自己网站内页相互链接的机会。

step 03：以关键词来进行网站分类。

网站经营者必须从使用者的角度出发。“当使用者脑海里想到什么字眼时，会到我的网站来？”以这些关键词将网站上的页面分类，并且把所有跟这些关键词有关的文章集合到这个分类页面下。

step 04：重整网站设计概念。

大体上 Web 1.0 的网站设计都是假设访问者是从首页进来的，这是十分错误的概念。事实上，在类似 Google 的全文检索式搜索引擎当道的今天，有很大一部分的网络使用者是直接从搜索引擎进入网站内页，然后根本没想过要进入首页，就离开该网站了。因此，重要的事情必须让访客在内页完成，而不要期待他们会进入首页。

step 05：购买关键词广告以弥补不足。

搜索引擎营销的核心精神在于“观察网络使用者采用什么关键词来搜索”，网站经营者据以重新设计网站并建立与搜索引擎间的关联。但是，万一某个关键词是网友常用的，但是企业的网站无法提供怎么办？此时关键词广告就派上用场了。此种广告方法可以从搜索引擎购买特定的关键词，当网友搜索这个关键词的时候，企业的网站广告就顺势被带出，显示在搜索结果的最前面。根据网站的运作经验，此种广告的点击率大约在 3%～5%之间，也就是说，企业的关键词广告被显示一百次，大约有五次会被点击，并且链接到企业的网站。这个比例高不高？很高！其他传统的网络广告连这种水准都达不到！

step 06：尽量少用 Flash 这类的多媒体网页。

目前的搜索引擎最主要是以搜罗网页上的文字资料为主，因此才要如此着墨在关键“字”上面。但是，很多网站是以大量的图片构成，这些网页被搜索到的机会因此大大降低。此外，目前许多网站都以 Flash 制作，但这些充满声光效果的网页，上面的文字却无法被搜索引擎记录（搜索引擎只能记录一般的网页文字），这种网站的曝光率能有多少？这并不是要企业停用图片或 Flash，而是网站经营者必须注意，重要的内文页、分类页、关键词页，必须以文字呈现并且建立链接。如果非用图片或 Flash 不可，应该在该网页上同时加上文字描述。

二、搜索引擎优化（SEO）

搜寻引擎优化（Search Engine Optimization，SEO）是一种利用搜索引擎的搜索规则来提高目的网站在有关搜索引擎内的排名的方式。研究发现，搜索引擎的用户往往只会留意搜索结果最前面的几个项目，所以不少网站都希望通过各种形式来影响搜索引擎的排序。当中尤以各种依靠广告维生的网站为甚。

所谓“针对搜寻引擎作优化的处理”指的是为了要让网站更容易被搜索引擎接受。搜索引擎会将网站彼此间的内容做一些相关性的资料比对，然后再由浏览器将这些内容以最快速且接近最完整的方式，呈现给搜索者。

对于任何一家网站来说，要想在网络用户中取得成功，搜索引擎优化都是最为关键的一项任务。同时，随着搜索引擎不断地变换它们的排名演算规则，每次算法上的改变都会让一些排名很好的网站在一夜之间名落孙山，而失去排名的直接后果就是失去了网站固有的可观访问量。所以每次搜索引擎演算规则的改变都会在网站排名的世界中引起不小的骚动与焦虑，SEO 也变成越来越复杂而困难的任务。

三、关键词营销

因网际网络的兴起，改变了人们的经济商业行为、消费模式及广告呈现方式，进而促使了世界两大龙头门户网站 Google 及 Yahoo!投入巨资研发了新一代的网络产品营销新创举——搜索营销（search marketing），在众多的搜索结果中，能让用户快速找到最精确且又排前的优质厂商。

对于营销的产品、经营的行业及公司的属性等，列出最会被消费者及采购者选用去搜索的文字词汇群组，简称为“关键词”（keywords）。两大门户网站 Google 与 Yahoo!的关键词搜索营销的广告推广方案应运而生。

关键词营销的特色在于精准、高效与低预算门槛。其实，关键词营销还有一个最大的特点就是：广告主可“随时操控”的广告。广告主可根据当日最新的广告成效报表，随时决定广告是否继续、暂停、修正、重启或调整支出预算高低等。也就是说，虽然已经预付了一笔广告费用，但费用未“被点完”用尽前，广告主可以随时针对已经进行的广告进行检讨、修正，让广告效益最大化。与一般传统媒体广告或第一代网络刊登付费广告，几乎无法中途终止或修正，截然不同。

四、关键词营销构成要素

如图 3-3 所示，基本上，关键词营销包括四个构成要素：

1. **关键词（keywords）**：任何有关促进商品销售的文字词组，包括商品介绍或促销活动的内容，预先将消费者会查询的字词设定在搜索引擎内，则这些字词统称为关键词。例如：“保养品”“化妆品”“结婚婚纱”“美白”等。
2. **标题**：以公司市场定位及竞争优势为核心，包括公司形象、品牌核心、营销渠道等，并且使用目标客户熟悉的语言用词来描述。例如：“葛洛莉 SPA 美学馆”“英国泰勒花卉香氛生活馆”或“陈怡安天然手工香皂概念馆”。
3. **内容描述**：包括所设定的关键词（词），并如实描述公司特色避免使用浮夸用词，再顺势带入相关周边以增加丰富感。例如：加拿大天然保养品，心旷神怡乳油木果油，甜蜜温馨的感觉，同时保护润泽肌肤。
4. **网址**：设定关键词（词）欲让消费者实际链接的网站网页。

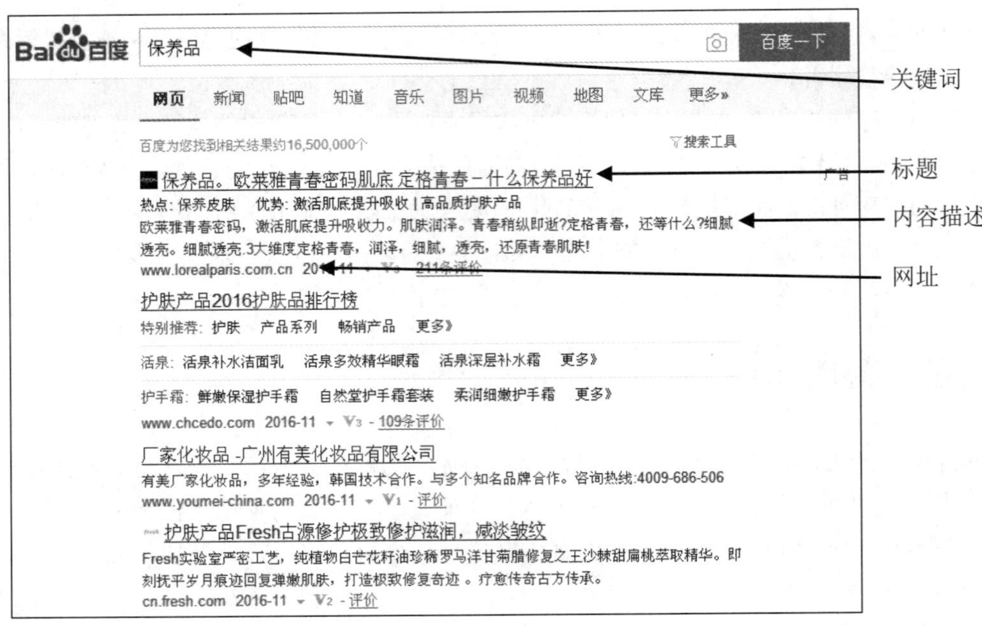

图 3-3 关键词营销构成要素

五、关键词营销收费方式

1. **竞价排序：**让企业对关键词的价格有更多主导权。若是有甲、乙、丙三家公司都选择关键词“手机”，则出价最高的关键词广告排在最上方。假设：每个关键词的最低出价是 3 元，最低增幅是 0.5 元。目前最高出价者乙公司出价 10 元，丙公司出价 5 元，甲公司出价 3 元，最高出价的乙公司虽然出价 10 元，但是仅需支付比出价第二高的丙公司 5 元多一个增幅 0.5 元的费用，所以乙公司的单次点击费用为 5.5 元。
2. **点击计费：**每一块钱都花在引导用户到企业网站的流量上。每点击成本（Cost Per Click，CPC）的收费方式，即只有当用户点击到广告主刊登的关键词广告时，广告主才需要付费。例如：甲公司在 Yahoo 上，对关键词“手机”出价 3 元，今天共有 100 人点击甲公司的关键词广告，所以甲公司今天应付给 Yahoo 的关键词广告费是 300 元。

六、关键词营销的字符串对比方式

关键词营销最常使用的字符串对比方式有三种：

1. **标准对比：**又称为完全对比，设定的关键词和消费者输入的文字完全吻合。例如：设定的关键词为“美白”，当消费者输入“美白”搜索信息时，则购买“美白”关键词的该公司的相关信息，即会被优先显示在搜索结果页。
2. **进阶对比：**又称为加强比对，消费者所输入的文字（词），若和关键词设定的字（词）符合时，也会显示在结果页面上。例如：设定关键词“保湿美白”，当消费者输入“美白保湿”时，则该“保湿美白”的关键词也会优先显示在搜索结果页。
3. **内容对比：**关键词出现在 Yahoo 首页内的频道中，如新闻、知识、生活、气象等。当相关的报道或文章内容符合关键词属性时，若开启了内容对比功能，则会自动带出热门关键词。例如："明星代言美白保养品"的新闻内容中则会出现"保养品""保湿"等相关热门查询的关键词。

七、病毒式营销

病毒式营销（viral marketing）是指以非常具有创意或加入很惊人的耸动元素，穿插融入在产品或服务中，并以 E-mail 传播。所以，病毒式营销主要是以电子邮件营销为基础，通常是指在电子邮件内容最后加上"与好朋友一起分享""转寄给亲朋好友"等字眼的按钮，只要输入 E-mail 地址，按下按钮便可将信件转寄出去。而当网友发现一些好玩的事情，常会通过 E-mail 或 BBS 讨论区告诉网友们而一传十、十传百像流行病毒很快就传播出去。这种靠网友的积极性和人际网络间分享的营销方式，就是病毒式营销。

病毒式营销最知名的案例就是"我的心遗留在爱琴海"。这是一位工程师 Justin 在 2003 年 5 月初到希腊自助旅行 12 天，拍摄了 1400 多张希腊风景照片。网址一公开 E-mail 不断被转发，马上造成轰动，7 月初就突破 100 万人次转发量，至 8 月中旬已被 160 万人次浏览。

■ 病毒式营销的来源。

最早由网络创投业者 Steve 在 1997 年提出，他认为：病毒式营销是一种通过趋近于零的转移成本，让客户在使用产品时将产品信息进行传递并加以背书。而利用使用者的背书，可以更轻易地将产品信息传递给周围的人，进而达到营销的效果。

资料来源：http://www.justin-photo.idv.tw/aegean/

■ 电子邮件营销和病毒式营销的区别。

一般说来，病毒式营销=电子邮件+网站+故事营销。病毒式营销与电子邮件营销的最大不同，在于电子邮件营销强调一对一营销，而病毒式营销则可借由网友的转发力量把电子邮件寄送规模扩大。如图 3-4 所示，即在说明传统营销手法与病毒式营销手法的区别。

■ 使用病毒式营销的渠道。

病毒式营销有时候不见得都是借由 B2C 的传递行为，很多时候都是经由 C2C 的方式，信息是通过第三者、亲友或他人介绍的，而非业者自己去主动宣传，通过如 E-mail、BBS、留言板、Blog 等工具轻易复制、快速流通特性的电子化工具传递。它能够以小费用造成大效果、引发群起效应，借由网友的转发力量给广告主带来无法计算的附加效果。病毒式营销的步骤如下：

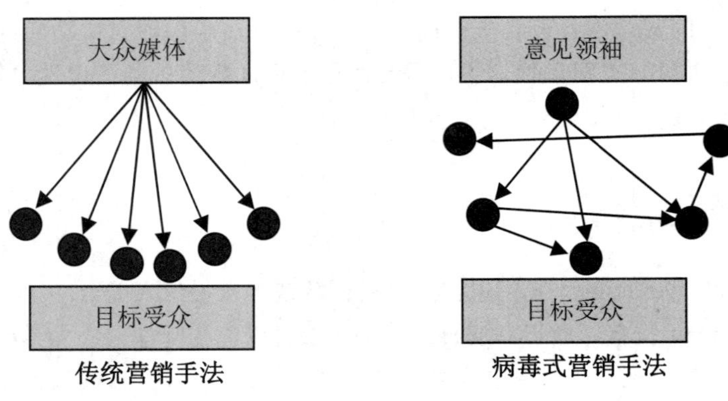

图 3-4 传统营销手法与病毒式营销手法的区别

step 01：创造有感染力的“病原体”，成为爆炸性传播话题（例如：无伤大雅的八卦事件流传最快），通过心灵的沟通感染网友不断蔓延。

step 02：挖掘意见领袖传播目标受众成为病毒最初感染者和传播者。

step 03：创造消费者日常生活中频繁出现的“病毒”感染途径。基本上有 9 种感染途径：

- 日常生活中展开无指向性的宣传。
- 通过赞助各种活动。
- 举办线上研讨会。
- 进行产品和服务公益展示。
- 加入产业协会影响消费者。
- 建立广泛的营销联盟，联合其他网站共同开发市场，互相促进销售。
- 主动与有影响力的消费者（意见领袖）互动，举办座谈会或 PARTY。
- 联盟使用不同企业的营销数据库，获得更全面的信息。
- 在一些可能有效的载体预埋管线，让社会大众积极参与，让“病毒”容易扩散。

八、许可式营销

顾名思义，许可式营销（permission marketing）即先向消费者取得许可，再向其传送信息或促销资讯的一种营销策略。例如：在申请雅虎电子邮箱时，通常消费者会被询问是否愿意收到电子广告邮件，这种让消费者选择愿不愿意收到广告的网络营销方式，即属于许可营销。

许可式营销就是通过消费者的允许而达到销售目的的方法。简单地指出其中关联，就是“需求”与“价值”，如何满足消费者的需求，以提供具有价值的信息，达成销售的目的。这和过去被动地等待顾客上门的营销方式相当不同。

而如何取得顾客允许？这正是许可式营销推动的重点与难处之一。网站通常通过赠品或其他方式取得消费者的 E-mail，这是网站开始进行许可式营销的首要阶段。网站往往借由电子折扣券，或是利用低价促销信息来鼓励消费者慢慢地将个人喜好或资料留在网站，利用循序渐进的方式与消费者不断沟通后，来分析资料与意见以得到所需的信息。最终目的是希望以此信息来了解消费者的内在欲望（What User Wants!）。

过去这样的分析资料除了网站经营所需外，也被利用在网络广告的传送上，以求精准地达成广告的效益。虽然其效果被广泛讨论，也有正反两面的意见，然而不可讳言地，我们相信这样的转变是革命性的。因为，广告正由过去单向呈现方式，开始聪明地“寻找”对的目标受众。如果这样的“寻找”是“精准”的，那么对于“许可式营销”而言，它已完成一半的工作。

随着技术的精进，搭配数据仓储与数据勘探的运用，越来越接近消费者的需求。接着是如何满足消费者的期待。将来无论是外包的营销或是厂商本身投入，满足消费者的期待与提供具有价值的信息，进而完成产品销售，将会是营销的重点。

还记得阿拉丁神灯吧！相信每一个人心中都殷切地期待，能够拥有那样的许愿机会。虽然阿拉丁神灯只是神话，然而如果当消费者心中有一种需要，即便只是希望买一双鞋子，如果能立刻由信函、电话营销、邮购、电子零售、有线电视、报纸、杂志、广播与其他媒体获得相关信息，其中信息皆符合设定标准时，将会有更大的成交机会。就像许愿池一般，消费者提出需要，厂商要做的，只是如何建立得到消费者需求的渠道，与提供满足消费者需要的产品。

毕竟“价值”与“需要”是串连一起的，这是营销的基本精神。“在别人的需要里可以看见自己的价值”，产品卖得好不好，能不能得到肯定，其实就在于是否符合消费者的需要。有谁会想浪费自己的愿望，许下不切实际的东西？

九、联盟网站营销

联盟网站（Affiliated Web sites）是网站协助与其合作的网络商店产生营业额时，按交易笔数支付其一定比例的金额的一种机制。联盟网站是由多个知名网站结盟为合作伙伴以扩大市场规模，让广告达到最佳的曝光效果。一般来说，联盟网站营销机制如图 3-5 所示。

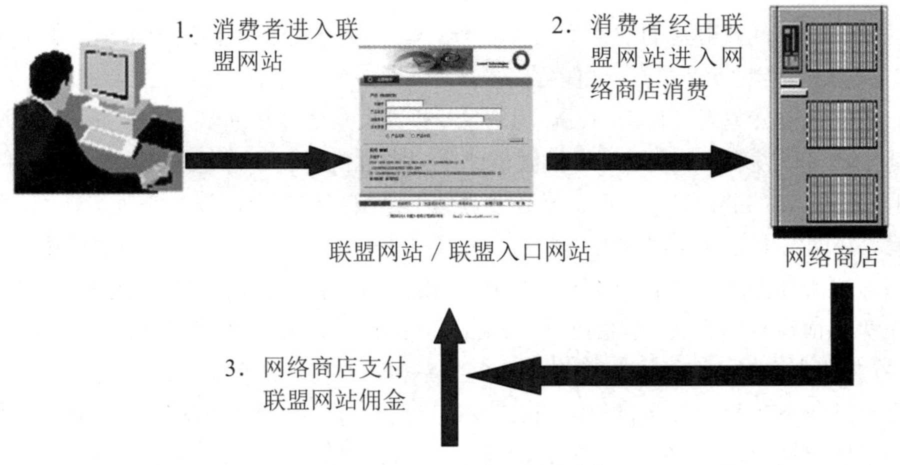

图 3-5 联盟网站营销机制

例如消费者若经由非亚马逊网站的链接而成功采购亚马逊网站的商品，提供亚马逊网站链接的联盟网站将可获取 5%～15%的佣金，其运作流程如图 3-6 所示。与其他专业领域网站或讨论群组建立联盟网站营销，不仅能发挥营销效果，更可提高网站对消费者的价值，并且把传统口耳相传（Word-of-Mouth）的营销传播模式转换成鼠标相传（Word-of-Mouse）的效果。

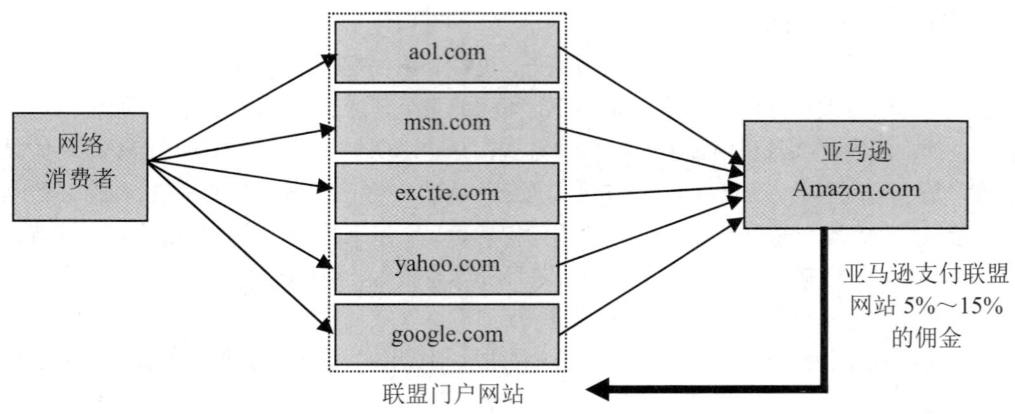

图 3-6　亚马逊网络书店的联盟网站营销机制

十、博客营销

博客简介

博客是英文 Blog 的中文译名，是由英文的 Web Log 简化而来，而写博客的人被称为博主（Blogger）。博客于 1997 年开始在美国以线上日志的形式出现，通常超链接网络新闻再加上博主的简短介绍或个人评论，以及读者的回应。博客其实是一个网站，只是这个网站是将信息或新闻按日期新旧顺序排列，而且博主通常会提供相关的超链接；与一般网站不同的是，读者看完博客上的内容后，可以加以回应或加入讨论。

博客是继 BBS、E-mail、即时通后，第四个改变世界的网络杀手级应用。Google、Yahoo!、微软等网络龙头纷纷鼓励网友到他们的网站上成立个人博客，各大企业也逐渐把生意头脑动到博客身上，运用博客来推展营销、广告与公关任务。

传统上，企业营销公关人员将精心设计的信息，通过大众媒体传递给社会大众；但在博客出现后，每一个博主都可以发表自己的言论，通过网络无远弗届的特性，广泛地转寄、链接，吸引人潮上博客观看且造成自发性的讨论。现在甚至许多媒体都会根据博客上的讯息来制造新闻，如同《纽约时报》所言，在网络上公开事实的真相，无论好事与坏事，散播的速度都将超过以往。博客的影响力如此惊人，也难怪西北大学教授 Walter Carl 会如此肯定博客的营销时效与速度。

目前最常见的博客营销方式，是企业将试用品或产品活动放到博客上，吸引消费者浏览、讨论，例如 Nissan 在推出新车时，就设立博客邀请车主分享相关心得，让车主或潜在消费者彼此互动，这些讨论也是企业十分珍贵的参考资料。Nike 更是运用博客营销的经典案例，利用创新的手法，获得媒体广泛的瞩目与报道，创造了数万人次的点击，成功地提升了企业的品牌形象。

在娱乐产业方面，博客也不缺席，以电影《魔戒》一片走红全世界的导演彼得·杰克逊曾利用颠覆好莱坞传统营销手法的“Video Blog”形式，宣传即将上档的电影《金刚》。自电影开拍前就架设独立网站，发布选角等前制消息，影片拍摄期间，使用“制片日记”的方式和影迷沟通；导演每隔一段时间更会亲自录制短片以供下载，让影迷直接参与影片制作过程，更酝酿其心中的等待。而在台湾地区，如《无米乐》《生命》等电影也运用博客来营销，虽然只是在电影上映后，将各个博客串联起来，却也十分成功，增加了不少宣传效益。

无论从公关或广告的角度来看，博客与商业的结合越来越密切，在美国甚至出现了一种名为"博客监视服务"的新兴行业，专门替大型企业汇整分析在博客上的消费者意见，进而在最快的时间内和消费者沟通，调整自己的策略。或许仍有许多人质疑博客的有效性，不过他受到的瞩目已是不争的事实，唯有广泛地尝试与创新，充分发挥网际网络与信息科技的功能，才有可能获得成功。

失败案例：七喜汽水（7 Up）。早在 2003 年 3 月，七喜就已经尝试使用博客来做营销。当时为了宣传新调味乳产品"狂牛"，成立了"狂牛博客"，配合全美的巡回营销活动，请消费者以"狂牛"身份来写博客，分享饮用经验，因此获得消费者热烈回响。但不到半个月的时间，就有博客用户发现，在狂牛博客中，有 6 名大力赞美的博主是七喜安排的。七喜造假的消息，违反了博客在网络上真诚表现自我的精神，这个信息开始在各博客之间传递，进而有博主开始发起"抵制狂牛"的活动。尽管真正抵制的人数不得而知，但却对七喜的品牌与形象造成严重伤害，后来七喜的"狂牛博客"也以关闭了结。尽管事隔多年，如今再搜"抵制狂牛"关键字，仍可找到大量的文章链接。一旦博客营销操作不善，杀伤力的速度与威力由此可见。

博客是一种新的网络营销工具

基本上，博客可以协助网络营销从事四个方面的工作：

1. **网络事件营销：**这有点像是传统营销人员在操作"事件营销"一般，通过 Blog 可以对一群有特殊同好的网络社群进行线上事件营销，例如：Nissan 2005 年推出重量级新车 Tiida 时，就成立了博客（http://blog.nissan.co.jp/TIIDA/），邀请车主分享驾驶心得、开车旅游经验、试驾会活动感想、车队活动照片等各种文字、照片、影片，让车主或潜在消费者彼此互动，博客上的讨论也可直接反映给企业参考。
2. **线上服务重度使用者：**一般来说，对企业商品有高度好感的这些人，都是企业的免费宣传者，也是企业商品的死忠派。基本上，这群人对企业的商品也最有话语权。因此，如果在网络上为他们建立一个特区，让他们有机会为企业发声，对他们来说是一种线上服务，而对企业来说则是一种免费的宣传。
3. **深耕社群：**以书商为例，可以在 Blog 张贴新书书评、排行榜、得奖书单，邀请读者参与式写作，分享书评或阅读心得。建立线上读书会，请读者推荐导读等。
4. **支援与连接社群：**Blog 可以为各类网络社群量身定做，也可为特定网络社群提供特殊服务。以民宿业者来说，可以为该地建立观光博客，张贴该地相关的旅游照片或相关旅游服务资讯，这都有利于该地区整体的民宿发展。

十一、微博营销

何谓微博

微博（microblog）的使用行为已经越来越广泛，使用者通过 140 个字（中文）的短文，轻松、即时地向众人传达心情、发布资讯、得到陪伴、获得生活中的安慰。微博不同于一般的网志，是一种自我抒发的渠道，使用者在这个平台上不只抒发自己的感受，还会加入大家的话题，与众人说早安、晚安更是必备习惯之一。

微博最大的特色在于：

1. **简短**：不需像博客般地长篇大论。
2. **实时**：只要通过手机等移动通信设备，随时随地都能抒发感言，不需要被限制在电脑前。
3. **接触面广**：不像 MSN 那样会有私密性的考虑，让人们可以自在地与陌生人在平台上自由互动。
4. **即时性**：微博有着 MSN 的即时性，又没有维护网志的压力。

微博最明显的特色，除了限制文字字数外，就是粉丝与好朋友的概念。成为粉丝无需经对方同意，因此，是自愿性地接收对方的信息。反之，成为朋友需对方同意，同意后，除了会接收到对方信息外，自己的信息亦可以传达给对方。更简单地说，粉丝是单向地接收信息，相反地，朋友则是彼此双向地接收与传达信息。这个概念，给企业的网络营销带来了一个不讨人厌的效果。

微博是一种即时性的网络沟通媒介，与 MSN 有点像，用户可以跟这些网友们成为更进一步的线上好友。但不同的是，MSN 是一对一的，而微博是一个开放性的公共空间，因此，这种贴近感不是一对一的，而是可以形成一对多的贴近感。可以想象一下，当你有一百位、一千位、一万位，甚至像明星那样有几百万粉丝时，等同于你的一则信息发在微博，就会同时有上百万人可能接受到此信息。

这个数字是很惊人的，在以往的网络营销中，除非企业运用大量的网络广告或是一个流量很大的博客或论坛，不然是难以达成的。更重要的，因为是在这个空间中交朋友，因此，不会像网络广告或其他网络媒介般，那么有距离感或陌生感，能够接受企业信息传播的可能性自然大增。再者，这种粉丝与好朋友的机制，亦让企业除了达到信息传播的目的外，更能增加顾客忠诚度与顾客满意度，实然是一种一举数得的功能。但是，要达到这种效果的前提是，企业的粉丝与朋友数量要够大，要让人愿意成为你的粉丝与朋友。

微博营销与博客营销有何不同

“微博营销”与”博客营销”有所不同。博客（blog）是单向的独立发声渠道，让企业恣意挥洒的营销媒体平台。冠上了一个“微”字后，除了意谓更简短的内容，也更强调双向的沟通。通过发起一个引人入胜的话题，吸引网友踊跃讨论、回应，培养出一群互动密切的忠实粉丝。还能借由社群串联，接触到朋友的朋友，让群众范围无限延伸，使个人媒体不断壮大成稳固的社交圈。

因此“微博”与”博客”不同的是，企业加入微博世界时，重要的不是写出一篇吸睛的好文章，而是如何和网友展开对话，怎样维持沟通的品质。关于这点，戴尔电脑（Dell）可说是个中翘楚。企业最常见的微博营销手法是发布官方公告或促销信息。据路透社报道，Dell 通过在 Twitter 上发送信息，已赚进超过 300 万美元。其在 Twitter 上共注册了 34 个账号，并按功能分成了六大类，每个账号皆由专人负责管理，像一个一对多的线上客服窗口，让客户能得到丰富而即时的信息，还能同时看到其他用户的问题作为参考。

140 字能创造出多惊人的广告效益？很多传统营销的广告人感到好奇。其实，140 字的限制，让微博的文章产量大且时效短，加上网友们可以随时随地通过移动终端掌握最新信息，传播速度快得惊人，也大大缩短了网络营销的反应时间。其实，微博营销有点像是“在人多的地方，拿着喇叭揽客”。

微博所重视的不是点击率，而是影响力

进入 web 2.0 的时代，社群影响力的衡量指标主要有两个：

1. 微博的朋友与粉丝数量。

2. RSS FEED 订阅数。

简单地说，假如该博客排行在前二十位，但是，新浪好友加粉丝数低于 100 位、RSS FEED 订阅数低于 500 位。可以很肯定地说，这个博客的排行，就口碑营销的角度来看影响力是不足的。因为，其所象征的意义在于该博主的忠诚读者群过少，并且疏于经营个人的社群。以此状况观之，该博客的搜索引擎优化（SEO）做得不错，因此搜索引擎来的散客很多。但真正信任他或者会受到他的文章影响者，绝对不如好友加粉丝数高于 1000 位、RSS FEED 订阅数高于 500 位的博主。

注意，要成为网站关键的影响人物，必须做到以下几点：

1. 必须让人认识你。

2. 塑造迷人的特质与风格让人追随。

3. 要交很多很多的网络朋友。

4. 能够不断回应、建立社群关系。

以上四个条件成熟才能够开始运用各种公关营销方法，包括口碑营销、活动、体验营销等。

把微博当成线上客服中心

“微博是否会抢走了博客的市场。”若就网络营销的角度来说，是完全不会的。因为，博客是博客、微博是微博，两个并非是互斥性的网络服务。大家会如此误解，最终的根源还是出自于”微博”这个名字中，但实际上“微博”不像是“博客”，反而比较像是公开给大众看的即时信息。因此，就本质来看，可将微博看作通信系统，而非是像博客一样的内容管理系统。

就通信系统的角度来看，微博相较于一对一方式的电子邮件信箱而言，它更具有独特的一对多的特质。企业部门能利用此一对多的特质来建立一个线上的单一服务窗口，使得客户不至于搞乱了与企业联络的方式。这也就是说，即使微博后面有不同的员工负责不同种类的客服，但客户只需要面对负责微博的那个账号就行了。另外，除非是隐私性的信息，不然在微博之中，企业与 A 客户在微博的沟通信息，可以被 B 客户或其他客户作为参考，如此的运作正好在无形之中可形成一个客户服务的信息数据库，使客户服务达到更好的综效。综合上述所言，才会认为它是一个绝佳的线上客服中心工具。Dell（戴尔电脑）就是善用了上述所说的这些线上客服中心的特质，来作为该公司微博运作的核心功能之一。

3-6 微电影营销

一、微电影营销的兴起

回顾网络营销的发展，从最早的“关键字营销”到“博客营销”，以及“社群平台营销”，而目前最流行的则是“微电影营销”。

网际网络兴起时，由于门户网站的搜索服务比较方便，是大众搜集信息的热门渠道，因此累积了不少搜索关键字。门户网站抓住机会，让“字流”变成“钱流”，开始做起关键字购买的业务；各大品牌逐一响应，也将关键字搜索加入平面与电视广告中，让关键字搜索成为热门的营销工具之一。但时间一久，网友开始明白，搜索结果页面的上方与右方的链接都是广告，而使得这些广告的点击率下滑，关键字广告的效用因而减弱。

接着，博客网站出现，图文博主也随之兴起。不少厂商相中这些博主的影响力，希望他们帮忙撰写产品试用心得，借以发挥其对观众的影响力，进而产生口碑营销的功效，并激起观众的购买欲望。博主名气越大，越容易受到厂商的青睐，随着博客的商业色彩越来越浓重，博客营销的影响力已不如早期。

社群平台“脸书”(Facebook) 的问世，又为网络营销掀起一波新的风潮，各企业、店家都想要经营自己的粉丝专页。但粉丝数量只是假象，若无法让粉丝愿意帮忙将信息传递出去，便无法将宣传范围拓展至潜在客户。因此，不少商家采用“你打卡，我打折”的优惠方案，让消费者在无意间为该活动进行宣传，同时提升店家的知名度。

近年来，更由于智能手机与平板电脑日渐普及，Wi-Fi 热点设置也日趋完善，网络营销出现更具娱乐性、更具可看性的新的宣传模式——微电影；不论大企业、小商家、政府、学生组织等，都渐渐往此方向发展。

二、何谓微电影

所谓“微电影”是指在经过完整策划后，具有完整故事情节的视频短片；放置于各种新媒体平台上，并适合在移动、休闲状态下观看。此外，微电影还有微时放映、微周期制作、微规模投资等特性。

三、微电影的内在含义

“微电影除了能营销情感，更是对传统电视广告模式的一种补充。”与传统电视广告相比，微电影除了能够推广产品外，还因为时间长度弹性较大，而更重视故事架构，也更能涵括情感诉求；通过故事诠释企业愿景、社会责任等抽象精神与理念，进而达到品牌营销的功能；其目的在于激发观众的共鸣，以达到较好的传播效果，而非单纯强调产品特色。

其实，如果不计算名人代言费用，传统电视广告的制作成本不见得会很高，然而却必须编列大笔预算向媒体、渠道购买曝光机会；而且一旦广告宣传期结束后，广告影片便随之石沉大海。但业者其实可以低成本，便将传统电视广告放置于网络上。

互联网提供给网友充分的自主选择权，广告的强制性降低，要先吸引观众主动点击观看，才能发挥其效用，因此广告影片“内容”的重要性上升；唯有具有创意或令人惊艳的出色影片，才能构成网友的观看动机。加上网络社群平台兴起，让网友不知不觉养成了转贴、分享的习惯；若广告影片能让浏览网友自愿转发，其触及对象在不断累积之下，将不亚于穿插于电视节目间的电视广告影响力。网络微电影广告这种低花费，又能达到长时间扩散效应的特质，使得微电影营销因为宣传效益佳而兴盛。

微电影营销的概念其实很早就有了。例如：《唐先生打破花瓶》《热血环岛的不老骑士》等广告，以类似电影的叙事手法来包装商业信息内容，并将完整长度与内容的广告版本放置于网络上，让被电视短版广告引起兴趣的观众点击收看。这些广告的做法便与微电影相近，但微电影的名词与概念，直到 2010 年才真正形成与兴起。

网友收看微电影时无须付费，因此只要影片本身具有吸引力及话题性，大量的点击率便会随之而来。加上无线网络与移动终端的普及，以及微电影长度短、数分钟内便可看完的特性，让微电影除了受到业者的青睐，也逐渐成为消费者喜爱的新的娱乐方式。

2010 年，凯迪拉克推出名为《一触即发》的广告，片长 1 分 34 秒。剧情内容是由主角吴彦祖模仿汤姆克鲁斯在《不可能的任务中》，大玩高科技、变脸、飞车与追杀等桥段，制作十分精致，媲美电影。此广告大获好评，宣传效益佳，甚至从原先的生活消费版面，跨越至娱乐版面，而且其中出现的车款的销售业绩也不差，让商家同时赢得面子与里子。《一触即发》的制作过程，因为比普通广告投入更多时间、金钱，且勇于创新，被认为是微电影的始祖。由于微电影的广告效果佳，让凯迪拉克于 2011 年与艺人莫文蔚合作，于美国拍摄微电影《66 号公路》，同时将汽车与莫文蔚创作的歌曲融入影片中。除了车商外，各企业、组织也开始效仿这种商业模式，如可口可乐赞助歌手罗志祥，协助拍摄他的新专辑微电影《再一次心跳》；歌手萧亚轩将自己的爱情故事拍摄成《一百分的吻》，让粉丝借此一窥偶像的爱情史。

微电影的成本低、媒体适用性高、目的性强，同时也具有高娱乐性与广告价值，可以让投资人、网络媒体、制作者与观众四方得利。但广告主在开发新的宣传途径时，也必须当心，切勿让商业意味超越剧情，以避免造成观众的反感。

学习测评

1. 什么是 Web 2.0？
2. 什么是 cloud computing？
3. 什么是微博？
4. 什么是 viral marketing？
5. 什么是关键字营销？

案例讨论：Next-现实生活游戏化

Close Up 牙膏设计了一款“Get Closer”的 Facebook 插件，让参与的情侣只要完成某些互相标记照片的任务，或是根据两人在一起的时间长短，就能得到惊喜徽章，将现实生活和网络社群奖励结合在一起，而这正是下一个商机趋势。

由于“Get Closer”提供的产品是惊喜，再加上由平常就会做的事，就能得到奖励，因此比较无法刺激玩家特别去做些什么事情，但随着网络社群游戏化的概念逐渐走向现实生活，而不只是采取线上行动，像是 SCVNGR 这类根据老板所设定的挑战，来奖励商家、餐厅和当地企业中玩家的专门软件，便如雨后春笋般出现。

“可口可乐”也和 SCVNGR 合作进行“happiness in numbers”活动，针对当地小众市场的青少年，根据粉丝完成的任务，提供他们品牌礼物和吸引人的小东西。Facebook Places 的问世虽然有助于改进青少年使用地点服务的情况，这个活动却是一个用来得知消费者究竟会为了免费赠品愿意做到什么程度的好测试，再加上活动中的许多挑战，都是必须呼朋引伴发表照片，这个活动也让游戏的本身变得更社群化。

这类虚实整合的现实生活体验，提供了用户和朋友一些额外要进行的任务，因此除了提高社群的经验之外，品牌也能创造更深度的顾客涉入。但问题还是在于用户有多享受这样的游戏，而如果想要有进一步的突破，就必须提供更有意义的奖励，或是挑战做到可以和品牌或产品本身有所连接。

讨论问题：

1. 从上述案例中，你看到什么商机？
2. 思考一下，可以用什么新经济法则来说明它？

CHAPTER 4

电子商务基础建设

导读：2013 淘宝设立台湾分公司，2014 扎根金流、物流、招商

2013 年底，淘宝网台湾地区会员数突破 100 万，2014 年规划拓展两岸的资金流、物流解决方案，并与阿里巴巴 B2B 团队共同招商，以及培养电商人才。淘宝台湾地区团队已成立一年多，过去隶属于同集团的阿里巴巴 B2B 台湾分公司，2013 年底淘宝台湾地区团队成立“香港商淘宝资讯股份有限公司”，在台湾地区的运营资金登记约为 20 万人民币，团队同时经营“淘宝”“天猫“聚划算”3 个阿里巴巴集团电子商务服务，对于台湾地区业务将有更快速的布局。

资金方面，2014 年 2 月初将开通台湾地区玉山银行 Web-ATM 与淘宝网进行合作。淘宝网表示，“细节尚未确定。资金流的目标是多元化、便利性与业界合作”。若玉山银行 Web-ATM 开通，台湾地区消费者付款时商品价格将显示新台币。

物流方面，虽已于 2013 年启用“全家”超市到店取货服务，但淘宝网表示，“一直在寻找台湾地区的物流合作厂商，设置转运中心，直接送货到家”。

2013 年淘宝网曾经举办两档“汇聚台湾”团购活动，其中第 2 档在 3 天内总共卖出了 95.7 吨水果，其中菠萝释迦共售出 13,937 份（34.8 吨）、牛奶蜜枣 12,148 份（24.3 吨）、黑珍珠莲雾 7,202 份（14.4 吨），共计 48,271 人次购买，总成交额为 534 万人民币，相当于厦门港口 2013 年上半年进口水果成交总额的 83%。淘宝网表示，2014 年计划将“汇聚台湾”作为常态性的频道，推广台湾地区特色商品。

招商部分，2014 年将与阿里巴巴 B2B 团队共同推动，特别是积极接触商家自行组织的商盟，以及扎根人才，还会将淘宝大学部分课程带进台湾地区，计划与院校开设讲座课程，或将电商资料与学校教授、研究单位开展战略性合作，共同培育电子商务人才。

4-1 网络基本概念的认识

一、计算机网络种类

网络按其规模大小可分为 3 种类型：局域网、城域网、广域网。

1. **局域网（Local Area Network，LAN）**：局域网是指一些计算机在固定的范围内通过联机媒介来进行连接。它的范围可能是同一办公室、同一栋建筑物或相邻的数栋建筑物。而传输媒介除了一般的实际网线外，也有可能是无线传输方式。局域网为规模最小的网络，范围通常在 2 千米内。
2. **城域网（Metropolitan Area Network，MAN）**：城域网的范围在 2～10 千米左右，大概是一个城市的规模。城域网可视为数个局域网络相连所组成，通常属于同一个机关或组织。例如，在校园网络中如果拥有多个校区，且各自拥有自己的局域网络，将这几个局域网络加以连接就成为城域网。
3. **广域网（Wide Area Network，WAN）**：广域网为规模最大的网络，涵盖范围可以跨越城市、国家甚至洲界。例如，大型企业在全球各个城市皆设立分公司，各分公司的局域网络相连接，即形成广域网。广域网因联机距离极长，连接速度通常低于局域网或城域网，使用的设备也都相当昂贵。

因为城域网的规模介于局域网与广域网之间，彼此的分界并不是很明显，所以有些学者在区分网络类型时，只分成局域网与广域网两类，而略过城域网。三种网络的比较如表 4-1 所示。

表 4-1 区域、城域、广域三种网络类型的比较

网络类型	范围	传输速度	成本
局域网（LAN）	2 千米内，一般同一栋建筑物内	快	低
城域网（MAN）	2～10 千米，一般同一城市内	中	中
广域网（WAN）	10 千米以上，可跨越国家及洲界	慢	高

二、网络操作系统

网络操作系统指网络上的计算机存取和管理网络资源的方式，如同一般计算机的操作系统（Operation System，OS），它是一种网络控制的作业方式，可分为对等式（pear to pear）网络与主从式（client to server）网络两大类。

虽然理论上可分为上述两大类网络作业方式。不过实际上，大多数的网络系统都结合了这两种方式，可称为混合式网络。此外，还有最早期的终端机 / 主机（Terminal/Host）架构，但因目前已较少人使用，在此不再详细介绍。

对等式网络

对等式网络中的每台计算机都有相同的存取权，即没有集中式的资源存储系统。数据与资源分散在各个计算机上，每台计算机都可将其资源共享出去，供其他计算机使用。对等式网络中的每台计算机可同时扮演客户端与服务器的角色，可提供资源给其他计算机，也可以向其他计算机索取资源。

优点：架设容易，且成本低廉。适合用在 10 台计算机以内的小型网络。

缺点：当网络规模大于 10 台计算机时，对等式网络的缺点就会显现。其对使用者的技能要求较高，每个使用者都必须了解分享资源的方法。对等式的管理等于是一种“无政府状态”。

主从式网络

主从式网络中的计算机可分为客户端（client）与服务器（server），客户端可向服务器索取资源。

优点：适用于较大型的网络，例如 10 台以上计算机所组成的网络环境。无论在存取或管理上都比对等式网络容易。这种“中央集权式管理”，使得客户端的计算机不需要进行管理。而且容易连接不同的平台和操作系统，数据具有一致性及应用程序版本统一。

三、网络拓扑结构

常见的网络拓扑（Topology）有下列 3 种，下面简单介绍。

总线网络

总线（bus）网络拓扑是最简单的网络拓扑结构。网络上任意计算机都通过一条共同的线路与其他计算机相连（如图 4-1 所示）。

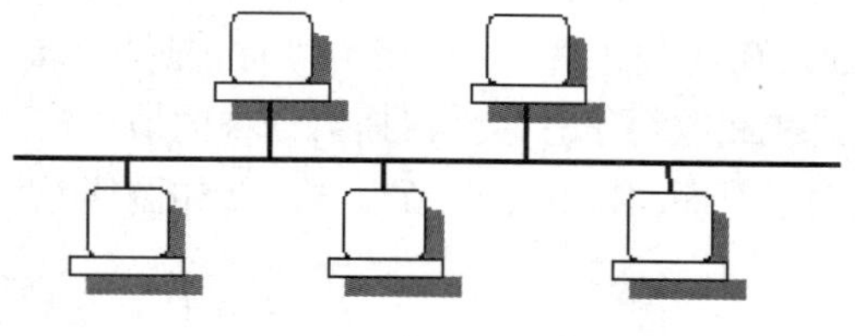

图 4-1　总线网络

优点：

1. 成本低廉，较节省网线。
2. 布线简单。

缺点：

1. 只要其中任何一段出现故障，整个网络就瘫痪了，而且追查困难。
2. 增加或减少一台计算机时，网络会暂时中断。
3. 当数据流量较大时，网络速度会变得很慢。

星状网络

星状（star）网络拓扑结构是目前最常用的网络拓扑结构。此网络上所有计算机和中央控制器连接，这个中央控制器通常是集线器（hub）、交换式集线器（switch hub）或服务器（server）。而所有网络活动都是由中央控制器管制，网络上客户端的计算机无法独立相互沟通，必须经由中央控制器来对两台计算机进行连接。换言之，以中央控制器为中心向外成放射状，故称为星状网络拓扑（如图 4-2 所示）。

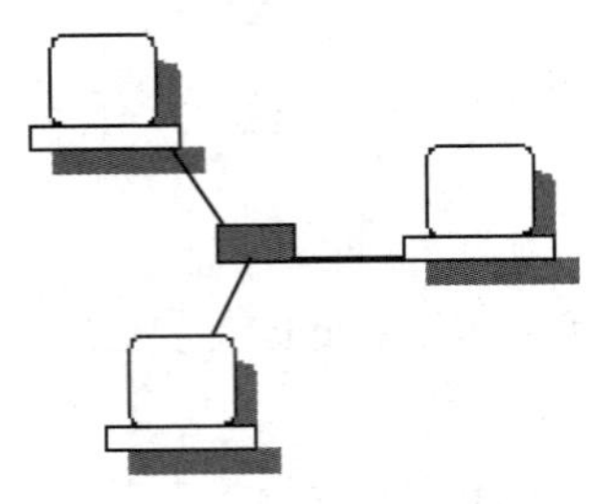

图 4-2 星状网络

优点：

1. 局部线路故障只会影响局部区域，并不会导致整个网络瘫痪。网络上任意客户端计算机断线时，并不会影响其网络运作。
2. 追查故障点时相当方便，通常从集线器的指示灯便能很快得知。
3. 新增或减少计算机时，不会造成网络中断。

缺点：

必须增加一笔购买集线器的成本。

环状网络

环状（ring）网络即所有的计算机串接成一个环形网络。在环形网络上，缆线形成一个回路，所有的网络节点（node）都连接在这个回路上。网络节点将按照环形的次序，一个接着一个地读取资料。每个网络节点都可以自缆线取得信息，并根据数据中的地址，判断是否是属于自己的数据。收到数据后，节点必须将数据原封不动地往下一节点传送（如图 4-3 所示）。

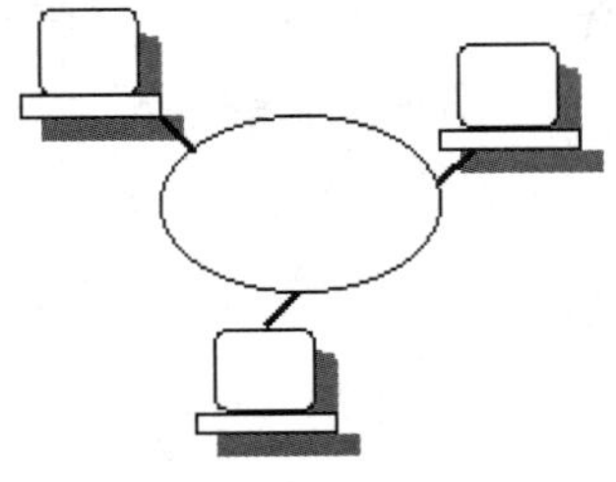

图 4-3 环状网络

环形网络的优点在于所有计算机的传输速度均等，当一台计算机出现问题时，可以选择另一个方向传输，不会影响到其他网络相连接的计算机，而且所有计算机都有相同的机会传递数据；不过环形网络和总线网络有同样的缺点，就是当网络当中有任何一段连接中断，所有的工作站都会受到影响。

四、网络传输媒介

双绞线

双绞线是成对绞在一起的绝缘铜线，是最普通的电话线形式。因其信号容量小，已渐渐被同轴电缆或光纤取代。

双绞线根据传输速率不同，可分为 Level 3 与 Level 5 两种，其中 Level 3 的传输速率为 10MHz，Level 5 则为 100MHz。若按双绞线组成方式加以区分，则可分为无遮蔽式双绞线（Unshielded Twisted Pair，UTP）及遮蔽式双绞线（Shielded Twisted Pair，STP）两种。遮蔽式双绞线，即绞线多了一层金属遮蔽物及一条接地铜线，因此有较好的防止噪声电磁波干扰的能力，但是价格较为昂贵，安装也比较困难；无遮蔽式双绞线由于少了金属遮蔽物，因此防干扰能力较差，但价格较为便宜，也更容易安装。一般情况下，提到双绞线大多泛指无遮蔽式双绞线。

同轴电缆

同轴电缆包含内外两层导体，中间则为绝缘的材料（如图 4-4 所示）。局域网使用的同轴电缆主要有两种规格：

1. **50Ω：** 用来传送 baseband 数字信号，速率大约为 10Mbps，传输的范围大约为数千米，可接 100 台以上的计算机。
2. **75Ω：** 用来传送 broadband 模拟信号（与 CATV 相同），带宽约为 300～400MHz，平均每个频道带宽：6MHz，平均每个频道传输速率：20Mbps，传输的范围大约为数千米，可接 1000 台以上的计算机。

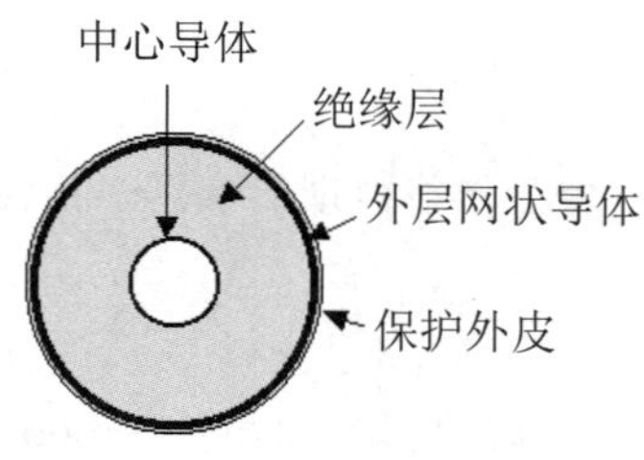

图 4-4　同轴电缆

光纤

光纤（fiber optics）所使用的材质是玻璃纤维。光纤的基本结构包含一条光纤以及绝缘保护等材料，光纤所传递的是光的信号，因此必须有光源，它是利用光的反射性来达到传递信号的目的，其结构如图 4-5 所示。常见的光源有两种：发光二极管（LED）和激光二极管（LD）。接收器将接收到的光波转换成模拟或数字信号。光纤的中心为玻璃柱，外层则外包玻璃层（折射率大于玻璃柱）。适于长距离、高速率（100 千米以上，500Mbps 以上）的数据传输，为目前因特网传输的骨干（backbone）。光纤传输示意图如图 4-6 所示。

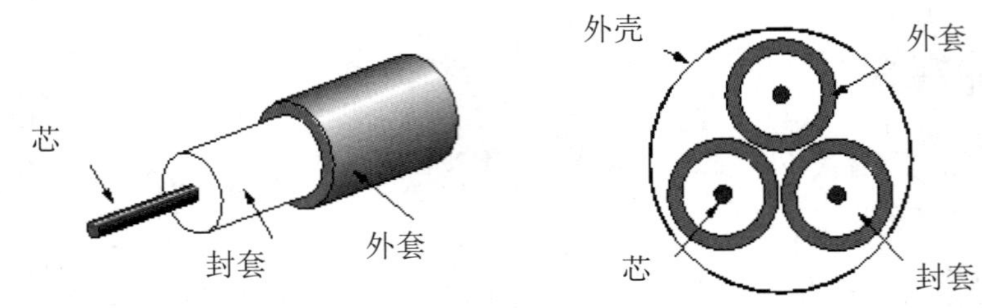

图 4-5 光纤结构图

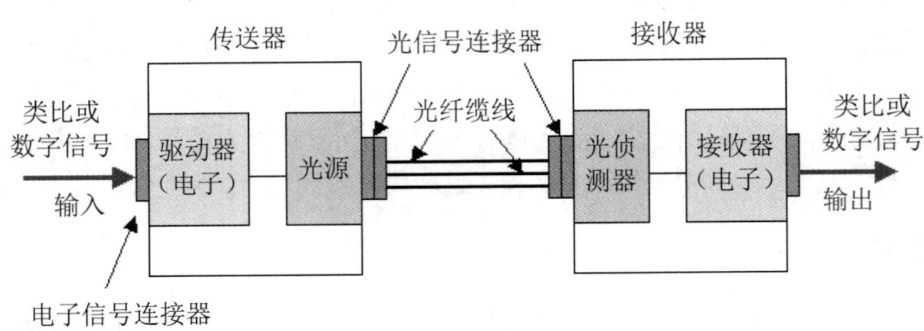

图 4-6 光纤传输示意图

光纤传输的优点在于传输速度快，传输安全性高，抗电磁干扰，但缺点是传输线的架设困难。

微波

微波（microware）是一种无线电波，是向空中发射信号，并且其信号沿直线方向进行，容易受地形等外界因素的干扰，因此通常将其架设在山顶上，其传输速度比电话线和同轴电缆要快。

无线电波

无线电波（radio）类似微波，但其传输数据的失真率相当高。

通信卫星

通信卫星（communication satellites）和地球维持约 36000 千米的相对位置，通过太阳能电池提供电源以顺利运转，而地面上须架设天线，与卫星联系，由于卫星高悬空中，因此适于从事长距离传输，并且改善了微波仅能直线传输的缺点。此外，通信卫星能够传送数字信息，传输速率极为迅速，且具有广播能力。

五、网络传输技术

信号的传输方式分为两大类：基频传输与宽带传输。其中基频传输是直接控制信号状态的传输方式；宽带传输则是控制载波信号状态的传输技术。

1. **基频传输（baseband transmission）**：是数字式传输方式，利用间歇性的电流或光波脉冲来传递数据信号。

2. **宽带传输（broadband transmission）：**是模拟式的传输方式，利用电波不同频率的特性将传输路径分为数个传输通道。

六、网络传输模式

1. **单工（simplex）传输：**指传输数据仅能作固定的单向传输。例如，收音机及电视机均只具备单向单工传输能力。
2. **半双工（half duplex）传输：**指传输数据在不同的时间内可相互交替进行单向传输，即传输双方均能接收或传送数据，但同一时间，仅有一方为传送端，另一方为接收端。例如，无线电对讲机。
3. **全双工（full duplex）传输：**指传输数据在同一时间内可以同时双向传输，即传输双方在同一时间内可以同时作为传送端来传送数据及作为接收端来接收数据，例如，电话。

七、网络架构

OSI 模型

模型的用途，一个适当的模型能将复杂的事情具体化、简单化。国际标准化组织（International Organization for Standardization，ISO）于 1984 年发表了 OSI 模型（Open Systems Interconnection Model，OSI Model），将整个网络系统分成七层（layer），每一层各自负责特定的工作，如表 4-3 所示。

表 4-3　OSI 模型

层级	作用
7. 应用层	担任应用程序与网络之间的接口，可产生或接受信息
6. 表示层	决定数据交换的格式
5. 会话层	负责控制数据流量，可让应用程序在两台计算机之间建立连接
4. 传输层	验证数据的正确性
3. 网络层	决定网络地址与传输路径
2. 数据链路层	负责将数据转换成实际传输用的形式
1. 物理层	以电流或光波的方式将数据传送至网络媒介上

1. **物理层（physical layer）：**此层必须要定义出在终端和网络之间使用的设备以及采用何种布线。此层实际定义应用在网络传输中的各种设备规格，以及如何将硬件所附带的信号转换成计算机可以理解的电子信号（0 和 1），这通常都是设备固件的功能。其规格一般是由硬件的生产厂商制定的，如电压、波长等。而网线、网卡、电话线等，都是属于物理层的范畴。我们常见的物理层是用来连接办公室网络的 Ethernet 和 Token Ring 线路，或者是连接调制解调器的电话线。而机器上的网卡，或是连接远程的调制

解调器，都能够将物理媒体上的电子脉冲转换成计算机所能读取的 0 和 1。其主要工作包含以下三项：

- 传输数据的介质标准。
- 将数据以实体呈现并传输的标准。
- 接口的标准。

2. **数据链路层（data link layer）**：数据在物理层是以比特（bit）为单位进行传输的，数据链路层则建立相邻节点之间的数据链路，通过差错控制提供数据帧在信道上无差错的传输，并进行各电路上的动作系列。主要工作包含以下三项：
   - 同步。
   - 查错。
   - 决定多台设备同时传输数据的顺序。
3. **网络层（network layer）**：该层相当于一个中间人，界乎于网络功能和用户功能之间。它会定义出数据包在网络中移动的路由和其处理过程，还决定了网络是如何进行管理功能的。网络层将数据链路层提供的帧组成数据包，主要功能是让数据包（packet）在不同的网络之间成功地进行传递。它规定了网络的寻址方式，以及处理数据在不同网络之间的传递方式、处理子网之间的传递、决定路由路径、网络环境、数据处理顺序等工作。发送端计算机在数据包被传送出去之前，都会先为其建立 header，作为在网络或子网间进行路由的依据。网络层在辨认和处理资料时，会忽略由高层协议制定的定义，只负责为数据在一个或多个网络间建立、维护和终止连接。此层主要工作包含以下两项：
   - 寻址。
   - 选择传送路径。
4. **传输层（transport layer）**：该层用于设定如何控制节点之间的数据传递，还有错误检测和修正的方法。由于大多数网络，如 Ethernet 和 Token Ring 等，在物理上面的限制，一次所通过的数据流通常只有数千字节而已（IP 数据包最大体积为 65536 字节），然而许多需要在网络中传输的数据都会超过这个数值。传输层的主要功能是确保计算机数据正确地传送到目的地。它的工作就是“打包”，也就是将计算机数据变成数据包的形态，再赋以一定的检测手段，将数据正确地传到目标计算机，然后再将数据包重组回数据。数据包如果残缺则进行重发，也可以将重复的数据包剔除。传送层可以等资料搜集到足够大的数量时才发送出去，并非应用程序每次产生一个数据就进行一次传送，这样减少了不必要的传输次数，以保证高效率的传输。而当应用程序产生大量数据时，则将它拆分成较小的数据包再进行传送。此层主要工作包含以下三项：
   - 编定序号，将资料重组。
   - 控制数据流量。
   - 查错与错误处理。
5. **会话层（session layer）**：会话层提供的服务可使应用建立和维持会话，并能使会话获得同步。这层所负责的是建立和管理计算机与计算机之间的沟通模式，也就是在数据真正进行传送之前设定并建立好联机。这里定义了联机的请求和结束、传送和接收状态的设定等动作。当节点 A 要建立和节点 B 的联机时，会先发出“联机请求”信息，若对方接受联机，则响应“建立请求”信息，此时双方就建立了一个会谈；当会谈结束的时候，也是先由节点 A 送出一个“结束请求”信息，待对方确认这个请求之后，那么会谈也就真正结束了。

6. **表示层（presentation layer）**：该层定义了数据的语法、变更和格式。当应用程序的语法和格式都不同时，该层还定义了如何翻译这些不同。如果用户要将计算机通过网络连接服务器，就必须使用适合的服务器字符编码，一般为 EBCDIC 码（Extended Binary Coded Decimal Interchange Code），然而用户的计算机使用的却是 ASCII（American Standard Code for Information Interchange）码，这两种编码格式是截然不同的。表示层则是主要负责在不同机器之间进行编码转换。当应用程序产生数据要进行传送的时候，表示层会将之转换成网络的标准编码格式再交由下层协议进行处理；当数据抵达目的地时，表示层也会将网络的编码转换成对方应用程序所需的格式。此层的主要工作包含以下三项：
   - 编码转换：在传输前或接收后，将数据转换为接收端所使用的编码系统，以免解读有误。
   - 压缩与解压缩：为了提升传输效率，传送端可在传输前将数据压缩，而接收端则在收到后予以解压缩。在实际操作上，压缩与解压缩的工作较少在表示层进行。
   - 加密与解密：加密和解密是一套成对的编码和译码规则。实际上，加密就是一种编码过程，而解密就是一种译码过程。
7. **应用层（application layer）**：该层用于处理用户所需要的服务，直接提供文件传输、电子邮件、网络浏览等服务给用户。例如，Internet Explorer、Netscape、Outlook Express 等。而且有些功能强大的应用程序，甚至涵盖了会话层与表示层的功能，因此有学者认为 OSI 模型上三层（第 5、6、7 层）的分界已很模糊，往往很难精确地将产品归于某一层。

此上七层中，应用层最接近使用者，属于此层级的都是使用者较熟悉，可直接操作的软件。而越往下层则距离使用者的操作越远，反而与硬件的关联越大。

DoD 模型——TCP/IP 协议组合

DoD 模型就是指 TCP/IP 协议组合，是由传输控制协议（TCP）与网络协议（IP）两个协议组合而成。该模型结构如表 4-4 所示。

1. **网络接口层（network interface layer）**：本层的主要功能是把数据直接发送给网络设备。它定义了如何用网络来传送 IP 数据段，它必须知道底层网络的细节。相对于 OSI 模型，TCP/IP 模型的网络接口层整合了 OSI 的物理层、数据链路层和网络层的功能。但大部分底层标准是由厂商或 IEEE 制定的。针对不同的网络实体标准，网络接口层有许多不同种类的协议与之对应。根据前面介绍的 OSI 的层级观念来理解，就算其中某些协议得到更新，但对于上层协议，是没有影响的。因为 TCP/IP 的设计刻意隐藏了较底层的功能。网络接口层的功能，除了把 IP 数据段封装到网络传送的实体框架之外，它还同时负责把 IP 对应到网络设备的实体地址。这样才能让以 IP 地址为传送依据的数据，能通过底层网络进行传送。

表 4-4 DoD 模型

层级	作用
4. 应用层	定义应用程序如何提供服务 例如：Telnet、FTP、SMTP、E-mail、HTTP
3. 传输层	决定数据如何传送到目的地 TCP 与 UDP 为此层最具代表性的通信协议
2. 网络互连层	负责传输过程中的流量控制、错误处理、数据重送等，IP 为此层最具代表性的通信协议
1. 网络接口层	负责对硬件的沟通及硬件间的沟通方式

2. 网络互连层（internet layer）：处理机器之间的通信，为每一个传送层交下来的封包加上 IP 包头。因特网层协议会根据传送层的地址数据，使用路由算法进行路由判断，然后在 IP 包头上填上路由信息，以及其他相关的传送选项信息；再把封包交由下层处理。这层协议的处理关键是路由，假如数据报的目的地是本机，则将标头去除，将剩下部分交给合适的传送协议处理；否则，就要判断封包是直接传送到本地网络节点，还是要传送给路由器。如有需要，还会送出 ICMP 错误和控制信息，同时也要处理接收到的 ICMP 信息。

3. 传输层（transport layer）：又称为主机对主机层（host-to-host layer），传输层的主要目的向应用程序之间提供点对点的通信。它规划了数据流量，提供可靠传输以确保数据能正确地抵达目的地。传输层必须能够提供一套机制来控制和检测数据传送的正确性，例如安排接收端传回确认信息、重发遗失数据，以及剔除重复数据等。传输层软件会将应用程序送下来的数据切割分包，以符合下层传输要求的体积，交由因特网层处理。

表 4-5 主要网络服务、协议与端口号

服务	协议	端口号
FTP	TCP	20/21
SSH	TCP	22
Telnet	TCP	23
SMTP	TCP	25
DNS	TCP/UDP	53
DHCP	UDP	67
HTTP	TCP	80

4. 应用层（application layer）：此层是 TCP/IP 模型与应用程序之间的界面，向用户提供应用程序服务所需的连接，然后通过其下的传送层来发送和接收数据。应用程序根据传输层所需的形态来选用数据格式。TCP/IP 协议家族中，本身就定义了众多的应用工具与协议，例如：HTTP、Telnet、NFS 等。不同的协议使用不同的传输层协议。

OSI 模型与 TCP/IP（DoD）模型

图 4-7 以图形的方式来说明 OSI 模型、DoD 模型与 TCP/IP 协议组合间的关系。

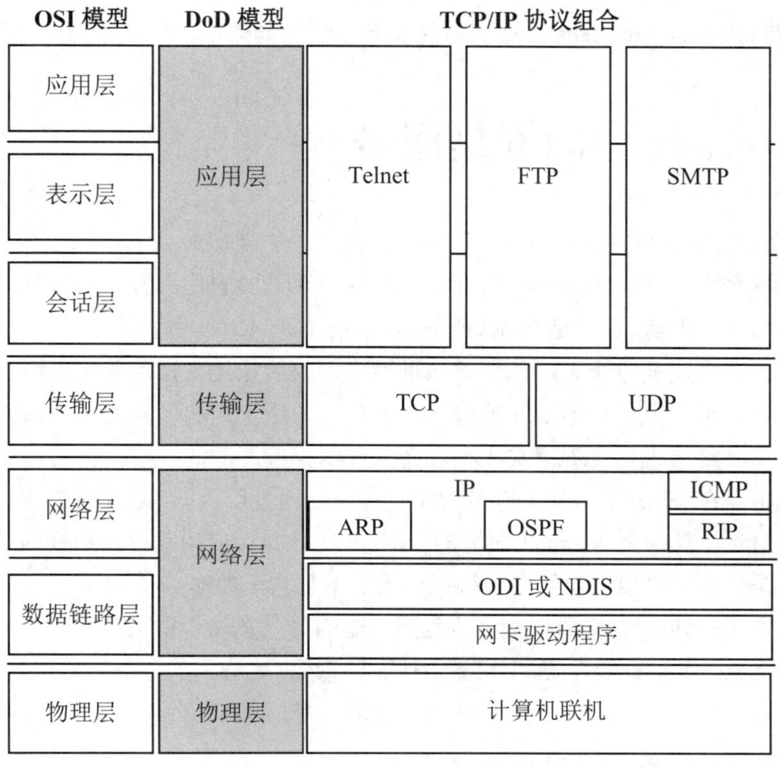

图 4-7　OSI 模型与 DoD 模型（TCP/IP 协议组合）比较

八、通信协议

“通信协议”是指实体间完成通信或服务所必须遵循的规则和约定，其法则包括可相互操作性、层级化以及终端对应终端。

九、网络设备

1. **中继器（repeator）**：主要用来延伸既有网络，其功能在于避免信号衰减，使之继续传递。
2. **网桥（bridge）**：是一个网络设备或软件，用于两个或多个网络之间的互连，对帧进行转发。
3. **路由器（router）**：连接因特网中各局域网、广域网的设备，它会根据信道的情况自动选择和设定路由，以最佳路径，按前后顺序发送信号。

4. **网关**：当网络上的用户要存取另一个网络的数据时，需通过网关（gateway）执行网络协议及带宽的转换工作。
5. **集线器（hub）**：是一种在星状拓扑网络架构中，用来连接数个网络设备而使网络易于管理的中央控制设备。
6. **调制解调器（modem）**：是一种可将数字信号和模拟信号作互相转换的设备。

4-2 Internet 上的网络服务

因特网上所提供的服务主要架构在 TCP/IP 协议上，主要服务如下：

1. **远程登录（telnet）**：telnet 允许在远程客户端机器的使用者（也称为 telnet 客户端），存取另一台机器（也就是 telnet 服务器）上的资源。telnet 完成此任务的方式是找一个 telnet 服务器上速度较快者，使客户端机器模拟成就像是直接连接于本地端网络的终端机。此方式事实上是一个软件映像，一个可以与所选定的远程主机沟通的虚拟终端机。这些仿真终端机是文本模式类型，而且可以执行严密的程序，如显示供用户选择机会的选单及在 telnet 服务器上存取应用程序。使用者可执行 telnet 客户端软件以开始远程登录对话，然后登入 telnet 服务器。telnet 无法执行应用程序或窥视服务器上的信息。它只是个单纯“用来观看”的协议，无法下载共享数据。
2. **地鼠（gopher）**：之所以命名为地鼠，是因为它发明于明尼苏达大学，而该校的吉祥物为地鼠。gopher 将主题组织成一个菜单系统，允许用户存取所列出的每个主题的信息。通过菜单系统，可以看见有哪些可用的信息。此系统包括多层副菜单，允许用户去发掘欲寻找的信息的真正类型。
3. **万维网（环球信息网）（WWW）**：万维网与 gopher 同为一种信息整合系统。然而，相对于仅能存取文字数据的 gopher，万维网更具备了多媒体信息的处理能力、与用户互动的能力及应用程序的能力等。这些能力使万维网迅速发展，成为电子商务发展的关键。万维网的输出是以网页的方式呈现，很多网页的信息可能来自多个服务器，这是为何有时须等候多时才能在屏幕上显示所有文字、图形、影音、动画等不同信息。
4. **文件传输协议（File Transfer Protocol，FTP）**：在两台计算机间进行文件的传递。有两种类型的 FTP，一种是普通的，另一种是匿名的。普通的 FTP 需要获得对方计算机的访问权限。匿名的 FTP 不需要账号及密码。
5. **电子邮件（E-mail）**：电子邮件不像以往邮差递送需要数天或数星期的延迟，无论收件者身在何处，电子邮件都能在数秒至数分钟内送达。电子邮件的传输协议 SMTP（Simple Mail Transfer Protocol），是简单邮件传输协议，可以传送电子邮件到世界各地，这个简单的传输协议已经为我们服务了数十载，传送了超过千亿封的电子邮件。以往电子邮件都是存放在服务器上，使用者必须通过远程登录，登入服务器才能得知是否有新邮件，如果有新邮件，也只能在服务器端使用 Elm、pine 等简单的信件阅读软件，因为受限于远程登录只能提供单纯文本的服务，因此多媒体邮件并没有办法通过这种方法阅读。1996 年，POP3（Post Office Protocol - Version3）被提出，通过分布式的架构，可以把邮件由服务器下载至个人客户端脱机阅读，也因为邮件由服务器端传到了个人客户端，这使得电子邮件的呈现方式有了更多的选择。

4-3 传输控制协议 / 因特网协议（TCP/IP）

一、TCP/IP 简介

TCP/IP 是由传输控制协议（TCP）与网络协议（IP）组合而成。基本上，TCP/IP（Transmission Control Protocol/Internet Protocol）是应用程序用来包装信息以传送至一个或数个网络的两个协议。在 TCP/IP 协议中，每张网卡都有唯一的网络地址（IP Address），以作为每台计算机在网络上的识别。当一台计算机与另一台计算机通信时，该计算机会将要传送的信息加以包装成一个个的封包（packet），并利用网络进行传递。而所谓的“封包”系数据在网络传输之前需经处理切割为数个区块后，才能以某种通信协议于网络中传输。

二、TCP/IP 协议设计的目标

1. 良好的回复能力。
2. 处理错误比例的能力。
3. 添加子网时，不会影响既有的网络服务。
4. 与计算机厂商或网络种类无关。
5. 数据额外负担很小。

三、IP 地址

IP 地址就是用来给互联网上的计算机一个编号。目前网络上通用的第 4 版的 IP 版本 IPV4 的地址由 32 位（Bits）所组成，分为四栏，每栏八位，换算为十进制则为 256，实际计数则是 0～255。IP 地址分为两部分，网络地址和主机地址，网络地址代表的是一个网络单元，主机地址是这个网络单元中的主机地址。IP 地址可分为几个类别，如图 4-8 所示。

以二进制数值来看，A 类地址的第一位为 0，接着是 7 位的网络号，加上 24 位的主机号。因此我们可以知道，A 类地址的范围是 1.0.0.0～127.255.255.255（0.0.0.0 为特殊用途）。同理，B 类地址的前两位为 10，接着是 14 位的网络号，加上 16 位的主机号，范围是 128.0.0.0～191.255.255.255，即 B 类地址的长度为 16 位。C 类地址开头为 110，后面同理。D 类地址用作多点传播，类似广播的用途。E 类地址则保留作未来使用。由以上规则，我们可以统计出各级网络的网络数目及主机数目，如表 4-6 所示。

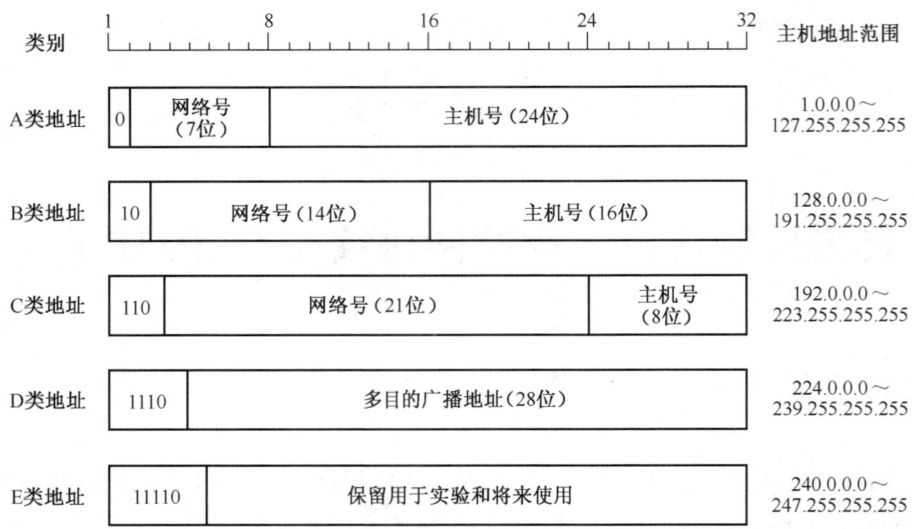

图 4-8　IP 地址分类

表 4-6　各级网络的网络数目及主机数目统计

地址类别	网络号码位数	网络最大数量	主机号码位数	每个网络主机的最大数量
A 类地址	7	128	24	16777216
B 类地址	14	16384	16	65536
C 类地址	21	2097152	8	256

注意：上表中的“网络最大数量”及“每个网络主机的最大数量”并非实际所能使用的数量，应扣除特别规定使用的 IP 地址（如 127.0.0.1 指本机这部计算机）。IP 地址的设定：

1. 每台计算机的 IP 不可相同，若相同会相冲，产生错误信息。
2. 使用拨号网络或自动分配 IP 环境下才可选用“自动获得 IP 地址”。

四、域名与 DNS

DNS

DNS（Domain Name System）即域名系统，其主要目的是用来解释因特网上的计算机主机名与 IP 地址之间的关系，进而能正确地在因特网上找到该主机并传送正确的信息。其实 DNS 在 Internet 的发展上是很重要的一环，在 Internet 的应用上，我们最常看到它的地方不只是网络设定里的 DNS 设定，其实用浏览器打开网址、收发 E-mail 等操作都与域名（domain name）及 DNS 系统息息相关，网络上的地址是用 IP 来寻址的，而如何从域名看出正确的 IP 地址，就得靠 DNS 系统的操作了。

有的人会将 DNS 服务器视为是 DNS，其实 DNS 服务器不过是 DNS 的一种工具，由 DNS 服务器来完成 DNS“域名系统”，协助系统的正常运作，所以不可视为一体。DNS 服务器记录了自己网域内的各种服务器的主机名和 IP 地址，同时也提供 DNS 的查询。DNS 服务器是执行域名系统的一种工具，由 DNS 服务器来完成域名系统的设定。

域名

一般我们熟悉的网址由两个部分组成：主机名和域名。例如，若要浏览“百度”网页，在地址栏中输入 www.baidu.com，就可以进入“百度”网站，实际上“百度”网站的 IP 地址为 202.108.22.5，至于如何建立 www.baidu.com 这个域名与 IP 的对应，中间就需要有 DNS 服务器来作对应了。

基本上，我们可以从域名，概略知道一些相关信息，国内或是国外，来自哪个国家或地区？如，中国（.cn）、日本（.jp）、香港地区（.hk）、澳大利亚（.au）、德国（.de）、英国（.uk）等。是什么性质的机构？如，商业（.com）、教育（.edu）、政府（.gov）、组织（.org）、军事（.ml）、网络支持中心（.net）。举例来说，当我们看到 www.fudan.edu.cn 的域名，可以知道是国内的网站，且属于教育机构。

4-4 网络的商务应用与技术

一、网络的商务应用

网络的高速发展对 B2C 及 C2C 两类电子商务交易的促进影响最大。而网络的商务应用主要有下列几种：

1. **家庭安全：**在高速网络下，用户可以通过双向网络实现遥控监测，若家中遭遇不测，便会启动相关安全措施，实现安全保障服务的功能。
2. **视频会议：**利用宽带，可以让多人在不同地点，通过网络召开会议，而且在会议中可以同步传输数据、文件、图片甚至视频影像。
3. **大片随心看：**通过网络，受众可以在任何时间、任何地点，任意选择自己想要观赏的“大片”。
4. **互动游戏：**通过网络，玩家可以多人组队或两两对抗，尽享电玩乐趣。
5. **远程教学：**学生可以通过宽带网络，在任何时间、任何地点，任意选取想要学习的课程内容，并进行交互式学习，打破传统的面对面教育，扩大学习领域，提高学习兴趣。
6. **远程医疗：**患者可以通过网络解决医疗资源分配不均的状况，改善偏远地区医疗质量以及专业医师不足的问题，缓解“就医难、看病难”的问题。

二、非对称数字用户线路（ADSL）

非对称式数字用户线路（Asymmetric Digital Subscriber Line，ADSL）是利用电话线路没有使用到的频率区域来进行数字数据的传输，上行可达 640Kbps 的数据传输量，下行可达 9Mbps 的数据传输量。使用 ADSL 必须要有 ADSL 调制解调器、网卡、UTP 网线。且主机与提供服务的服务器间的线路长度不得超过 3 千米。由于 ADSL 拥有优于其他技术的数据保密能力，使得用户能随时使用因特网获取服务，为一般民众、中小企业提供因特网的低成本高质量解决方案。这也是目前台湾地区使用人数最多的宽带网络。

三、电缆调制解调器

电缆调制解调器（Cable Modem）是使用有线电视网络作为数据传输的连接装置。其利用有线电视网络没有使用到的频率区域来进行数字数据的传输，理论上可达 30Mbps 的数据传输量。有线电视网络有单向与双向之分：

1. 单向表示电缆调制解调器不具有将数字信号转成模拟信号的能力，需另外接上一台调制解调器以进行数据的上传。
2. 双向表示电缆调制解调器具有将数字信号转成模拟信号的能力，可直接利用有线电视线路进行数据的上传。

四、直播卫星

直播卫星（Direct PC）是利用高速的卫星碟形天线下载数据，最高传输速度可达 3Mbps，但上传数据时一样得通过电话线进行，如果数据要经由卫星上传，代价将相当可观。直播卫星除了宽带的优点外，还可以解决偏远地区布线不易的问题，这是其他上网方式所不能做到的。而直播卫星的缺点是，天气状况不稳定时会影响其收信。

五、光纤到户

光纤到户（Fiber To The Home，FTTH）是指光纤网络直接连接入户的服务。根据 FIND 2009 年 11 月 4 日报道，尽管全球经济不景气，但是全球光纤到户（FTTH/B）的布建工程仍持续稳定发展。根据 FTTH Council 发布全球 FTTH/B 的排名，2009 年前 6 个月全球超过 550 万 FTTH/B 新用户，增长了 15%。

国际组织 FTTH Council 自 2007 年起，每半年统计一次光纤上网普及率超过 1%的经济体。据统计，2009 年 6 月全球光纤上网普及率超过 1%的数目已增加到 21 个经济体。在全球光纤上网普及率排名方面，亚太地区仍然引领全球，2009 年上半年韩国位居第 1 名，普及率超过 46%，香港地区（第 2 名）约 33%、日本（第 3 名）约 30%，台湾地区则以约 19%稳居第 4 名，其次是北欧国家瑞典和挪威等地。与 2008 年 12 月的统计资料对照，前七名的名次没有变化，为较稳定的领先群体。但若观察这半年来的光纤普及率可以发现：台湾地区在 2009 年 6 月的普及率增加了约有 7 个百分点，相较韩国、日本及香港地区而言，成长幅度超过 50%，是本次前半段中增加幅度较高的经济体。

4-5 无线网络

按传输范围来区分，无线网络技术通常分为以下 4 种：

1. 无线个人网络（WPAN）——IEEE 802.15。
2. 无线局域网络（WLAN）——IEEE 802.11。
3. 无线城域网（WMAN）——IEEE 802.16。
4. 无线广域网（WWAN）——IEEE 802.20。

一、无线个人网络（WPAN）与 IEEE 802.15

无线个人网络（Wireless Personal Area Network，WPAN）就是所谓的短距离无线网络技术，目前技术上是以开放式标准的蓝牙（Bluetooth）、超宽带（Ultra WideBand，UWB）、ZigBee 为主要短距离无线传输标准。根据 IEEE 802.15 工作小组对于个人局域网络应用范围的规定，包含个人计算机（PC）、个人数字助理（PDA）、移动电话、相关外设等。IEEE 希望这些设备能够轻易地互相沟通，并利用点对点的功能互相传递数据、影像与语音。目前 IEEE 802.15 对于个人局域网络制定标准的工作小组如下：

1. **IEEE 802.15 工作小组 1（TG1）**：主要是制定 Bluetooth 无线个人网络标准，蓝牙技术实际上是一种短距离、低成本的无线连接技术，是一种能够实现语音和数据无线传输的开放性方案。
2. **IEEE 802.15 工作小组 2（TG2）**：主要是研究无线个人网络（WLAN）和无线局域网络（WPAN）共存问题，并且制定共存模型量化 WLAN 和 WPAN 互相的干扰。
3. **IEEE 802.15 工作小组 3（TG3）**：主要是制定高速率（大于 20Mbit/s）的无线个人网络标准，此标准包含了手持设备数字影像传输和多媒体应用，并且具备低功率损耗和低价格等优点。
4. **IEEE 802.15 工作小组 4（TG4）**：主要是制定低速率和低成本、低消耗的无线个人网络标准，电池使用周期可以达到数月到数年，它的传输频段为国际免执照频段，可以应用在传感器、无线玩具、遥控器等。

无线个人网络概念，主要包括蓝牙（IEEE 802.15.1）、超宽带（IEEE 802.15.3）、ZigBee（IEEE 802.15.4）等三类技术。

1. **IEEE 802.15.1**：蓝牙（Bluetooth）的概念诞生于 1994 年，是由电信巨头爱立信公司的无线通信部门所研发。当初这项计划，主要是为了提供手机和各种电子设备之间低功率、低成本的传输方式，目的则是为了移除移动电话、耳机、计算机等设备之间的复杂线路。蓝牙是一种短程无线电科技，可以让各类产品彼此能自由传送宽带信息的新技术。蓝牙可以在一定范围内的不同设备间，进行短距离的信号传递，而且不具方向性，加上成本低廉，因此被视为未来几年内各类数字产品间最佳的无线沟通技术。蓝牙具有以下的特点：通信模块小、安装容易、耗电低，可搭载于各式各样的设备上；完全数字信号，声音、影像、数据都可传送；可实施一对一或是一对多设备间的双向操作；不需连接线及复杂的网络设定，无线数字网络的架设非常容易。
2. **IEEE 802.15.3**：超宽带（Ultra WideBand，UWB）以脉冲传输方式，具备高传输速率与低成本的特点，使信号具有 GHz 量级的带宽。虽然为了避免干扰而降低发射功率，导致传输距离短，但在无线个人网络趋势下，UWB 已成为新兴的重要技术。数字家庭的影音内容传输与个人计算机（PC）间的数据传输，对于传输速率要求不断提升，UWB则具备高速与无线特性，足以符合无线高速传输数据的需求。

3. **IEEE 802.15.4**：ZigBee是一种短距离无线个人网络（WPAN）技术，其具有如下特性：
   - **复杂度低**：ZigBee底层所使用的通信协议为IEEE 802.15.4，相较于其他无线通信协议，它是最简单的一种。
   - **价格低廉**：由于ZigBee属于无线个人网络，其传输距离短，再加上其结构简单，而且又是全球通用，因此使得其成本相当低廉。
   - **省电性极佳**：在IEEE 802.15.4的通信协议中，处处可以见到为省电所进行的设计。因此省电可说是ZigBee网络最大的特色。
   - **使用方便**：ZigBee组件可自动扫描无线频率，若搜寻到既有的ZigBee网络，可自动申请加入该网络，也可自行启动一个新的网络。而且当网络受到干扰时，也可自动切换频道。
   - **应用广泛**：ZigBee可运用于智能型生活空间科技的各种应用之上。

二、无线局域网络与IEEE 802.11

无线局域网络与IEEE 802.11

无线局域网络（WLAN）顾名思义就是利用无线电波作为数据传导的媒介。它利用无线电波的技术，取代旧式的双绞线所构成的局域网络，就应用层面来讲，它与有线网络的用途相似，两者最大的不同是传输数据的媒介不同。

与其说无线局域网络将用来取代有线局域网络，倒不如说无线局域网络是用来弥补有线局域网络的不足，以达到网络延伸的目的。通常在以下的情形中可以考虑无线局域网络的架设：有线局域网络架设受地理环境的限制、针对无固定工作场所的使用者（如业务员或在线生产的监督员）或是作为有线局域网络的备用系统等。由此可见无线局域网络与有线局域网络间的互补性。

1985年，美国联邦通信委员会决定开放两个ISM（Industrial Scientific Medical）频段，提供给工业界、科学界与医学界作为实验、开发产品及研究发展之用。上述三个行业利用此ISM频带收发信号，是不必申请执照的，也不必先经有关单位的许可便可进行。这一决策不仅满足了当时对通信频带日益增加的需求，对于无线网络的发展也有着重要的影响。

到了1990年代初，使用ISM频段的通信产品纷纷出现在市场上，为了使各种竞争的产品之间能够互通，标准的制订就成了重要的工作。由国际电气电子工程师协会（IEEE）于1997年公告的IEEE 802.11标准，如今已成为无线局域网络的公认标准。

1997年制定的IEEE 802.11无线局域网络标准，可以说在无线网络技术发展史上具有里程碑的意义。IEEE 802.11标准除了介绍无线局域网络的优点及各种不同效能外，也使得各种不同厂商、品牌的无线产品可以进行互连。IEEE 802.11标准的制定，使无线局域网络在各种有移动需要的环境中被广泛接受。2000年8月，IEEE 802.11标准修订后更加完善，并成为电气电子工程师协会和国际标准化组织（ISO）的一个联合标准。

IEEE 802.11b的技术主要是应用在高速的无线网络上，其传输速率最高可达11 Mbps，使用距离可达室外 300 米左右，它与只是为了连接接口设备的蓝牙技术不同。虽然蓝牙技术也具有网络连接功能，但传输速率大约只有 1Mbps，且传输距离最多不过几十米上下。因此，对于长距离、高数据量的文件传输及网络应用的环境来说，就需要靠 IEEE 802.11b 的技术才能胜任了。由于 IEEE 802.11b 信号穿透力强、传输距离长，所以是大型企业或办公室最好的选择。

对于无线网络中传送数据的安全性与可靠性，IEEE 802.11b 也作了相关的规定，以确保数据的安全。无线网络以电磁波作为数据传输的媒介，安全性较低，对于不法分子的入侵，防备也较不易。面对此类情况，IEEE 802.11b 采取数据加密功能（64 或 128 bits）的防护，来提高安全系数。另外，在 IEEE 802.11b 的标准中，还有一项称为有线安全等级协议的数据加密方式，本身通过网络地址转换功能，形成天然的防火墙，以提供一个无线网络存取的安全机制。

因为建构无线局域网络不必申请执照，也不需要特别的技术，再加上建构成本合理，所以可以在公众场所大力推广，以提供免费的无线局域网络服务。目前世界范围内的公众无线局域网络的发展已经日趋成熟。无论走到何处，无线上网已经成为一种时尚。

Wi-Fi 与 IEEE 802.11b

所谓 Wi-Fi，就是 IEEE 802.11b 的别称，是由一个名为“无线以太网兼容性联盟”（Wireless Ethernet Compatibility Alliance，WECA）的组织所发布的业界术语。它是一种短程无线传输技术，能够在一定范围内支持因特网接入的无线电信号。随着技术的发展，以及 IEEE 802.11a、IEEE 802.11g 等标准的出现，现在 IEEE 802.11 这个标准已被统称作 Wi-Fi。从应用层面来说，要使用 Wi-Fi，用户首先要有兼容 Wi-Fi 的客户端设备。

IEEE 802.11a、802.11b 及 802.11g 的比较

采用不同标准的无线网络，会使用不同的频谱，所支持的最高传输速度也会不同，更不保证兼容。所以用户在选购客户端接收设备时，也应注意到该设备和相连的无线网络在传输标准上的兼容性。

表 4-7　IEEE 802.11a、802.11b 及 802.11g 的比较

项目\规格名称	802.11a	802.11b	802.11g
标准批准时间	1999 年 7 月	1999 年 7 月	2003 年 6 月
运行频谱	5 GHz	2.4GHz	2.4GHz
最高传输速度	54Mbps	11Mbps	54Mbps
优点	可同时使用多个频道以加快传输速度、电波不易受干扰	低成本	兼容 802.11b
缺点	覆盖范围小、与 802.11b/g 都不兼容	电波易受干扰、速度较缓慢	电波易受干扰

从以上比较可见，802.11b 及 802.11g 都使用 2.4GHz 的公用频谱，可以兼容使用，但由于 802.11a 使用了 5GHz 的公用频谱，所以与其余两者不可兼容。目前来说，由于低成本的缘故，802.11b 标准最为普及。虽然 802.11a 及 802.11g 的最高传输速度皆为 54Mbps，但由于前者使用的 5GHz 频谱目前干扰较少，所以实际的传输速度比较快。此外，由于 802.11a 比其余两者提供更多的非重叠

频道，所以传输速度可进一步提升。

三、无线城域网与 IEEE 802.16

Wi-MAX 是“全球微波互联接入”（Worldwide Interoperability for Microwave Access）的缩写。其标准有别于现有的 802.11 无线局域网络（WLAN），而是采用 700MHz 的范围，应用于无线城域网（WMAN）且范围可达几十千米，符合 IEEE 802.16 标准。不但传输速度更快，距离也更远。

从无线个人局域网络（WPAN）到无线广域网（WWAN）的整个无线网络范围中，按照国际电信联盟（ITU）的定义，俗称 Wi-Max 的 802.16 标准是介于 WWAN 与 WLAN 之间，传输距离小于 50 千米的“无线城域网”（WMAN）应用，主要定义为都市中一些易受干扰地点的无线增强技术。

然而，Wi-MAX 真正的吸引力并不在于作为现有技术的补充，而在于它已名列下一代移动通信网络——4G 的候选技术之一。过去几年，3G 过于缓慢的进展为 4G 留下了更多想象空间，各种技术纷纷出笼，Wi-MAX 便是其中一项。然而，目前 Wi-MAX 也并非一帆风顺，它面临着各种 3G 增强版技术（如 HSDPA/HSUPA）的竞争，加上服务尚未真正普及，未来它能否顺利担纲下一代主流无线通信技术仍有待观察。

Wi-MAX 的优势：

1. **传输距离远：**Wi-MAX 无线信号的传输距离最远可达到 50 千米，是无线局域网络（WLAN）所不能相提并论的，而它的涵盖面积更是 3G 基站的 10 倍，只需要设置少量的基站，就可以覆盖整个城市，因此使得无线网络应用范围大大增加。
2. **传输速度快：**Wi-MAX 最高的传输速度是 70Mbps，是 3G 的 30 倍，对无线网络来说，无疑是一个很大的进步。Wi-MAX 采用与 WLAN 标准 802.11a/g 相同的 OFDM（Orthogonal Frequency Division Multiplexing）正交频分复用技术，每个频道的带宽是 20MHz，与 802.11a/g 相同。但因为它可以通过固定天线稳定收发无线电波，所以传输量自然比 802.11a/g 高。
3. **没有“最后一英里（last mile）”的限制：**Wi-MAX 可以将 Wi-Fi 热点连接到因特网，也可当作数字用户线路（Digital Subscriber Line，DSL）等有线连接方式的无线延伸。Wi-MAX 可供半径 50 千米范围内的用户连接上网，使用者不需要电缆线就可以与基站联机。
4. **提供多样化的多媒体服务：**由于 Wi-MAX 比 Wi-Fi 具有更良好的延展性与安全性，所以可以提供电信业务等级的多媒体通信服务。它的高带宽也可以将 Internet Protocol 网络的缺点大大降低，提高网络电话 VoIP（Voice over Internet Protocol）的 QoS 服务质量。

四、无线广域网与 IEEE 802.20

无线广域网（Wireless Wide Area Network，WWAN）是指传输范围可跨越国家或不同城市之间的无线网络，由于范围广大，通常都需由特殊的服务提供商来架设及维护整个网络，一般人只是单纯以终端联机设备来使用无线广域网。例如，移动电话使用的 GSM（Global System for Mobile Communications）通信系统就属于 WWAN。

无线广域网（WWAN）的联机能力可涵盖相当广泛的地理区域，但到目前为止数据传输率都偏低，和其他较为区域性的无线技术相距甚远。目前全球的无线广域网主要采用两大技术，分别是 GSM 及 CDMA 技术，预计将来这两套技术仍将以平行的步调发展。

五、3G/4G/5G

3G 是第三代移动通信技术，是指支持高速数据传输的蜂窝移动通信技术。3G 服务能够同时传送声音及数据信息，速率一般在几百 Kbps 以上。3G 是指将无线通信与国际互联网等多媒体通信相结合的新一代移动通信系统，目前 3G 存在 3 种标准：CDMA2000、WCDMA、TD-SCDMA。

在 2005 年 10 月的 ITU-RWP8F 第 17 次会议上，ITU 给了 4G 技术一个正式的名称“IMT-Advanced”。按照 ITU 的定义，当前的 WCDMA、HSDPA 等技术统称为 IMT-2000 技术。与 3G 相比，4G 移动通信采用更先进的技术，最高数据传输速率达 2Mbit/s，以及更多的用户容量和兼容性。

令人翘首期盼的 5G 技术。2015 年 3 月 1 日，英国《每日邮报》报道，英国已成功研制 5G 网络，并进行 100 米内的传送数据测试，每秒数据传输高达 125GB，是 4G 网络的 6.5 万倍，理论上 1 秒钟可下载 30 部电影，并称将于 2018 年投入公众测试，2020 年正式投入商用。

4-6　科技新玩意儿

一、App 与 App Store

App Store 是苹果公司为其 iPhone、iPod Touch 及 iPad 等产品创建和维护的数字化应用程序发布和销售平台，允许用户从 iTunes Store 浏览和下载一些由 iOS SDK 或者 Mac SDK 开发的应用程序。根据应用发布的不同情况，用户可以付费或者免费下载。应用程序可以直接下载到 iOS 设备，也可以通过 Mac OS X 或者 Windows 平台下的 iTunes 下载到计算机中。其中包含游戏、日程管理、词典、图库及许多实用的软件。

和 iTunes 一样，苹果公司通过应用程序的销售抽成从 App Store 中获利。苹果抽取所有第三方开发者发布的应用程序销售收入的 30%，开发者得到剩下的 70%。

二、QR Code

1994 年，日本 Denso Wave 公司发明了 QR Code，是一种二维条形码。QR 是英文“Quick Response”的缩写，即“快速反应”的意思，源自于发明者希望 QR Code 可让其内容快速被解码。QR Code 可比传统条形码存储更多数据，它不像传统条形码般在扫描时需直线对准扫描仪。

QR Code 呈正方形，只有黑白两色。在 3 个角落印有较小像“回”字的正方形图案，它们是帮助译码软件定位的图案，用户不需要对准，无论以任何角度扫描，数据仍可正确被读取。

在未来的移动生活中，超链接的应用，已经从以往的网站互连，转变为虚拟信息与实体世界互相链接，QR Code 正是其中最短的快捷方式。在新闻报纸上，一扫就可以看见视频新闻；在农产品的外包装上，一扫就能看到生产过程；甚至乘坐高铁时，拿着票券对传感器一扫就能进站。QR Code 读取方便，解码阅读器（QR Code Reader）支持大部分移动设备，并且能 360 度自由读取，不用正对手机镜头，即使部分条形码受损，也能自动更正辨识。

三、虚拟个人助理 Siri

Siri 是苹果公司在其产品上应用的一项语音控制功能。用户可通过声控、文字输入的方式利用 Siri 来搜寻餐厅、电影院等生活信息，同时也可以直接收看各项相关评论，甚至直接订位、订票；此外，Siri 在基于位置的服务（Location Based Service，LBS）方面，能够根据用户默认的所在位置或居家地址来判断、过滤搜寻的结果。

Siri 可以支持自然语言输入，并且可以调用系统自带的天气预报、日程安排、搜索数据等应用。还能够不断学习新的声音和语调，提供对话式的应答。

学习测评

1. 简述计算机网络的种类。
2. 简述网络拓扑（topology）结构。
3. 简述网络传输媒介。
4. 简述网络传输技术。
5. 简述网络传输模式。
6. 简述 OSI 模型。
7. 简述 DoD 模型。
8. 什么是通信协议？
9. 简述什么是 Telnet，什么是 WWW，什么是 FTP，什么是 E-mail。
10. 简述什么是 WPAN、WLAN、WMAN、WWAN。

案例讨论：微软 MSN 成为历史

近年来，由于 Facebook 与 Line 的普及，网友使用 Windows Live Messenger（MSN）的频率大幅降低。MSN 原名是大家都很熟悉的 MSN Messenger，自 1999 年上线服务一直到 2005 年配合微软推出 Windows Live 服务才更改为现在的名称。MSN 陪着网络用户走过了 13 年黄金岁月。

自从微软在 2011 年 5 月砸下重金，以 85 亿美元收购 Skype 后，让它摇身一变成为微软的发展重点，相对于 MSN 实时通信服务的不断衰退，Skype 却为微软带来了稳定的收入，每年入账约 5～6 亿元，主要来自用户的电话储值金，此外它也为微软的娱乐和设备部门带来了 20%的营业收入增长。

2012 年，微软更深度整合 Skype 至 Windows 8 中，让用户不必进入到 Skype，便可在通信簿里直接拨打电话给 Windows 8 的朋友列表。此外，与 MSN 整合后的 Skype，文字信息处理能力更佳，加上原有的视频语音强项，再配合 Win8 全景式的浏览设计，使用户使用更加方便。

2013 年 MSN“退休”，Skype 以无缝对接的方式取而代之。用户使用 MSN 账号登录 Skype，就能继续跟原有的联系人进行聊天、互动。微软表示，针对两大系统合并事宜，Skype 6.0 版已完成与 MSN 账号中联系人的关联，另提供 Skype 与 MSN 账号合并为“Microsoft account”的服务。换言之，现在起用户只要下载最新版本的 Skype，使用现有账号登录，原本的 MSN 联系人就通通在那里了。

微软强调此次改版的 Skype 有 6 大亮点，支持包括 iOS、Android 的全平台使用体验，提供文字、语音、影像、电话拨打的全方位服务，可分享屏幕画面，可以在手机上进行视频通话，可以与 Facebook 联系人进行视频通话，以及视频会议功能等。除了中国市场之外，MSN 将正式于 2013 年结束全球运营，微软会在未来数个月内持续协助用户进行转换服务。

数据显示，MSN 在 2010 年的全球用户约为 3 亿人，但 2012 年已经狂跌至 1 亿人，Skype 目前拥有 2.8 亿使用者，微软宣称在使用高峰期，曾创下 4000 万人同时在线的纪录。微软认为，Skype for Windows 8 凭着接口优势，将可望成为未来主流的实时通信软件。Skype for Windows 8 为了让使用者有更好的触控体验，将拨号数字键和其他选项改良成较大的触控图标按钮，比起 Facebook 或 Line 的接口，Skype 整体设计简洁清新又具人性化，更适合长时间聊天的使用者。

讨论问题：

1. 你认为 Skype for Windows 8 会被网友接受吗？请提出你的看法。
2. 如果你是微软的 CEO，面对强敌 Facebook 与 Line，会怎么做？

电子商务支付系统与安全机制

5 CHAPTER

导读：露天拍卖导入支付连，年交易额增3倍

露天拍卖 2014 年 2 月 26 日宣布，导入“支付连”（PChomePay）服务已满两年，露天拍卖可使用支付连付款的商品数已突破 2200 万件，以露天拍卖上共超过 5100 万件商品数来看，采用率超过四成。而买家使用支付连付款的交易订单金额，年成长更超过 3 倍。

露天拍卖自 2012 年 3 月导入支付连服务后，首先推出“ATM 转账及余额付款服务”，2013 年 3 月再推出 PChomePay 支付连信用卡代收服务，使 100 万露天微型商家在线上就能开通服务，700 万名买家也能在卖场中刷卡购物。

露天拍卖在 2014 年 1 月推出 PChomePay 支付连信用卡代收分期 0 利率服务，上线 1 个月内全站可使用信用卡付款的新增对象数与新卖家开通数双双翻倍。为此露天拍卖宣布，3 月开通并使用支付连信用卡分期 0 利率完成交易的卖家，全都免收服务费。目前露天全站可使用 PChomePay 支付连信用卡付款的商品数已接近 800 万件，开通此服务的卖家数也超过 2 万名。

5-1 电子商务支付系统基本概念

一、传统付款方式遇上电子商务

传统商业交易通常是采用离线付款的方式，离线付款方式是基于两个基本假设：

- **假设一**：交易双方必须各自在其所在地现身。

- **假设二：**交易流程当中一定有足够的延迟，以便能够发现诈欺、透支或其他问题等，并且给予修正。

考虑到电子商务的特性，以上这些假设都不适用于电子商务的付款方式。传统付款方式并不是在网上处理的作业模式，与电子商务的网上支付方式相比，就可能有下列五种问题发生。

1. **缺乏方便性：**传统的付款方式通常要求顾客离线处理付款事项，例如通过银行转账、邮局汇款等方式付款。
2. **缺乏安全性：**为了在互联网上利用传统工具进行付款，顾客可能必须在线上传送信用卡卡号、银行账号或是个人身份资料。这些机密资料在传送过程中有可能被黑客中途截取，引发危险。
3. **缺乏流通性：**信用卡只能在发卡银行特约经销商中交易流通，其他非特约经销商处则无法进行交易，缺乏流通性，而且无法提供个人或公司间的付款交易资料。
4. **缺乏适用性：**信用卡或是支票的拥有，必须有一定的身份审核标准，并非人人都可以达到合格标准而拥有信用卡或支票账户。
5. **缺乏进行小额交易的能力：**为了处理小额交易所花费的传输成本、电话费或是信件费用都是额外的开销。处理这些付款的成本太高，通常只能达到收支平衡，甚至成本高过收入。

由于传统的付款方式面临电子商务运作有以上五种问题产生，因此必须有一些“即时”的付款机制来解决这些问题，这也就是电子付款机制。所谓的“即时”交易活动表示当顾客在网站上按下“付款”的按键时，整个交易便已经被驱动而且完成。

二、电子支付机制的定义

所谓电子支付，就是利用数字信号的传递来代替一般货币的流动，达到实际支付款项的目的。为此可将电子支付机制定义为“利用数字信号的传递来代替一般货币的流动，达到实际款项支付目的的系统”，例如网上信用卡付款、电子钱包、电子现金、电子支票及智能卡等付款机制。

三、电子交易中的参与者

电子交易中的参与者，主要有：

1. **买方（buyer）：**购买商品或服务的一方，也就是付款者（payer）。
2. **卖方（seller）：**销售商品或服务的一方，也就是收款者（payee）。
3. **发行机构（issuer）：**就是信用卡发卡银行。
4. **收单机构（acquirer）：**提供商店收款金融服务的银行，它负责代理商店进行应收账款的清算、管理商店账户等。并建立特约商店认证、注册的各项过程，提供了安全电子商务的运作规范。
5. **公正第三者（trusted third party）：**负责调解网络交易上所发生的争议。
6. **电子证书认证中心（Certificate Authorities，CA）：**负责核发电子证书（certificate），用以确认交易者的身份。

四、电子支付系统的整体架构

电子支付系统的整体架构中，除了上述电子交易中的参与者外，必须要有软硬件设备的支持，这些设备分别是电子钱包（Electronic Wallet）、商店服务器（Merchant Server）、支付网关（Payment Gateway）。电子支付系统的整体架构如图 5-1 所示。

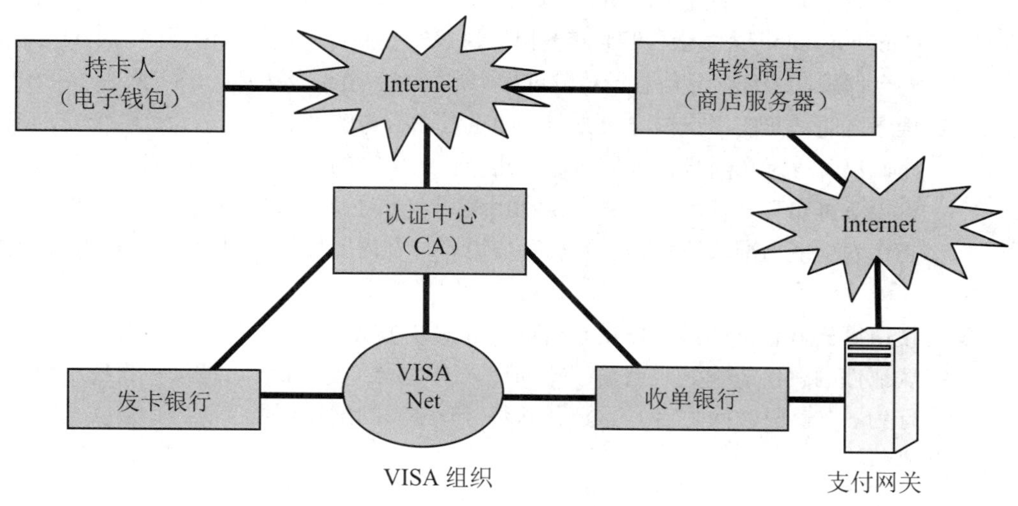

图 5-1　电子支付系统的整体架构

5-2　各种电子支付系统

一、线上信用卡

线上信用卡系统是将信用卡的付款方式拓展至网络上的应用。顾客在网络商店购物时只要输入其信用卡的详细资料（主要是信用卡卡号、有效期限及付款码），通过网络传送至销售商品的商店，商店再将该资料整合成授权付款信息传送至往来的信用卡取款银行，便可循原有信用卡的清算系统取得货款。

因此利用以信用卡为基础的电子支付系统来进行支付交易，消费者必须至发卡机构申请合法的信用卡，网络上的厂商必须与发卡机构签订成为特约商店，提供能够收受顾客信用卡支付的系统；而电子支付系统本身必须能够确保客户资料、信用卡号码、交易内容等具有敏感性质的资料在网络传输过程中的安全；并且需要有公正的认证机构（一般即为信用卡发卡组织）对所有交易的个体发给身份签证，让交易双方能够在线上立即验证对方的身份，及利用签证上的公开密钥来进行安全的数据交换，使信用卡付款交易能够在安全正确的状况下进行。

网络环境中，信用卡支付系统的发展过程可拆解成三种基本的类型：

1. 未加密线上信用卡付款：最早期的线上信用卡交易是在公众网络上，进行无加密性的交易行为，其中公众网络包括电话线或者网际网络。安全性原本就低的网际网络，使这种交易方式产生很大的问题，也就是说任何黑客皆有能力编写一个程序，用以扫描网际网络上的传输，窃取信用卡号。认证性是另一个严重的问题，使得商家需负责确认使用人是否为信用卡持有人，在缺少加密性的环境下，这种认证方式根本无法达成。

2. **使用加密（如 SSL 技术）的线上信用卡付款：**这类线上信用卡交易中，目前以 SSL 技术的线上信用卡为主流，SSL 协议是 Secure Sockets Layer Protocol 的简称，由 Netscape Communicator 公司于 1994 年提出。协议的主要目的是提供网际网络上对交易双方的安全保护，避免交易信息于传输过程中被窃取、伪造及破坏。SSL 位在 TCP/IP 和应用程序之间，它在用户端与服务器之间进行加密与解密的程序，经过这个安全编码的程序，也就等于在用户与服务器之间建立一条保密的通信渠道，就算第三者窃取资料，也无法得知其内容。SSL 作业是利用信用卡卡号及有效日期或再加上持卡人的相关信息作为认证标准。消费者只要拥有信用卡，不需要额外到银行申请电子钱包及安全认证就可使用。

3. **使用第三方认证的线上信用卡付款（如 SET 技术）：**这种电子付款机制对于安全性及认证性的解决方案是利用第三方的介入来达成：由一家公司担保和收集用户间的付款行为，在一段时间之后，进行信用卡交易总额的结算，是目前为止最安全的线上付款机制。

线上信用卡的优缺点

从上述信用卡付款的特性与系统的运作程序，可以归纳出以信用卡为基础的电子支付系统其优缺点如下：

优点：

1. 用信用卡来进行网际网络上的电子支付，只是传统信用卡付款方式的一个延伸应用，付款交易的进行与传统信用卡邮购的付款方式并无太大的不同，其方式很容易被市场所接受。
2. 对于消费者而言，只要拥有一张信用卡便能够同时使用于一般特约商店与网络上的虚拟特约商店，亦即消费者可以使用原有的信用卡账号，不需要再额外申请一个银行账户或电子现金来付款，十分方便；而且信用卡若遗失遭冒用，发现后可立即挂失，之后的损失便由发卡机构负担，消费者的利益有保障。
3. 对于特约商店而言，以信用卡为基础的电子支付系统，有强大的信用卡发卡组织为后盾，以及全球完善的清算体系，其网络交易的信用风险可以转嫁给发卡组织；加上信用卡有遍布世界的使用者，有意在网际网络上进行电子商务的商家，尤其是欲进行国际贸易的公司，必然会提供这种付款服务。
4. 网络上以信用卡为基础的电子支付系统，是以现有信用卡付款的系统架构与清算体系为基础，其所遵循的架构清楚明确，因此发展的速度较快，系统整合亦较容易，能够抢先一步占领网际网络市场。

缺点：

1. 以信用卡为基础的电子支付系统，消费者与厂商都必须加入特定的信用卡组织，由于消费者申请信用卡与厂商申请成为信用卡特约商店，都必须具备一定的条件，因而限制了网络上的交易对象与使用范围。

2. 以信用卡付款的每一笔交易记录都会被发卡机构记载存储起来，将会对消费者的隐私权有所危害。
3. 以信用卡为基础的电子支付系统，由于是遵循原有的信用卡清算体系，因此以信用卡付款的每笔交易，买卖双方都必须负担较高的手续费，不适合作为小额付款之用。
4. 以信用卡为基础的电子支付系统，仅能适用于持卡人与特约商之间的付款之用，无法作为一般人之间或同一个人的不同账户之间在网络上进行资金转账之用，适用的范围较小。

线上信用卡 SSL 技术与 SET 机制的竞争

观察三种线上信用卡的运作模式，未加密的线上信用卡，由于风险太高，将不可能是消费者偏好的电子支付机制。通过 SSL 技术加密的线上信用卡与 SET 机制加密的线上信用卡模式之竞争，则有各家看法。

Denny（1998）认为在 1996 年以来，SET 机制似乎被广泛推广为电子商务安全与保密的最佳解决方案。但是在电子商务持续快速成长的同时，SET 机制被美国银行业接受的脚步似乎缓慢下来了。消费者相信他们在网络上的交易通过 SSL 机制已经是安全保密的。因此根据 SET 目前的发展，在可运作的规模扩展上，SET 机制将自己推销给大众已经为时太晚。SET 机制是实际可行的吗？在理想的环境中，SET 机制可以保证绝对安全的传输。但是这项增加的利益足以高过其所花费的安全传输执行成本。在网络上使用 SSL 机制潜在发生的欺诈行为可能高过今天传真信用卡订单或电话订购所发生的欺诈吗？

从网络商家或是银行的角度来看，一家网络商店或银行在决定是否采用 SET 机制时，有两种考虑，一是采用之后，效益有多大；另一个则是必须付出多少成本。采用 SET 机制后产生的效益有：❶提供顾客多种选择，扩充顾客群；❷降低欺诈风险；❸提升商店形象；❹顺应未来电子商务的发展（以 SET 与 SSL 两者作为比较对象时，SET 显然具有较大的发展性，可以顺应未来各种网际网络资金流的需要）。而另一方面，采用 SET 机制的成本有如下几点：

1. **软硬件设备的投资：**SET 付款机制牵涉到公正第三者认证方式，对于整个付款机制必须做进一步的投资，所需要的建置及维护费均较 SSL 高出许多，对于预算有限的厂商，是一笔沉重的负担。
2. **机会成本考虑：**目前使用 SET 机制的客户有多少？是否有足够的消费者愿意使用这样的系统？以目前市场上的反应来看，真正采用的人并不多。这样对于资源有限的企业来说，可能会将企业资源先投放在迫切需要的投资上。对采用 SET 机制而言，也许等市场较为成熟，顾客真正有需求时再行投资。
3. **责任划分：**银行在交易的过程中，必须承担信用卡持有人认证的责任。信用卡持有者的认证工作是 SET 机制的最大卖点，但是关于信用卡持有人认证的每日基础事务，许多基础架构尚未建立。

二、电子现金

电子现金简介

所谓电子现金，是以电子的方式来处理交易的电子货币，而根据电子现金存储方式的不同，又可分为智能卡型电子现金与网络空间型电子现金，智能卡型电子现金是指将电子现金存储在一个安全方便的智能卡中，可由使用者随身携带以取代传统的货币支付方式，作为交易媒介之用；而网络空间型电子现金则是交易双方设定电子支付系统，以达到付款、收款的目的。而不论是哪一种电子现金，都是用电脑资料的方式来存储及传递。而用户在使用电子现金的时候，并不会暴露其个人信息，亦即电子现金与传统现金所具备的匿名性质。

要使用电子现金，消费者必须先在网络银行（甲）开立电子现金账户，此网络银行多半是由传统实体银行来负责线上业务，而消费者可以利用个人账户提取电子现金，此笔现金的金额会经由使用者电脑的数字签名技术加密，再将资料传给消费者的网络银行（甲）。网络银行（甲）收到后，将数字签名解密，消费者就可以从账号中提取此笔金额，再将认证后的电子现金回传给消费者，该消费者就可以在网络上使用此笔金额付款。当商家收到使用者的电子现金后，商家可以向签发认证的银行申请检验此电子现金的真伪，以保障电子现金的正确性。电子现金的交易流程如图 5-2 所示。

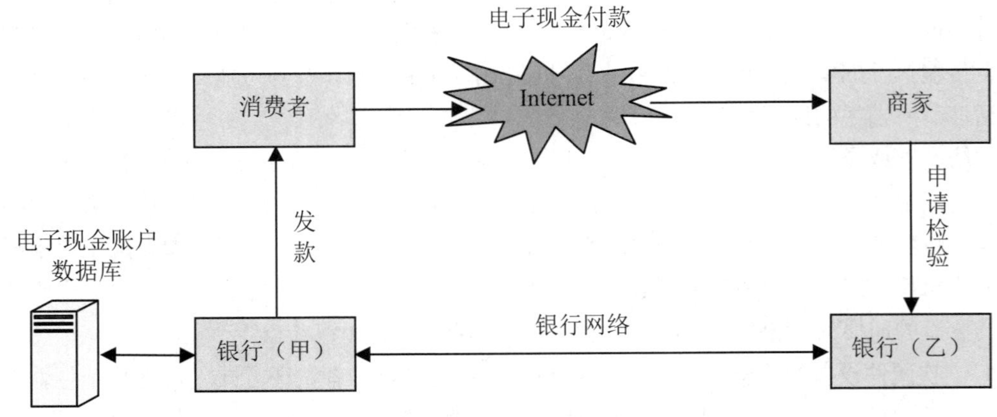

图 5-2　电子现金的交易流程

电子现金系统的优点

1. 电子现金具有匿名的特性，无法由电子现金的使用追踪到消费者的身份，对于消费者的隐私权与账户的安全性有较佳的保障。
2. 电子现金在使用时是独立的，与银行账户没有直接的关联，因此没有交易过程中账号或信用卡号码遗失、被窃取与被冒用等风险。
3. 大部分的电子现金系统具有离线验证的功能，可以在离线的状况下进行付款。
4. 使用者没有申请条件的限制，而且交易成本较低，适合进行任何人或任何机构之间任意金额的付款，尤其是小额付款。

5. 未来若相关发行机构与清算机制发展成熟的，电子现金可以视为网络上的一种法定货币，具有一般现金即时兑现的性质，厂商将很乐意接受这种付款方式。

电子现金系统的缺点

1. 如果采用线上的查核，电子现金发行单位必须维护一个大型数据库，用以记录已经使用过的电子现金，以防止重复使用的问题。
2. 电子现金就像现金一样，没有追踪的记号，一旦遗失便很难追回，给用户造成损失。因此电子现金的存储与保护格外重要，存储在一般个人电脑上并不十分保险，通常需要利用特殊的硬件设备来存储，例如智能卡或个人数字助理（PDA）等。此外，若要在离线的情况下进行付款，通常亦必须要有智能卡与读卡机等硬件设备来进行验证，如此额外增加设备将会提高用户的负担，而使一般的消费者却步。
3. 电子现金是属于一种现付支付系统，消费者付款时从网络上领出电子现金，银行账户便会马上减少利息收入；对于金融机构而言，亦会立即短少账面存款，对于两者均属不利。

电子现金的理想特性

电子现金的八个理想特性：独立性、安全性、匿名性、离线付款、可转移性、可分性、条件稽核、灾难复原。接下来针对每一个理想特性进行简单讨论及介绍。

1. **独立性**：电子现金不应该依赖任何实体的物理介质，而能够在网络上传输。也就是电子现金的本质应该是一连串的数据资料，可以通过网络连线在网际网络上流通；简单地说，电子现金就是在网络世界里所适用的货币。
2. **安全性**：众所皆知，网际网络是一个开放式的环境，任何人只要有网络设备，就可以进入网络的世界中搜寻、接收资料，因此任何在网际网络中流通的资料，当然也包括电子现金，都有被窃取、被复制的可能，因此电子现金必须符合一定的安全性，才能有网络货币的功能。电子现金的安全性主要着重于如何避免伪造、避免重复使用以及不被盗用等问题。
3. **匿名性**：隐私权对于使用者而言，其重要程度不亚于实质的财富，而网际网络的盛行，更使得隐私权的保护越来越受到重视。电子现金之所以比电子信用卡、电子支票系统更具优势，就在于电子现金可以保障使用者的私密信息不外流，一般电子现金对于保障匿名性的做法是采用数字盲签章的技术，或者是采用可信赖的电子现金服务器方式。
4. **离线付款**：离线付款指的是消费时，电子现金不需要通过与银行主机的连线查验，也能进行付款的操作。一般的电子现金离线付款主要有两种做法，第一种是利用在电子现金的模组里加上一个称为观察者的模组，用来记录每笔电子现金交易的流程；另外一种则是比较常用的挑战回应方式，由收款方送出挑战，付款方传回回应的过程，以揭露原先加密过的信息，借此验证电子现金是否经过重复消费。
5. **可转移性**：电子现金的用途主要是在网络上取代传统货币的地位，而在现实生活中，传统货币是可以经过使用者之间的私相授受，来转移所有权及使用权，因此一个理想的电子现金也应该要具备这种理想特性，可以经由使用者之间的协议转移所有权及使用权，而不会影响到电子现金的安全性与匿名性。简单来说，能经由不同的存取款设备将电子现金存储在不同设备中。

6. **可分性：**简单地说，可分性就是电子现金也应该具备可找零的特性，电子现金应该有各种面额的存在，而目前有关电子现金的研究之中，都把电子现金设计成单位货币，因此电子现金的总额都可以加成，而不需要有可找零的特性。
7. **条件稽核：**电子现金的设计，基于保护使用者的匿名性，因此除了交易双方，没有任何第三者可以得知电子现金的流向与用途，虽然保障了使用者的隐私权，却也使得电子现金容易沦为贩毒、洗钱等违法活动的犯罪工具，因此电子现金应该具备可以在有条件的法律管理情况下提供检查单位得以追查某笔电子现金的流向。
8. **灾难复原：**既然电子现金不需依赖任何实体的物理介质，而得以在网络上传输，因此电子现金的存储媒介，势必容易受到破坏，而造成使用者的损失，为避免使用者的权益受到破坏，电子现金应该具备匿名的灾难复原机制，可以补足电子现金存储媒介的先天缺失，将使用者的损失降到最低。

三、电子钱包

电子钱包（e-wallets）是一种符合安全电子交易 SET 标准的电脑软件，它存储了持卡人的个人资料，如信用卡号、电子证书、信用卡有效期限等。当进行交易时，它会将持卡者的信用资料加密之后再传至特约商店的服务器中，因此，在特约商店的电脑上，只能看到消费者选购物品的信息；而信用卡的卡号及信用资料等机密内容，只有发卡银行在处理账务时将信息解密后才能看得到，在安全性上相当有保障。

电子钱包的特性

一般的钱包，称为“类比钱包”，会放在人们的口袋或皮包。电子钱包希望能模拟类比钱包的功能，其中最重要的为：

1. 以数字凭证或其他保密的方式检验消费者。
2. 存储并转移价值。
3. 确保消费者到厂商的付费过程安全。
4. 模拟一般钱包的功能，可以支持线上信用卡、数字现金、数字信用卡以及数字支票等付费方式。

电子钱包的优点

1. 其最大的优点在于消费者的便利性。
2. 可以从任何网站使用电子钱包来证明自己的身份，用一个按键就可以付费购买想要的物品，并且立刻留下一份交易证明以便复查。
3. 可在无线网络设备上使用同样的电子钱包付款。
4. 网上购物时不必再填单，只要点选电子钱包，软件就会将账单和送货资料填好，简化订货的过程。
5. 厂商从电子钱包得到的好处在于降低交易成本、降低诈骗的风险。

电子钱包的问题

1. 谁拥有电子钱包及其信息（牵涉到隐私的问题）：与其他电子支付机制面临相同的问题，隐私的保密与安全问题是网络消费者最关注的焦点。
2. 电子钱包放在哪（客户端或远端服务器中）：目前电子钱包主要可分为两大类：客户端电子钱包和服务器端电子钱包，客户端与服务器端的电子钱包有不同的运作模式。

客户端电子钱包

目前电子钱包主要可分为两大类：客户端电子钱包和服务器端电子钱包。而客户端电子钱包在台湾地区的应用案例有：iCash 与 Mondex，如图 5-3 所示。

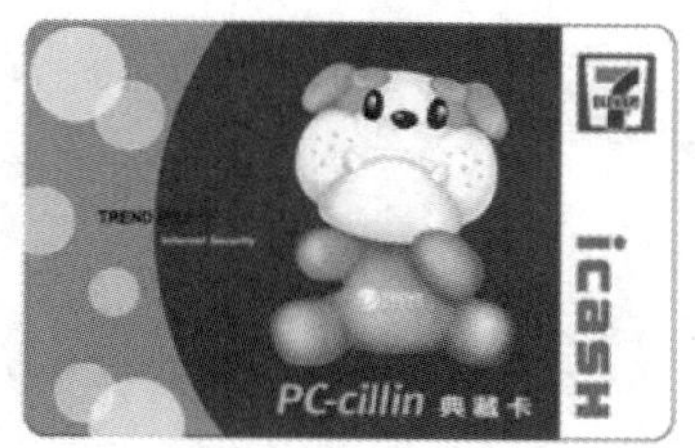

iCash

Mondex

图 5-3　客户端电子钱包应用示例

iCash 是 7-ELEVEN 发行的预付储值卡（电子钱包），可以重复加值，加值后可持卡在全国 7-ELEVEN 消费。

Mondex 也是电子钱包，它将现金的优点集中于一张芯片卡上。使用 Mondex 卡代替现金支付日常消费，不必再携带累赘钞票及硬币，亦可节省排队付钱找零的时间，更方便快捷！Mondex 电子钱包搭配读卡机亦可在网络上消费使用，无须输入任何个人资料，直接扣款即可消费。

2007 年 3 月 1 日起，台湾地区的便利超市业者和银行联手推出具有信用卡、悠游卡和电子钱包功能的联名卡，让民众一卡在手，方便多多。买瓶饮料，只要将联名卡放在读卡机上，不用带现金就可以轻松付费。这种结合信用卡、悠游卡和便利超市储值三种功能的联名卡，逐渐成为最流行的消费趋势。

服务器端电子钱包

服务器端电子钱包是负责检验和付费的服务或产品。可以让线上的厂商来处理线上消费者付费的所有事项，降低成本。当厂商的表单改变时，消费者不需安装特别的软件也会动态更新，而客户端电子钱包需下载才能更新。服务器端电子钱包的应用案例有 Microsoft .NET Passport，如图 5-4 所示，但它以失败收场。

Microsoft .NET Passport 提供消费者单次登录服务。使用单次登录服务（SSI 或 EP），消费者只要在某个网站点选 Passport 商标就可登录，消费者偏好的付费方式就会与厂商的购物车沟通，不需在每个网站填表，免除了利用数字凭证来检验厂商与消费者间的交易的过程。用户通过填写个人资料来开通该电子钱包服务，一旦个人资料建立了，用户会收到一个 PUID（Passport Unique Identifier）。当 Passport 用户登录时，会将这个检验的关键资料 PUID 传送到厂商的网站。微软的

Passport 对厂商和消费者都是免费的，并保证不会将消费者的信息卖给广告或营销公司。Passport 是微软公司 Microsoft .NET 的重要策略之一。

Microsoft .NET Passport

图 5-4　服务器端电子钱包应用示例

四、电子支票

电子支票简介

电子支票适合于那些不想使用现金，而更乐意采用信用方式的个人客户或公司组织。电子支票是用电子方式起始，使用电子签名做背书，并使用数字证明来验证付款者、付款银行和银行账户，其安全和认证工作则使用公钥加密的电子签名来完成。电子支票可以通过电话直接传达或利用网际网络这类公众网络来传送，银行搜集电子支票，然后通过类似票据交换所的网络来交换。电子支票会产生浮动（float），浮动则是商业的重要条件。第三者会计服务器可借由向买方或卖方收取费用以赚取利润，它也可以视为一家银行，提供存款账户然后再从存款里赚取费用。总而言之，电子支票技术可以连接公众网络和网络金融机构以及银行票据交换网络，以达到通过公众网络连接现有付款体系。

电子支票是书面支票扩展至网际网络上的应用，使用以电子支票为基础的电子支付方式来进行网际网络商业交易的付款时，参与的交易双方都必须在金融机构开立合法的账户（其中签发支票的一方所需的是一个支票存款账户），支票交换后的票款能够直接在账户与账户之间移转。支付系统本身则必须提供身份验证、数字签名以及安全通信传输的功能，其中数字签名一般需配合智能卡形式的签章卡和读卡机，以妥善保护签章所使用的私密密钥，某些系统可作离线的身份验证。

在图 5-5 中显示的是电子支票系统的交易支付顺序，买方必须在使用电子支票前先在第三方账务服务器上注册，一旦注册后，买方就可持具有一定金额的电子支票与卖方进行交易，而这些支票将使用电子邮件或其他方式传递，在支票存入银行账户时，会确认取款账号及金额，再将该金额汇入存款账号中。账务服务器运行方式类似票据服务器，注册程序可根据多种独立的账务服务器及信用卡的需求，或支持该电子支票的银行账户而定。

电子支票的处理方式与传统支票有许多相似之处，开立账号的用户会取得一份电子文件，其内容包括付款者的姓名、账户号码、付款金融机构的名称、接收支票者的姓名及支票的总金额等。大部分的信息是无法更改的，在使用电子支票之前，如同传统支票一样，电子支票亦需要数字签名以示负责：一个利用持有人账务信息进行计算的支票认证号码；同时也需要收款人以电子签名背书。经过签名和背书的支票，就可经由电子票据交易所，在金融机构间进行电子交易及清偿行为。这些技术通过以下方式进行：业者在收到电子支票之后，将之送至账务服务器进行认证，而账务服务器再利用 Kerberos 认证方式确认支票上的数字签名。

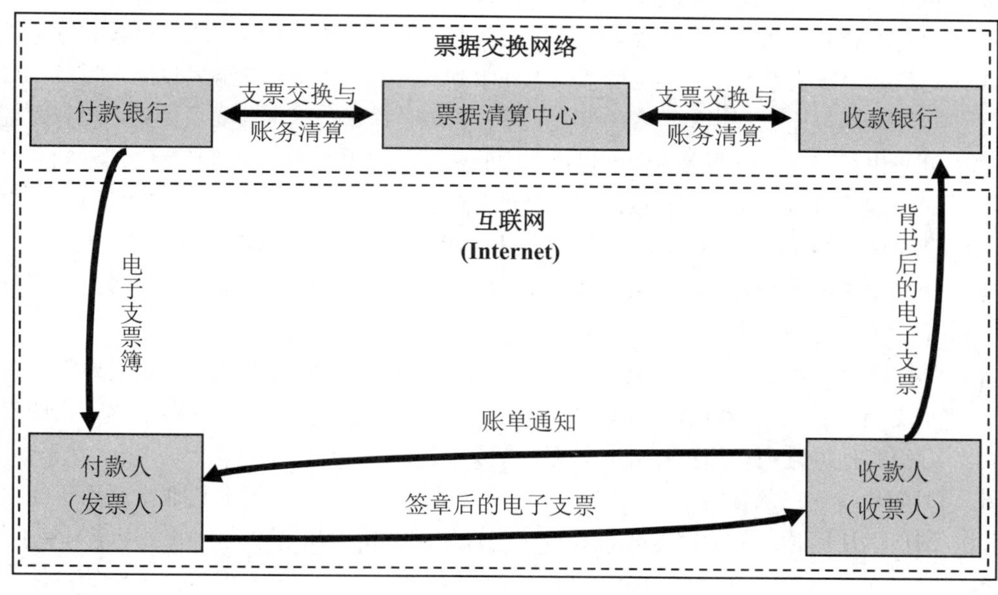

图 5-5　电子支票运作程序

Kerberos 认证系统程序会将认证过的电子支票，以使用者的数字式“签名”产生一张特定的“标签”——一张支票，而收款人的背书则形成另一个标签——银行电脑资金传输的次序。最后背书者的连续层次信息会加入标签内，就如同支票在系统间运行时，许多银行为其盖上标记，支持该张支票的支付。

电子支票的特点

1. **具有纸质支票的功能：**电子支票是一种将传统书面的支票应用于网络付款的电子文件，原为纸制的支票簿变为电子支票簿，签章、背书被数字签名取代，因此仍具有纸质支票的功能。
2. **具有浮动汇率：**电子支票会产生浮动，浮动则是商业的重要条件。
3. **双方不需承担财务风险：**由于电子支票在开票的同时，必须完成票信核对，电脑能立刻发现拒绝往来户，降低退票率；也可以降低传统票据遗失的挂失风险和作业成本，因此买卖双方并不需承担其间的财务风险。
4. **对厂商而言，成本比信用卡低：**由于信用卡属于先消费后付款，银行有信用风险、认证、利率等成本支出，手续费无法降低，小额的买卖可能被商家拒绝，而电子支票可弥补此缺点。

电子支票的优缺点

优点：

1. 传统以支票付款的方式目前在社会上已被广泛接受，是商业交易中不可缺少的支付工具，在互联网上以电子的方式来签发支票，操作上与传统书面的方式亦无太大的不同，能够节省使用者的学习时间，并很容易被使用者接纳采用。

2. 电子支票可以应用于市场上的各个阶层及范围，包括一般个人对个人、个人对企业，或企业对企业之间的资金往来均能够广泛使用，而且可进行任意大额或小额交易的支付。
3. 连线的电子支票系统，票据的接收者在收到支票后可以马上检验发票者的签章，或甚至进一步通过连线查证发票者的资金状况，不像传统银行的书面支票体系，仅有发票者的开户银行记录有发票者的印鉴资料，因此在支票提出交换后，移转到发票者的开户银行时才能够核对该支票的签章，以及检查发票者是否有足够的资金支付。所以使用电子支票系统可避免收到无效支票（签章错误）或空头支票（资金不足）的情形出现。
4. 电子支票若发现遗失、被窃或遭冒用时，可以马上办理挂失止付，发票人将不至蒙受重大损失，不像电子现金一旦遗失便立即发生损失，无法追回。
5. 电子支票系统实际上具有提供网际网络用户存款与转账的功能，用户只要签发一张电子支票，收票人为欲存款或转账的银行账户，便能够将该用户支票存款账户的资金转存至其他的账户，达到存款与转账的效果。
6. 如同传统支票的使用方式，可简化使用者的学习成本。电子支票非常适用于微付款的清偿；使用传统的加密方式，执行速度较使用公钥的加密方式（电子现金）快。
7. 对商业界而言，电子支票能创造浮动汇率并获取利益，是一个相当重要的特性。第三方账务服务器经营者能借由收取买卖双方的交易手续费而获取利润，或如同银行一样提供存款账务服务，在存款集资市场中获取利润。财务的风险将由账务服务器经营者负担，因而提高接受电子支票的程度。使用多重账务服务器系统的方式，同时提供可靠度及规范标准，建立内部账务服务器传输原则，使买卖双方能在不同的范围、区域、国家间进行交易。

缺点：

1. 金融法规规定要开立支票账户必须有一定的限制，以维护信用交易的秩序，因而将限制网络上利用电子支票付款的使用对象与范围。
2. 签发支票所涉及的法律规定甚多，退票的风险必须由收票人负担，若电子支付系统的设计未能提供即时查证发票人账户资金状况的功能，将影响售货厂商收受支票的意愿，进而影响电子支票付款方式的发展。
3. 电子支票就如同纸质支票一样，通常发票人、收票人、票面金额等资料都会被参与的银行知悉，对于买卖双方的隐私保护程度较低，因此不适合作为有隐私要求的付款交易。
4. 电子支票系统对于数字签名所使用的私钥的保护十分重要，一旦私钥遗失，就如同印鉴遗失一样，支票便有被盗用的危险，因此私钥通常需要存放在特制的签章卡上，同时要利用对应的读卡机来进行签章，如此用户必须添购额外的设备，将会因而增加负担。

五、智能卡

智能卡（smart card）是指在金融卡片上植入芯片。此芯片可以处理各种不同的信息，因此在不同产业可以通过智能卡的芯片设计来达成不同的使用目的。EMV 现金卡，即为智能卡的一种，如图 5-6 所示。

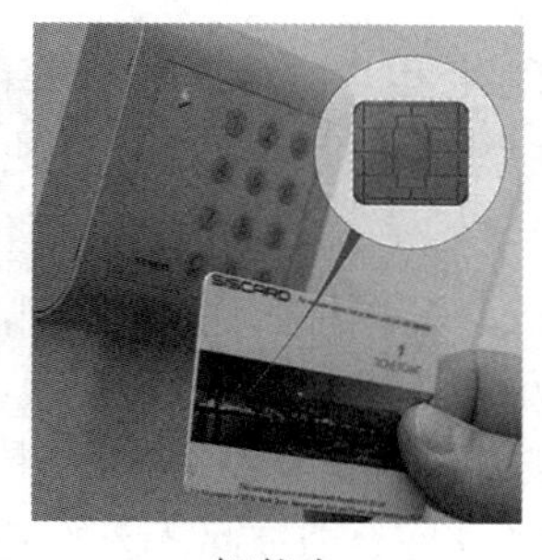
智能卡

EMV 现金卡

图 5-6　智能卡的应用

智能卡可以容纳许多不同的应用程序，让消费者能够根据自己的需求选择使用卡上的各种支付功能，例如信用卡、转账卡、储值卡等不同的支付方式均可以整合到智能卡的芯片上。由于智能卡的 IC 芯片具有资料存储及运算能力，智能卡可以与多种设备互通信息，例如终端机、自动柜员机、个人电脑、移动电话等。智能卡的推出，就是通过整合多种卡片功能的服务，减少用户所需携带的卡片数量，提供更个性化的服务。例如：高速公路收费系统以遥感的感应器来读取资料，自动将费用从卡片中扣除，即为非接触式智能卡。

基本上，智能卡可分成关系型智能卡和电子钱包。而电子钱包就是所谓的借贷卡及电子现金。

1. **关系型智能卡：**是一种由金融机构发行的芯片卡，增强了现有卡片服务功能，加入新的服务项目；是一种用来协助处理大量市场技术的工具，以满足个别使用者的需求。加强功能的智能卡所能存储的资料，包括持卡人姓名、生日、个人消费资料及实际购买记录。这些信息能帮助商家正确追踪持卡人的消费习惯，并有助于发展增进持卡人忠诚度的程序。
2. **电子钱包：**是一种口袋大小的芯片卡，其卡片上嵌入一个可供计算的微芯片，存储持卡人的可用总金额，持卡人可用该卡进行支付。

六、WebATM

WebATM 是由实体银行所提供的网络理财服务。只要通过个人电脑，结合芯片金融卡及芯片卡读卡设备连接至银行网站，即可随时随地在网络上享受银行所提供的 ATM 金融服务（除提取现金外，功能上与实体 ATM 无异）。

WebATM 为芯片金融卡网络收单服务，不论是网络商家或实体店家皆可申请使用。通过电脑及芯片金融卡读卡设备，持有任何一家银行所发行的芯片金融卡的消费者，均可立即转账支付消费款项。兼具安全、流畅、方便、即时的特性，成为目前最先进的线上付款工具，也是消费者网络购物的不错选择。

七、P2P 支付系统

P2P 支付系统是储值支付系统的变型。P2P 付款是一种可以将用户的钱款通过 E-mail 转给另一方的方式，其中牵涉到高度的技术与安全，这对于拍卖网站尤其重要，如果可以让拍卖的用户之间直接进行线上转账，然后拍卖网站从中抽取手续费，获利是非常惊人的。

以美国 PayPal.com 为例，网络上每天进行着无数的个人对个人 P2P 拍卖交易，买方觉得最麻烦的事情之一就是对方不支持信用卡支付，而卖方则担心对方的个人支票是否可兑现。PayPal 有一套独特的企业模式，不但服务免费（其他的 P2P 付款服务机制都要收取手续费），由于连接多种通信工具与货币形式，还节省了邮寄时间。个人工作者或小型的家庭企业彼此之间的往来交易也是 PayPal 的市场，因为他们大多数没有专门的会计人员管账，也不接受信用卡。Paypal 是全球第一大 P2P 付款网站，目前已被全球第一大拍卖网站 eBay 并购。PayPal 是储值概念的变型。

5-3 电子支付安全机制

一、电子支付的安全需求

1. **身份认证性（authentication）：**互联网络在电子商务方面的应用，客户端和服务器端（买卖双方）之间往往都必须认证对方的身份是否合法，以避免有冒名传送虚假资料等恶意欺骗的交易行为出现。
2. **资料保密性（confidentiality）：**互联网络在引进商业交易以后，所传送的资料经常都是具机密及敏感性的，若传送过程中遭到泄漏或被非法取得资料，将可能被人从中获取不正当利益，并使资料传送者的隐私遭到侵犯。
3. **资料完整性（integrity）：**资料在传递的过程中，可能因为网络遭到中途侵入而被恶意窜改、伪造、窃取或重送传输中的资料或其中部分内容，造成传输后的资料与原始内容不一致，导致交易发生错误。
4. **不可否认性（non-repudiation）——防止拒付：**进行电子商务时，买卖双方并未面对面进行交易，而是以电子信息为媒介在网络上传递与交换，以达成交易的目的。这种非直接接触的交易方式在交易确认完成后，可能仍会有买卖双方否认交易的发生，例如：买方否认已经签下的订单，或卖方否认已经收到的货款，如此产生买卖双方之间的纠纷。

二、安全电子交易协议

安全电子交易协议（Secure Electronic Transaction Protocol，SET）：是由 VISA 与 MasterCard 两大信用卡组织提出的一种应用在网络上以信用卡为基础的电子支付系统规范，检验持卡人和厂商的身份，借此提高信用卡交易的安全性，其处理流程如图 5-7 所示。

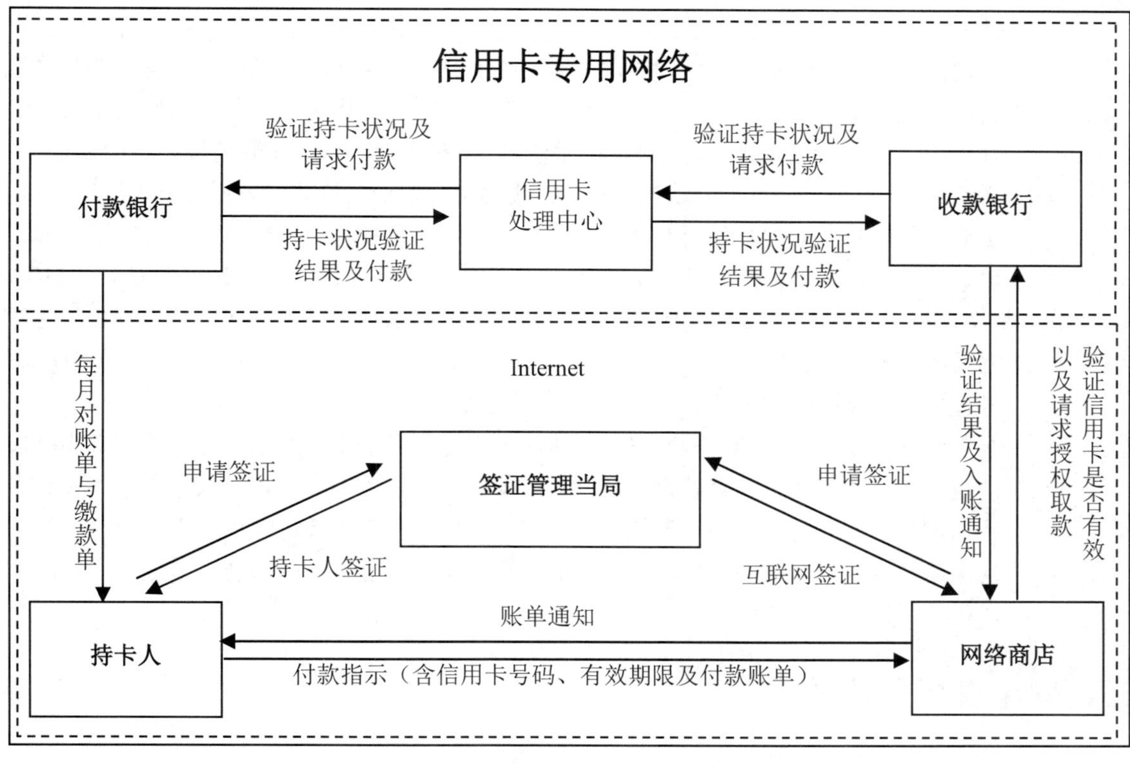

图 5-7　SET 网上信用卡处理流程

SET 协议中的重要个体：

1. **持卡人：**消费者必须至发卡机构申请合法的信用卡，发卡银行（issuer）所授权许可的信用卡持有人，须向电子证书管理中心（Cardholder Certificate Authority，CCA）注册登记，才允许进行电子商务的相关交易。
2. **电子商场：**网络上的电子商场为销售货物或提供服务的企业组织，并须与信用卡收单银行登记签约，并取得电子证书，才可成为接受客户信用卡为电子付款方式的特约商店。电子商场要支持网络安全传输并遵循 SET 通信协议，所有交易以信用卡 On-Line 的方式授权及清算。为减轻电子商店及收单银行的交易成本，商店端系统将提供自动化的订单处理：从持卡人的上线浏览查询、订单确认，到持卡人身份确认、信用卡授权作业、出货、信用卡请款作业、相关的报表作业及商品管理功能等作业，如上一节所述。电子支付系统本身必须能够确保客户资料、信用卡号码、交易内容等具有敏感性质的资料在网络上传输过程的安全；并且需要利用电子证书上的公钥来进行安全的资料交换，使信用卡付款交易能够在安全正确的状况下进行。
3. **信用卡收单银行：**信用卡收单银行系统通过支付网关（payment gateway）提供 Internet 的授权与请款服务。收单银行主要负责授权与管理往来的特约商店进行收受信用卡付款交易的业务，以及提供协助特约商店取得持卡人付款（即请款作业）的服务。收单银行中除了包含传统银行的应用系统外，还必须增加一个收单银行支付网关系统。支付网关有两个服务项目：一是分别通过网络与往来的特约商店连线，以及金融网络与发卡银行连线，协助特约商店进行信用卡付款的请款与清算；二是负责特约商店电子证书的申请与管理，对外通过网络与申请电子证书的特约商店连线，接收特约商店的申请并发放电子证书；对内则通过金融网络（或网际网络）传送商店的电子证书申请资料给电子证书管理机构，以取得经其签章后的特约商店电子证书，此后网关负责管理特约商店的电子证书及电子证书注销清单（Certificate Revocation Lists，CRLs）。

4. **认证中心（Certificate Authority，CA）**：由信用卡发卡单位共同委派的公正代理组织，主要功能包括分配与管理所有持卡人、特约商店以及参与银行交易所需的电子证书。CA 中包含许多对外连线的计算机系统，其中主要有 CCA（Cardholder CA）、MCA（Merchant CA）及 PCA（Payment Gateway CA），分别负责持卡人、特约商店与支付网关的电子证书管理。Verisign 是 Internet 安全服务的领导品牌，同时也是网络付费服务提供者：❶维护厂商账户的安全；❷允许厂商在服务器上安装处理付费的软件。
5. **金融网络**：此处所指的金融网络即连接收单银行、发卡银行及电子证书管理机构接口的现有信用卡连线交易所需的专用网络，例如现有的 VISA Net 即是其中之一。收单银行通过金融网络与发卡银行连线，以取得发卡银行付款的授权，以及进行信用卡账务的请款、清算与信息的交换。电子证书管理机构则通过金融网络与发卡银行连线，以取得发行持卡人电子证书的授权。

三、安全套接层协议

安全套接层协议（Secure Sockets Layer Protocol，SSL）由网景（Netscape）公司于 1994 年提出，是一种网际网络上最普遍使用的安全通信协议，保障网站服务器及浏览器之间数据资料传输的安全性。通过这个协议，数据传输会按照认证的种类（40 位、128 位）进行不同程度的加密，更会检查资料的完整性。协议的主要目的是提供网络上对交易双方的安全保护，避免交易信息在传输过程中被截取、伪造及破坏。SSL 位在 TCP/IP 和应用程序之间，它在客户端与服务器之间进行加密与解密，经过这个安全编码的程序，也就等于在用户与服务器之间建立了一条保密的通信渠道，就算第三者窃取资料，也无法得知其内容。除此以外，通过所谓“金钥匙”的加密技术及严谨的 SSL 认证注册的程序，SSL 可以验证服务器的身份来达到网站浏览者对网站身份进行检查的目的。网站浏览者当看到浏览器右下角出现“金钥匙”时，可以通过查看服务器的位置及身份，确认网站是否真实可靠。

SSL 的三大功能：

1. **私密性**：使用对称式密钥系统，对传输的信息与资料进行加密，以确保资料的私密性。
2. **身份验证**：使用非对称密钥算法如 RSA 及证书管理架构，对交易双方服务器端的身份进行验证，并由服务器端决定是否要验证客户端的身份。
3. **完整性**：使用安全的 Hash 函数计算传输信息的验证码并附加于信息的最后，以确保信息传输的正确性与完整性。

SSL 的目的在于提供网络应用软件之间安全、可信赖的传输服务，“安全”表示通过 SSL 建立的连线可防范外界任何可能的窃听或监控，“可信赖”表示经由 SSL 连线传输的资料不会失真。SSL 协议主要的功能即确保客户端与服务器端资料传送的安全，利用密码学技术，达到保密、安全的效果。因为 SSL 所具有的安全机制，对日趋严重的网际网络侵害事件提供了一项有力的防范措施，受到了市场的欢迎。由于美国政府对于安全技术的输出格外严谨，许多好的安全机制均受到相当程度的管制，其中 SSL 协议在美国境内的安全等级比在其他国家的安全等级高出许多。虽是如此，SSL 仍为网际网络使用者提供了一项有力的保护措施。

SSL 的特色如下：

1. SSL 与应用协议无关，在它之上可叠加各式网络应用，意即这些应用仍可无视 SSL 的存在，按照往常的方式运作。
2. 连线双方利用公钥（public key）技术识别对方的身份，SSL 支持一般的公钥算法，采取 RSA 与 DES 并用的方式。
3. SSL 连线是受加密保护的，双方于连线建立之初即商定了对后续连线加密的密钥（secret key）及加密算法，如 DES 或 RC4。
4. SSL 连线是可信赖的，SSL 在所传输的每段信息中附有用于验证信息完整性（integrity）的认证码（MAC），SSL 支持一般用于产生 MAC 的杂凑（hash）函数，例如 SHA、MD5，并采用 Handshake Protocol Specification 与 Record Protocol Specification。

SSL 采用公钥技术识别对方身份，受验证方须持有某发证机关（CA）的证书，其中内含其持有者的公钥，CA 的签名可证明该公钥的合法性，而持有者的私钥加证书即可证明自己的身份，实际应用中，SSL 要求服务器端至少应持有 CA 颁发的证书，客户端可选择性持有自己的证书，此举在于保护一般用户不会被骗。但由于加密过程较为耗费计算资源，故 SSL 连线的效率较传统未加密的低许多，因此，一般只将 SSL 用于需加密保护的连线，普通连线仍采用传统协议。SSL 交易流程如图 5-8 所示。

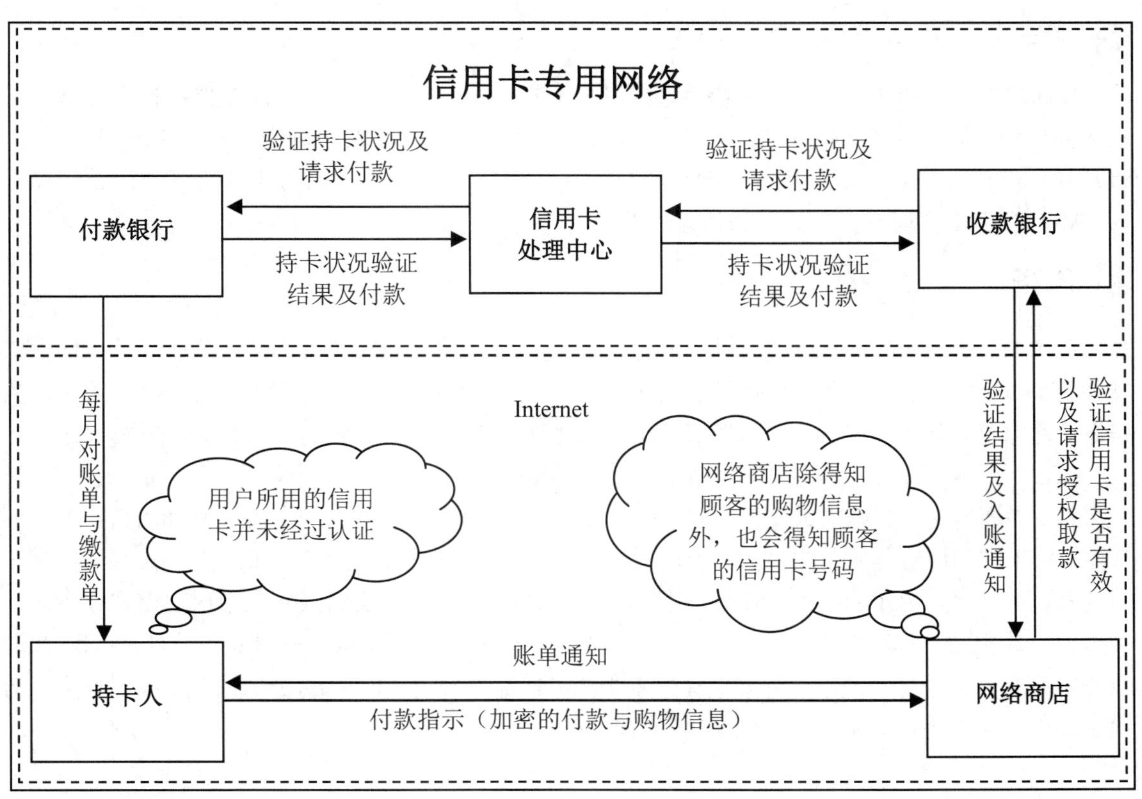

图 5-8　SSL 线上信用卡处理流程

四、保护电子商务的交易通道

SSL

SSL（Secure Socket Layer）由网景公司所提出，安全超文本传输协议（S-HTTP）由 CommerceNet 公司提出，用于网际网络中进行安全资料传输的两个协议。SSL 和 S-HTTP 支持用户端与服务器间安全对话。

SSL 与 S-HTTP 有不同的目标。SSL 是支持两台电脑间的安全连接，而 S-HTTP 则是为安全地在 HTTP 中传输资料。SSL 与 S-HTTP 都是自动完成发出信息的加密和收到资料的解密工作。但 SSL 处于 TCP/IP 协议的传输层，而 S-HTTP 处于应用层。

由于 SSL 处于 TCP/IP 协议的传输层，除了 HTTP 外，SSL 还可对电脑间的各种通信都提供安全保护，例如 FTP、Telnet、HTTPS。目前最见的数字安全通道是 HTTPS，而 HTTPS 就是 SSL 实现在 HTTP 上的安全版。SSL 有两种安全等级：40 位及 128 位。

SSL 的安全协议程序中，从浏览器和服务器的交握（handshake）开始，浏览器为双方生成私钥，然后由浏览器利用服务器的公钥对此私钥进行加密，对私钥加密后，浏览器将它发给服务器。服务器用其私钥对它进行解密，得到双方公用的私钥。接着 SSL 用此双方公用的私钥对所有的安全通信进行加密传送。

安全 HTTP 协议——S-HTTP

S-HTTP 是 HTTP 的扩充，它提供了多种安全功能，包括用户电脑与服务器认证、加密、请求 / 回应的不可否认性等。S-HTTP 是由 CommerceNet 公司所开发的协议，处于 TCP/IP 协议的最顶层——应用层。它提供用于安全通信的对称加密、用于用户电脑与服务器认证的公钥加密（RAS）及用于实现资料完整性的信息摘要。

PGP

PGP（Pretty Good Privacy）是可以让电子邮件或档案具有保密功能的程序，提供了强大的保护功能，即使是最先进的解码分析技术也无法解读，因此可以将档案加密后再传送给他人，加密后的信息看起来是一堆无意义的乱码，除了拥有解密密钥的人看得到以外，其他人都无法解读。

PGP 是利用所谓的公钥密码学为基础，其原理是利用 PGP 产生一对密钥，一把是私钥，一把是公钥。当要传送一封密信或文件给对方时，首先必须先取得对方的公钥，并将其加入自己的公钥环中，接下来利用对方的公钥将信件加密后再传给对方。当对方收到加密的信件后，必须利用其相对的私钥来解密。PGP 亦提供 PGP 专属签名，其目的通常是当要公开传送信息时，希望让别人知道该信息确实是由你所发出，一旦加上专属签名后，任何人只要更改信息本身或签名，PGP 都能侦测出此文件已被他人改动，并非是原作者之成品。简单来说，PGP 为公钥加密系统，可用来对电子邮件或文件进行加密，供商业使用并收取费用。

5-4　网络安全性环境

目前网络上交易安全的应考虑以下两个方面：

1. **使用者的身份认证与授权：**只有经过身份认证（authenticity）与合法授权（authorized）的使用者，才能在合理的范围内进行资料的存取。
2. **资料与交易安全的保护：**即在进行电子商务交易时，数据传递的机密性（confidentiality）、完整性（integrity）与不可否认性（non-repudiation）的要求。

一、网络安全服务

在电子商务交易环境中，各个安全需求所提供的功能：

1. **身份认证：**确认使用者身份。安全上的风险并非仅源自外界，企业内员工的蓄意破坏也已获证实，在各种电脑入侵事件中，约有80%来自于企业内部。为了防止这类威胁，企业可通过身份验证的方法，以辨识网络上资料的存取者。
2. **授权：**决定使用者权限。确保当经过授权的人员，要求存取某项资源时，系统及传输媒介是可获得的。
3. **机密性：**机密性主要是保护资料在传输的过程中，不会被其他人所窃取。在这方面可使用资料加密算法来完成。
4. **完整性：**完整性主要是对于资料传输到接收者之后，对于发送者的资料可以做检验以保证与发送者的资料相符，而发送者也希望所传送的资料与接收者的资料是一样的，并没有差异性的存在。换句话说，能够确保在网站上显示的或者是 Internet 上收发的信息，没有被未获许可的人以任意方式更改。这方面可借由信息验证码、单向杂凑函数、时间戳等方式来完成。
5. **不可否认性：**不可否认性就是保证交易双方不能否认彼此交易的承诺，亦即让参与电子商务的参与者无法拒绝承认（否认）他们的线上行为。要达到这样的功能需要搭配有效的交易管理与数字签名的方式，再加上验证信息的正确性，来预防此类问题发生。在这方面使用的安全机制为数字签名算法。

综上所述，电子商务交易安全的防护方法如表 5-1 所示。

表 5-1　电子商务交易安全的防护方法

安全需求	安全威胁	安全目的	安全机制
鉴别性	被冒名使用	使用者身份的鉴别	密码验证 数字签名算法
机密性	传输过程被监听、窃取	保护资料能被秘密地传送	资料加密算法
完整性	传输过程被篡改、破坏	保护资料不被修改与破坏	信息验证码 单向杂凑函数 时间戳
不可否认性	事后拒绝承认交易	确认交易的真实性	数字签名算法

目前电子商务环境基于上述这些安全需求，发展出两个著名的安全协议：Secure Sockets Layer（SSL）与 Secure Electronic Transaction（SET）。而电子支付系统所采用的主要安全机制有加密、电子签章、身份认证、认证授权等。

二、目前常用的网络安全机制

1. **基于信任的安全机制（Trust-Based Security）：**基于信任的安全机制是最简单的安全防护措施，即不做任何的防护措施。
2. **隐藏式的安全机制（Security Through Obscurity）：**系统管理者只是将账户的密码文档或程序以二进制文件格式隐藏起来，或是将系统程序文件以隐藏的方式放置在不醒目的地方让使用者无法发现，以达到安全的目的。
3. **密码设定（Password Schemes）：**密码设定是最常见的安全措施，也是第一线的安全措施，必须在使用者账号与其密码两者能同时符合的情况下，才能接受。
4. **生物特征辨识系统（Biometric Systems）：**生物特征辨识系统是最精密、准确，也最昂贵的安全认证方式，例如视网膜扫描辨识系统、指纹及声纹辨识系统、电子签字系统等。
5. **主机安全机制：**是单机的保全措施，尽可能地保护主机使其不受外界攻击、破坏。但在现在的网络环境中由于使用不同作业系统的复杂性及多样性，使得要做到主机保全变得相当不容易。
6. **网络安全机制：**网络安全机制即运用完善的安全技术，使企业既能连上 Internet，又不受外来攻击的威胁。

表 5-2　电子商务中存在的威胁

威胁	说明
窃听	窃听程序的基本功能便是搜集、分析封包，而进阶的窃听程序还提供产生假封包、解码等功能，甚至可锁定某来源或某目标主机的某些服务器的封包，而这些功能将使别有用心的人监听他人的连线、盗取他人的机密，以获得不当的利益
连线巧取（欺骗）	使用者 A 可以伪装成使用者 B 的识别，如此使用者 A 可以截取使用者 B 的所有重要资料。也就是入侵者捏造数据封包上的来源地址。这样的方式暴露出，依靠地址来定义授权的方式，可能会导致目标系统上已获授权者的破坏
协议错误	利用 TCP/IP 固有协议上的问题来截取封包上的资料，并伪造其返回地址，且传输的内容也未经加密等保护动作，这是网络的先天缺点，必须借由其他方式来加以弥补
资料的篡改	在传输或存储的过程中，数据的完整性可能被破坏，用户却不知情；也可能因为不适当的控制使得系统上的数据被修改，而无法察觉信息被修改或伪造
错误的传送	原本应该传送给使用者甲的信息，传送给使用者乙可能导致资料被窃取，由于网络的管理没有控制好或是设置不当，使得资料被错误地送到未经授权的地方
渗透	系统或应用程序可能被一些未经授权的程序取代，而失去其安全的防护；不适当地更改管理程序，可能造成从网络上得到的档案文件在身份未经确认时便能进入系统中
电脑病毒	电脑病毒是一种可以自我复制的程序码，它可以更改或删除许多系统资料或档案系统；一般来说，感染病毒的途径大多是通过网际网络得到的文件和使用非法的软件

威胁	说明
拒绝支付	由于网络上的交易活动具有匿名性、交易资料与凭证完全数字化，因此双方极容易否定其交易行为，造成顾客或商家可能会因某种原因而不愿意支付款项或发送物品
拒绝服务	由于系统发生问题，或是一些因素可能造成网络系统一时无法使用，这对于一些在时效上有严格要求的网络应用，存在很大的威胁；如利用分布式阻断服务就可能造成网络上主机无法服务正当的使用者
信用卡诈骗	消费者利用信用卡在网络上购物消费，致信用卡卡号被网络黑客入侵拦截，继而被冒用盗刷的现象

三、电子商务安全的防护方法

为了保护信息安全及顺应电子商务的发展，许多机制均被提出，这些安全机制可分成对称式密钥与非对称式密钥、各种加密算法、数字签名、数字信封、防火墙、虚拟专用网（VPN）等方式或机制来保护信息安全，本文将这些方式及机制简要介绍如下：

1. **对称密钥与非对称密钥：**资料经由网络传输时，为了预防传输内容被第三者截取并得知，必须在传送前先经过加密（encryption）程序算法的数学运算，将其内容重组为外人无法了解的格式，称为密文（ciphertext），而加密前的传输内容为明文（plaintext）。若加密密钥与解密密钥相同，称为对称密钥算法。常见的有数据加密标准（Data Encryption Standard，DES）；若加密密钥与解密密钥不同，称为非对称密钥，如 RSA 加密法；对称密钥与非对称密钥的特性如表 5-3 所示。

表 5-3　对称密钥与非对称密钥的对比

特性	对称密钥	非对称密钥
密钥种类	私钥	私钥与公钥
密钥数目	单一密钥	成对密钥
密钥管理	不易管理、密钥的传递困难	易于管理、无密钥传递的困难
运算速度	快	慢
用途	适于大量资料的加密	适于小规模资料的加密

2. **加密算法：**为了确保电子商务中的信息传递，通常保护信息机密性的方法就是加密，信息在一开始产生时是传送方易读和易了解的形式，这种形式称为明文，而加密是指资料经过一个数学加密程序后，转换成必须通过密钥才可阅读的形式，这种无法直接阅读的资料称为密文。对于此数学加密程序，许多专家学者提出许多不同的方法，其目的都是期望能保护信息的安全，目前常用的加密算法有：数据加密标准（DES）、国际资料加密算法（International Data Encryption Algorithm，IDEA）、消息摘要（Message Digest 5，MD5）、Diffie-Hellman、RSA、Skipjack 等方式。
3. **数字信封：**综合 DES 单一密钥加密算法及 RSA 对称密钥算法的优点，先利用 DES

的会话密钥（session key）对传送的消息加密后，再将会话密钥用传送方的私钥签章、接收方公钥加密后，附加在原消息的密文后传送给接收方。接收方收到密文后，将密文与加密后的会话密钥分开，然后用接收方的私钥解密及传送方的公钥验证，如果两对密钥都是正确的，可以解密出传送方加密原消息用的会话密钥，最后用会话密钥将密文还原回明文，完成消息传递过程。加密后的会话密钥相当于一个数字式的信封，将解密用的会话密钥进行双重封包（传送方的私钥与接收方的公钥），任何非法第三者即使由网络上截获密文，都因为无法得到解密用的会话密钥，而无法窃取其中的信息内容。

4. **数字签名：**使用数字签名对信息发送方进行身份验证时，常常需要配合其他的密码学机制，为了确认信息传输过程的完整性，预防传输的信息在中途遭到非法篡改，传送方预先利用杂凑函数制作相对的消息验证码（Message Authentication Code，MAC）。而数字签名为了节省计算时间与达成资料的完整性，通常配合一次杂凑函数（one-way hash function）事先将传输资料或者是加密后的传输资料压缩成消息摘要，再对消息摘要进行数字签名，此处的一次杂凑函数必须符合下列特性：
   - 任意长度的信息，经过杂凑函数的计算成为固定长度值。
   - 由杂凑函数计算后的杂凑函数值 X，将无法倒推出原始的消息 M，因此即使别有用心之人知道传输双方的杂凑函数 H()，仍然无法伪造出 M，因此称为一次杂凑函数（One-Way Hash Function），如下式：

$$X=H(M)$$

   - 要找出两个消息 M1 与 M2，使其杂凑函数值相同是不可能的。

5. **防火墙（Firewall）：**基本上防火墙是一个存在于组织内部网络及任何外部网络间的必要通道，所有来自网际网络或是从内部网络的传输，都要经过防火墙，主要的目的是保护内部网络免于外部网络使用者未经授权的存取，而外部网络可能是网际网络或属于相同组织的其他网络。广泛地说，防火墙是一个或一组可以强化两个网络间存取控制机制的系统。更进一步地说，防火墙是被置于两个网络间组件的集合，并拥有下列的属性：从内部到外部的通信都必须经过它，反之亦然；只有经授权的通信才被允许通过；系统本身能免于被侵入。从另一方面而言，防火墙是可信赖网络与不可信赖网络间的保护机制，是特殊的电脑硬件或软件，可以强化存取控制机制，只允许两个信赖网络间经授权的通信；也可以说是一个设施，预防入侵者使用组织网络存取组织的资料。

6. **虚拟专用网（Virtual Private Network，VPN）：**就是在公共网络上使用密道及加密机制建立一个私人的安全网络，其做法是利用 PPTP 通信协议在网络上进行私密资料的传送。现在的虚拟专用网（VPN）指的是建构在 Internet 上拥有自主权的私人数据网络，而非 X.25、Frame Relay 或 ATM 等提供永久虚拟线路（PVC）服务的网络。我们也可称它为 IP VPN（以 IP 为主要通信协议）。在虚拟专用网的机制中，将一个通信协议（PPTP）接上另一个通信协议 IP 的过程，称为信道。

5-5 数据加密、解密与验证

一、对称加密系统——私钥算法

为了保证通信双方信息传输的私密性，在传送前必须用加密密钥将该信息加密，变成密文后再传给对方。而接收方收到密文之后也用相同的密钥将密文解密为明文。这种加密密钥与解密密钥相同的，称为对称加密系统，又称单一密钥系统，如图 5-9 所示。

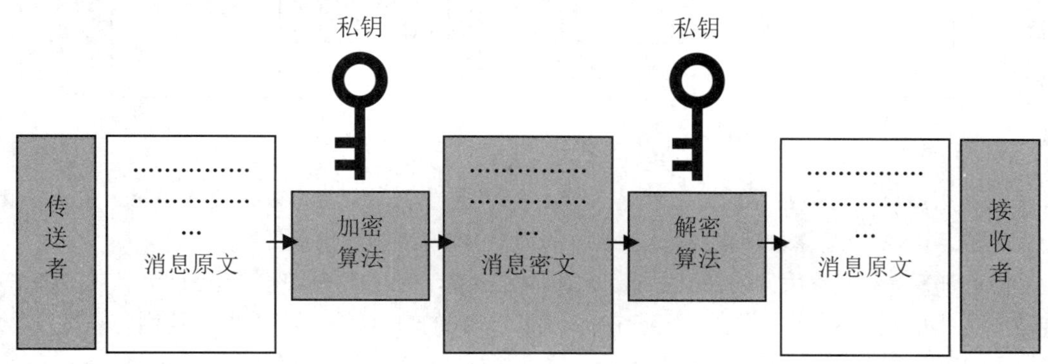

图 5-9 对称加密系统——私钥算法

对称加密系统的运算法则中，又区分为两大类：串流式加密（stream ciphers）和块加密（block ciphers）。用串流式加密程序时，将所要加密的文件看成一连串的数据流，将数据流中的位一个一个地加密。反之，用块加密程序时，将所要加密的文件一块一块地处理，例如将每 64 个位分为一个区块，然后将此一定长度的区块一次加密后输出。

采用对称加密算法的加密技术之中，最为普遍的一个方法为 DES。DES（Data Encryption Standards）即数据加密标准，其技术早于 1970 年代就由 IBM 开发完成，并且被美国政府以及世界各国作为数据加密的标准。DES 是一种块加密的方法，DES 的密钥长度为 64 位，但其中每个位组，含一位作为同位核对，有效密钥长度为 56 位，它将所要加密的消息分成 64 位的区块，并用 56 位的密钥来加密。DES 是专为硬件设计的加密算法，因此速度相当快，适用于加密大量资料。它在全世界范围内被广泛使用，尤其是金融机构中，DES 加密技术更是常用。许多安全的网络应用，都使用 DES 技术，例如 SSL。

对称加密的主要特色是其加、解密运算速度快，适合大量的资料传输，而其缺点为密钥管理困难，如何将密钥安全地送达对方是个令人担忧的问题。另外由于密钥的长度不长，再加上现代计算机运算速度的飞快提高，使得利用穷举法来破解对称式密钥变得简单。

二、非对称加密系统——公钥算法

非对称加密系统的加密方法可以将加密的数据于网络上传输，但是却不需要事先将同一支密钥传达对方的手中，这是因为它有两支密钥：一支用以加密；另一支则用以解密。这两支密钥之间，并无明显的直接关系，因此于实务上无法从一支密钥导出另一支。使用非对称式加密方法时，这两支密钥中只有一支须保守秘密，即私钥；而另外一支则无须保持机密，即公钥。这两支密钥之中的任何一支都可以用于数据加密，但是却一定要使用相对的另一支密钥才可解密，如图 5-10 所示。

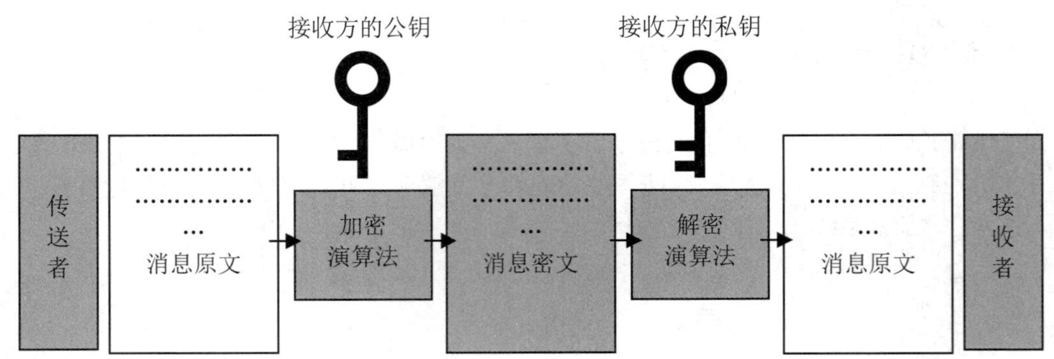

图 5-10 非对称式加密系统——公钥算法

目前使用最广泛、最常见的方法就是 RSA。RSA 是由 Rivest、Shamir 及 Adleman 三人于 1977 年所发明的。RSA 的运算原理主要是依靠因数分解的难度来增加可靠性。

非对称加密系统的最大好处在于增加了密码的安全度，并且便于管理，这是因为私钥不必在网络上传输，而且亦不必透露给任何的第三者知悉。而其最大的缺点就是运算复杂、速度慢；另外，必须存在公正的第三者 CA（Certificate Authority），用以签发每一个人的公钥凭证（public key certificate）。

由于非对称式加解密法的速度较对称式加解密法的速度慢，故实际上较为普遍的应用方式为，利用非对称式加解密法将某一对称式加解密法所使用的密钥加密过后，与使用会话密钥加密的信息一并传送给收件者。收件者可将会话密钥以自己的公钥，通过非对称式加解密法解开，再用解开的会话密钥将加密文件解密。如此一来，既可享受到对称式加解密法快速的优点，也可享受非对称式加解密法的便利性。例如 RAS 即为非对称加密的方法之一。

三、数字签名

电子化的世界中，数字签名（digital signature）与印鉴证明相同，都是作为识别身份之用，数字签名就是网络应用的印鉴证明。数字签名是公钥密码系统的一种特殊功能。数字签名的效用几乎等同于一般的亲笔签名。使用非对称式加解密法时，公钥用以加密消息，而相对的私钥用以解开加过密的消息。如此一来，可以使得任何人以公钥加密消息，而只有拥有相对应私钥的人才可以解开此消息，达到秘密通信的目的。但若反过来，使用私钥来加密消息，用公钥来解开加过密的消息，如此一来，任何人都可以用公钥将加密文件予以解密后，比对解开的消息是否与原消息相同，若是相同便可确知此消息的确是由签发者经签章后送出的。数字签名的运作范例如图 5-11 所示。

数字签名是以手写或红泥印章的电子版本，配合公钥加密法来解决身份认证和消息正确性等问题。数字签名在建立签章时，发送者先将原始明文经过杂凑函数进行处理。签约的双方在使用数字签名后，便将契约送至第三者，加盖时间戳。主要特性：

1. 数字签名被用于发送者的身份认证，采用公钥加密法反向进行。
2. 当系统面临来源验证的安全性威胁时，可用数字签名进行安全防护。

3. 为了执行数字签名，传送的信息必须正规化为预定长度，此程序称为信息摘要。
4. 数字签名属于电子签章的一种。
5. 数字签名只用来辨识签署者身份，以及表示签署者同意内容的技术范畴，主要利用非对称加密技术。
6. 数字签名是电子商务在网络安全方面必须考虑的因素之一，“资料传输来源辨识”与“交易的不可否认性”是其主要功能。

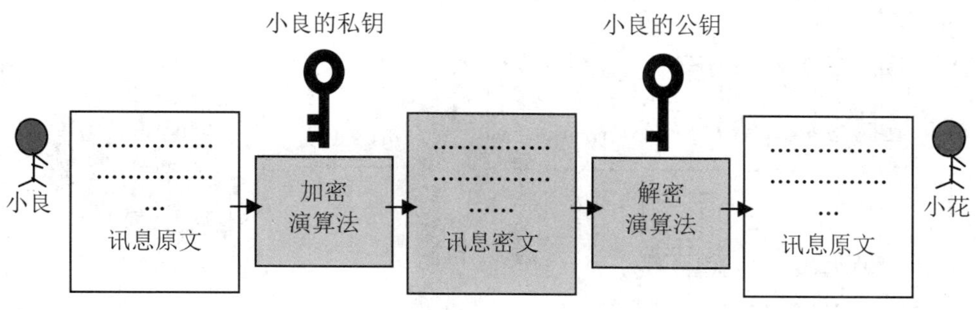

图 5-11　数字签名的运作范例

四、数字信封

数字信封（digital envelope）结合了 DES 对称加密算法与 RSA 非对称加密算法的优点。数字信封以接收者的公钥作为密钥，先利用 DES 的会话密钥（session key）对传送的消息加密后，再将会话密钥用传送方的私钥签章、接收方公钥加密后，附加在原消息的密文后传送给接收方。接收方收到后，将密文与加密后的会话密钥分开，对加密后的会话密钥用接收方的私钥解密，及传送方的公钥验证，如果两对密钥都是正确的，可以解密出传送方加密原消息（明文）用的会话密钥，最后用会话密钥将密文还原回明文，完成消息的传递流程。加密后的会话密钥就相当于一个数字信封，将解密用的会话密钥进行双重封包（传送方的私钥与接收方的公钥），任何非法第三者即使由网络上截获密文，都将因为无法获得解密用的会话密钥，而无法窃取其中的数据内容。数字信封示意图如图 5-12 所示。

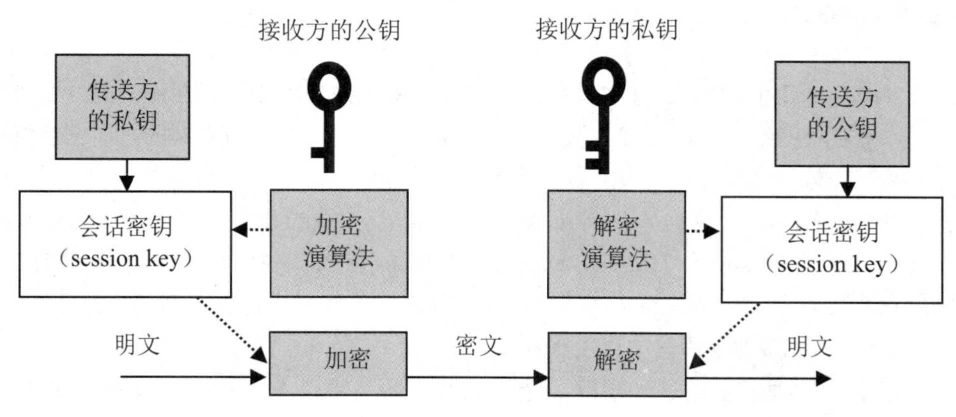

图 5-12　数字信封

5-6 防火墙

防火墙指的是一个由软件和硬件设备组合而成，在内部网和外部网之间、专用网与公共网之间的界面上构造的保护屏障。防火墙的目的是保护内部网免受非法用户的入侵，通常置于网络网关，如图 5-13 所示。

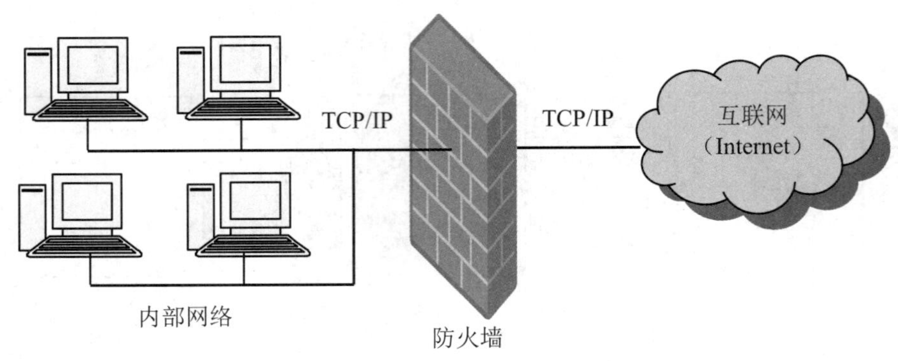

图 5-13 防火墙示意图

防火墙可定义为一组安装在两个网络之间的网络装置，并具有以下特色：

1. 受保护的内部网络中所有的封包都经由防火墙进出。
2. 只有经过认可的封包，也就是符合安全政策的规范，才能通过防火墙而进出受保护的内部网络。
3. 防火墙本身必须对入侵破坏行为具有高度的免疫力。
4. 通常建置在内部网络与外部网络的连接点。

由此可知，网络防火墙必须执行一套安全政策，而这个安全政策是一组过滤规则，用来决定是否允许网络封包进出受保护的网络。此外，防火墙大致分为三大类：包过滤型、电路网关型及应用代理型。

一、包过滤防火墙

包过滤（packet filter）型防火墙是属于网络层（network-level）的防卫机制，是一个类似路由器的网络装置，负责将网络封包由外部网络传送到受保护的内部网络。所不同的是，它会将过滤规则中所不允许通过的封包过滤掉并记录其封包信息，传统的包过滤型防火墙主要是针对封包标头的四项栏位进行检查：来源端的 IP 地址（source IP address）、目的端的 IP 地址（destination IP address）、来源端的 TCP/UDP 接口(source TCP/UDP port)、目的端的 TCP/UDP 接口(destination TCP/UDP port)。

包过滤具有低成本、安装容易及使用透明化等优点；但同时它也有下列缺点：

1. 无法阻止 IP 地址假冒的攻击入侵行为。
2. 不容易管理复杂的过滤规则，造成对某些通信协议的防护能力较差，如 FTP、DNS（Domain Name System）、X11 等通信协议。

3. 无法分辨同一主机上的不同使用者。
4. 不容易处理被分割过的 IP 封包（IP fragments），且对某些不使用固定的端口号来进行通信的协议（如 RPC、portmapper、TCPMUX 等）无法有效达到过滤功能。
5. 一般包过滤不具有封包记录及稽核等功能。

二、电路网关防火墙

电路网关（circuit gateway）型防火墙是属于电路级（circuit-level）的防卫机制，它本身先与提供服务的所有内部网络主机建立连线，并开放与这些服务相对应的 TCP 端口给外部网络真正要求服务的主机使用。其运作示例如图 5-14 所示。

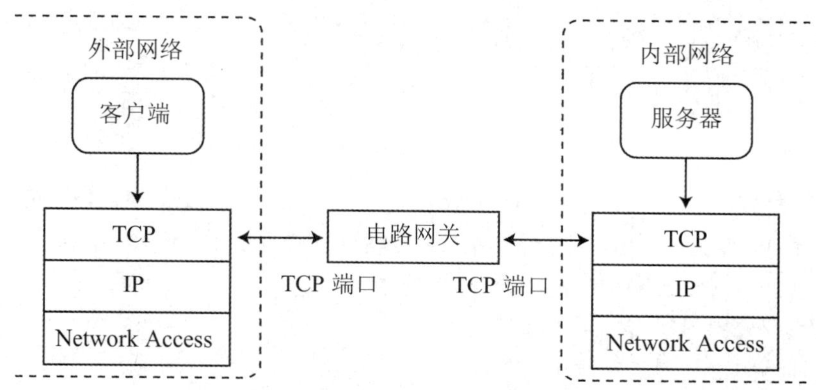

图 5-14　电路网关型防火墙运作示例

由图 5-14 可知，电路网关型防火墙只适用于 TCP 应用程序，它负责在符合安全规范的客户端与提供服务的服务器端建立连线，其优点在于可以掌握每个服务连线的状态，因此对同一主机上不同的连线均可以分别过滤，并且可提供较为复杂的过滤规则及适用于不使用固定端口来进行通信的协议。然而电路网关型防火墙亦有下列缺点：

1. 不适用于使用 UDP 作传输的应用程序。
2. 新增网络服务时必须花费更多的时间在设置上。
3. 电路网关可能形成网络上频宽的瓶颈。
4. 电路网关对每个连线封包都必须处理两次，容易造成使用该应用程序的效率降低。

三、应用代理型防火墙

应用代理（application agency）型防火墙是属于应用层（application-level）的防卫机制，一般又称为代理服务器，它负责提供符合安全规范的客户端相对的应用服务，图 5-15 为应用代理型防火墙的运作原理。当客户端向代理服务器端提出服务请求后，代理服务器端会先检查该请求是否符合安全规范，若符合则由代理客户端传送服务请求给真正提供服务的主机，而该主机回应后，同样再由代理服务器端传送回应给客户端。

应用代理型防火墙适用于过滤复杂安全规则及网络地址的转换，并可以隐藏内部网络所有主机的 IP 地址，以及便于记录事件及稽核的能力。然而，应用代理型防火墙亦有以下缺点：

1. 必须为内部网络所提供的每一个服务都架设相对的应用代理器。
2. 设定安全规范较为复杂且费时。
3. 无法适用于非“客户端－服务器端”的应用程序。

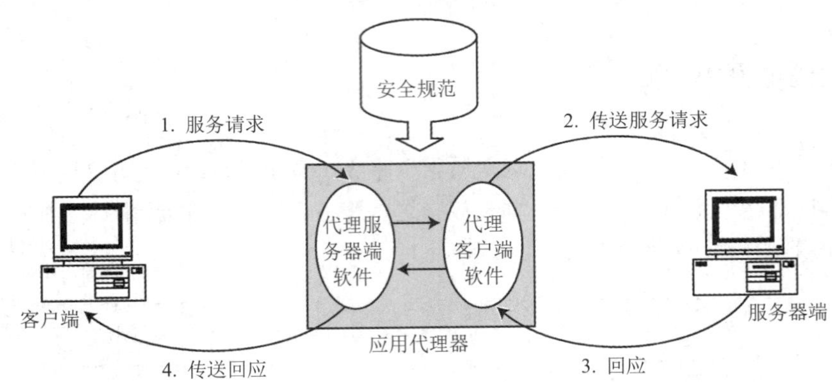

图 5-15 应用程序代理器型防火墙运作情形

而常用的屏障式网关（Screen Host Gateway）防火墙过滤规则就属于包过滤与应用代理器的组合，综合两类优点，更进一步提升其安全性。其过滤过程需满足下列 4 项规则：

1. 允许外界封包传输至内部网关。
2. 不允许外界封包传输至内部其他主机。
3. 允许网关器的封包传输出至外界网络。
4. 不允许其他内部主机的封包传输出至外界网络。

5-7 恶意程序

“计算机病毒”单纯指的是“virus”，而“恶意程序”则泛指所有不怀好意的程序代码，包括计算机病毒、特洛伊木马程序、电脑蠕虫、后门程序等。

一、计算机病毒

计算机病毒（virus）是一种计算机程序，可以自己复制，并传播到其他文件，包含文件型病毒、宏病毒与 Script 病毒。计算机病毒就如同流行性感冒一样，具有隐蔽性、传染性及破坏性。当某程序被计算机病毒感染后，它也变成一个病毒源，会直接或间接地传染其他程序。而一般计算机病毒都具有以下 4 种基本特性：

1. **可触发性：**病毒的启动可能是依靠某些触发条件，例如时间上的设定（如“黑色星期五”）或系统运行了某些程序等。一旦条件满足，计算机病毒就会“发作”，使系统遭到破坏。
2. **复制性：**病毒进入系统后，所做的第一件事就是复制自己本身，并且将自己扩散出去。是否具有复制、感染的特征是判断某段程序为计算机病毒的首要条件。

3. **传染性**：通常电脑病毒可借由磁盘、磁带的携带、拷贝或者经由网络传输资料时而被感染。

4. **潜伏性**：潜伏性是指计算机病毒可以依附于其他媒体寄生的能力，借由系统启动时来执行、发作。

比较著名的网络病毒，例如：梅丽莎（Melissa）、I Love You、熊猫烧香等。

文件型病毒

文件型病毒又称寄生病毒，运行于载体，通常感染执行文件，例如*.com、*.exe、*.drv、*.dll等文件。每次执行受感染的文件时，病毒便会发作：病毒会将自己复制到其他执行文件并于发作后仍存留在载体中。现存的文件型病毒数以千计，它与开机磁盘病毒类似，绝大多数是在 16 位的 DOS 环境中进行。最简单的清除文件型病毒的方法是使用杀毒软件去扫描、清除病毒。但如果那些系统文件已在 Windows 环境下锁定，用户是无法清除病毒的。解决方法是在 DOS 环境下启动计算机，然后执行杀毒软件去清除受病毒感染的文件。

典型例子：CIH 会感染 Windows 95/98 的.EXE 文件，并在每月的 26 号发作日进行严重破坏。每月的 26 号当日，此病毒会试图把一些随机文件覆盖在系统的硬盘，令该硬盘无法读取原有文件。此外，病毒也会试图破坏 Flash BIOS 内的文件。

宏病毒

与其他病毒类型的区别是，宏病毒不会局限于某个特定的操作系统，可以通过邮件附件、网络下载、文件互传和共享应用程序等多种方式进行传播。宏病毒专门针对特定的应用软件，可感染依附于某些应用软件内的宏指令，如 Microsoft Word 和 Excel。宏病毒采用程序语言编写，例如 Visual Basic 或 CorelDraw，而这些又是易于掌握的程序语言。

典型例子：July Killer 病毒通过 VB 宏在 Microsoft Word 97 文件中传播。一但打开染毒文件，病毒首先感染共享范本（normal.dot），从而导致其他被打开的文件一一遭到感染。此病毒的破坏力严重。如果当月份是 7 月时，病毒就会删除 C 盘的所有文件。

Script 病毒

Script 病毒是以 VBScript 或 JavaScript 语言编写的，只要打开受感染的*.vbs 或*.js 文件，病毒就会启动。

典型例子：I love you 是一个用 VBScript 编写，可以通过 E-mail 散布的病毒，而受感染的计算机系统以 Windows 95/98/2000 为主。

二、蠕虫

蠕虫（Worm）是一种经由网络扩散、在计算机间传播的程序。它与病毒有所不同，因为它不会附着在一个主程序内，也就不会借由应用程序传播出去。它会用尽计算机资源、修改系统设定，最终令系统瘫痪。计算机系统一旦被蠕虫感染，就会自动蔓延。蠕虫最危险之处就是其大量复制的能力。随着互联网的普及，蠕虫利用电子邮件系统进行复制，把自己隐藏于邮件附件并在短时间内通过邮件感染多个用户，例如 Sasser 和 Blaster 蠕虫。

三、特洛伊木马

特洛伊木马（Trojan horse）程序是一种看似有用，实际上却是会造成损害的电脑程序。它是类似计算机病毒的指令组合，广义来说，也是一种病毒，它同样附在普通程序内，并随着该程序的执行而发作。

特洛伊可用作黑客工具去窃取用户的密码资料或破坏硬盘内的程序或数据。与病毒的区别是特洛伊不会复制自己，只会驻留在计算机内进行破坏或让黑客进行远程遥控。特洛伊通常隐藏在一些免费游戏或工具程序中。

典型例子：Back Orifice 特洛伊木马于 1998 年被发现，是一种 Windows 远程管理工具，让黑客利用简单控制台或窗口应用程序，通过 TCP/IP 去远程遥控计算机。

在早期，计算机病毒、特洛伊木马程序、计算机蠕虫都是各自独立的程序而且彼此不相干，但近几年来，单一型态的恶意程序越来越少了，大部分都以计算机病毒+蠕虫或特洛伊木马程序+蠕虫的型态存在，以便产生更大的影响力，而且比例以前者居多。

四、后门程序

后门程序（backdoor）：后门是指可以“绕过”系统中的安全措施进入系统的通道，它可能是系统开发商预留以便于维护系统的措施，或是系统漏洞，亦或是入侵者特意植入后门程序而产生的后门。

学习测评

1. 简述网络不安全的原因是什么。
2. 简述网络安全风险的主要来源有哪些。
3. 简述主要网络安全服务有哪些。
4. 简述目前较常使用的网络安全方式有哪些。
5. 简述电子商务在网络安全方面的管控包括哪些。
6. 简述电子商务对网络系统的控制包含哪些。
7. 简述何谓 PGP，何谓 S-HTTP。
8. 简述何谓防火墙。
9. 简述何谓计算机病毒，何谓恶意程序。

案例讨论：Yahoo 奇摩拍卖全面采用轻松付

Yahoo 奇摩拍卖宣称，Yahoo 奇摩轻松付具备更便利、高保障、要安全 3 大优势，并宣布 2014 年 02 月 26 日起全面使用轻松付，亦即 Yahoo 奇摩拍卖所有新刊登商品，将全面启用第三方支付工具——Yahoo 奇摩轻松付，作为唯一的收付款方式，未来买家、卖家都必须通过虚拟账户，才能付费或收款，同时，信用卡分期付款功能也同步上线，满足消费者网络交易的需求。

Yahoo 奇摩拍卖统计，截至 2014 年 2 月，Yahoo 奇摩拍卖平台已有超过 800 万件商品可使用轻松付付款，有近 5 成交易经由 Yahoo 奇摩轻松付机制完成，小型卖家使用 Yahoo 奇摩轻松付后业绩提升约 30%。2013 年年底 Yahoo 奇摩拍卖推出的新版 Yahoo 奇摩轻松付信用卡服务功能，卖家开通数近 1 万名，更有超过 100 万件商品可以使用轻松付信用卡。

这次 Yahoo 奇摩拍卖集结联合信用卡处理中心、7-ELEVEN、全家、联成电脑等力挺 Yahoo 奇摩轻松付，除一般第三方支付功能外，也提供超市取货付款，业界唯一 5 万元交易保障方案等。

此外，7-ELEVEN 统计与 Yahoo 奇摩拍卖合作期间，超市取货来客数提升 30%，全家与 Yahoo 奇摩合作后，带动至全家取货件数 3 年提升 100 倍，每月带动百万来客数。

不过，有网友表示，Yahoo 奇摩拍卖强制网友使用轻松付，客户用信用卡刷卡完成后，要 12 小时后系统才通知已付款，因为客户已付款，卖家无法确认，可能有 12 小时的空窗期。

Yahoo 奇摩轻松付有三大特色：

1. 强制全面使用：过去 Yahoo 奇摩拍卖未强制会员使用“轻松付”功能，所以始终未能如同“支付宝”在淘宝、“paypal”在 eBay 那般普及。Yahoo 奇摩意图让拍卖回归原始 C2C（个人对个人）的交易平台，2014 年 2 月 26 日起更新轻松付，强化个人交易的安全性，并且强制所有买卖双方使用。
2. 推出 5 万元交易保障：遇到交易纠纷时，Yahoo 奇摩将介入赔付，为台湾地区业界唯一的金额型保障。
3. 信用卡付款：买家可以刷卡给轻松付，Yahoo 奇摩代收之后代付给卖家，将由卖家支付 2% 的刷卡手续费，并于 2014 年 2 月 26 日起开通信用卡分期服务。

整体而言，Yahoo 奇摩拍卖全面强制推广，让轻松付成为买卖双方的唯一资金流，再提供 5 万元安全赔付机制、便利的信用卡分期付款，相较于过去，将更适合 C2C 交易。

讨论问题：

1. 从上述案例中，你看到了什么机会？有什么威胁？
2. 假设你是Yahoo奇摩拍卖的CEO，请描绘出你对未来网络资金流的愿景与发展方向。

电子商务伦理及法律议题

6 CHAPTER

导读：P2P 网络贷款，您承受得了风险吗

P2P 网络贷款模式，是让需要资金的人与有闲置资金的人通过第三方平台相互借贷，中间不需要通过银行。P2P 小额贷款就是借贷双方各自列出条件与需求，平台提供筛选和对比机制，换句话说就是发挥网络"搜索 + 比价"的优势。目前这类平台主要提供了几种机制，最重要的是进行审核，这部分可连接大数据的应用；然后则是负责资金清算，利用第三方支付等网络工具，帮助资金流通；再进一步则可以在账户的资金基础上拓展加值服务。

以美国 Lending Club、Prosper 两大网贷平台为例，平均贷款额度为 1.5 万美元以内，平均贷款利息约为 16%，贷款时间约 3～5 年，在 2013 年缔造了约 24 亿美元的规模，而 2012 年这个数字仅有 8.7 亿美元。在商业模式的部分，美国信用评分制度成熟，平台利用第三方征信数据划分信用等级，平台多是合作角色，不介入交易。

P2P 网络贷款模式，自 2005 年先后在英国及美国兴起，最成功的实例如英国 Zopa 及美国的 Prosper 等，该商业模式于 2007 年被引入大陆并开始萌芽发展，但由于征信体制较不健全，平台还得提供"第三方担保 + 线下信用考核"等 O2O 模式取信于用户。自 2011 年起，该产业在大陆如雨后春笋般开始出现并于 2012 年呈爆炸性成长。然而，该产业却在 2013 年起陆续爆发多起无预警倒闭事件，最高曾在一个月内集中倒闭 20 家 P2P 贷款服务平台，引起各界哗然，并要求政府积极介入监管并制定该行业设立标准以保障投资人的权益。

P2P 网络贷款模式在台湾地区还不盛行，由于台湾地区有关规定的借款利率上限为 20%，这对 P2P 网络贷款业者来说没有发展空间。P2P 贷款已逐渐成为影子银行体系下的一种新形态的业务并潜藏着许多令人担忧的金融风险。

6-1 电子商务伦理

一、信息伦理的定义

"伦理"乃人伦之理，也就是做人的道理。伦理的英文为 ethic 或 ethics；而道德的英文则为 mortal。"伦理"与"道德"的概念，无论是中文或英文的含义，都是大致相同或相通的，用词上也可以互相代替，传统上并不做严格的区分。

一般而言，当表示规范或理论的时候，比较倾向于使用"伦理"；当表示现象的时候，就比较倾向于使用"道德"。两者在大多数情况下都是同义词，彼此间或有微殊而无大异。更有学者认为，"伦理"可以说是更细致的道德。

"信息伦理"是指信息社会中，人与人之间相关的道理，它可以是指科技时代下利用计算机或互联网，使用各种信息的规范，即顺应信息科技的问世所创立的规则。简而言之，信息伦理就是与信息科技相关的伦理。

二、信息伦理的四大议题

Mason（1986）等人提出"信息技术的伦理课题的架构内容"，包括：隐私权（privacy）、正确性（accuracy）、所有权（property）、存取权（access），即所谓的 PAPA 模式，如图 6-1 所示。

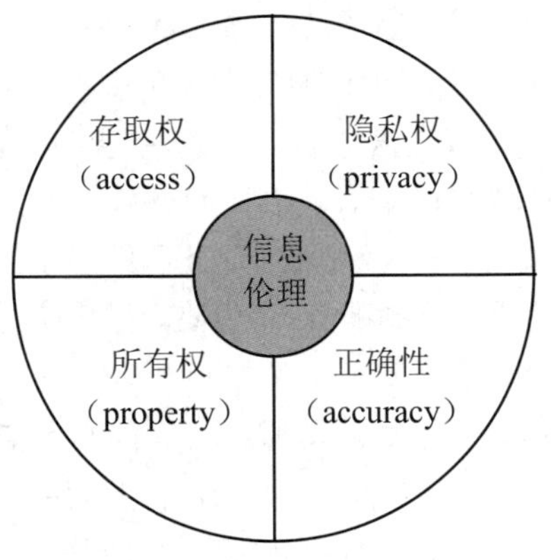

图 6-1 信息伦理的四大议题

1. **隐私权（privacy）**：即避免干扰的权利，以及免于遭无关人士的侵犯。在未获得当事人同意及授权之前，信息持有人不得将当事人所提供的资料转用于另一目的之上。
2. **正确性（accuracy）**：是指信息的真实性，若信息有错误应该由谁负责，且受害者如何获补偿。
3. **所有权（property）**：信息是谁拥有，信息交换的公平价格为何，所有权为谁拥有等。信息产权是维护信息或软件制造者的所有权，并规范那些盗用者的责任。
4. **存取权（access）**：个人或组织有权利可以取用什么样的信息，例如：黑客问题。

三、信息伦理的参考准则

信息伦理并没有非常明确的规范，但仍有一些信息伦理的准则可供参考：

1. **普遍性理论（universalism）**：强调“只要是大家都认为不合伦理的事，无论理由多么冠冕堂皇，都不可采取行动”。Kant 提出普遍性理论，其认为具有伦理的行为应符合下列三个条件：
   - 具有普遍性，可以应用至所有人及所有情况，但又不会伤害到别人。
   - 能尊重其他人，并保证他人的权利不会受损。
   - 尊重他人的自主权，每个人都有权去自由选择他们想要的。
2. **黄金准则（golden rule）**：强调“己所不欲，勿施于人”，亦即不做出自己也不希望遇到的不公平对待。
3. **集体功利主义（utilitarian principle）**：集体功利主义认为，任何人都应采取为整体社会带来最大利益的行动。
4. **天下没有免费的午餐（no free lunch rule）**：除非有特别宣告，不然几乎所有有形和无形的东西，都是由他人所拥有。如果他人已经创造了某种对我们有价值的东西，它就具有价值，而我们应该假设创造者会希望通过该成果获得报酬，而我们也因此获取了有益的信息或知识，所以，必须因此而付出某种代价。

四、美国计算机伦理学会的十条戒律

美国计算机伦理学会制定了十条戒律，如下所示：

1. 不应用计算机去伤害别人。
2. 不应干扰别人的计算机工作。
3. 不应窥探别人的计算机文件。
4. 不应用计算机进行偷窃。
5. 不应用计算机作伪证。
6. 不应使用或拷贝自己没有付钱的软件。
7. 不应未经许可而使用别人的计算机资源。
8. 不应盗用别人的智力成果。
9. 应该考虑你所编写的程序，所造成的社会后果。
10. 应该以深思熟虑和慎重的方式来使用计算机。

6-2 隐私权

一、隐私权的含义

隐私权是20世纪才出现的法律概念，起源于美国。在美国的法律系统中，隐私权被视为一种“不受干扰的权利”（the right to be let alone），也是个人控制与自己有关信息的权利。主要目的在于保护个人的心境、精神与感觉，不受非法侵犯。

任何能用来识别、找出或联络个人的资料，称为“个人可识别信息”。而信息隐私权包含特定信息不受政府或商业公司收集的权利，以及个人有控制本身相关信息用途的权利。

在电子商务应用中，下列方式属于合法的私人信息的收集：

1. 阅读新闻群组公告。
2. 寻找网络目录。
3. 记录浏览器中有关对方的说明。

但在电子商务应用中，下列方式则侵犯了隐私权：

1. 垃圾邮件：许多人在访问过某些商业网站后会经常收到一些垃圾邮件，甚至被强迫链接至某些色情或赌博网站，政府要针对这些网站进行执法，经常会遇到管辖权与法律适用的问题。
2. 私自打开他人硬盘中的个人信息文件。
3. 因商业用途侵犯个人隐私。
4. 公开私人事务。

二、隐私权偏好平台

隐私权偏好平台（Platform of Privacy Preference，P3P）的目的是统一各网站隐私权政策的格式，它是一项标准，用来向Internet使用者传达网站的隐私权政策。这是由于隐私权政策的内容都大同小异（不外乎是个人资料如何使用、Cookies 的使用、第三方使用个人资料的政策等），但格式却是大不同。首先网站必须提供隐私权政策而使用者需进行隐私权偏好设定。当隐私权政策符合使用者的偏好设定时，那么使用者即可提供个人资料；当隐私权政策不符合使用者的偏好设定时，则拒绝提供个人资料。这个判决是否符合的过程都是由浏览器自动执行，而使用者只需要进行隐私权偏好设定就可以了。

三、隐私权保护

从1988年10月欧盟通过的监督隐私权保护指导原则（OECD原则）、1997年7月美国政府公布的“全球电子商务架构”中的自律政策，到1999年5月克林顿总统的新财务隐私权和消费者保护法案，甚至在1998年8月美国50家主要企业与贸易工会所组成的线上隐私权联盟，和全球网络协会（World Wide Web Consortium，W3C）所制订的隐私权偏好平台标准机制（注：欧洲的隐私权保护比美国还严格）等，不但鼓励国家或企业支持接受隐私权的相关法律与行为，同时也进一步说明个人与信息使用者具有下列的权利与义务：

1. **个人有被告知信息收集的权利：**在收集个人信息时，信息搜集者必须以清楚易懂的方式，告知个人包括信息的搜集政策、目的、信息搜集与处理的方式，以及由谁来处理这些个人信息。
2. **企业有考虑实际使用，适当搜集信息的义务：**企业必须以明确的商业目标为限制来搜集个人信息，个人信息也必须以合法且公平的方式取得。
3. **个人有修改、删除个人信息及选择使用方式的权利：**当企业在营销活动中使用个人信息时，个人可以要求删除其个人信息，同时也可以拒绝企业将信息传给第三者，或是可以选择哪些特殊信息（如种族、宗教、身体状况等）不得揭露或使用。
4. **企业有保持信息正确性与即时性的义务：**企业应提供便利易读的方式与开放、即时的机制，让顾客检视自己的个人信息，以确保个人信息的正确性，并且不应收集超越目的范围的信息。
5. **企业有安全管理并保护个人信息的义务：**企业必须以安全保护机制来避免信息的遗失，并防止未经授权的使用、修改、删除、曝光与阅读。
6. **企业有对个人信息负责的义务：**企业必须支持相关隐私权法令与政策，并且制定违反相关规定的损害赔偿责任与解决方案，以表示对个人信息负责的态度。

因此，电子商务从业者对隐私权应考虑如下：

1. 建立内部隐私权政策以管理对客户信息的使用。
2. 保护客户信息不受非法或未经许可的使用。

6-3 知识产权

知识产权（Intellectual Property Rights，IPR）包含了人类心智的各种有形及无形的产品。例如：小王将其所设计的图片放在他自己的网站上之前，在其原始文件中加入了水印，其主要目的就是为了保护其知识产权。电子商务中所谓的知识产权包括：著作权、专利权、商标权、域名。商标权在网络上同样被保护。

一、著作权

著作权法保护了原著在各种可触及媒体间的表达。凡文学、音乐、戏剧、舞蹈、美术、摄影、图形、录音、录像、建筑、表演及计算机程序等均属著作权法所规定的著作。《中华人民共和国著作权法》规定：著作人于作品完成时享有著作权。因此，法定著作不必申请登记，亦受著作权法保护。至于是否申请著作权登记，可由著作人自行决定，不论是否登记，对其著作权的取得均无影响。著作权中的财产权，除本法另有规定外，存续于著作人之生存期间及其死亡后 50 年。作品于著作权人死亡后 40～50 年间首次公开发表者，其财产权自公开发表时起存续 10 年。

网络上以数字记录的信息，包括电子邮件、聊天对话、广告、电影或录影带的片段、海报、图片、新闻报道、公司文件、数据库等几乎都是智慧的结晶（著作权的表现形态），然而通过网络与计算机的连接，使得内容的复制、传送与取得更容易、更快速、更低廉。在传统的现实世界中，著作权的保护已属不易，而在互联网上，侵害著作权的情形就更加复杂了。侵犯他人知识产权者不只是企业或组织，还包括个别的网络使用者，如复制他人的电子邮件、网页、参考资料、图片，有的复制他人的电影海报、商业信息或新闻报道，互联网成了著作权保护的死角。

网络上有没有著作权

上网下载（download）、文件传输、远程登录、使用 E-mail 是许多网友最常进行的操作，尤其是遇到免费提供的软件、共享软件，许多人经常误以为其既然是“免费”“共享”，就表示没有著作权，可以任意散布、拷贝、出售而没有任何限制，进而不假思索地按照指示，轻轻松松按下“我同意（I agree）”键进行复制、使用，殊不知在按键的同时，即已完成一个契约，多数使用者会自动忽略著作权标示与声明的内容（Copyright Notice），而在这份声明中，著作权人通常仅同意使用人部分的使用行为，逾越这些范围以外的行为仍然构成著作权侵害：

1. 免费软件：是指著作权人同意使用者可以免费使用该软件，但著作权人仍保有完整的著作权，亦即使用者在个人非营利的使用外，无权提供给任何营利机构或公众进行使用或篡改等行为。
2. 共享软件：通常允许使用者使用一段时间，待特定期间期满后，使用者必须上网注册、付费或其他特定行为后方可继续使用，故著作权人仅开放部分著作财产权的时间利益给使用人，并无抛弃著作权之意。目前市面上流通的共享软件，并不会因为创作人同意让公众免费下载或在一定期间免费使用等优惠措施，就丧失著作权的保障。
3. 至于著作权人声明放弃著作权的公有领域的软件，使用者可以尽情使用，但仍应注意避免侵害著作人的人身权（包括署名权、发表权、保护作品完整权、修改权）。
4. 另外由美国自由软件基金会（Free Software Foundation，FSF）主导的通用公共许可证（General Public License，GPL）概念，主张扬弃不合时宜的软件著作权制度，借以保障使用者的自由，但仅限于该团体成员方能享有。

从网络上合法取得的软件通常仅有软件的使用权，与软件上附着的无形财产（著作权）有别，网友在使用时应特别小心以免违法。不同的软件设有不同的使用限制，除了常见的试用期间限制、要求注册外，有的规定只允许个人或单机使用，甚至禁止任何涉及商业目的的利用（例如：销售），但也有大方地欢迎使用者任意散布的。最保险与安全的方式就是仔细阅读权利人所设定的使用限制或著作权声明。此外，除了著作权声明中明令禁止的行为应避免外，声明中未交代的行为，法律上推定共享软件著作权的权利人未授权，利用人也应注意。例如：从网站上下载未经授权的 MP3 文件是侵犯知识产权的行为。

超链接

超链接（hyperlink）是指通过点击文字、图形、网站名称或全球资源定位器（Uniform Resource Location，URL）等虚线或虚字处，即可前往网页中特定位置，或某个网站的首页，或者是某个网站的特定内容，这种鼓励以链接取代复制的功能，正是互联网中“网网相连”的最大特色。超链接不仅能避免错字、援引错误等误解外，也不会涉及复制他人的网页内容，通常不会产生著作权问题。而且从网络习惯来说，网站站主为增加点击率（hit rate），很少会拒绝别人超链接到自己的网站（特别是网站首页），有时甚至主动付广告费以争取他人网页的链接，例如 Amazon.com 付给链接者佣金。

高穿透性的超链接功能，虽在浩瀚的网海中扮演着网络明灯的功能，却可能遭到竞争对手或负面报道的误用与滥用。如 Shetland News 未经竞争对手 Shetland Times 同意径行链接后者的新闻服务，导致网友对于消息来源混淆误认；又如微软的 sidewalk 网站因未经 Ticketmaster 公司同意径行深层链接（deeplink）至个别网页，而遭后者以窃取其品牌与潜在利益控告。

迭起的超链接纠纷，不仅导致他人网页商业利益的损失（降低被链接网站首页的点击率），还可能造成网络使用者对信息来源的混淆，故网站站主在设计链接时必须更加谨慎，以避免惹祸上身，特别是深层链接较具争议性——链接的目的若是借机利用别人的努力成果，以招揽访客数增加广告收益或其他利益，这种行为可能构成不公平竞争，因此商业网站在设计深层链接前最好先取得原网站的同意，并注明出处以避免争端。

框架链接

另一项具有争议的链接方式是框架链接，其实框架链接是一项很好的创新技术，它可以将窗口分割成数个子窗口，意即网友可以不离开原先的网站就连上另一个网站，而将第二个网站的内容直接显示于子窗口中。以 Total News 为例，在其网页中以框架链接的方式指向 MSNBC、CNN、Wall Street Daily、Washington Post、Time 等新闻网站，并因在转播的窗口外销售自己的广告而被控告，本案亦以和解收场，但留下的问题则是框架链接的适用方式：如果转播画面的架构（frame）并未显示原网页的 logo、菜单（menu）与广告，将损害原网页的设计概念、内容完整性与潜在广告利益，且未脱离原网页的做法，更让使用者对于消息提供者产生混淆。根据我国法令，视个案情形可能构成著作权侵害与不公平竞争或显失公平等行为。为避免违法，网站设计尽量不要使用框架链接技术，若必须使用该技术，也应以尊重原网站为主旨，争取被链接者的同意、完整呈现被链接网页的画面，注意框架链接后的画面有无传递不利于被链接者的信息等。

缓存、代理主机与镜像

所谓的缓存（Cache）是将受欢迎的网站或网页复制下来，再度浏览相同网页时，可以迅速下载、节省网络频宽。从技术层次，可分为本地缓存（local caching）与代理服务器缓存（proxy caching）两种模式，即当网友输入网址，浏览器会先至计算机硬盘中的缓存区检查有无相同文件的备份，若没有再前往 ISP 代理服务器确认有无他人留下的缓存备份，只有经两个缓存区确认无相同文件备份后，计算机才会前往原件的网址重新撷取后，并在两个缓存区留下备份，供下一个网友快速使用。这类因网络技术使用之必须采取的重制行为，一般法律见解倾向于视其为“合理使用”。

镜像（mirroring）指某网站经其他网站同意，收录其网站的完整资料，即将 A 网站的整套资料完整复制、存储于 B 网站，两份资料的内容相同、网址不同。通常跨国公司、提供国外服务或受限于洲际网络带宽者，有必要通过正式协议成立网站的镜像。由于镜像的过程涉及作品内容的完整性，因此，对于时间差的掌控、内容是否应随时修正、是否收费、点击率的计算基准、广告利润的分成、访问者的隐私权等均应谨慎处理。

音频压缩技术

音频动态压缩第 3 层（MPEG-2 Audio Layer 3，MP3）技术能将音乐压缩成原 1/12 的数字录音文件且丝毫不影响其播放音质。据悉，一首 wav 格式（一般 CD）5 分钟长的歌曲约占 50MB，但转换成 MP3 格式则不到 5MB，而 MP3 相关产品（从声音格式的转换软件、MP3 文件的录制与播放程序、MP3 随身听）纷纷问世，进而有人将具有版权的 CD 转换成 MP3 放在网络上免费供人下载。而这项新科技虽让爱乐族过足瘾，却让音乐著作权人、唱片公司捏了一把冷汗，美国唱片工业协会（Recording Industry Association of America，RIAA）便为此委托联邦调查局等相关单位，对网络上提供非法 MP3 音乐文件的网站开始采取行动。美国法院要求准备生产 MP3 随身听的 Diamond Multimedia 公司弥补著作权人由于消费者自行使用数字录音设备录制音乐后在音乐产品销售上所可能产生的损失，亦即生产数字录音设备的厂商必须向美国著作权局提存权利金，以便将其分配给相关著作权人。

让科技解决网络中的著作权问题

当传统的著作权直接放在互联网上进行探讨，其本质的冲突性是可预料的。其实大部分人都能认同不应窃取他人财产的观念，但当“借用”软件或免费“复制”的代价如此低廉、手续又如此方便时，你的态度是否也随之改变？怪罪科技绝非解决问题的好理由，逃避法律也非解决问题的最佳选择，与其争论谁该为线上著作权被侵犯负责，不如先规范自身行为，包括：

1. 创作者、网络服务提供商、内容提供商，先将自己的作品穿戴好科技“防护罩”（如著作权标识、数字信封、数字水印、编码软件与认证程序）后再放上网络。
2. 网络使用者应遵守维护著作权的行为准则：不随意复制他人作品，至少不应利用自网络取得的信息进行直接或间接营利。
3. 在使用他人著作时应谨慎小心。特别是著作权法强调文化创作的保护，在使用他人的而非自创的资料文件时，理应先取得著作权人同意，故使用者应注意：❶该资料如果属于非法定标的则可恣意使用；❷如果是有著作权的著作物时，应设法征得著作权人授权同意才可使用；若权利人不存在或不确认时，可考虑以提存授权金的方式解决（先存一笔授权金于法院，以备权利人出现或确认时领取）；❸若著作权人不同意授权时，可寻求合理使用的空间或强制授权等途径解决。
4. 重新定位著作权在网际网络的价值，在信息的公众取得上（如报道、教学、研究与一般兴趣）与著作人的保护中寻得平衡点。

二、网络专利权

我国的专利权保护的客体是“发明”“新型”与“外观设计”，对于利用自然法则的技术思想创作，在符合法定要件下提出申请，经管理机关审查与核准后，并于缴纳证书费及年费后始予公告，并自公告日起给予发明专利证书。

各国专利法对保护期限的规定有所不同。最短有 5 年以下的，如伊朗、委内瑞拉等。大部分国家规定在 10～20 年之间，如英国为 16 年，美国为 17 年，联邦德国为 18 年，法国为 20 年。期限开始的时间，有的国家规定从提出申请之日起算，有的国家规定从授予专利权之日起算。《中华人民共和国专利法》规定，发明专利权的期限为 20 年，实用新型和外观设计专利权的期限为 10 年，都自申请日起计算。

由于专利具有地域性，与互联网的无国界性有别，前述专利技术都可能在全球各地被各种使用者使用，如果网站拟在美国境内建站，或该专利产品的生产、制造、营销在美国地域内的还要注意美国专利法的限制。从专利实务的角度来看，由于计算机软件发展速度太快，将导致审查工作者检索前案不易，专利核准过程不严谨，致使专利诉讼纠纷增多；且目前网络营销较为成功的企业，多是技术超群、创意十足、财力薄弱的小公司，故未来网络的专利技术将朝多样化、廉价、更具竞争力的方向发展，创意与速度将取代技术成为网络的赢家。

三、网络商标权

商标权的含义

商标权是用来表示商品或劳务的来源，使商品或劳务能与其他提供者有所区别，也使消费者易于辨识。在商业上，商标的侵权行为测定标准是：恶意误导、混淆市场。《中华人民共和国商标法》有三个立法目的：

1. 第一个目的是区别商品与服务的来源。
2. 第二个目的是保护消费者的利益，保证商品或服务的品质，以彰显经济价值。
3. 第三个目的是作为销售的广告用途。

除非有《商标法》第 10 条所列不得作为商标使用外，其他任何能够将自然人、法人或者其他组织的商品与他人的商品区别开的标志，包括文字、图形、字母、数字、三维标志、颜色组合和声音等，以及上述要素的组合，均可以作为商标申请注册。

商标权制度

1. 商标注册申请人应当按规定的商品分类表填报使用商标的商品类别和商品名称，提出注册申请。对申请注册的商标，商标局应当自收到商标注册申请文件之日起 9 个月内审查完毕，符合规定的，予以初步审定公告，公告期满无异议的，予以核准注册，发给商标注册证，并予公告。
2. 注册商标的有效期为 10 年，自核准注册之日起计算。
3. 注册商标有效期满，需要继续使用的，商标注册人应当在期满前 12 个月内按照规定办理续展手续，每次续展注册的有效期为 10 年。
4. 注册商标成为其核定使用的商品的通用名称或者没有正当理由连续 3 年不使用的，任何单位或者个人可以向商标局申请撤销该注册商标。

域名

域名（domain name）原只是虚拟地址，由于网络潜藏无穷商机，网址本身所特有的广告效果，使人看到域名即能联想到该公司或产品的双重特性，因此企业无不期待能将现实世界中的竞争优势顷全力移往网络虚拟世界，例如麦当劳的商标名称是 Mcdonald，但是 mcdonalds.com 却早被一个记者注册为私人网站，后来麦当劳以 100 万美金做慈善事业作为取得该名称的代价。

网域名称的发展未臻成熟，好名字几乎都被登记了，在某些电子商务较落后的国家，许多人抢先将国际知名公司的名称进行域名的登记，这样的行为一般称之为“网络蟑螂”。可见，域名仍处于活泼化发展的不稳定状态。

商业秘密

网络广开方便之门，协助员工更快且更好地完成工作，但在企业期待生产力增加的同时，私人滥用公司网络资源的现象也相继出现，带来许多棘手的问题，例如网络泄密疑云、公司监控员工电子邮件的可行性、色情图片的传送、电子邮件的骚扰或攻击，甚至利用公司的服务器架设私人网站等。许多公司面临开放或限制员工上网的两难局面，虽然对于公司资源的分配管理实属必要，但需配合企业的文化，不然将招致员工的反弹。以硅谷的员工为例，多数持反对、抗拒企业监控上网行为的立场，因为这和强调尊重、责任与弹性的文化相悖。

1. **从指尖流失的秘密：**随着电子商务的发展，电子邮件在电子化企业中所扮演的角色也更加重要。商家开始借着电子邮件来传递敏感机密的交易资料，但电子邮件的负面阴影亦随之而来，黑客可能会截取或窃听（看）、修改、拦截交易信息，但最严重的威胁往往来自员工，网络虽然提供一个快速的沟通渠道，却也提供快速的泄密渠道——员工只要坐在电脑桌前，敲几个键，企业的商业秘密就在指尖轻易地流失。为防止商业秘密或客户的个人资料经由电子邮件外泄，企业可以采取一些防范措施，例如：区分资料的机密等级；设定各员工接触各种资料的权限（accesscontrol）；要求员工时常更换密码；员工离职时，应立即取消其电脑账号或更换密码。
2. **乱码与加密：**有不少公司要求员工在传递机密文件前，应先将文件加密，转换成一般人看不懂的乱码后再传送。接收人收到乱码文件后，再用密钥进行解码，恢复成原来的文字。使用加密方法，并非万无一失，倘若员工遗失密钥、故意隐匿泄密行为或故意将重要文件加密，都可能使企业遭受损失。为防止加密技术遭致不当运用，美国除管制加密技术外，还大力推广密钥托管制（key escrow）：❶在设计加密软件时即留后门（back door），当密钥遗失或因其他因素无法解开加密资料时，可循此后门将资料解密。❷使用者在产生密钥后，立刻复制一份，并将此复制的密钥，交由他人保管。企业为防止加密对公司可能造成的伤害，亦可采用公司内部的密钥托管制来防范。
3. **投保黑客险：**根据计算机安全协会的统计，1996 年全美因计算机资料失窃造成的损失在 1 亿美元以上。若担心公司电脑里的机密资料会被黑客窃取，可投保由国际计算机安全协会（International Computer Security Association，ICSA）推出的黑客险。这项全球首创的黑客险种要求被保险人缴纳基本的 4 万美元年费之后，ICSA 就会针对投保公司的电脑系统进行一连串的安全检查，并获得 1 年期的安全保单。如果在 1 年内电脑系统遭黑客入侵，ICSA 就会赔偿两倍的保费金额，最高可达 25 万美元。
4. **贩卖个人信息：**网络上贩卖个人信息的案例较为多发，垃圾短信源源不断、骚扰电话接二连三、信用卡被冒名透支、个人名誉无端受毁以及诈骗案件屡禁不止，不禁令人惊叹个人隐私信息外流的严重性。

6-4 计算机犯罪与网络犯罪

一、计算机犯罪

计算机犯罪（computer crime），在学术研究上暂无规范的定义，但目前大都采用广义的解释，“凡犯罪行为是通过计算机的使用或对计算机本身所造成的损害皆属之”。

虽然多数学者大多采用“计算机犯罪”一词，以界定在计算机领域中发生的犯罪形态。但至今仍有不少学者认为，应以“计算机滥用”（computer abuse）取代之，他们认为，假如使用“计算机犯罪”一词，无疑是对计算机的一种歧视，且容易使人们对计算机产生错误的观念，或对计算机的使用产生排斥与疑虑，进而影响计算机的正常使用与发展。凡使用计算机的过程中有任何不当的行为皆属于“计算机滥用”，其行为的主体为计算机的所有人或操作者。因此，凡故意或过失不当使用计算机，致他人受损害或有受损者，即为“计算机滥用”。

二、计算机犯罪与网络犯罪

计算机犯罪与网络犯罪，这是两个不同的概念，各有不同的定义，然而二者又有密切的关系。计算机犯罪是一种利用计算机知识或计算机科技从事不法的犯罪行为；而网络犯罪（cybercrime）则通常是指利用网络知识或网络科技从事不法的犯罪行为。

一般而言，网络犯罪具有 5 项计算机犯罪所没有的特质：

1. **隐匿性**：网络十分开放、分散而且无远弗届的特性，成为隐匿性犯罪的最佳场所。
2. **普及性**：互联网的普及性，使不具有计算机专业知识的使用者也能操作，尽管是初学者也能轻易达到犯罪目的。
3. **犯罪客体多样化**：各式各样的网络犯罪形态，例如散播网络病毒、电子邮件恐吓、通过网络窜改他人资料，均较计算机犯罪更加繁杂。
4. **更具专业性**：某些网络犯罪较一般单纯计算机犯罪更具专业性，例如利用网络逃避计算机安全的稽核防护。
5. **侦查更为困难**：犯罪者经常以匿名与跨国方式进行犯罪行为，被发现后可能无法追踪，甚至跨国办案。

三、计算机（网络）犯罪的特性

1. **散布迅速**：网络具有无远弗届、迅速广泛散布的特性，其影响极大。
2. **身份易藏**：网络的来源网址可以造假，如阻断服务攻击极难追查。
3. **证据有限**：计算机犯罪可能没有现场、凶器、血迹、枪弹等实体的证据。网络犯罪留下的仅有电磁记录，并非如指纹、DNA 等个性化的证据，如何提升电磁记录的证明力实为一大挑战。

4. **毁证容易**：网络犯罪非但证据有限，而且这些证据十分容易毁灭。例如电脑内部账册、名册等不法资料，只要轻按删除键或执行格式化命令，即能于瞬间毁灭。
5. **适法困难**：计算机科技日新月异，现在法律法规所解决的，只是过去面临的问题，网络科技带来的新问题，往往令立法者追赶不及。
6. **跨国管辖**：网络世界不易分辨疆界，在网络上环游世界轻而易举，这也造成网络犯罪具有跨国管辖的特性。
7. **侦查不易**：以上几个特性致使网络犯罪不易侦查，甚至无法侦办。各国法律与实务对于某些行为是否违法的判断标准不同（如对持枪、赌博、色情的认定），也使得跨国性网站的非法行为，在侦查上更增困扰。

四、计算机（网络）犯罪的类型

常见的计算机（网络）犯罪类型如下：

1. **建置色情网站**：在互联网上建立网页提供各种色情的信息，并向各搜寻引擎登记或在电子公告栏上打广告。
2. **网络销售盗版光盘**：如盗版电影 VCD、音乐 CD 等。
3. **网络销售违禁、管制物品**：在网络上贩卖枪支、毒品等。
4. **网络销售赃物**：在网络上以低价出售赃物。
5. **电子商务欺诈**：网络上常见的电子商务诈欺行为有虚设行号、伪卡刷卡等。
6. **网络妨害名誉**：在网络上发表不实言论，辱骂他人或指责他人，或假冒他人名义征求性伴侣、一夜情及公布他人电话号码的行为。
7. **入侵他人网站阻断服务**：以不法或不正当的方式入侵他人计算机，窃取、毁损资料或以阻断服务的方式使商务网站瘫痪。
8. **传播计算机病毒**：在网络上传播计算机病毒，使他人的计算机主机、文件毁损或硬盘格式化。
9. **网络赌博**：在网络上开设赌博网站，供不特定人赌博财物。
10. **网络贩卖个人信息**：在网络上贩卖高收入者名单、特殊住户所有人名单等个人资料。

无论各国法律的异同如何，各国发展电子商务所面临的共同的法律问题有：关税与税收、电子支付制度、电子商务契约问题、知识产权的保护。

五、反域名抢注消费者保护法令（ACPA）

美国 1999 年底施行的《反域名抢注消费者保护法》（Anticybersquatting Consumer Protection Act，ACPA），将商标和个人姓名的法律保护扩展到域名方面。例如域名抢注即注册侵权的域名，或是在互联网上使用现有商标，企图从合法拥有者处侵占费用。又例如网络剽窃（cyberpiracy）是把合法网站的流量转移到侵权的网站。

6-5 电子政务

一、电子政务简介

“电子政务”（electronic government，e-government）的概念最早是由 Davidow & Malone 于 1992 年所提出，其定义的“电子政务”是在网络上为民众服务的一种创新服务的政府，借由计算机、互联网、信息及通信科技的功能，改变政府机关的作业流程，将政府的信息、业务提供于网络上，为民众提供一个服务不打烊，不受传统上班时间、地点限制的网络服务型政府，如图 6-2 所示。

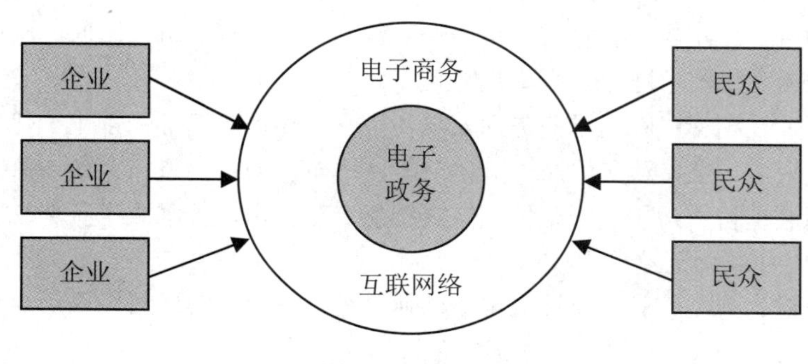

图 6-2　电子政务

二、电子政务的演进

Miranda（2000）认为，电子政务的演进可以分为四个阶段，如图 6-3 所示。

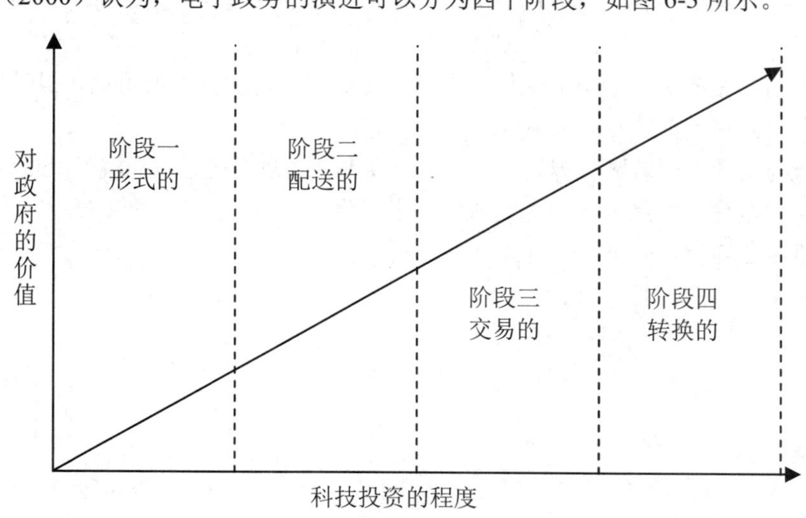

图 6-3　电子政务的演进

资料来源：Miranda（2000）

1. **形式的（Formative）阶段：**只是将相关信息公布在网络电子公告栏上，以方便民众或企业查询与浏览。
2. **配送的（Distributive）阶段：**此阶段允许民众或企业从网站下载相关表格，并可借由网络填报相关资料，以与政府线上沟通。
3. **交易的（Transactional）阶段：**此阶段允许民众或企业直接在网上缴纳相关费用，或网上申请相关证件等。
4. **转换的（Transformational）阶段：**政府单位尝试将民众在网络上申请的事务直接连线到后台系统（back-office systems），以便于系统的转换与信息的整合。

三、电子政务的应用

1. **电子商务：**应用电子签章及公钥等安全技术，推动政府机关之间、政府与企业之间以电子数据交换技术进行通信及处理交易。
2. **电子采购及招标：**在电子商务的安全环境下，推动政府部门以电子化方式与供应商连线进行采购、交易及支付处理作业。
3. **电子福利支付：**运用电子数据交换或智能卡等技术，处理政府各种社会福利作业，直接将政府的各种社会福利支付交付受益人。
4. **电子邮递：**建立政府整体性的电子邮递系统，并提供电子目录服务，以增进政府之间及政府与社会各部门之间的沟通效率。
5. **电子数据库：**建立各种数据库，并提供人们通过网络等方便的方式取得。
6. **电子公文：**公文制作及管理电子化，并通过网络进行公文交换，随时随地取得政府资料。
7. **电子税务：**在网络或其他渠道上提供电子化表格，使人们足不出户即可从网络上报税。
8. **电子身份认证：**以一张智能卡集合个人的医疗数据、个人身份证、工作状况、个人信用、个人经历、收入及缴税情况、公积金、养老保险、指纹、身份识别等信息，通过网络实现政府部门的各项便民服务程序。
9. **共享信息服务站：**运用多媒体技术设置在社区的行政自动柜员机，提供民众取用政府信息及证照等其他交易服务。
10. **环境与交通运输监测与规划：**应用遥感及地理信息系统进行环境及交通运输等规划。
11. **公共安全信息网络：**运用无线通信技术构建公共安全信息网络，开发声纹及指纹辨识等系统，强化执法单位侦测及打击犯罪的能力。

学习测评

1. 简述 Mason（1986）等人提出的“信息技术伦理课题的架构”包括哪些内容。
2. 电子商务的基本道德概念，主要包含哪几项责任？
3. 什么是隐私权？什么是隐私权偏好平台（P3P）？
4. 什么是知识产权？其包含哪些内容？
5. 什么是著作权？什么是专利权？什么是商标权？
6. 什么是网络蟑螂？请举例说明。
7. 简述信息伦理中常见的参考准则有哪些。
8. 请任举 5 例说明常见的网络犯罪。
9. 简述什么是 ACPA。
10. 简述什么是电子政务。

案例讨论：手机付费软件是否应有 7 天鉴赏期

Google 手机付费软件因不符 7 天退货规定，2011 年被罚款 100 万元（新台币），引发轩然大波。Google 不愿按照台湾地区消费者保护的有关规定，提供消费者 7 天商品鉴赏期，遭台北市政府裁罚 100 万。

台北市政府表示，按照消费者保护的有关规定，通过互联网络销售软件都必须提供 7 天的鉴赏期（犹豫期），销售手机应用软件的业者也都适用，Android Market 服务条款违法，Google 必须提供消费者 7 天鉴赏期。但 Google 认为台北市政府首次开罚，就高达 100 万元的罚款，并不合理。

2011 年 7 月，有网友在网络上抗议下载手机付费软件时退费不易，引起台北市政府注意，因此要求 Google 销售手机软件应按照网络、电视购物等虚拟平台的购物原则，让消费者保有 7 天的鉴赏期。苹果公司的 App Store 和微软公司 Xbox 的 Xbox Live 等业者都同意提供 7 天鉴赏期，Google 公司却坚持不退让，仅遵循总公司的规定，提供 15 分钟的鉴赏期，甚至不让台湾地区的 Android 手机使用者在 Android Market 购买付费 APP 软件，只提供下载免费、试用版产品，引发消费者不满。

台北市政府表示，Google 公司担心消费者会滥用退费权，才会对台湾消费者采取抵制的态度。但是按照台湾地区的有关规定而提供 7 天鉴赏期服务的业者，并没有遇到消费者滥用退费权的情形。台北市政府呼吁 Google 公司相信台湾地区消费者的素质，重新开启 Android Market 付费软件供消费者使用。

消费者保护的相关规定中，邮购消费者可在收到商品后 7 天内，无理由免费退货。邮购包括电视、电话、网络和型录等无法实际检视商品的消费渠道。换句话说，通过网络下载付费软件也符合 7 天鉴赏期范围。但有人质疑，下载电子书、电影、音乐或游戏等数字化商品，不用 7 天就看完、听完，到时再允许退货的话，反而成了伤害著作权和文创发展的变相盗版保护伞。

过去曾有消费者网购年夜饭，吃完年夜饭才以“口味不合”为由要求退货，声称试吃是

“合理必要检查”，业者按规定也只能无奈接受退货。相关部门认为，邮购商品一视同仁都给予 7 天鉴赏期不合时宜，不同商品应根据其特性弹性处理，有些生鲜产品保存期限根本不到 7 天，相关的规定应将鉴赏天数合理化、个别化。

讨论问题：

1. 从上述案例中，你看到了什么样的网络社会现象？又有何启发？
2. 请从本章“信息伦理的参考准则”角度，说说你对此事件的看法？

实体企业的网络经营策略

7

CHAPTER

导读：Lativ 从 1 千万到 70 亿

2014 年台湾地区最火的公司，不再是“东京着衣”，而是创业不到 9 年的 Lativ（米格国际）。Lativ 总部在新北市土城区，近 1600 平的仓库，近 70 人的员工规模。Lativ 创办人张伟强，不到 40 岁，专科毕业后没有上过一天班，从一个网页设计工程师开始，已成功创办过两次事业。

Lativ 的产品 80%由台湾当地制造，与日本平价服饰“优衣库”同样走低价、平实、高质感路线，平均售价却比日本低了一半以上。Lativ“台版优衣库”的名声在网络上快速走红。一款羽绒含量高达 70%、售价却仅 1480 元（新台币）的风衣，一上架就被抢购一空；一件触感柔软，售价低到只要 168 元（新台币）的 polo 衫，甚至在一年内狂销 60 万件。

张伟强发现当时网络上最大众化的商品就是服饰，低价、流行、花哨，但多半质感不佳。没有学过一天时装设计的张伟强，从最源头的布料开始学，一路研究到打样、松布、裁剪、车缝、整烫。他也到处参观纺织厂，足迹踏遍北部大小代工厂，一去就是在那边观察一天。

产品定位简单，衣服基本上只有冬夏两季，长袖、短袖两种区分，lativ 的衣服几乎都是全年畅销款，只在颜色、版型和少许的印花图案上做变化，从不为了追逐流行附加流苏、蕾丝等配件。

Lativ 一直坚持品质细节，出货前先水洗、烘干，防止缩水，这样每件衣服的成本就提高了一成。一般棉制 polo 衫下水后布料至少缩 8%，再用热气一烘更是会缩到极致，为了符合原有尺寸，就必须先预留 10%以上的布料空间。为了盯好品质，Lativ 派专业人员到工厂查看，一发现问题就停下全部重来。在品质上不惜花大价钱，但又要能低价，Lativ 靠的是网络优势、大量制造，以及高度的执行力。

Lativ 在成本上有两项优势，一是走网络渠道不需水电租金，至少可省下六成开销；二是只做简单基本款，制作工序少，一次下单量可以数万件，比起高级品牌服饰的少量多样路线，更有压低成本的谈判空间。此外，创办人张伟强运用过去的程序开发专长，开发出一套物流管理系统，可以计算每个员工在包装出货线上的生产效能。以抓单取货后分配包装的流程为例，Lativ的员工平均2秒钟就能处理好一张多品项的订单，效率超高。Lativ能够在不到5年就达到15亿（新台币）的年营业额，正因为拉高了品质门槛，加上网络的口碑传播，光靠25万个会员，就创造出15亿的惊人业绩，回头率高达八成。

从2007年创立，业绩年年高速增长，2007年营收1000万元，2010年营收破15亿元，2011年营收达30亿元，2012年营收达60亿元，2013年可达70亿元。

企业在制订电子商务策略之前应先思考下列问题：

1. 电子商务将会如何影响企业原有的商业活动？
2. 企业应如何顺应电子商务来拓展新的商机？
3. 企业应如何运用电子商务紧密连结顾客与经营伙伴？
4. 企业应如何定位中间商、供应商、顾客？
5. 企业应如何通过电子商务来拓展新客源，保留老顾客？
6. 企业应如何运用电子商务来改变自己的产品与服务？
7. 为何有的企业能成功地运用电子商务？电子商务会有负作用吗？
8. 随着策略的执行，企业应如何管理并衡量执行的成果？

7-1 策略管理模型

为了了解企业策略管理的过程，图7-1呈现了一个模型。在最上方，模型开始于外部环境的机会与威胁的分析。而在下一个阶段里，组织的内部环境（企业的资源、使命与目标等）由双箭头连到外部环境。这个箭头表示使命与目标是根据外部环境的机会与威胁，以及企业内部的优势与劣势而设定的。组织会受到外部环境力量的影响，但组织也会影响其外在环境。

企业的使命与目标驱使总公司、事业单位、企业电子化以及功能性等层次策略的形成。然而，组织现有及潜在的优势与劣势（总公司、事业单位、企业电子化与功能性等层次上的企业资源与能力），也会影响该企业的使命与目标。这可由内部环境与策略形成之间的双向箭头来表示。在总公司的层次上，决策制定者是总裁（CEO）、其他高层管理者及董事会；事业单位层次的策略决策，大部分是由该事业单位的高层管理者与其重要主管一同制定；而功能性层次的决策制定者，为各功能性部门的主管（生产、营销、人力资源、研发、财务、信息等部门经理）。某些企业里没有功能性部门，取而代之的是核心流程中心（如原料处理中心，而非采购和制造等功能性部门）。

下一个箭头表示策略的形成，促使策略能具体地执行。明确地说，策略是通过企业的组织结构、领导、权力的分配，以及其企业文化来执行的。最后一个向下的箭头表示评估组织实际的策略绩效。如果绩效未达到组织的目标，就会执行策略控制来修正模型中的部分或全部阶段以改善绩效。控制阶段是由连结策略控制与模型其他部分的回馈线来表示。

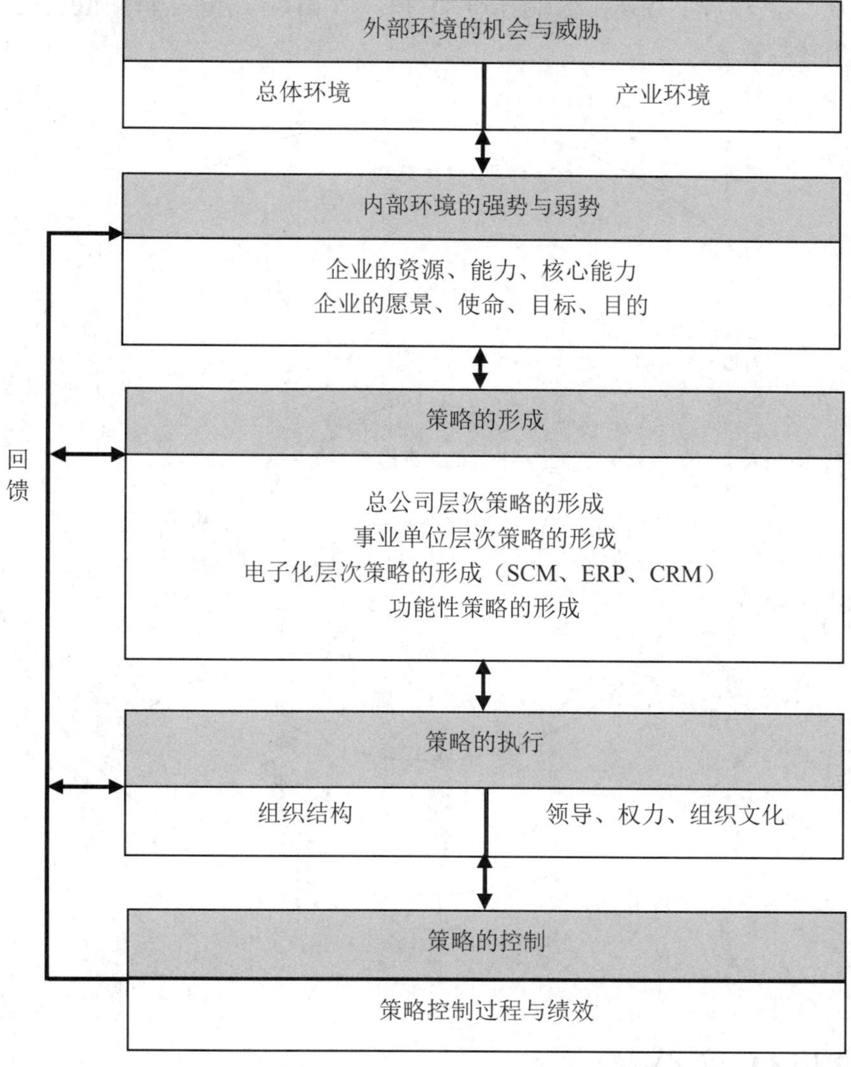

图 7-1　策略管理模型

7-2　总体环境分析

策略涉及 3 个分析层次，如图 7-2 所示，包括：❶企业的整体环境：政治法律力量、经济力量、社会力量、科技力量（电子商务）；❷企业所处的产业环境：潜在进入者威胁、既有产业竞争强度、供应商的议价能力、购买者的议价能力、替代品的威胁；❸企业本身——优势与劣势：资源、能力、核心能力。

有 4 种整体环境的力量会影响到企业组织。就广义而言，政治法律力量包括政府对企业营运的基本立场。较狭义而言，则包括立法、司法以及政府中所有层级的机关所制定的法规或决策。经济力量包括 GDP 的成长或衰退以及利率的涨跌所造成的影响、通货膨胀以及汇率。社会力量包括传统文化、价值观、社会趋势，以及社会对企业的期许。为了确认与了解这些力量的变动与趋势，管理者必须进行环境检视。

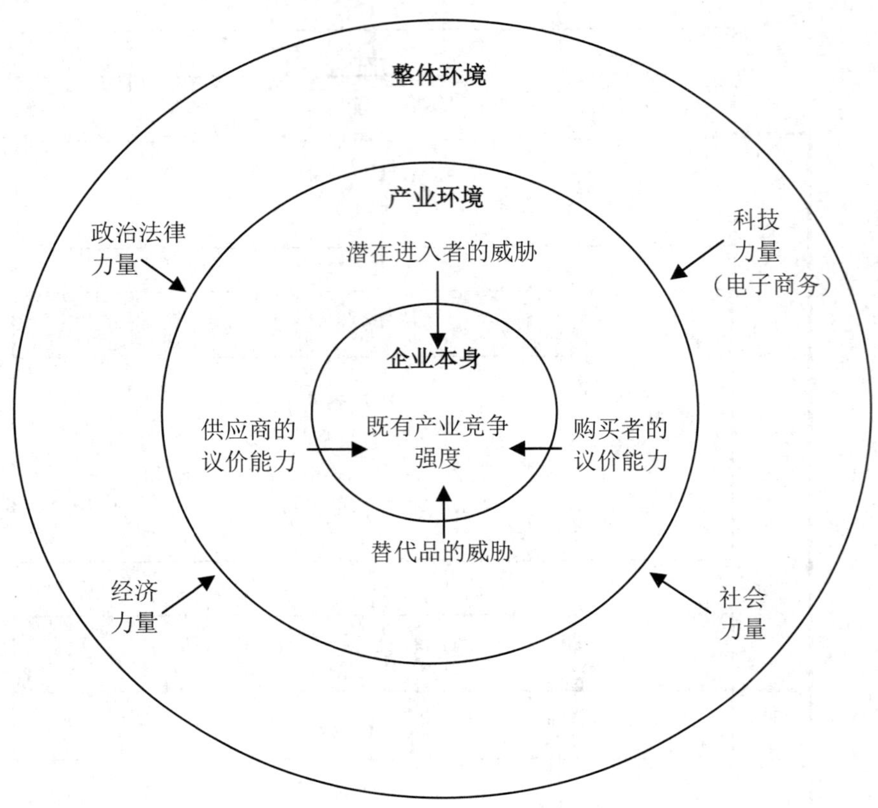

图 7-2 策略的 3 个分析层次

7-3 产业环境分析

Michael E. Porter（1980）提出了五种竞争作用力模型，简称五力模型，用以分析一个产业及产业竞争者的结构，并建构起整体竞争策略。此五种竞争作用力包括：潜在进入者的威胁、替代品的威胁、购买者的议价能力、供应商的议价能力以及现存竞争者的竞争强度，如图 7-3 所示。

一、潜在进入者的威胁

产业的新成员会给既有产业带来新的产能，同时也带给产业内既有厂商新的影响与冲击。尤其，新成员往往希望能够攫取市场利润，相对地，也就会侵蚀到既有厂商的市场。潜在进入者的威胁大小，要看当时的进入障碍，以及原有竞争者所可能产生的反应而定。如果进入障碍很高，或新加入者预期将遭遇业界浴血抵抗的话，则新公司对原有竞争者的威胁就不大。而潜在进入者的威胁大小，可从下列几个方面来探讨：

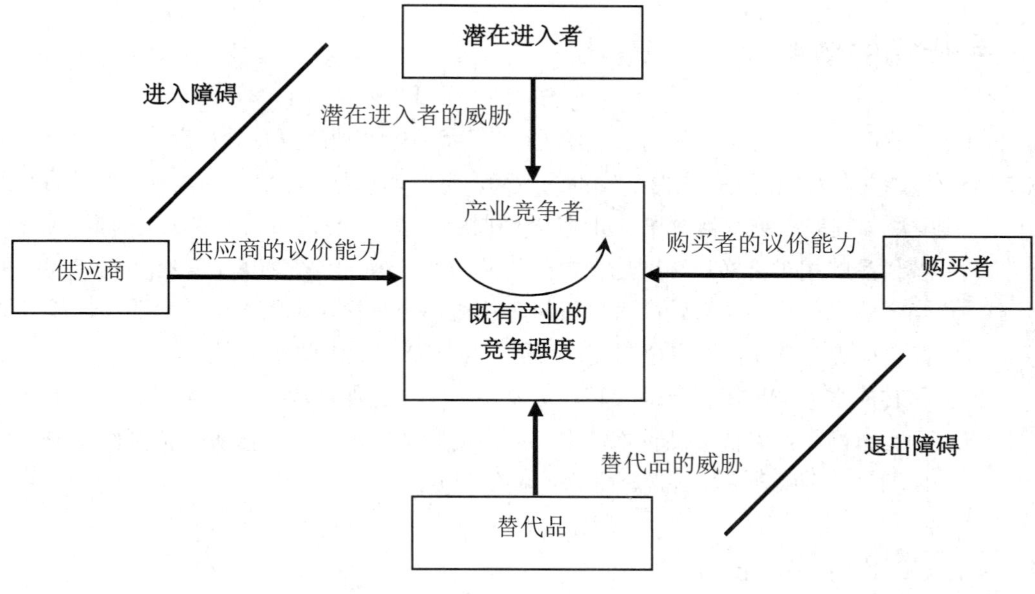

图 7-3　Porter 的产业五力模型

1. **规模经济（economies of scale）**：规模经济是指一项产品（或投入生产的作业或功能）在“某一段期间内”绝对数量增加时，单位成本下降的现象。产业的规模经济越明显，潜在进入者的威胁就越小。
2. **产品差异化（product differentiation）**：根基稳固的既有厂商由过去的促销、服务、产品特色或因最早踏入产业，而建立了品牌知名度、赢得了顾客忠诚度。产品差异化越高时，进入者的威胁就越小。
3. **资本需求（capital requirement）**：必须投注巨资，才足以竞争的产业特性，也会对想要进入产业的厂商，构筑较高的进入障碍。特别是在风险高又无法回收的先期广告或研发费用上。
4. **移转成本（switching cost）**：指从一家厂商更换到另一家厂商所产生的“一次成本”，包括重新训练员工的成本、增加辅助设备的成本、测试或修改资源使用的成本与时间、技术援助的成本、重新设计产品的成本，甚至包括切断脐带关系而产生的精神损耗等。移转成本越高，潜在进入者想要顺利进入产业的机会就越小。
5. **取得分销渠道（access to distribution channels）**：若潜在进入者必须取得适当的渠道才能顺利进入产业的话，也会对潜在进入者产生一定的障碍。
6. **与规模无关的成本劣势**：若是既有厂商拥有某些独家的技术；在原料取得的条件上有较佳的优势；较佳的学习曲线或经验曲线；或者占有较佳的地理位置等，都有可能对潜在进入者形成障碍。
7. **政府政策（government policy）**：若是政府有意控制产业的厂商数量，或者有条件地发放执照，也可以降低潜在进入者的威胁。

二、替代品的威胁

不只是产业内的竞争者在竞争，产业也与生产替代品的其他产业在进行竞争。替代品的出现除了限制产业可能的获利空间外，也由于比价的效果，使得企业面临定价上的限制。替代品的价位越吸引人，产业所面临的竞争就越激烈，可能的获利就会越小。替代品威胁的决定因素包括：

1. **替代品的相对价格：**顾名思义，替代品与产业内产品在功能上具有相互替代的关系。当产业内的价格相对较高时，可能会使得部分重视成本的企业转而购买比较低的替代品，而提高产业内的竞争强度；反之，则降低产业内的竞争强度。
2. **移转成本：**当采用替代品的移转成本小，将会迫使产业内的厂商想尽办法留住较多的顾客，例如：降低产品价格、提高产品的附加功能、扩大服务的范围，又或是延长保修期等，也因此间接提高产业内的竞争强度。

三、购买者的议价能力

购买者总是希望能够在相同的价格下争取更高的品质、更多的服务或者压低价格。但这将与产业内的厂商获利相冲突。购买者是否可以达到他们的期望，取决于购买者议价能力的高低，议价能力较高的顾客具有下列几种特性：

1. 相对于卖方销售额而言，买方群体很集中，采购量很大。
2. 买方在此产业内采购的产品占成本或采购量相当大的比例。
3. 买方向此产业购买的产品，是标准化产品（或不具差异性）。
4. 移转成本低：当买方移转成本低，就代表买方不需要与特定的厂商往来，随时可以找到替代的供应商，相对的，买方受到供应商牵制的情形就会大为降低，购买者的议价能力也会相对提高。
5. 获利不高。
6. 买方摆出要“向后整合”（backward integration）的姿态进行威胁：当顾客具有向后整合的能力，同时也有可能进行向后整合时，他们的议价能力通常会因此而有所提升。
7. 不影响买方的产品或服务品质：当买方产品品质不受产业产品所影响时，买方对价格就会相当敏感，也因此会对价格斤斤计较；反之，则不太敏感。
8. 买方信息充足：如果买方对需求、市场价格，甚至厂商成本都有充分的信息时，买方就拥有较多的筹码，相对的也拥有较大的议价能力。

四、供应商的议价能力

供应商可通过威胁调高售价或降低品质，对产业成员施展议价力量。具有以下几种特征的供应商往往有较高的议价能力：

1. 该团体由几家公司支配，与销售对象（某产业）相比，力量更集中。
2. 它不需要与销往同一产业的替代品竞争：不论供应商的势力再大，力量再强，仍然要和替代品竞争，而且多少会受到它们的牵制与影响。若是该产业的替代品很少，又或者替代品的移转成本很大，而导致与替代品直接竞争的机会很小时，供应商显然拥有较大的议价能力。

3. 该产业并非重要顾客：若供应商同时供货给好几个产业，而该产业占供应商整体销售额的比重并不显著时，供应商对该产业拥有较大的议价能力。
4. 供应商的产品是买方的重要投入。
5. 供应商团体间产品互异，或已形成移转成本。
6. 供应商群“向前整合”的姿态进行威胁：当供应商具有向前整合的能力，并且也有意愿向前整合时，供应商的议价能力往往会因此获得提升。

五、现存竞争者的竞争强度

现有竞争者间的竞争形式，即运用价格竞争、促销、产品介绍等方式，提升顾客服务或产品价值等。当产业内任何一家公司的竞争行为影响到其他竞争对手时，就会招致还击。一个产业的竞争强度取决于下列的产业结构因素：

1. **竞争者为数众多或势均力敌：**当产业内的竞争者数量很多，每家的规模与能力都差不多时，产业内的竞争会格外激烈，因为没有任何一家具有整合与号召的能力。反之，若是产业较为集中，主要由一两家所主导时，居于领导地位的企业，自然会在产业里扮演协调整合、维护纪律的角色。
2. **产业成长缓慢：**厂商为了在既有的市场获得更多的利润，竞争自然比成长快速的产业来得激烈。
3. **固定成本或仓储成本很高：**过高的固定成本会使企业积极寻找所有可能的方法以填满产能，也因此造成降价竞争的压力。仓储费用过高，或者存储不易，同样地会使企业面对需快速将产品销售出去的压力。
4. **缺乏差异性或移转成本。**
5. **产能大幅增加：**当产业内产能增加的幅度大过需求增加的幅度时，将会导致厂商之间价格的恶性竞争。
6. **竞争者背景差异：**竞争者背景越不一致，彼此目标、策略、特性、竞争的方法也就越不一致，对产业内竞争的冲击也越大。
7. **策略风险高：**当企业在产业内获得成功的风险很高时，产业内的竞争就会格外地激烈。
8. **退出障碍高：**所谓“退出障碍”是指当企业获利不佳甚至亏损时，仍然留在市场继续竞争的一些经济、策略、心理性因素。这些因素包括：专业资产、固定退出成本、相互间的策略关系、心理障碍、政府及社会限制等。当这些因素的成本越高，厂商想要退出产业的可能性就会越低，而厂商为了挽回颓势，必定会寻找更有效的方法，以取得较佳的获利空间。

7-4 网络对产业五力模型的冲击

一、网络对五力模型的影响——Porter（2001）的观点

策略大师 Porter（2001）对于网际网络的观点是属于辅助性质的，他仍然强调要将问题回到基本的组织面、策略面等，在 Porter 的观点里，网际网络应该扮演辅助的角色与媒体，或是一个新的工具，而网际网络对产业的影响在于重新配置了既有的产业，包括有高成本的通信、信息取得困难、交易复杂的产业。价值的创造及产业吸引力的本身仍然来自于五力模型，而非 Internet。然而网际网络的应用也确实改变了组织、企业的竞争态势，因此 Porter 针对网际网络对五力模型的影响提出了修正的模型，他以“网际网络如何影响产业结构”为主题，描绘出 Internet 对产业吸引力的正向或负向影响，并以正负号的方式标注在五力模型的说明里，在 Porter 的观点中，多数影响是负面的，只有少数影响是正面的（见表 7-1）。

表 7-1 网际网络对产业五力模型的影响

网际网络的影响	+（正向影响）	-（负向影响）
进入障碍		1. 任何应用在销售、渠道进入等方面的，或是实质的资产，只要网络可以简化或是取代其功能的，将会降低进入障碍； 2. 网络的应用对于新进入者而言，易于复制； 3. 新进入者来自很多不同的产业
替代品或替代服务	促使整个产业更有效率，并开拓市场规模	网际网络的易亲近性，造成许多新的替代品出现
供应商的议价能力	通过网络采购，可以提高企业对供应商的议价能力，不过供应商也可借此接触更多顾客	1. 网络提供给供应商直接接触终端使用者的机会，减少中间商的层级； 2. 网络采购及电子市集的使用，让所有企业有均等的机会接近供应商，且导致标准化产品的采购降低了差异性； 3. 降低进入障碍，众多的竞争者会提高供应商的议价能力
渠道商的议价能力	削弱传统渠道商的竞争力，对传统渠道商有更强的议价能力	
购买者的议价能力		1. 终端顾客有更强的议价能力； 2. 降低转换成本
现存厂商的竞争		1. 降低差异化程度，不容易有专利、专卖的情形； 2. 转移成价格战； 3. 地理上的市场变宽，增加许多竞争者； 4. 与固定成本相比，变动成本较低，因此，有降价的压力

资料来源：Michael E Porter. Strategy and the Internet. Harvard Business Review, 2001, 5: 63-78.

从 Porter 的观点来说，网络的应用对五力分析模型的影响十分巨大，例如在替代品的威胁方

面，“网际网络可使整个产业更有效率，并扩大市场”是正向的影响，而在产业内部竞争上，“降低与竞争者之间所提供产品的差异，且难以维持专卖”对产业吸引力而言则是负向的影响。有些应用甚至影响到后来的策略使用，包括差异化的程度、成本的多寡等，完整修正后的模型如图7-4所示。

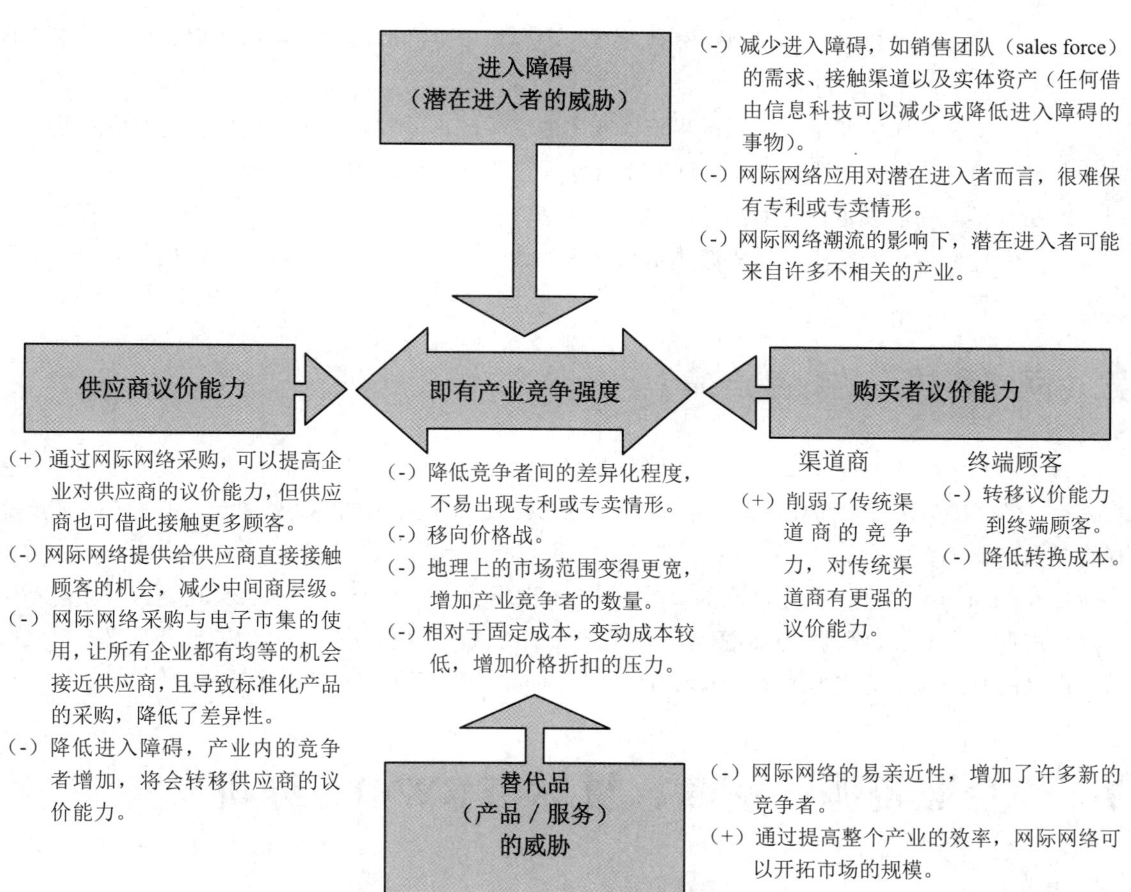

图7-4　网际网络对产业五力的影响

资料来源：Michael E Porter. Strategy and the Internet. Harvard Business Review, 2001, 5: 63-78.

竞争力大师Porter在2001年3月份的《哈佛商业评论》(《Harvard Business Review》）中认为，网际网络并未改变一切事物，由于网际网络并未提供企业专属的运营优势，反而会削弱产业获利能力，企业应将网络视为传统竞争方法之外的辅助措施，而不是取代传统经营方法，才能成为赢家。Porter认为能够利用互联网科技来促使传统交易活动更有效率的公司才能成功，能够找出方法将虚拟与实体的交易活动结合在一起的公司，才能制胜。

二、网络冲击下的新经济法则

哈佛商学院教授Rayport（1995）和Sviokla（1997）认为未来企业将面临两种世界的竞争：虚

拟世界与实体世界，并提出五个网络冲击下的新经济法则：

1. **数字资产法则**：数字化资产可在无限次的潜在交易中重新获益，不断创造价值。故不像实体资产在消费后即告结束。
2. **虚拟规模经济**：在虚拟世界中，能让小公司在大公司主导的市场中提供低单位成本的产品与服务。
3. **虚拟范畴经济**：在虚拟世界中，企业能重新定义范畴经济，利用数字化资产在不同且分离的市场上获利。
4. **交易成本被压缩**：虚拟世界价值链上的交易成本是较实体世界价值链上的成本低，且将随着微处理器速度与计算机存储容量的增长，而大幅降低。
5. **供给与需求重新均衡**：结合前四项法则，将创造第五项法则，供应商之间借着不同以往做生意的想法，达成低成本与高附加价值的均衡关系，商业行为将从“供给思维”转向“需求思维”。

三、网络科技下的数字产品

数字产品的首次制造成本虽高，但其复制与传递成本却近乎于零的特性，既可大量复制产品进行销售，又可快速按顾客需要而量身定做，更增加其创造企业价值的能力。通常与信息有关的产品最容易数字化，数字产品的本质包括：不灭性（indestructibility）、可塑性（transmutability）、再生性（reproducibility），因此数字产品的扩散方式，可选择线上（online）销售，其递送方式完全不同于实体市场，形成新的竞争法则，例如：改变产品的时效性、使用形态、传输模式与外部性。又因数字产品的复制与分销成本很低，信息市场产品的定价与经营模式也会有所不同。

7-5 企业资源、使命、目标与 SWOT 分析

一、资源

企业的资源（resources）构成其优势（如图 7-5 所示），资源包括：

1. **人力资源（human resources）**：企业所有员工的经验、能力、知识、技能和判断力。
2. **组织资源（organizational resources）**：企业的制度与方法，包括其策略、结构文化、采购 / 物料管理、生产 / 作业、财务基础、研究与发展、营销、信息系统，以及控制系统等。
3. **实体资源（physical resources）**：厂房和设备、地理区位、原料的取得、分销网络以及技术。

将这三种资源予以结合，可以提供企业一个持久性的竞争优势。持久性竞争优势指的是无法被竞争者完全复制，而且长期来看可带来高报酬的有价值策略。

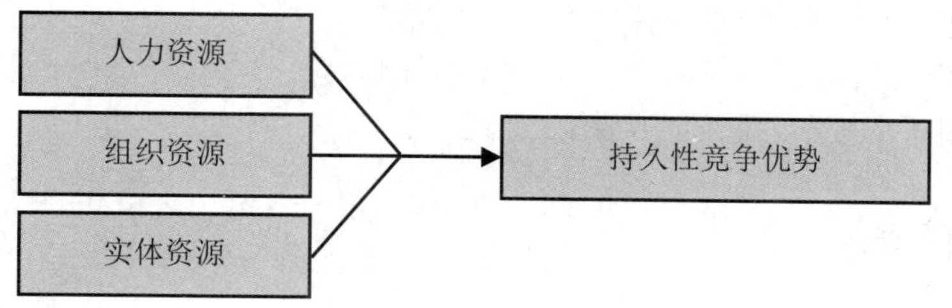

图 7-5　取得持久性竞争优势的方法

在探讨企业的优势与劣势时，必须注意以下几个问题：

1.　人力资源

- 董事会：
  - 董事会成员为企业带来什么贡献？较有力的董事会成员拥有相当丰富的经验、知识与判断力，以及重要的政治关系。
  - 这些成员是来自企业的内部还是外部，以及他们代表企业股东的代表性有多高？
  - 这些成员是否为企业股票的重要持有人？持股比率多少？
  - 这些成员进入董事会多久了？
- 高层主管：
  - 谁是重要的高层管理者？他们在工作经验、管理风格、决策制定能力、团队建立，以及对企业的了解等方面的优劣势为何？
  - 这些重要的高层管理者在公司待了多久？
  - 高层主管的策略有哪些优缺点？
- 中层主管、监工与员工：
  - 组织是否有一个包罗万象的人力资源规划？
  - 组织强调训练和人力发展规划的程度怎样？
  - 组织人员流动率与产业其他竞争者相比如何？
  - 组织重视且能有效评估绩效的程度如何？
  - 对于越来越能反映出社会不断变动的劳动力，组织的管理方式怎样？

2.　组织资源

- 资源是否与企业的策略相符，以及对于策略的执行而言，它们是否足够？
- 总公司、事业单位、电子化和功能性策略，是否能符合组织的使命和目标？
- 总公司、事业单位、电子化和功能性策略，是否彼此一致？这四种层次的策略是否紧密地结合？
- 组织的正式结构对于策略执行而言是否适当？
- 组织的决策制定过程在执行其策略方面是否有效？组织为集权还是分权？
- 组织文化是否与其策略相一致？
- 组织的策略控制过程是否有效？

3.　实体资源

- 组织是否拥有优越技术且知道如何正确利用它？
- 组织是否有足够的产能？

■ 组织的分销网络能否有效地传达到顾客？
■ 组织是否有可靠且具成本效益的供应来源？
■ 组织及其分支是否位于最佳的地理区位？

二、企业的使命

企业的使命（mission）是针对其优势与劣势，以及外部环境的机会与威胁所做的一项分析。该分析的重点是使企业能为自己定位，以利用环境中的特定机会，并将环境中的威胁予以规避或极小化。

企业是为了某个目的而创立的。虽然这个目的可能会随着时间而改变。但是让利害关系者了解企业存在的理由——企业使命，是很重要的。通常，企业的使命会以一个正式且书面的使命声明书（mission statement）来加以定义。此为定义广泛但持久的目标声明，说明组织的营运范畴，以及其对各种利害关系者的贡献。

一个成功的电子商务企业，必须能明确地指出它所依存的使命，同时这个使命目标还要够远够大，绝不能只是单纯地希望测试某项商品或某种想法而已。基本上，该使命必须能传达某种意念，也就是企业该如何让顾客与员工获得更多价值。企业使命的角色如图 7-6 所示。

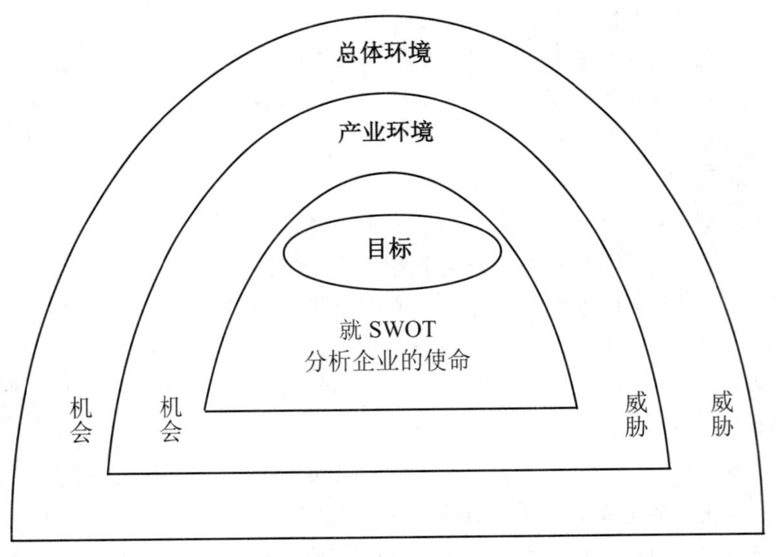

图 7-6 企业使命的角色

使命与组织层级

使命为组织提供精确且明确的方向。在事业单位层次上，使命的范畴较为狭隘，但定义更为明确。组织必须仔细地了解其使命。因为对组织而言，清楚地了解目的对于建立适当目标是必要的。

■ **通用汽车（GM）总公司的层次使命：**通用汽车的基本目的是要提供高品质的产品与服务，使顾客得到绝佳的价值。企业的员工和生意伙伴将分享企业的成功；而股东则将从他们的投资上，得到持久且高额的报酬。

- ■ **通用汽车（GM）钍星事业单位的使命：**钍星的使命是通过人员、技术和事业系统的整合，发展制造品质的顾客满意度为世界领导者的车辆，在美国销售，并将知识、技术与经验移转给整个通用汽车。

使命与变动

总公司层次与事业单位层次的使命，通常会随着时间而改变。

使命与策略

“只有愿景而没有行动，愿景只是白日梦，若有行动而没有愿景，则行动会成为噩梦。”有效地管理不只需要了解环境，也必须着重于组织的使命（就其优势与劣势而言）。对其使命有清楚认知的企业，能够判断哪些活动适合其策略方向，而哪些不适合。

要在现今的环境下成功，企业的愿景和策略都必须改变，从原来的“我们在五年后要发展成什么样子？”改为“我们的顾客希望我们能发展成什么样子，而我们要如何达成这个目标”。

三、企业的目标与目的

使命是企业存在的理由，而目标则代表企业努力想达成的一般结果；而目的（objectives）通常是特定且量化的目标（如图 7-7 所示）。

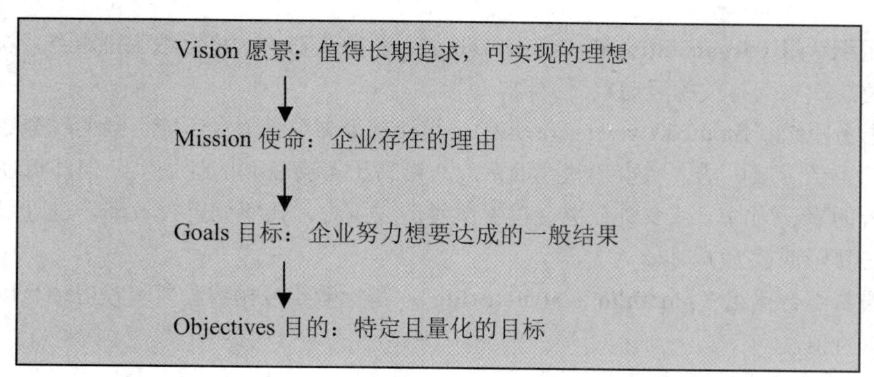

图 7-7　企业的愿景、使命、目标与目的

表面上，建立组织目标似乎是一个相当直接的过程。然而，实际上这个过程相当复杂。各种利害关系人——所有者（股东）、董事会成员、经理人、员工、供应商、债权人、分销商和顾客等，对企业都有不同的目标。而企业最后所达成的目标必须能平衡来自不同利害相关团体的压力，以确保每个团体都能继续参与。

四、企业本身分析——SWOT 分析

由企业内部及外部分析，找出该企业的优势、劣势、机会与威胁，利用 SWOT 矩阵，寻找互相匹配项目填于相对方格内，再思考如何运用信息科技（电子商务）来创造策略机会，取得竞争优势。SWOT 矩阵如图 7-8 所示。

	机会（O）	威胁（T）
优势（S）	优势 / 机会（攻击）	优势 / 威胁
劣势（W）	劣势 / 机会	劣势 / 威胁（加强防御）

图 7-8 SWOT 矩阵

7-6 公司层战略

在公司层战略中，高层管理者所面对的基本策略问题是：我们应在何种特定的事业或产业中运营？这个问题的答案取决于该企业独特的优势和劣势，以及外部环境所造成的机会与威胁。

一、企业重组

企业重组（corporate restructuring）有三个相互关联的层面，分别是组织、财务及投资组合的重组：

1. **组织重组（organizational restructuring）**：是指从基本上将组织工作本身，以及事业单位层次与其有关的活动重新架构。
2. **财务重组（financial restructuring）**：是指减少高层管理者所能得到的现金数额，使他们不至于被引诱去从事那些会浪费股东财富于不会获利的计划上，但却可能吸引管理者的事。同时，减少资金也会对管理者造成压力，让他们重视效率。进行财务重组就是要降低代理成本。
3. **投资组合重组（portfolio restructuring）**：是指购买或抛售股票等投资项目以增加企业的价值。

二、策略的选择

基本上，公司层战略主要思考事业单位的投资组合，可借由 BCG 矩阵来评估并点绘企业的事业投资组合。事业组合评估之后，有三种公司层战略可供选择：成长策略、稳定策略、紧缩策略（见表 7-2）。

表 7-2 公司层战略

1. 成长策略	2. 稳定策略	3. 紧缩策略
（1）密集式成长机会 （2）整合式成长机会 （3）多角化成长机会		整顿 撤资 清算

BCG 矩阵是 1967 年由波士顿顾问团（Boston Consulting Group, BCG）针对企业策略规划所发展出来的。BCG 矩阵可分为四个方格，每一个方格代表不同类型的事业，如图 7-9 所示。

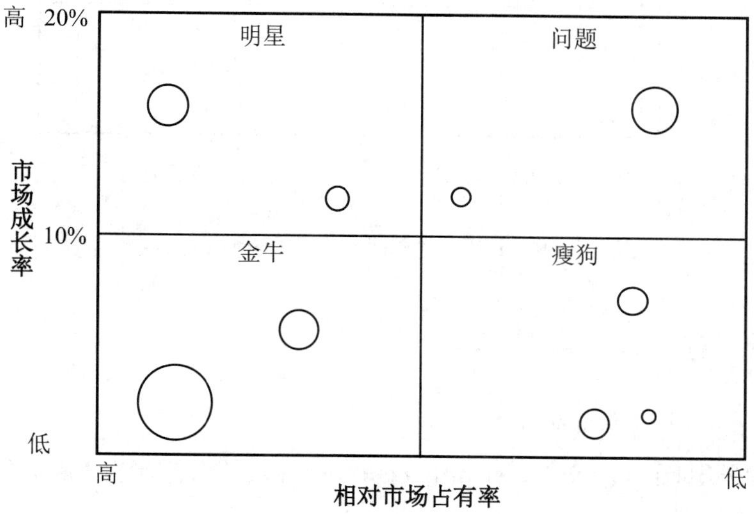

图 7-9　BCG 矩阵

纵轴代表市场成长率，而横轴代表该事业的相对市场占有率。图上的圆圈代表不同的事业单位，而圆圈的大小反映出事业单位的年销售额。圆圈的水平位置代表其市场占有率，而圆圈的垂直位置代表其所在市场的成长率。运用此矩阵，管理层可以将企业的不同业务分为明星业务、问题业务、金牛业务或瘦狗业务，审视每一业务单位的相对市场占有率和市场成长率而定。

1. **明星业务：**即市场成长快、相对市场占有率又大的产品。问题业务若成功了，很快就变成明星业务。
2. **金牛业务：**当市场年成长率降至 10%，而该事业仍拥有最大的相对市场占有率，则该明星业务将变成金牛业务；因为它能为公司产生许多资金。金牛型业务是可以为公司挤牛奶的，但是这些业务多属成长率很低的市场，且特点是现金流量高，公司可以有利润。
3. **问题业务：**是指具有中高成长率，而相对市场占有率低的业务。处在这个区域的业务，通常市场定位不对。
4. **瘦狗业务：**是指该业务的市场成长率低且相对市场占有率低。公司应考虑是否有好的理由去继续此瘦狗业务。

此外，也可以使用 SWOT 分析与公司层战略搭配，如图 7-10 所示。

如果该业务所处的外在环境具有显著机会，而且本身又具有提供该价值的优势，那么对于该业务应采取成长策略。反之，如果该业务所处的外在环境具有显著威胁，而且本身又具有显著劣势，那么对于该业务应采取紧缩策略。至于外在环境具有威胁 / 内在环境具有优势，或者外在环境具有机会 / 内在环境具有劣势的业务，则应暂时采取稳定策略为宜。

	内在环境优势	内在环境劣势
外在环境机会	成长策略	稳定策略
外在环境威胁	稳定策略	紧缩策略

图 7-10 SWOT 分析与公司层策略配置

三、成长策略（growth strategy）

企业的成长策略经由三个层次的分析而产生：

1. **密集式成长机会（intensive growth opportunity）**：第一个层次为确认企业在现有营运范围内的营销机会。
2. **整合式成长机会（integration growth opportunity）**：第二个层次为确认与产业其他部分整合的营销机会。
3. **多角化成长机会（diversification growth opportunity）**：第三个层次为寻找存在于现有产业之外的营销机会。

密集式成长机会

1. **市场渗透（market penetration）策略**：是指积极地从事营销活动，增加企业现有产品在市场上的销售额。
2. **市场开发（market development）策略**：是指将现有产品打入新的市场，增加销售额。
3. **产品开发（product development）策略**：是指在现有市场上发展新产品或改良原产品，以增加销售额。

整合式成长机会

1. **向后整合策略（backward integration）**：也称后向一体化，指企业增加其对供应体系的控制权或所有权，所进行的整合。
2. **向前整合策略（forward integration）**：也称前向一体化，指企业为增加对其分销体系的控制权或所有权，所进行的整合。
3. **水平整合（horizontal integration）**：也称横向一体化，指企业为增加在同业间的控制权或所有权，所进行的整合。主要通过收购或合并相同业务线的公司来达到扩张。而水平整合的原因有两个：提高市场占有率与增加营运的弹性。然而，要注意的是反垄断法限制某些形式的水平整合。

多角化成长机会

1. **集中多角化（concentric diversification）**：是指企业在现有的产品线上，增加具有共通技术或共通市场的新产品，以收事半功倍之效。
2. **水平多角化（horizontal diversification）**：是指企业增加与原有产品线不相关的新产品，来吸引原来的顾客。
3. **综合多角化（conglomerate diversification）**：是指企业增加与现有的技术、产品或市场毫不相关的新产品。

合并与战略联盟

上述的整合策略与多角化策略都涉及两个概念：

1. **合并（merger）**：当两家或两家以上的公司规模相差不大，经由股票的交换而结合时，称为合并。合并是为了共享或移转资源并获得竞争力。合并的理由在于利用综合效益来创造利益。综合效益可以是因为水平合并，或是垂直合并而产生，因为这两种合并都会导致协调与官僚化成本的增加，所以只有在预期利益超过预估的合并成本时，才应进行合并。
2. **战略联盟（strategic alliances）**：即两家以上的企业，在某一特定的业务领域中，进行特定的业务或合作的合伙关系。组成联盟的企业共享开发和采用新业务机会的成本、风险和利益。其方式包括：合资、加盟 / 特许、合作研发、合作管理、长期共同供应契约、共同营销契约以及财团。战略联盟可以是暂时性的（在项目结束后解散），或是长期性的。当然，公司的所有权并没有发生改变。战略联盟可能基于多种理由，如政治的、经济的或技术上的。
   - 战略联盟的优点：
     - 因企业仍维持分离与独立，故协调和官僚化成本增加有限。
     - 每个企业无需自行承担开发新业务机会的所有成本与风险，就可自联盟中享受利益。
   - 战略联盟的缺点：
     - 战略伙伴可能拿得多但做得少。
     - 自联盟所获得的利益必须共享。

四、稳定策略（stability strategy）

一个企业（不只在一个产业中经营）的稳定策略，是维持现有业务体系的基础。采取稳定策略有两个主要原因：

1. 这种策略使企业能专注于现有业务的管理上，并且达成增强自身竞争力的目标。
2. 高层管理者可能感受到增加新业务的成本可能超过潜在的利益。

五、紧缩策略（retrenchment strategy）

1. **整顿**：目的在于将企业转变为一个较精简、更有效率的组织。整顿包括一些行动，如减少不获利的产出、出售多余的资产、减少雇用人数、裁减分销成本，以及重新思考公司的产品线与顾客群。
2. **撤资**：撤资通常是当某项业务表现不佳，或不再适合企业的策略前景时所进行的。某项业务可能被卖给一家企业、管理者或员工、个人或者投资团体。
3. **清算**：当整顿或撤资皆不可行时，企业就会通过出售其资产来终结此项业务。

7-7 事业层战略

一、事业层战略类型

有关事业层战略的研究，较具代表性者首推 Michael E. Porter（1980）提出的企业基本竞争策略类型，此即：

1. **成本导向策略（cost leadership strategy）**：强调生产标准化的产品，并以低价格营销，借以创造竞争优势。
2. **差异化策略（differentiation strategy）**：强调产品或服务会令顾客有不一样的感觉，借此区分出与竞争者之间在品质、包装等方面的差异，塑造所谓的“特殊性”。
3. **集中策略（focus strategy）**：强调集中精力在某个顾客群、某个地区、某一营销渠道或产品线的某部分，借以整合全部资源，获取专精利益。

另外，学者 Miles and Snow（1978）在组织对于环境改变的反应，亦即组织改变其产品及市场，以顺应环境的程度上所作的研究，也提出如下四种竞争策略类型：

1. **扩张者策略（prospector strategy）**：不断地改变生产线以追求新的市场机会，在新产品市场中扮演积极且优先的角色。即一个组织采取侵略性的竞争策略，企图成为产品 / 市场开发的先锋，分权式的决策制定模式，参与性的管理哲学，以产品 / 市场结构的方式划分，倾向更有效益性（利益导向）。
2. **防卫者策略（defender strategy）**：事业单位对新产品 / 市场发展持保守观点，产品 / 市场的范围较窄且不积极寻求。即一个组织采取保守的竞争策略，具有独裁的管理风格及中央集权式的决策制定倾向，具有基础的企业功能结构导向，倾向更有效率性（节约成本）。
3. **分析者策略（analyzer strategy）**：介于扩张者与防卫者之间的策略，与防卫者策略一样在核心市场维持一个安全的市场地位，但又像扩张者一样通过开发新产品寻求新的市场机会。即一个采取温和竞争策略的组织，在产品 / 市场的开发较扩张者温和，但又比防卫者的变动性大，均衡的决策制定导向，矩阵式的组织形态，效率、效益性组合倾向。

4. **反应者策略（Reactor Strategy）**：在产业竞争中缺乏一套完整或一致性的计划，只是随环境压力而盲目反应，亦即没有明显的竞争策略，所有企业行动都是被动反应式。

二、价值链分析

企业的价值活动须运用企业基础建设、采购作业、人力资源管理以及某些技术发展以执行其本身的功能。各种价值活动必须使用信息及产生信息，因此组织运用信息科技的机会就能从此处着手考虑。价值活动又可区分为基本活动及支持活动两部分，前者包括原材料储备、产品实际生产、配送、营销与销售、顾客服务与支持等活动，后者则包含各种支持基本活动的功能。Porter 价值链如图 7-11 所示。

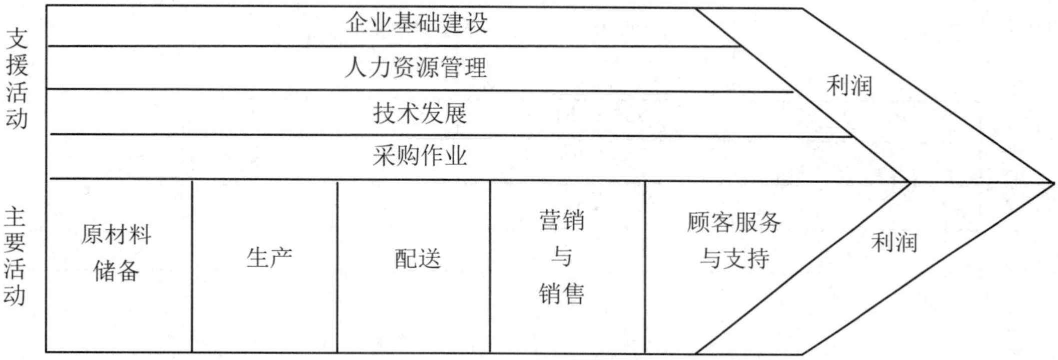

图 7-11　Porter 价值链分析

以价值链分析寻找策略机会，从每一步骤、阶段来检视信息科技（电子商务）的价值。并运用组织内的信息科技来改善价值活动，以增加利润；借由不同价值体系的投资组合，通过综合效益使组织获得更大的竞争优势。

三、价值链的虚拟化

在 Porter 的产业五力模型中，只有实际制造产品与提供服务的过程才是主要活动，而技术发展属于支持活动。这点在许多电子化企业中并非如此，因为在电子化企业中，信息本身就可能是产品与物料，信息科技更能直接增加客户与商品的价值，产生虚拟价值链的观念。

Rayport & Sviokla（1995）认为企业目前面对两个不同的价值链：除了由可看见、可接触的实体资源所组成的实体价值链，还要加上由信息所组成的虚拟价值链。实体价值链中，信息科技仅用来辅助创造价值，而其本身并不能产生价值。在虚拟价值链中，信息本身就具有一定的价值，经过搜集、组织、选择、整合、散播等再制过程后，又会再创造新的价值，在数字时代，信息也会产生价值。

换句话说，对企业而言，可以分成以“产品本身”为主的实体架构，与以“产品信息”为主的虚拟架构。实体架构与虚拟架构能够互相取代，也能相辅相成。这种传统的以资源为主的实体价值链只是利用信息科技作为辅助，再经过一连串原材料储备、生产、配送、营销、销售、顾客服务与支持的主要活动，配合企业内部支持活动，例如：人力资源管理、采购等，达成并维持企业的竞争优势。虚拟价值链提出了一个价值矩阵（value matrix）的观念，也就是在实体价值链的每一个活动中，信息的搜集、组织、选择、整合、散播等再制过程后，都会创造新的价值。其中的关键，便在于能否在实体价值链中，发现与整合有附加价值的信息。

Rayport & Sviokla（1995）指出，企业若能将信息世界的五个活动：搜集、组织、选择、整合与散播，应用到虚拟价值链的各个活动上，而创造出来的新市场，即为一个新的价值矩阵。

一般企业是通过三个阶段来采集信息的，第一个阶段为“能见度”，指企业利用信息科技搜集执行价值链过程的信息，以更有效率地掌握实体营运的能力；第二阶段为“对应能力”，指企业在完成第一阶段后，再利用已建构出的信息架构来转移实体价值链中，可移转到虚拟价值链的对应架构，开始创造出与实体价值链互相平行又具有改善功能的虚拟价值链；第三个阶段为“新顾客关系”，指企业完成第二阶段后，充分利用已建构成的虚拟价值链，与顾客建立新关系。当实体价值链完全应用在虚拟价值链上时，即开发出价值矩阵，如图 7-12 所示。

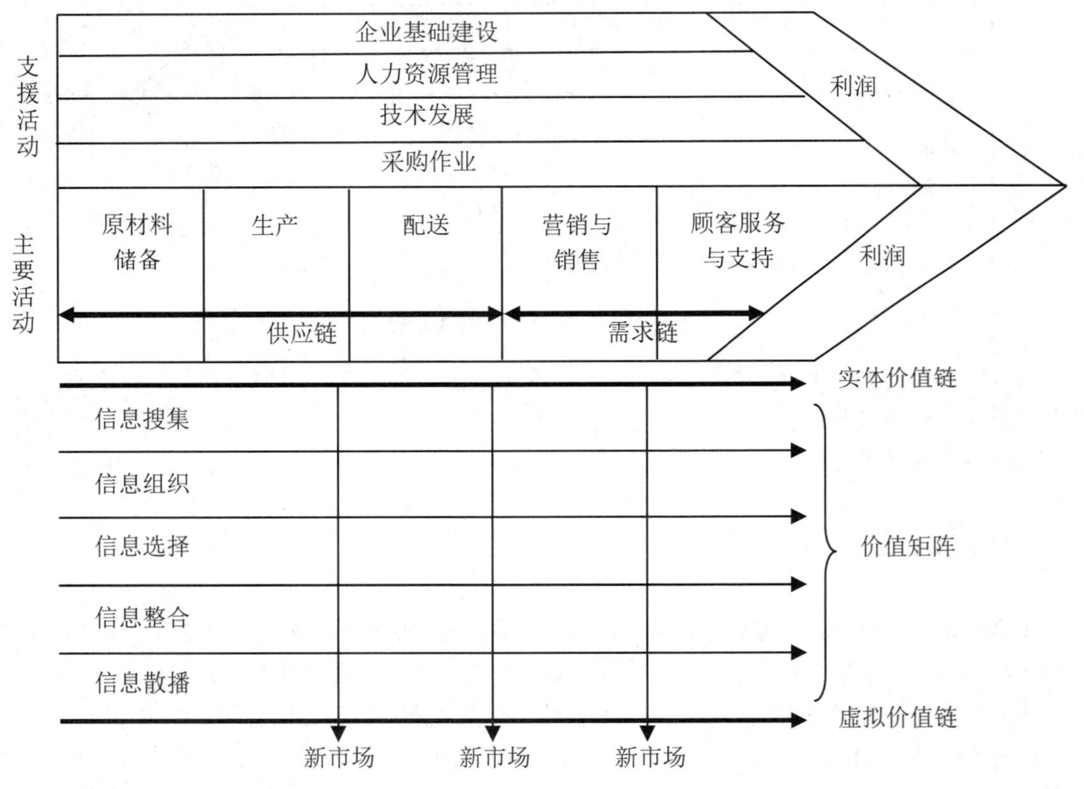

图 7-12 虚拟价值链与价值矩阵

四、产业价值体系的改变

企业的价值链其实是包含在一套范围更广的价值体系（value system）里。企业与其上下游各有其价值链，共同构成一个更大的价值链，Porter 称之为“价值体系”，如图 7-13 所示。供应商有自己的价值链（上游价值），它能够创造并传递使用于企业价值链的采购项目。供应商不只是提供货源而已，它还可通过许多其他方式对企业绩效产生影响。此外，许多产品还会经由销售渠道的价值链（渠道价值），送到顾客手上。最后产品成为顾客价值链的一部分，而产品与企业在顾客价值链中所扮演的角色，不仅决定了顾客的需求，也正是企业追求差异化的基础。竞争优势的取得与维持，不但依靠对自身价值链的了解，更要了解企业如何与整个价值系统配合。

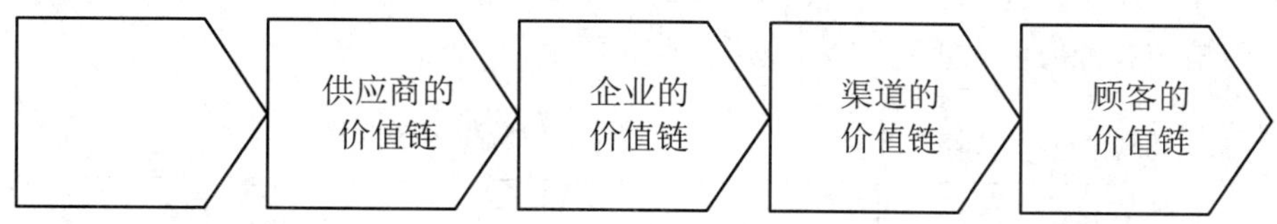

图 7-13　价值体系

Porter 认为价值链的观念除可用于企业内部主要价值活动的成本分析，及与主要竞争者各项主要价值活动成本的比较外，也可将价值链的观念运用于整个产业（即价值体系）。任何一个产业都是由一连串的价值活动所构成的。这些价值活动一方面提供了附加价值，一方面也有其成本，同时也是企业竞争优势的潜在来源。以一般制造业而言，从原料的生产一直到最终的消费者的满足，细分后的产业价值活动可能多达数十个，许多价值活动往往由上下游好几家厂商来分别负责。例如原料生产者、上游加工者、运输者、中游的制造商、各层次的经销商、采购决策的其他影响者，一直到最终使用者。产业价值链可以分割成许多阶段或价值活动，每一个产业的价值链不同，即使同一产业中的各个企业，所认知的价值链也不尽相同。

互联网的产生对传统的产业价值体系产生了三种影响，分别为产业价值体系缩短、产业价值体系重新定义与产业价值体系虚拟化。

产业价值体系缩短

互联网可能将原有的产业价值体系缩短，制造商可以跳过原有中间商价值体系的层级，比以往更接近顾客。例如戴尔电脑采用网络直接销售的模式，跳过传统产业价值体系中的渠道中介机构，直接对顾客进行营销与销售活动，如图 7-14 所示。

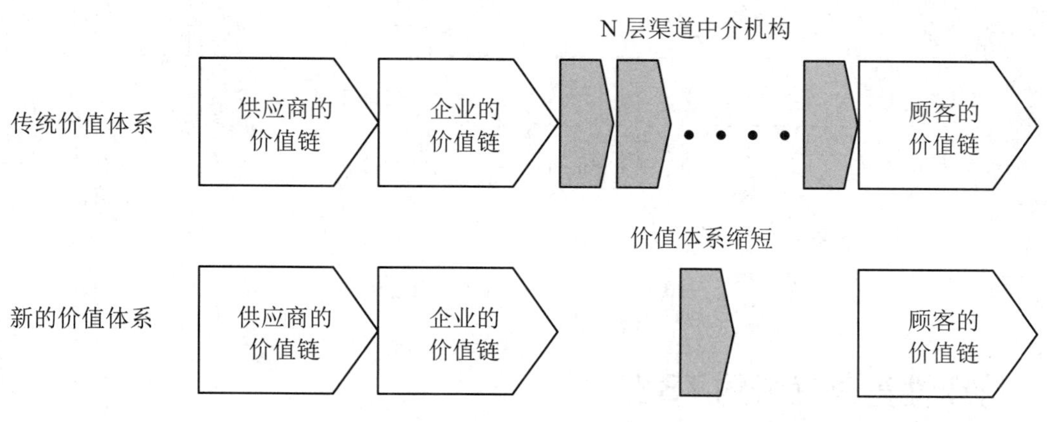

图 7-14　产业价值体系缩短

产业价值体系重新定义

产业价值体系重新定义会形成网络中间商，并建构成为新的产业价值链的一部分，其对信息不对称性及交易成本的降低有很大的帮助。例如亚马逊网络书店的出现取代了传统书店，相较于传统书店，网络书店少了许多店面及人事成本，并可利用互联网无国界、无地域性的特性，扩大其营销与销售范围，有效减少营运成本。换句话说，互联网兴起后，传统的渠道中间商会被新的网络中间商所淘汰，于是产业价值体系重新定义，如图 7-15 所示。

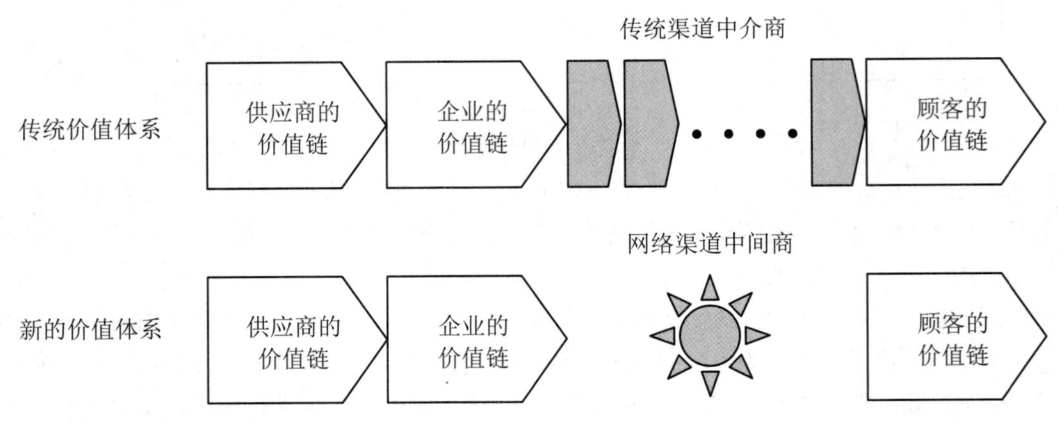

图 7-15　产业价值体系重新定义

产业价值体系虚拟化

如前所述，网络促使价值链虚拟化，当供应商的价值链虚拟化、企业本身的价值链虚拟化、网络渠道中间商重新定义、顾客的价值链虚拟化，将会进一步促使整个产业价值体系的虚拟化，如图 7-16 所示。

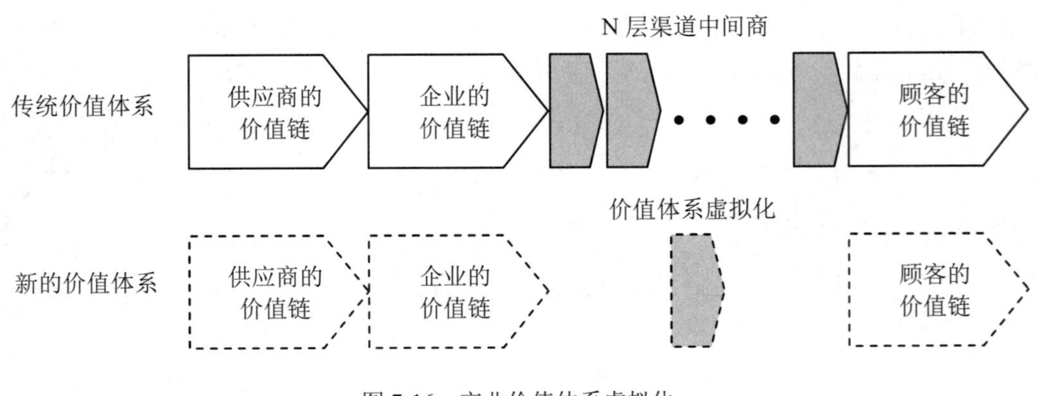

图 7-16　产业价值体系虚拟化

五、持续性竞争优势的 7S 架构

麦肯锡（1980）顾问公司认为，企业如果要保有持续性的竞争优势，必须在战略（strategy）、组织结构（structure）、制度（system）、共享价值（shared value）、管理风格（style）、人员（staff）及技能（skill）等 7 个方面（即 7S 模型）建立持续性的特色。7S 模型指出了企业战略在发展战略过程中必须全面地考虑各方面的情况，即战略构成的 7 个要素。只有在 7 个要素能够良好地沟通和协调的情况下，才能有效保证企业战略的成功实施，如图 7-17 所示。

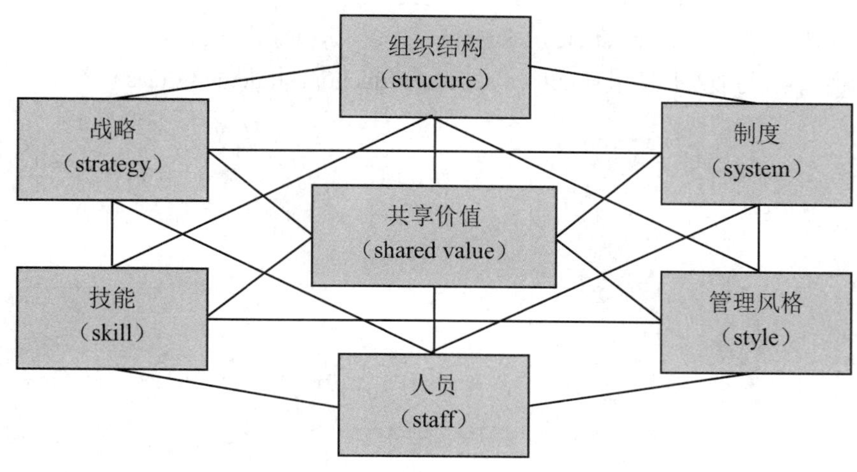

图 7-17　7S 模型

1. **战略：**根据企业外部环境机会 / 威胁，以及企业内部优势 / 劣势与可取得资源的情况，为求得企业生存和长期稳定发展，对企业发展目标、达到目标的途径和手段的总体谋划。战略是企业达成目标的行动蓝图，而战略须和企业的组织结构配合才能成功。
2. **组织结构：**战略需要健全的组织结构来确保实施。组织结构是企业组织的构成形式，由众多的部门组成垂直的权力系统和水平分工协作系统的一个有机体。
3. **制度：**企业的发展和战略实施需要完善的制度作为保证，各项制度又是企业精神和战略思想的具体体现。
4. **共享价值：**7S 的互联中心，是企业的共有价值，是中心信仰与态度。由于战略是企业发展的指导思想，注重沟通领导层和执行层的思想，使得领导层制定的战略能够顺利、迅速地付诸实施，而其展现在外的就是企业文化。
5. **管理风格：**是指领导者的管理风格与作风。杰出的企业都呈现出既中央集权又地方分权的宽严并济的管理风格，让生产部门和产品开发部门极端自主，另一方面又固执地遵守着几项流传久远的价值观。
6. **技能：**是指组织成员的工作技能。员工掌握一定的技能，依赖于严格、系统的培训，成为优秀的人才，发挥最大的专业效能。
7. **员工：**人力是策略实施的关键。企业急需配备符合战略思想需求的员工队伍，培训并分配适当的工作，加强宣传教育，使企业各层次人员都树立起与企业的战略相适应的思想观念和工作作风。

然而，1995 年后互联网快速发展，摩尔定律一再被证实，全球化脚步加快，整个经济市场随时都在剧烈变化，企业在这种环境中生存，需要新的思维与心态及经营策略。1998 年美国一位管理大师 Richard D'Aveni 提出新的 7S 战略思维架构，即：

1. 企业利益相关者的高满意度（superior stakeholder satisfaction）
2. 战略预见（strategic soothsaying）
3. 加速能力（speed capability）
4. 出其不意的定位（surprise handling capability）
5. 改变竞争规则（shifting the rules of competition）
6. 宣示战略意图（signal strategic intent）
7. 持续不断的战略出击（simultaneous and sequential strategic thrusts）

学习测评

1. 简述什么是战略管理模型。
2. 战略管理分析的三个层次是什么？
3. 简述 Porter 产业五力模型，并应用至某一产业。
4. 试说明企业资源、能力。
5. 如何区分愿景、使命、目标、目的？
6. 什么是 SWOT 分析？
7. 简述有哪些事业层战略可选择。
8. 什么是价值链分析？

案例讨论：7net 云端超商

统一超商自 2010 年 7 月跨入网络购物市场，推出 7net 网络购物平台，在 7net 提供超过 2 万种商品，包括量贩式民生用品、生活百货、服饰配件、3C 商品等，并宣称提供“今天订、明天取货”服务。

统一超商打造便利商店“虚拟二楼”，将整合旗下 7net 网络购物和 7-11 门市的 ibon 机台，大举抢进电子商务市场。7net 网络购物平台上有三成消费者是购买民生日用品，主要顾客层为 25～35 岁的上班族，每个月创造的营收超过 7000 万元。

统一超商自 2011 年 4 月 18 日起，整合 7net 的 2 万种商品，让不常使用或不会使用电脑的消费者，可以通过门市 ibon 机台直接选购，还享有今天订、明天取的便利，有“严选热销商品”及“品类商品”两种机制，第一波热销商品推出御茶园每日健康绿茶、舒跑运动饮料等 5 折起商品。

台湾地区的超市密度世界第一，超市业者为了增加服务内容，更从实体渠道进军虚拟渠道。统一公司的 7-ELEVEN 以台湾地区门市的基础架构，搭配商品采购力及物流配送机制，推出“量贩预购”及新经济政策，改变了消费模式及便利商店高价的印象，成为民生商品销售的主要渠道之一。

酝酿将近一年的购物网站 unimall 统一购物便改组完成后，2010 年统一超商自营的 B2C 购物网站 7net 正式开张。陪伴台湾地区网友 14 年的 unimall.com.tw 正式消失，取而代之的是全新的 7net.com.tw。unimall 统一购物便前身是型录购物，1992 年起家，曾经有过一段风光的日子，但随着网络购物、电视购物等新消费形态的出现，独立在外的统一型录公司一路更名改组为统一整合营销，网络购物的比重也一路加重，但型录业务节节下滑，网络业务又在原生购物网站的压力之下，甚难突围。

7net 就是要与 7-ELEVEN 实体卖场做互补或延伸。统一超商 7-ELEVEN 将走向“Net Store”形态，Net 网络附加在上、Store 商店就在底层，它不是一个商店，而是具有虚实互补整合的平台。简单来说，就是过去 7-ELEVEN 门市平均拥有的 3000 种商品，将通过虚拟的网络货架，增添十倍、甚至百倍商品，从虚拟二楼一路盖到云端去，而 7net 将是统一超商计划培养消费者贯穿虚实购物习惯的“消费的第一里”。

过去 unimall 在服装销售上让消费者印象较深，但网络服饰的市场规模有限，专注于此反而局限了自己，再加上若要做为品牌延伸，服饰与 7-ELEVEN 便利商店的形象也不符合，应该用 unimall 这个名字继续经营，还是该另起一个有 7-ELEVEN 的名字？于是，7net 诞生。7net 的网站风格与最后一版的 unimall 差不多，但比 7-ELEVEN 的个性强烈了许多，最醒目的位置放上门市信息，另外从类别排序中可看出主打民生用品的特点，与渠道核心商品相符。至于会员，过去 unimall 用户可登录转成 7net 会员。

7net 肩负“整合统一流通次集团企业资源”的重责，从目前站内黑猫探险队、统一药品、DUSKIN 等商品，可看出为集团子公司做网络销售的立意明确，但这个重责在台湾乐天市场（统一超商持股 49%）开站时也有所闻，当时是鼓励集团成员到台湾乐天市场开店。不过这并不冲突，集团成员可以在乐天市场自己经营品牌粉丝，在 7net 则是冲销量。

7net 目前看来已经准备就绪，不过单纯就购物网站来看，特色并不明显，“今天订、明天取”的服务，在过去统一超商的努力下，台湾地区的消费者已经习惯，不算新鲜事，商品部分若是只有集团商品，也不够吸引人，若是计划中的定制化商品尽快现身，也许才是打出名堂的关键。

讨论问题：

请以本章所学的传统企业战略规划工具——战略管理模型、总体环境分析、产业环境分析、企业资源、使命、目标、目的、SWOT 分析、公司层战略、事业层战略等，分析统一超商的做法，并说明你的观点。

虚拟企业的网络经营策略

CHAPTER 8

导读：O2O+LBS 商业模式，电子商务的下一战

虚拟网络结合实体渠道（Online to Offline，又称为 O2O）的商业模式引起越来越多的讨论，许多反应较快的新创公司早已投入 O2O 领域，运用移动数据和地理位置当作武器，要带来“破坏式的创新”，把实体生活改造得更美好。O2O，相对应其他我们耳熟能详的 B2B、B2C 等电子商务模式，具体的方式就是消费者在网络上下单，在实体店铺取得商品或享受服务。

这个概念是在 2010 年 8 月由 TrialPay 的 CEO Alex RamPell 在 TechCrunch 上的一篇文章中所提出，他举的例子是以美国电子商务每年的平均客单价大概是 1000 美元，但是平均每个美国人每年大概收入为 40000 美元，剩下的 39000 美元去了哪？（这是一个不准确且概念化的数字，主要是用来解释目前在电子商务上，消费者花的钱还不够多。）答案是扣除税款之后，钱都花在咖啡馆、健身房、餐厅、加油站、干洗店、理发店以及旅游等。

在概念上，我们很容易联想到“团购”业务。消费者在网上看到优惠折扣的活动时，直接在网上进行支付购买，接着在团购网站指定的时间内到实体店铺去享受服务或者取货，而且可以按照消费者的区域性提供更适合的服务商品或商店。对于传统的卖家来说，原本网上广告的成效都可以直接被转换成实际的购买行为，被直接记录下来。

但实际上，团购只是 O2O 这个模式的冰山一角。团购业者 Groupon 表示他们即将推出“Groupon Now”服务，通过手机应用程序上简单的“我饿了”或者“我觉得无聊”两个按钮，手机将会立刻显示使用者附近正在进行优惠的商家或者给予商家推荐。

商家不止可推出单日的优惠活动，还可以通过智能手机或者网站，视当日的来客状态，上架一些特殊的或者非常具时间性的优惠。

eBay 也在图谋 O2O 战场。2010 年 eBay 宣告通过 Paypal 正式买下一项称为“Where”的服务，Where 提供的是本地化的手机广告服务，使用者打开手机应用程序，就可以看到本地

商店在 Where 上提供的广告，如折扣优惠之类的内容以及美食、娱乐等，使用者可以通过 Bump 与朋友交换存储的信息，也可以查找附近的加油站、电影院的位置以及价格信息等，目前已经有超过 12 万家商店。eBay 并购这家公司后，首先导入 Paypal 的资金流，让使用者可以即时支付，所以 Where 将从原本的地区商店广告平台，摇身一变成为移动购物平台。

eBay 在此之前也并购了两项服务，一个称为“RedLaser”，简单来说就是通过扫描商品条码在网上进行比价的应用程序；另外一个则是称为“Milo”的实体商店比价服务，让使用者可以查询某个商品在特定区域内商家里的价格。在并购这两间公司后，eBay 快速地把这两项服务整合到自家的应用程序以及 eBay 网上搜索中。至此，我们可以想象到 eBay 已经充分拥有在 O2O 市场的强大话语权。

从以上叙述中，我们可以嗅出一些 O2O + LBS 在台湾地区的概念拼图。也许是像爱评网（iPeen）或者 ezTable 这样已深耕特定领域的企业，也可能像 Groupon Taiwan 这样的团购领导公司，或者是两者兼具的 17life-17p 好康，抑或是像 Go!Look 这样的手机优惠应用程序平台等，都可能扮演起拼图一角的关键角色。不过，到底最后谁能够让拼图完整，现在都还为未知数，但以美国的状况来看，要打赢这场仗需要大量资金。

虽然目前采用 O2O 模式的新创公司还很少，不过类似汽车共享、专属旅游计划、定制化服装的概念，其影响力开始在网络上发酵，这些新创公司能做到的是：让实体世界变得更有效率，也更有趣，消费者则通过移动设备获取更好的生活体验，有时候甚至可以更省时、也更省钱。

8-1 电子商务策略制定程序

一般而言，电子商务策略的制定程序包含 5 个步骤（如图 8-1 所示）：

1. 决定企业的愿景、使命、目标、目的。
2. 决定企业的定位——企业的定位分析。
3. 策略方向的确立。
4. 可行策略方案的发展与选择。
5. 策略的执行——策略行动方案的落实。

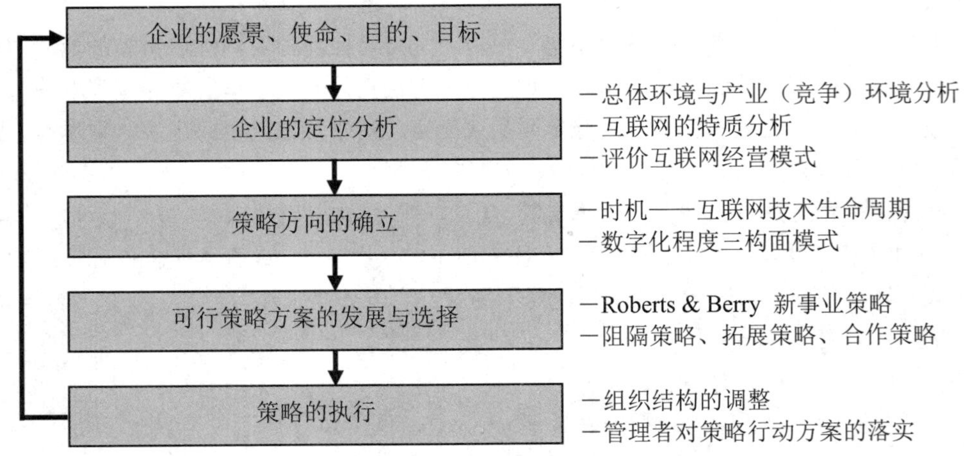

图 8-1 电子商务策略制定程序

一、决定企业的愿景、使命、目标、目的

制定电子商务策略，企业必须先决定其愿景、使命、目标、目的。

1. **愿景**：是一个可实现的梦想，也是一个企业追求卓越经营的基石。简单来说，愿景是企业全体员工长期努力追求的理想。
2. **使命**：是企业存在的理由。使命宣言是企业存在原因的表述。
3. **目标**：企业想要达成的一般化结果。
4. **目的**：特定且量化的目标。

制定电子商务策略并将之付诸实践的过程中，应先思考 4 个问题：互联网中企业的定位在哪里？企业下一步往哪里走？企业要如何达到目的？企业要如何实践决策以达目标？

二、决定企业的定位

在网络环境下，分析企业的定位包括：总体环境与产业环境的分析、了解互联网的特质与变迁、评价企业的经营模式，然而借由 SWOT 分析找出适合企业的定位，如图 8-2 所示。

1. **总体环境与产业（竞争）环境分析**
   - 总体环境分析：政治、法律、社会文化、经济、科技、人口结构、自然环境。
   - 产业（竞争）环境分析：Porter 五力模型。
   - 产业价值动因分析：分析的内容从价值链、价值商店、价值网开始，再详细分析以决定企业的低成本与差异化架构，然后分析互联网可能会如何冲击此架构。
2. **互联网的特质分析**
   - 媒介技术特质。
   - 信息非同步缩减特质。
   - 全球性特质。
   - 交易成本的降低特质。
   - 时间调节特质。
   - 低成本标准（规模经济）。
   - 分销渠道特质。
   - 无限虚拟能力特质。
3. **评价企业的经营模式**

   企业绩效最主要的决定因素是企业的经营模式。因此要决定企业目前的定位，要评估企业的互联网经营模式。
4. **SWOT 分析**

   优势、劣势、机会、威胁（SWOT）分析→找出企业定位。
5. **经营绩效评估**
   - 获利率的衡量：要从企业的绩效评估开始，包括基本的问题，如：企业有多少利润？

其现金流量如何？企业的利润率、市场占有率、营收成长率如何？

■ 智慧资本：除了以获利能力来评估一个企业的绩效外，管理者还应注意智慧资本。

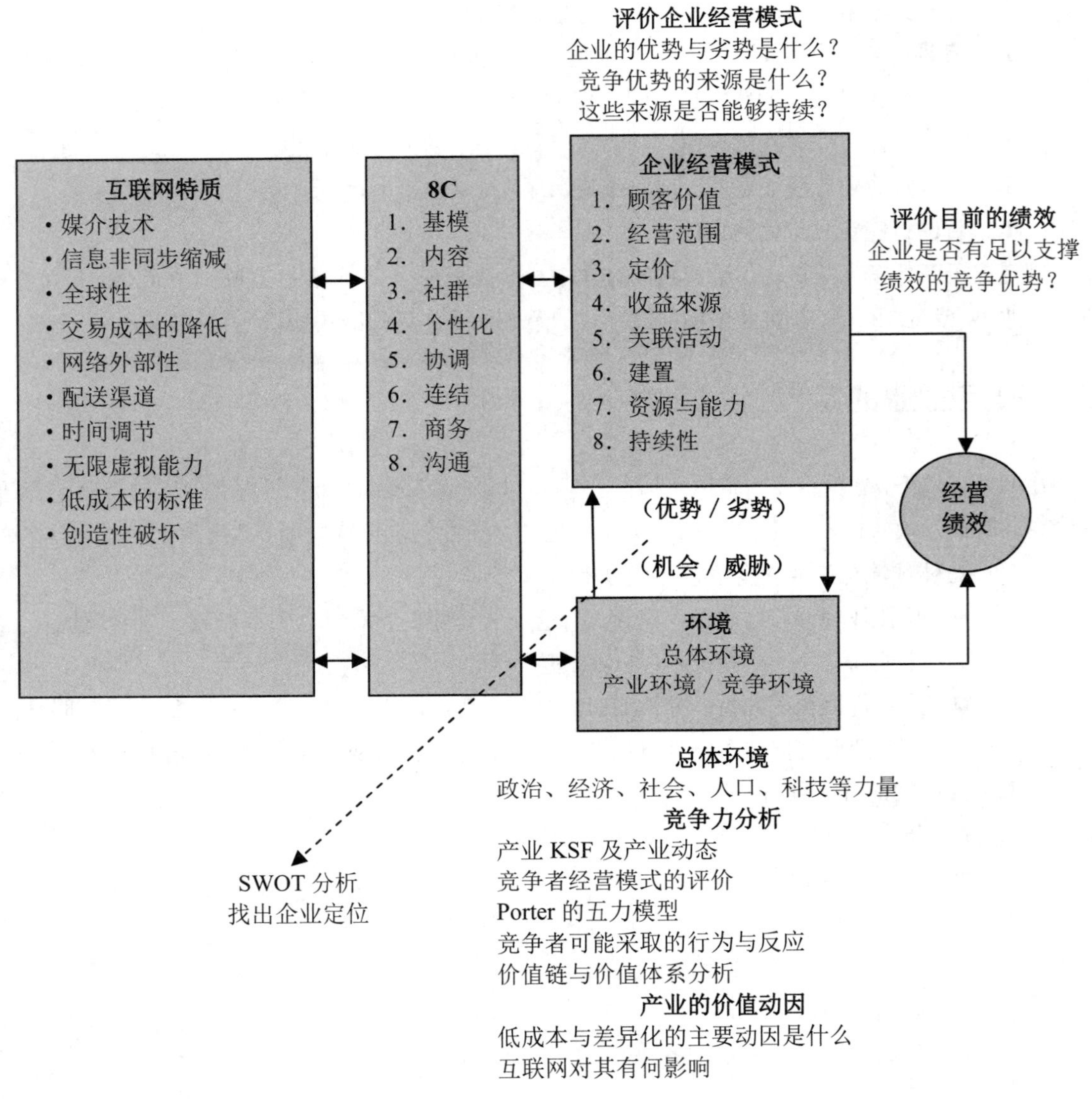

图 8-2 互联网与企业定位

资料来源：修改自 Allan Afuah & Chistopher L. Tucci（2003）

三、企业策略方向的确立

通过对企业目前定位的探讨，有很多策略方案可供管理者选择。可用以分析策略方向的方法有：

1. 根据电子商务的架构。
2. 最佳时机选择——互联网生命周期。

电子商务的架构

在网络市场销售实体产品或数字产品要经由实体中介还是数字中介？整个商业交易流程是实体的还是数字的？借由 Whinston，Stahl & Choi（1997）提出的组成市场的 3 个大的方面（见本书 chapter 1），也许可以提供企业思考的方向，如图 8-3 所示。

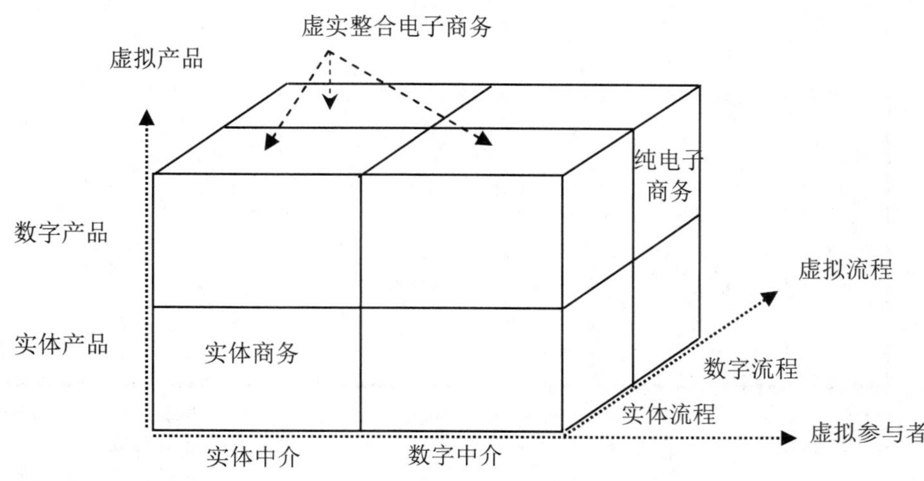

图 8-3 电子商务的架构

最佳时机选择——互联网生命周期

互联网生命周期，基本上分为以下三个阶段（如图 8-4 所示）：

1. **新兴阶段（emerging phase）**：此时，企业的策略应该是选择要在价值链、价值商店乃至价值网的哪一点来顺应技术的转变，这是企业初步决定他们在互联网价值链中的位置阶段。
2. **成长阶段（growth phase）**：此时，企业的策略在于决定其优势在哪，或是期望优势在哪，从而试图建立并强化该优势。
3. **成熟阶段（mature phase）**：此时，企业的策略着重在市场地位的防卫，以及留意可能引起生命周期重新开始的技术改变。对互联网而言，此一阶段尚未来临。

四、可行策略方案的发展与选择

当企业的策略方向确立以后，企业必须发展可行的策略方案。然而，由于网络企业大多属于“新的业务”，因此可借由 Roberts & Berry（1985）提出的“技术及市场熟悉度”矩阵作为分析架构。一般而言，当企业想要进行数字转型，但缺乏某些能力时，则称此为能力缺口（capabilities gap）。为了填补缺口，企业通常需要决定是否要由内部开发这些能力，或经由外部获得这些能力。而 Roberts & Berry（1985）的模式可以协助企业找出要进入新业务领域的技术能力缺口。

“技术及市场熟悉度”矩阵，将进入新业务领域的方式分为内部开发、并购、授权、内部创业、合资、创业投资、教育性并购等七种方法。由市场因素（既有的、新的但熟悉、新的且不熟悉）、产品所使用的技术（既有的、新的但熟悉、新的且不熟悉）两个方面来说明哪种方式最适合公司进入新的领域（如图 8-5 所示）。

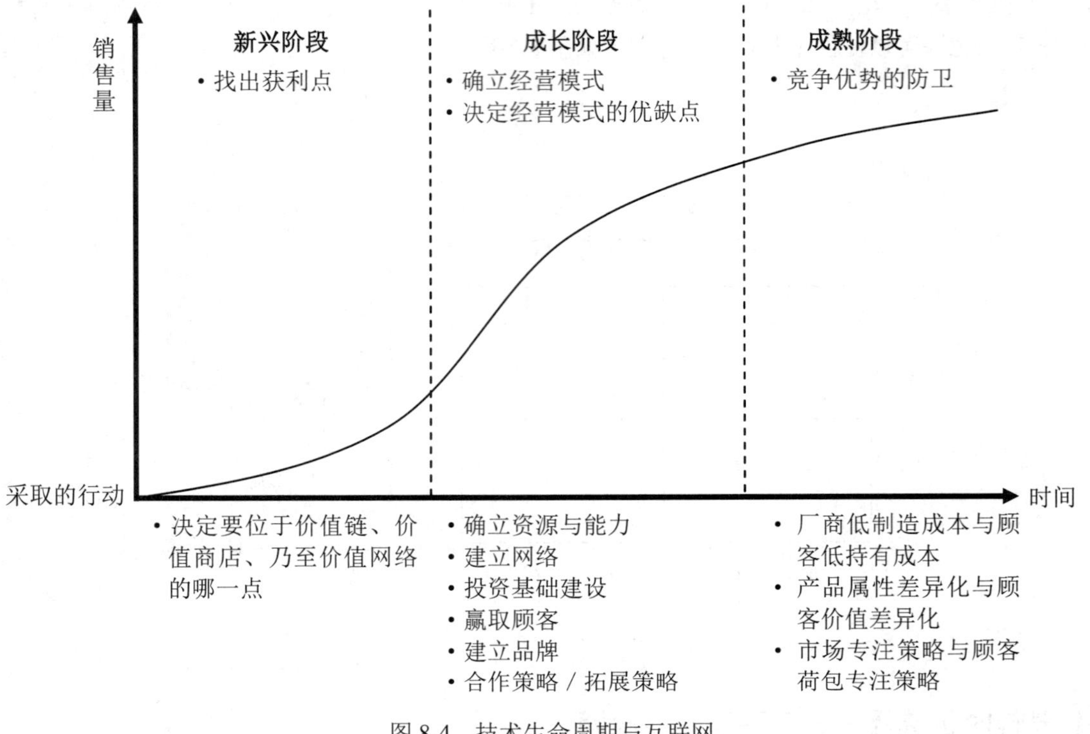

图 8-4　技术生命周期与互联网

资料来源：修改自 Allan Afuah & Chistopher L. Tucci（2003）

市场 \ 技术	既有的	新的但熟悉	新的且不熟悉
新的且不熟悉	合资	创业投资 教育性并购	创业投资 教育性并购
新的但熟悉	互联网市场能力开发 并购	内部投资 并购 授权	创业投资 教育性并购
既有的	内部开发 （或并购）	内部技术性能力开发 并购 授权	策略联盟

图 8-5　“技术及市场熟悉度”矩阵

资料来源：Roberts & Berry（1985）

例如：若企业目前已有技术，但市场是新的且不熟悉的，此时应采“合资”的发展策略；若是在技术及市场上面对的都是新的且不熟悉的情境，则宜采用“创业投资或是教育性并购”的方式来发展；若是市场和技术都是新的，但企业本身对两者都很熟悉，此时可以采用“内部投资、并购或授权”的方式来进行发展；若对新的技术不熟悉，但对新的市场有所了解，则可利用“策略联盟”来发展；若是原有市场或技术都是既有的情况，则可采“内部开发”的方式来进入市场……。

值得说明的是，教育性并购（educational acquisition）是指企业购买另一家企业的目的是学习该企业的某些能力，而非将该企业视为分公司，这是对组织的逆向工程：购买、解析、再学习。

进入新事业的方法众多，可以按照企业投入的资源多寡来划分。而投入资源程度的不同，会让企业面临不同程度的获利与风险。各种方式的差异如表 8-1 所示。

表 8-1　进入新事业方式及其优缺点

进入方式	优点	缺点
内部开发	只使用现有资源	• 耗时过久 • 不熟悉新市场，易失败
并购	可快速进入市场	母公司可能对新业务不熟悉
授权	• 迅速取得技术 • 降低财务风险	• 不能拥有专利技术 • 依赖授权者
内部创业	• 运用现有资源 • 控制目标企业	企业内部组织环境配合程度低
合资	• 提供技术与市场综合效益 • 分散风险	出资双方易生冲突
创业投资	提供新技术及进入新市场的途径	无法刺激母公司的成长
教育性并购	提供新技术及进入新市场的途径，并提供专业人员	• 财务风险较创业投资大 • 须承担关键员工辞职的风险

资料来源：Roberts E B, and Berry C A. Entering New Business: Selecting Strategies for Success. MIT Sloan Management Review, 1985: 8.

8-2　互联网的特质与冲击

一、互联网的特质

一般而言，互联网具有如下的特质：

1. **媒介技术：**互联网是一项媒介技术，它能相互连接网络上的各个参与者。连接的机制可以是企业对企业（B2B）、企业对消费者（B2C）、消费者对消费者（C2C）或者是消费者对企业（C2B），甚至点对点（P2P）。

2. **全球性**：互联网的全球性是指互联网可将世界扩大和缩小的能力。它能扩大这个世界，是因为世界上的任何人于任何地方所生产的产品与服务，可能被世界上任何人在任何地方取得。它能缩小这个世界，例如在甲地的一个工程师不需搬至乙地才能在该地工作，而乙地的软件开发人员也能撷取世界各地的程序撰写技术。
3. **网络外部性**：当越多人使用某项技术或产品，则其对使用者更具价值时，此即为网络外部性。简单地说，有越多人连接网络，此时网络就越有价值。有两种评估网络规模大小的价值方法被提出：
   - 一个网络的价值是以其上网人数的平方在增加，也就是说当网络用户的数量为 N 时，则此网络的价值为 N^2，也就是梅特卡夫（Metcalfe）定律。
   - 一个网络的价值是以指数函数的形态在增加，则网络价值将以 NN 函数成长。
4. **分销渠道**：对于大部分数字产品而言，互联网可成为其分销渠道。利用数字化能使软件、录影带、音乐、资讯、机票或各种表演的门票、经纪业务、保险业务和研究资料等皆可通过互联网来配送。当产品本身无法通过互联网来传送时，可将其产品资讯，如功能、定价、配送时间或其他产品相关资讯等以互联网传送出去。互联网对现有分销渠道有替代效果与延伸效果：
   - 替代效果：指以互联网来服务旧渠道中的原有顾客，而不带来新的顾客，例如以网络售票来替代旅行社有关机票的业务。
   - 延伸效果：由于投资者已能在互联网上买卖股票，这使得那些原先无法通过传统证券经纪人来买卖股票的投资者，也能因负担得起较低的网络交易费用与网上额外咨询服务而投入股市。通常延伸效果会伴随着某些替代效果。如某些投资者先前是亲自前往股票交易所买卖股票，如今可能转换至互联网上自己网上下单完成买卖。
5. **时间调节**：即缩减或扩大时间的能力。
   - 立即（right now）：缩减时间——同步。
   - 任何时间（any time）：扩大时间——异步。
6. **信息异步的缩减**：网络可以缩减某部分的信息异步性，因为制造商对某产品的建议售价可轻易在网络上取得，使消费者得以在购物前取得与零售商相似的讯息，作为购买的参考依据。
7. **无限虚拟能力**：根据摩尔定律（Moore's Law），计算机的处理运算能力在成本不变的情形下，每 18 个月增加一倍；同样的，相关存储装置以及网络科技的发展，也会以相类似的速度持续进步。也因为这样的科技发展的速度，消费者常认为他所使用的科技让互联网具备了无穷的虚拟扩充能力（每个网络使用的设备都可以成为“网络”的一部分）。
8. **低成本的标准**：互联网的成本远低于传统的电子数据交换（EDI）。
9. **创造性破坏**：亦即产业游戏规则的改变。一般而言，创造性破坏以三种形式发生：
   - 创造出全新的产业。
   - 改变产业的架构、经营、绩效。
   - 强化某些产业其竞争优势的基础。
10. **交易成本的降低**：互联网的运用为许多产业降低了交易成本，在上述特质中如全球性、分销渠道、信息异步性缩减、低成本的标准等都能帮助降低交易成本。交易成本是泛指寻找买卖双方、搜集产品信息、议价、签约、执行合约及运输的成本。

二、互联网对 8C 的冲击

互联网提供价值给顾客以获得绩效的 8 项活动是：

1. **基模（context）**：接触点（contact point）的设计与摆设，以网站来说就是指面对顾客的屏幕接口所带给顾客的感受。基模的好坏取决于“美观”与“机能”，美观属于主观的感受，每个人对美的定义不同，故难以判别其优劣。
2. **内容（content）**：内容是指接触点上的数字信息，包括文字、声音、影像和图形等。换句话说，内容的主题包括商品、服务或信息的提供，而主题的格式包括文字、音效、影像与图形。内容建立在基模之下，是顾客接口八项要素中最重要也是最基础的一项。内容是指那些能通过互联网传送的信息、娱乐和其他数字商品等。内容依存于数位分销渠道、低成本的标准和媒介技术这 3 项互联网特质。
3. **社群（community）**：社群的定义是网络使用者之间的互动，而非网站与使用者的互动。使用者与使用者的沟通可以发生在两个使用者之间（如电子邮件）或发生在一个使用者对许多使用者之间（如聊天室）。例如网络上的博客，由网站提供一个平台让网友来讨论，以产生共同的话题，久而久之，网站的虚拟社群会形成一种次文化的群体以集结顾客及上下游厂商，因社群所造成的口碑往往是市场营销与品牌塑造的利器。全球性和低成本的特质意味着任何人在任何地方只要能达到该群体所要求的标准，都可以加入此社群。距离不再是划分社群的障碍。此外，时间调节特质也使同一社群的人不必约定同一时间来聚会。对企业而言，最重要的社群之一就是使用者社群。
4. **定制化（customization）**：当定制化是由企业所发起并管理时，称为个人化；若是由使用者发起并管理时，称为量身定做。
5. **连接（connection）**：网站与其他网站连接的程度。连接的类型有由外连进来或由内连出去。通过连接，企业可以增加曝光和交易的商机。
6. **协调（coordination）**：在沿着价值结构提升顾客认知价值时，企业要协调整合许多企业内部（价值链）及企业外部（价值体系）等组织内外各项活动。协调的大部分工作就是信息的交换，而互联网这项信息技术能提供非常大的裨益。
7. **商务（Commerce）**：商务就是网站促进商业交易的能力，也就是上述六项要素所要达成的最终目标。互联网低成本的标准和全球性等特质，便隐含了那些通过互联网从事商务的个人或企业，有机会接触到世界各地潜在的顾客。商务包括五种重要的类型：企业对企业（B2B）、企业对消费者（B2C）、消费者对消费者（C2C）、消费者对企业（C2B）、点对点（P2P）。
8. **沟通（communication）**：以上所介绍的七个 C 中，其核心可说是第八个 C，即沟通。沟通是使用者对接触点（网站）、接触点（网站）对使用者，或双向沟通的方式。能够利用网络与顾客或目标受众保持沟通，是网络营销成功的不二法则。媒介技术及互动性特质使得人们可以即时地交换电子信息。时间调节、低成本的标准和全球性的特质是指任何人可以在任何时间传送信息给许多人，而无限虚拟能力则意味着人们可以传送许多信息，而每一信息中都包含有大量的内容。

对企业的启示：互联网特质对于8C有相当大的影响（见表8-2），因而任何企业只要其活动涉及基模、内容、社群、定制化、连接、协调、商务及沟通等项目都有必要仔细观察、留意，因为这可能是一项威胁，但也可能是一项机会。

表8-2　互联网特质与8C

互联网特质	8C							
	基模	内容	社群	个性化	连接	协调	商务	沟通
媒介技术	✓	✓	✓	✓	✓	✓	✓	✓
全球性	✓	✓	✓	✓	✓	✓	✓	✓
网络外部性	✓		✓		✓	✓	✓	✓
分销渠道	✓			✓	✓		✓	
时间调节	✓	✓	✓	✓	✓	✓	✓	✓
信息异步的缩减	✓			✓	✓		✓	
无限的虚拟能力	✓	✓	✓	✓	✓		✓	
低成本的标准	✓	✓	✓	✓	✓	✓	✓	✓
创造性破坏	✓	✓		✓	✓		✓	
交易成本的降低	✓			✓	✓		✓	

注：打勾"✓"的部分为互联网某项特质会显著影响8C的部分

资料来源：修改自 Allan Afuah & Chistopher L. Tucci（2003）

三、互联网交易的限制

互联网是一项信息科技，知识的本质和人类本身（生理上与语言上）限制了互联网可用来处理企业业务的范围。

1. **隐性知识：**无论互联网如何传送信息，流通于其中的通常与存在于个人或组织的知识有关。通过互联网来传送的知识是属于外显的知识而非内隐的知识。内隐的知识可能深植于组织例行性的工作中或个体的活动中，故很难加以复制。因此，无法将之编码成可在互联网上传输的形态。
2. **人类本身：**人类再聪明，仍存在认知上的界限，具有限度内的理性。限度内的理性一方面涉及生理学上的界限，另一方面涉及语言上的界限。生理上的界限是指个人去接收、存放、检索和处理资料等没有错误的比率及存储的界限。语言上的界限是指个人表达知识和将个人的感受以语言、图画等让别人了解的能力限制。

8-3 价值架构和互联网

一、价值创造和组织的技术类型

三个基本的“价值创造形态”是以价值链、价值商店、价值网的概念为基础，并从三个统称为组织技术的类型中衍生出来的。

1. **纵向关联技术：**活动是彼此相关、各有其顺序的，且其工作的完成都是依序的。以远程连接技术为基础的价值架构为价值链。
2. **密集技术：**以解决高度特定的问题为导向。用以解决问题的技术选择是一种反复性解决问题的程序，在问题解决者和问题对象间常有密集的交互影响。以密集技术为基础的价值架构为价值商店。
3. **媒介技术：**作为经纪与中介服务的角色。以媒介技术为基础的价值架构为价值网。

价值链并不适用于所有的产业，而且管理者在寻找竞争优势时，并非一定有效。对大多数服务来说，价值商店是较为恰当的；而对于大多数经纪和中介来说，价值网是较为恰当的。

二、价值链（Value Chain）

制造商的价值链

要完成一系列价值链活动，企业必须与供应商、顾客及相关产业的企业互动，其他企业也有他们自己的价值链，因此，其间实际拥有的是价值链的一个系统，称为价值体系。这个体系一般也可视为一个供应链（supply chain）。

仔细思考会发现，价值链强调的是效率，而非新产品的开发。价值链看重的是流程，更甚于产品，重视低成本，更甚于差异化。

企业的价值活动须运用材料、人力资源及某些科技以执行其本身的功能。各种价值活动必须使用信息及产生信息，因此组织运用信息科技的机会就能从此处着手考虑。价值活动又可区分为基本活动及支持活动两部分，前者包括外部后勤、实际生产、配送、营销、销售、售后服务等活动，后者则包含各种支持基本活动的功能，如图 8-6 所示。

互联网如何影响价值链（value chain）的主要活动

网络营销需先将互联网时代企业经营的各种方式予以区分，并提供一些初步的归类，像 e-shop（电子商店）、e-procurement（电子采购）、e-mall（电子商场）。在某种意义上，企业关心的是虚拟的价值链和互联网如何影响该价值链。互联网的特质对价值链相关活动的影响如下：

1. **媒介技术特质：**可提供营销与销售功能，与下游直接的顾客和最终的使用者更直接地接触。
2. **全球性特质：**非全国性或非跨国性的企业，也能服务地理区域外较多的顾客。
3. **时间调节特质：**24 小时全天候的研发团队，可能在美国、欧洲、印度出现，当甲地的团队要下班时，便交由乙地的团队继续进行。

4. **分销渠道特质**：信息、软件、内容等数字产品或服务，可借由网络瞬间配送。
5. **信息异步性缩减特质**：制造商可直接接触并销售给最终顾客。
6. **交易成本的降低特质**：可直接销售给最终顾客，减少了中间商层级。
7. **低成本标准（规模经济）**：互联网扩大了销售与营运的规模。
8. **无限虚拟能力特质**：虚拟团队、虚拟顾客服务等。

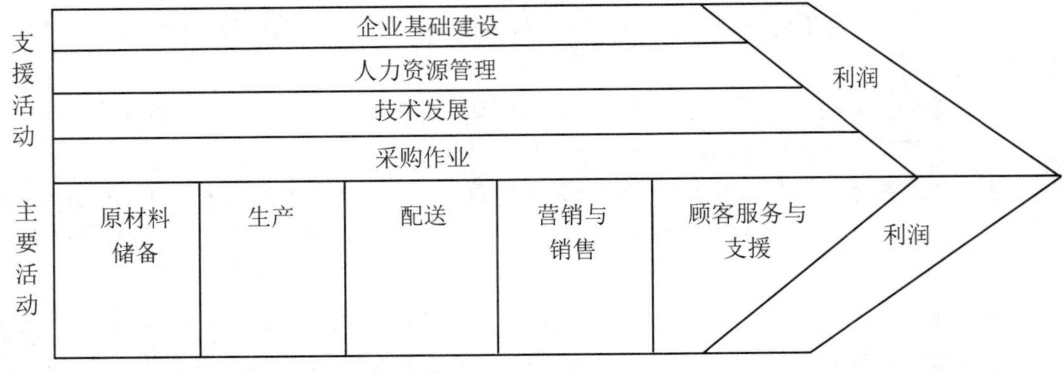

图 8-6　Porter 价值链

资料来源：Porter（1980、1985）

三、价值商店

因为“服务”的提供有不同的价值创造逻辑，服务提供者倾向于提供更符合顾客需求的定制化服务，而非如价值链般大量制造。服务提供者倾向于能即时想出新的解决方式，而不是固定一种方式且重复地加以使用。

价值创造逻辑与服务的提供

价值商店的逻辑并不是制造任何特定产品的逻辑，而是注重顾客的实际需求，并想办法加以实现。即使企业本身是在价值链的逻辑下运营，但顾客服务的范围更像是一种价值商店。同样地，内部服务部门也被认为是价值商店。价值商店示意图如图 8-7 所示。

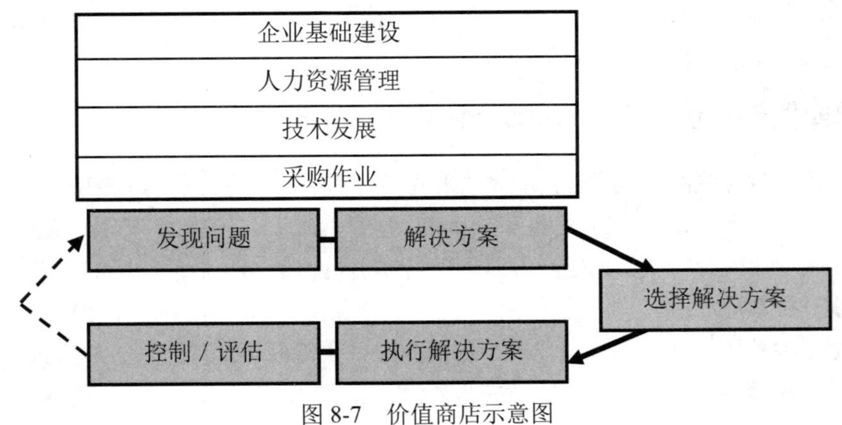

图 8-7　价值商店示意图

价值商店的主要活动

价值商店的主要特征是专注于以即时的方式来反复解决问题。价值商店的主要活动可包括：发掘及定义问题、提出解决方案、选择、执行、控制与评估。

互联网如何影响价值商店的主要活动

互联网在四个方面影响价值商店的主要活动：

1. 促进了更大的营运规模。
2. 扩大了企业所及的地理范围。
3. 有更多的信息可被服务提供者收集和处理。
4. 促成一个新的传递媒介或机制。

互联网的特质对价值商店相关活动的影响：

1. **媒介技术特质：**可提供在线营销、销售、顾客服务与支持，并与最终顾客直接接触。
2. **全球性特质：**能对遥远的地方提供服务。
3. **时间调节特质：**互联网开启，如协同合作。
4. **分销渠道特质：**对某些服务来说，互联网可被用来当作配送的媒介，如在线顾客服务等。
5. **信息异步性缩减特质：**冲击顾问公司、建筑行业与专业服务公司。对于以外显知识为基础的信息异步性，此种情形将更为明显。
6. **交易成本的降低特质：**互联网促使顾客取得服务与厂商提供服务的成本降低。
7. **低成本标准（规模经济）：**互联网能够同时服务更多的顾客，特别是在信息密集的服务行业。
8. **无限虚拟能力特质：**在线个人化服务，如在线秘书。

四、价值网

价值网是一种经纪或中介模式的直接延伸。

价值网的主要活动

代理商或中间商不能只将注意力集中在进料或配送物流以及制造等方面，还应将焦点放在下列项目上：

1. **网络促销与合约管理：**包含促销及建立网络，争取及获得顾客，为管理服务提供合约。合约管理包含提供代理商或中间商要完成的服务的合约签订、维护与终止。
2. **服务的提供：**包含在网络上连接顾客，并借由顾客的连接向其收费。
3. **基础架构的营运：**让基础建设能有效率地营运，并维持一种准备就绪的状态，以提供服务给下一个顾客，包括实体的和信息基础架构两者。

价值网示意图如图 8-8 所示。

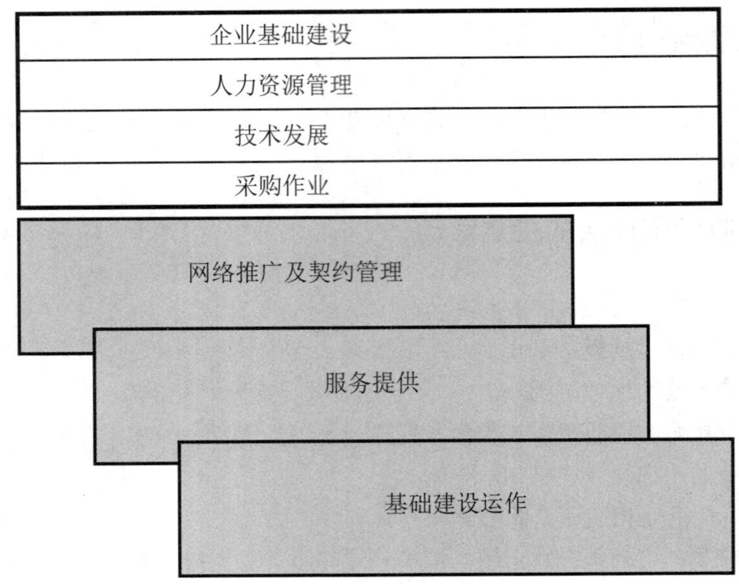

图 8-8　价值网示意图

互联网如何影响价值网的主要活动

互联网在三个方面影响价值网的主要活动：

1. 增加了网络的外部性。
2. 扩大了网络的地理范围。
3. 使网络的规模得以增大。

互联网的特质对价值网相关活动的影响：

1. **媒介技术特质：**网络外部性效果促使互联网中间商的增加。
2. **全球性特质：**互联网扩展了网络的地理范围。
3. **时间调节特质：**顾客可以随时下单。
4. **分销渠道特质：**例如提供股票在线下单等功能。
5. **信息异步性缩减特质：**例如顾客可在网络上获得即时股票信息。
6. **交易成本的降低特质：**例如股票在线下单的成本远比传统下单方式成本更低。
7. **低成本标准（规模经济）：**基础架构的营运使网络能有更大的规模，而这也是以价值网为导向的企业增加价值的主要方式。
8. **无限虚拟能力特质：**原本被其能力限制住的企业现在发现能够迅速扩张自己的网络，从而提高其网络的价值。

五、建立一个与企业活动一致的价值架构

先决定价值架构，然后进行适合该特定价值架构的活动。

8-4　总体环境与产业（竞争）环境

企业经营绩效是由三项因素所决定的：企业经营模式、环境、互联网的特质。

一、环境对企业绩效的影响

有两种形式的环境会影响企业的经营绩效：

1. **总体环境（macro environment）**，包括：❶政治 / 法律；❷社会 / 文化；❸经济环境；❹科技（互联网）；❺自然环境；❻人口结构。
2. **产业环境（industry environment）或竞争环境（competitive environment）**，包括：❶顾客；❷供应商；❸既有竞争者；❹潜在的新进入者；❺替代品；❻互补者；❼产业特性与产业关键成功因素；❽产业生命周期等。

二、互联网与总体环境

企业、供应商、顾客、互补者任一方都不是在真空的环境下营运，他们被总体环境所环绕，包括政治 / 法律、社会 / 文化、经济环境、科技环境（互联网）、人口结构、自然环境等，皆直接影响产业发展的环境，而借着影响企业的竞争环境和经营模式，总体环境间接地影响了企业的经营绩效。

某些总体环境对互联网是较有帮助的，可归纳为下列四项：

1. 财务支援与奖励：初次公开发行（IPO）和创投资金。
2. 容忍失败的文化。
3. 相关产业、大学和其他研究机构的参与。
4. 政府政策：如赞助研究计划、奖励投资法规、电子签章相关法律法规。

三、互联网与产业竞争力分析

互联网对产业环境的冲击

采用 Porter 的产业五力模型分析模式：

1. 顾客。
2. 供应商。
3. 既有竞争者。
4. 潜在的新进入者。
5. 替代品。
6. 互补者：即生产与企业的产品具有互补性的产品或服务的企业。如汽油商是汽车制造业的互补者。

互联网多样化的能力

Porter 产业五力模型的基本假设之一为：顾客是那些为企业所提供的价值而买单的人。而互联网的媒介技术和网络外部性特质，隐含了顾客从企业得到的价值与其所支付的常不一致，这很明显说明了竞争力改变对产业的冲击。

有关产业分析的重点

Porter 产业五力模型让企业去反思下列的问题：

1. 企业要如何做才能缓和产业内对手的竞争？
2. 企业如何降低替代品的生存空间？
3. 企业如何建立及维持进入产业的障碍？
4. 企业如何增加对供应商和买方的议价能力？

到目前为止，企业所进行的 Porter 产业五力模型分析有两项缺点：

1. 将供应商与顾客视为竞争者，且企业要凌驾他们之上以取得议价能力，但我们知道，供应商和顾客对企业而言，不单单只是竞争者。
2. 此种分析是静态的，只考虑在产业生命周期中某一特定时点的产业吸引力。

四、竞合者与产业动态

竞合者

若将探讨焦点只放在企业和其竞争对手、供应商、顾客、互补者和潜在进入者的竞争关系上是不正确的，彼此的竞合关系往往能帮助企业探究互联网。顾客认知的价值很难将之分解成是企业、供应商、顾客和互补者带来的贡献。一项产业分析也应包括产业的主要供应商、顾客和互补者的分析，不仅应该考虑到顾客会不会实现其议价能力，也要思考顾客是否有兴趣与企业合作。

产业动态和演进

在产业五力模型的分析中，我们预估互联网对产业竞争和利润的冲击可能的结果时，乃是假设这些产业是静态的。然而，在网络科技的变迁下，企业争取竞争优势以求生存乃是一种动态的过程。产业的架构和管理也随着产业的发展而改变。

8-5 企业经营模式的组成要素

互联网的特质改变了产业的竞争状态。现在我们要进一步探讨：企业如何利用互联网的特质，来获得乃至维持其竞争优势。

一、互联网企业经营模式

目前常见的互联网企业经营模式（business model）包括：

1. **经纪模式**：企业扮演市场制造者的角色，将买卖双方聚集起来，并由交易中抽取费用。
2. **广告模式**：网站提供了许多内容与服务以吸引访客，借由收取网站上的横幅广告费、固定性按钮或其他能将顾客的信息带给网站访客的广告费收入。
3. **商情媒介模式**：企业搜集了关于消费者及其消费习惯的宝贵信息，并将其贩卖给那些需要得知顾客情报的企业，以使这些企业可以借此进一步挖掘顾客行为模式及其他有用的信息来提供更好的商品与服务给顾客。
4. **经销商模式**：批发商与零售商可在互联网上销售商品或服务。
5. **制造商模式**：制造商利用互联网直接与最终消费者联系，而不通过批发商或零售商。
6. **结盟模式**：经销商有一群盟友，可由他们的网站点击便能链接至该经销商。
7. **社群模式**：社群是建立在社群的忠诚度上而不是网络流量。其中社群成员往往已投资在发展社群成员的关系上，这使他们愿意常常光顾该网站，此种社群成员可以是非常好的销售目标。
8. **订阅模式**：到网站存取某些资料并不是完全免费，更确切地说，会员要缴会费以便得到更高品质的内容或服务。
9. **计费模式**：消费者根据其使用活动的多寡来付费，各项活动都被量化，然后根据其消费的服务量付款。

二、经营模式的构成要素

企业经营模式的构成要素及分析如表 8-3 所示。

表 8-3　企业经营模式的构成要素

经营模式的构成要素	一般企业模式的问题	互联网经营模式的问题
顾客价值	企业是否能比其竞争对手提供给顾客更特殊的产品？或以更低的成本提供？	互联网有哪些特质能使企业提供给顾客特殊的价值？互联网能为顾客解决哪些新的问题？
经营范围	从人口统计及地理环境而言，企业要提供的产品与服务的经营范围有多大？	企业在互联网上所能触及的顾客范围为何？互联网是否改变了企业的产品或服务的内涵？
定价	企业如何定价？	互联网令定价有何不同？
收益来源	收入从哪里来？谁会付钱？何时付钱？在每个市场的边际利润与来源为何？在每个收益来源中影响价值的因素是什么？	有了互联网，收益来源是否会不同？是否有新的收益来源？
关联活动	为提供这些价值，企业必须执行哪些活动？在什么时候完成？这些活动间如何产生关联？	在互联网上需采取哪些新的活动？互联网能帮助企业改善多少既有的活动？

续表

经营模式的构成要素	一般企业模式的问题	互联网经营模式的问题
建置	企业要完成这些活动，需要什么样的策略、组织结构、系统、人力资源及环境？它们之间是否彼此配合？	互联网对于企业的策略、组织结构、系统、人力资源、环境有何影响？
能力	企业的能力以及能力缺口为何？企业如何填补该缺口？企业能提供给顾客较其他竞争者更好的价值且不易为其仿效？这些能力的来源是什么？	有什么新的能力是你需要的？互联网对既有的能力有何影响？
持续性	企业做了哪些让其他竞争者无法仿效的事情？企业如何持续赚钱？企业如何长保其竞争优势？	互联网会让持续性更容易或更困难？企业如何从中得到好处？

企业活动不论是外显或内隐，其经营模式应能回答以下问题：

1. 提供顾客何种价值？←顾客价值
2. 提供价值给哪一种顾客？←范围
3. 如何将提供的价值制定价格？←定价
4. 谁向谁索价？←收益来源
5. 要采取哪些策略以提供该价值？←关联活动
6. 如何提供价值？←建置、资源与能力
7. 如何持续由此价值所获得的优势？←持续性

顾客价值

1. **差异化：**互联网企业可由八种方式来实现产品差异化。
   - 产品特色：企业可通过提供竞争者的产品所没有的特色，而使本身的产品或服务有差异性。
   - 时间：企业可能因为最先在市场上推出某项产品，而使该产品具有差异性，由于最早推出，因此是市场中唯一具有这种特色的产品。
   - 地点：如传统实体书店其差异性的因素之一，便是其地点，但现今网络书店的顾客已经可以到世界各地去购书。当产品或服务也转换成电子形式，地点将不再是造成差异的重要因素。
   - 服务：企业产品的差异性也可能在于售后服务的速度。
   - 产品组合：对于那些喜欢一次购足或多样化的顾客而言，产品组合很具有吸引力。虚拟商店往往提供了众多的产品让消费者选择。
   - 功能间的连接：功能间的连接，强化了企业内部各部门直接连接终端顾客的能力。
   - 与其他企业的连接性：网络外部性。
   - 企业品牌及信誉：网络上充斥着不安全因素，强大的企业品牌及信誉有助于降低消费者的疑虑。
2. **低成本：**指企业提供给顾客的商品或服务的价格比其他竞争者低。

经营范围（Scope）

顾客价值是关于如何提供较低成本或具差异化的商品给顾客的问题;经营范围则是关于提供价值的市场区隔或地理区隔，同时也探讨那些蕴含这种价值的产品应针对组织或个人进行销售。企业针对经营范围作决策时，不只要选择市场区隔，同时也要决定某个特定市场有多少需求，企业能在有利可图的情况下提供商品。

定价（Price）

在所谓的知识经济中，多数的商品与服务都是以知识为基础。这些所谓的知识型产品非常倚重已成熟的专业技术，而相对于每单位商品或服务的变动成本，有非常高的前置成本，但只要建置完成，往后的维护成本便几乎是微乎其微。此时市场占有率与边际利润是关键。而提高市场占有率的策略包括：

- 赠送产品，待产品更新版本时才收费。
- 赠送产品 X，而利用相关产品 Y 收费。
- 采取低价策略，借此来扩大市场占有率。

此外，在互联网经营的企业应注意“锁住（lock-in）现象”，即产品具有某些特质能锁定其顾客，而造成锁住现象的成因主要有两个：

1. **转换成本（switching costs）：**假如新旧两种产品并不兼容，当转换至新产品时，使用者必须学习如何使用新的产品。除非新产品的效益远胜过旧产品的效益，否则顾客将不会轻易更换。
2. **网络外部性：**越多使用者拥有这些产品，那么这些产品对使用者更具有价值。

互联网上的定价模式，常见的有：

1. **菜单定价：**标价或牌价，卖方设定一个价格，买方可依此决定是否接受。
2. **一对一议价：**买卖双方通过协商以决定双方认为合理的价格。
3. **拍卖：**卖家邀请许多买家一起投标，然后将商品出售给投标金额最高的买方。
4. **逆向拍卖：**由卖方决定是否要履行潜在买方的订品，即由买方提出购买某项商品或服务的价格，而由卖方决定是否接受。
5. **以物易物：**参与者以商品交换商品，或以服务交换商品。

收益来源（revenue sources）

在传统的经营模式中，许多企业直接经由销售产品或提供服务而得到收益。在互联网上由于其媒介技术与网络外部性的特质，因而决定营收与利润的来源更为关键。例如：以一个网络证券商来说，它有三种可能的收益来源：❶替顾客买卖股票的交易手续费；❷顾客融资的利息；❸股票买、卖的差价。

收益来源主要说明企业从何处获取收益、产生利润。如前所述，虽然目前已经发展出许多不同的收益模式，但大多数仍离不开下列模式：❶广告收益模式；❷订阅收益模式；❸手续费收益模式；❹销售收益模式；❺合作收益模式；❻商情媒介模式；❼经纪模式；❽经销商模式；❾制造商模式；❿社群模式。

关联活动（connected activities）

关联活动的集合通常称为价值链，因为每个环节都能增加价值。为提供更好的价值给适当的顾客，企业必须谨慎地选择应在何时完成那些应有的活动，如表 8-4 所示。

表 8-4　何时应完成何种活动

选择该完成哪些活动时，经理人应自问：
• 是否能符合顾客价值及企业服务的范围？
• 是否能互相强化？
• 是否能利用产业成功的动因？
• 是否与企业已有或想要建立的独特能力一致？
• 是否让产业更具吸引力？
选择应在何时完成活动时，管理者应自问：
• 产业在此生命周期的阶段有何特色？将来又会如何？
• 现有的竞争者正在做什么，而可能的竞争者又在做什么？
• 目前的活动是否符合时势？

1. 要完成哪些活动，有五个判断的标准可供参考：
   - 活动必须与企业所提供的价值一致。
   - 活动之间应能互相强化支持。
   - 活动应善用产业成功的动因，即对低成本或差异化最有影响力的因素。
   - 活动应善用任何可能有的或可以建立的独特能力。
   - 活动应能让产业更具吸引力。
2. 何时去完成活动：
   - 企业应配合产业演进的特质进行活动，以善用产业的获利能力。
   - 当企业要采取某些活动时，也需视竞争者的动向而定。
   - 目前的活动是否符合时势。

建置（implementation）

1. **组织结构（structure）：**由企业的组织结构可以得知谁该向谁报告，谁负责什么事，以便让企业选定的活动得以完成。为了明确组织架构，有三个问题必须加以探讨：❶协调问题；❷差异性与整合之间的问题；❸设计合适的组织结构。
2. **系统（system）制度：**组织结构可以告诉我们谁应负责什么事，但却甚少提及当员工完成其指派的工作或责任时，应如何激励员工。管理上必须能监测个人、部门与组织的绩效，并依共识予以奖惩。企业必须建立一套机制，使信息以最短的时间流向正确的目标，以供决策之用。
3. **人员（people）：**建立控制与奖惩制度去激励员工，并建立信息系统以使其能做出更佳的决策。

4. **组织文化（organization culture）**：组织文化是由共同的价值（什么是重要的）与信念（事情应该如何做）所形成的系统，与组织内的人员、结构互动以产生的行为（企业内处理事情的方式）。

资源与能力

1. **资源（resources）**：为了完成支持顾客价值的活动，企业需要资源。这些资源可以分为有形资源、无形资源与人力资源。
   - 有形资源：是指有实体存在并有财务价值，且能被提出并且放置于财务报表的资产项下，包含厂房、设备与现金等。
   - 无形资源：是指没有实体与非金融性的资产，如专利权、版权、品牌名称、商业机密、与顾客之间的关系及与员工的关系、市场营销及有关于顾客喜好研究的信息等。
   - 人力资源：是指员工具备的技术与知识。
2. **能力（competencies）**：能力是指企业能将资源转换为顾客价值的能力。当企业的能力符合以下三个标准：顾客价值、与竞争者有差异、延伸性，便是企业的核心能力。
3. **竞争优势（competitive advantage）**：企业核心能力是企业保有竞争优势的能力，因为这些能力可让企业提供比竞争者更好的价值给顾客。此优势能够持续多久取决于这些能力被模仿或被取代的困难性。有三项理由说明为何独特能力难以被复制：
   - 独特能力的历史背景可能无法复制。
   - 具有这些能力者，具有不易被征服的优势，这使得要发展这些能力可能要耗费相当的时间。
   - 核心能力可能很难辨认，而要知道如何加以复制可能更困难。

持续性（sustainability）

保持竞争优势有以下几种方法：

1. **阻隔策略（block strategy）**：尝试在经营模式上建立一些障碍，让其竞争对手无法顺利仿效。
2. **拓展策略（run strategy）**：不断地拓展，即要不断地更新其经营模式。
3. **合作策略（team-up strategy）**：企业可关注其他企业的资源，来强化自己的经营模式。

8-6　互联网经营模式与策略

前面探讨了企业经营模式的构成要素及其之间的关系，探讨的内容大多是属于静态的，因为我们描述的是某一特定时点的经营模式，但在面临变动时对于模式所造成的影响则并未说明。

一、三种一般性策略

在建构能获得并维持竞争优势的经营模式时有三种一般性策略：阻隔策略、拓展策略、合作策略。而要获得并维持竞争优势，通常需要以上三种策略的组合，何时采用单一策略或何时需采用组合策略，有两项因素将影响策略的选择：

1. **产品、中介、处理流程的虚拟化程度：**此项选择取决于企业在建构其获利的经营模式时要付出什么代价，企业经营模式关系着如何在长期中获取利润。
2. **互联网技术生命周期：**时机，也是非常重要的因素。

阻隔策略

在阻隔策略中，企业在其商品市场周围布下障碍，而其阻隔的方式有两种：

1. **差异化：**当经营模式中的任何要素都是无可仿效，并且能提供顾客独特的价值时，企业便能利用此优势阻隔竞争者。例如当企业拥有智慧财产，如专利、商标、版权等，意味着智慧财产是受到保护的，并且向潜在仿效者透露出企业捍卫智慧财产的信息。
2. **低成本：**如果所有企业都具有相同的能力去完成某企业活动时，先进入市场者通过透露价格将会降低的信息给予潜在竞争者，而阻碍其进入市场。

阻隔策略只有在企业的能力是独特且无可仿效的，或者进入障碍持续有用时方能奏效。但是竞争者对此可采取避免与专利权或版权冲突的方式，或是对簿公堂。此种独特能力的有效性，随着法规的制定或修改、顾客偏好与期望的改变、技术方面的突破而中断，终使遭受淘汰。

互联网的信息异步缩减之特质，更使得阻隔策略效果不显著。由于许多消费者能在互联网上与更多供应商进行交易，以取得更好的条件，因此与顾客的特殊关系也将不再带给企业持续优势。

拓展策略

拓展策略认为，不论进入障碍的困难度有多大，通常对手都能加以穿透，而最终障碍都会瓦解。拓展的意义在于改变经营模式中某些构成要素或之间的关联，甚至重新建立整个企业经营模式，以提供顾客较高的价值。拓展有时也代表了自我淘汰，意指不断地推出新产品，使现有产品缺少竞争力，在竞争者开发出具有威胁性的产品前，吞食现有产品的销售市场。在科技快速发展的时代，由于阻隔已越来越困难，因此拓展策略变得更加重要。

合作策略

有时企业无法独立为之，此时必须采取合作策略，经由各种方式如策略联盟、合资、并购或权益投资等，和他人合作。

二、互补性资产的重要性

电子化的重点在于经营的改变。决定企业能经由其创新或技术而获得利益是由两项要素决定的：

1. **可模仿性：**是指技术能被竞争者复制、取代或超越的程度。
2. **互补性资产：**是指所有其他非用来支持技术或创新的能力，但却是企业在开发技术时所需，包括品牌、制造、分销渠道、营销、服务、商誉、产品配置、与顾客或供应商的关系以及互补性的技术等。

互联网企业经营模式与策略拟定示意图如图 8-9 所示。

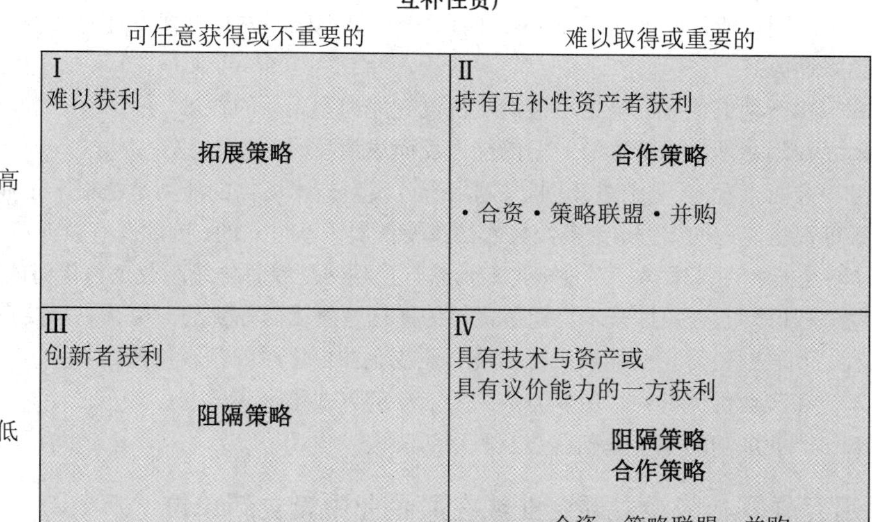

图 8-9 互联网企业经营模式与策略拟定

资料来源：修改自 Allan Afuah & Chistopher L. Tucci（2003）

三、既有企业

既有企业是指产业中的既有企业，其已有自己的经营模式，已可将某些价值提供给其顾客，已设定了特定细分市场的目标顾客，专注于某种收益来源，有其定价策略，已发展出具有良好关联的活动，将传统经营策略执行得很好，已建立了某些能力，而且持续取得优势已有一段时间了。

但在面对互联网的冲击时，传统经营模式或其某些构成要素可能已经过时不适用。问题是，如何能让这些企业在他们既有的传统经营模式基础下，发展能够获利的互联网经营模式？

投资的诱因——对现有产品的影响

技术的改变经常导致现有产品或服务不具竞争性，因而必须强化现有产品或服务，或是允许旧产品与新产品共存。如果一项改变使得现有的产品或服务不具竞争性，则从经营的观点上这是根本性创新（radical innovation）。如果改变的结果是强化其现有产品或服务，或是仍能保有竞争性，则称为渐进式创新（incremental innovation）。

对于技术转变的界定有两点值得注意：

1. 以经济的观点来看，技术转变属于根本性的创新或是渐进式的创新，只是程度上的差别。在许多根本性创新中，某些旧的产品仍具竞争性，同样的，大部分渐进式创新对现有产品也有某种程度的淘汰效果。
2. 大幅的技术转变通常会创造出新的市场。

能力的强化或瓦解

有两项原因可能说明为何产业中的既有企业当其面临根本性技术变迁时，经常不易保有变迁前的任何竞争优势：

1. 由于他们原有的能力已被淘汰，没有能力利用新的技术。
2. 在追求新技术的同时，旧的能力反而成为障碍。

从另一方面来看，若是渐进式创新，则用于开发新技术所需的能力是植根于企业原有的能力上，则此创新可说是能力的增强。大多数技术的改变都属于渐进式的，因此既有企业可以强化其竞争优势。互联网是分裂性技术吗？对许多产业而言，互联网是威胁传统产业竞争优势的基础，以及给予许多新竞争者机会的分裂性技术。竞争优势的基础之所以面临挑战，可从三个要点来说明：

1. 互联网使得企业能提供比传统产业或企业更优越的顾客价值。
2. 在产业价值链中，用以完成主要活动的方式已彻底改变。
3. 产业成功的主要基础已被互联网所颠覆。

采用互联网：应设立新企业或在原企业中设立新单位

不管如何，上述两项做法的最佳选择，仍有赖企业本身的经营模式与所处的产业而定。

四、评估企业经营模式

评估企业经营模式的重要性：

1. 在决定企业经营模式的构成要素与关联时，企业必须能够确定何种经营模式的可行方案是最佳的。
2. 对竞争对手的分析，应包含经营模式的比较，此比较需要某些评估经营模式的方法。

企业经营模式的评估有三种，其中又以经营模式构成要素的衡量最为重要，见表 8-5。

表 8-5 企业经营模式的评估与构成要素的衡量

<table>
<tr><td rowspan="2">水准一</td><td colspan="2">获利力的衡量</td></tr>
<tr><td colspan="2">• 盈余　　• 现金流量</td></tr>
<tr><td rowspan="2">水准二</td><td colspan="2">预测获利力的衡量</td></tr>
<tr><td colspan="2">• 利润率　　• 市场占有率　　• 营收占有率</td></tr>
<tr><td rowspan="4">水准三</td><td colspan="2">经营模式构成要素特性的衡量</td></tr>
<tr><td>顾客价值</td><td>所提供的价值是否与竞争者有明显的差异？
如果没有，企业提供的价值是否比其竞争者高？
企业提供给顾客的价值的增加率是否高于其竞争者？</td></tr>
<tr><td>经营范围</td><td>区隔的市场其成长率高吗？
企业在每一市场区隔的市场占有率是否高于竞争者？
产品遭到潜在性侵蚀的程度高吗？
如果是，是在哪些细分市场？</td></tr>
<tr><td>定价</td><td>单位价值的收费过低？还是过高？</td></tr>
</table>

续表

水准三	收益来源	每一收益来源的利润率与市场占有率高吗？ 每一收益来源的利润率与市场占有率有增加吗？ 企业每一项收益来源的价值是否很独特？ 如果没有，价值水准是否高于竞争者？
	关联活动	活动的范围： 是否与顾客价值及范围相符？ 活动是否能彼此强化？ 是否由产业成功关键因素中获得优势？ 能否与企业独特能力一致？ 使产业对企业更具吸引力吗？
	建置	经营团队的品质高吗？
	资源与能力	企业能力的范围： 是否是独特的？ 是否是不可模仿的？ 是否能扩展至其他产品市场？
	持续性	企业是否能维持或扩展其在产业中的领导地位？

学习测评

1. 简述互联网的特质有哪些。
2. 简述互联网对 8C 的冲击。
3. 简述通过互联网进行交易有何限制。
4. 简述企业经营模式的组成要素有哪些。
5. 互联网经营模式是怎样的？有哪些互联网的经营策略可供选择？
6. 价值与互联网有何关系？
7. 如何分析互联网竞争环境与总体环境？

案例讨论：momo 跨入网络渠道，宣布退出实体百货

momo 富邦媒体科技公司从电视购物起家，2013 年 8 月 16 日宣布结束旗下实体百货商场的营运，并即将于近日由微风接续该商场的经营，近期位于信义百货热门地段的 momo 百货，开业日期一再延期已见端倪。momo 表示，实体百货市场竞争激烈，已全面进入规模化连锁化经营，且近年台湾地区消费力不佳，momo 百货规模不大获利不易，因此决定结束实体百货营运，未来将资源投入 momo 的强项，亦即获利佳、成长性良好的虚拟渠道，会持续扩大虚拟渠道的经营，积极迈向国际化平台。

momo 自 2004 年创立，旗下渠道包括 momo 购物网、型录、实体药妆连锁店及百货公司。2012 年 momo 全渠道营收达 187 亿，较 2011 年营收 156 亿增长 20%，2013 年营收超过 200 亿，其中 momo 购物网营收每年均大幅增长。

2009 年富邦人寿买下环亚百货旧址，2010 年交由旗下 momo 富邦媒体科技公司，斥资两亿元创立第一家 momo 百货，从虚拟的电视与网络购物跨足实体百货，紧接着富邦人寿的信义计划区 A10 也规划为 momo 百货，于 2013 年下半年开幕，以虚实并进的方式开拓台湾地区零售市场。

不过业界指出，台湾地区的百货市场趋近饱和，加上消费水平大幅衰退，momo 百货业绩表现并不理想，当年开业时制定的第一年营业额达 12 亿元、第二年损益平衡、第三年赚钱的目标，迟迟无法达成，近一两年市场常传出 A10 可能要更换经营者，2014 年 8 月 16 日 momo 富邦媒体科技公司正式对外宣布退出实体百货市场。

未来 momo 百货环亚店、A10 将交由微风广场承租经营，微风广场目前共有三家店，加上 momo 的两家店，以及 2015 年信义计划区 A3 开幕的新据点，微风广场百货版图迅速扩增至六家。

讨论问题：

1. 如果你是 CEO，你认为这样做对吗？说说你的看法。
2. momo 百货的做法有哪些值得学习之处？

从策略到行动：网络消费者行为与数字转型

9 CHAPTER

导读：Qbon 优惠墙进军 O2O 虚实整合

根据台湾地区的调查，民众每日花费在吃喝玩乐方面的平均消费金额约为 600 元（新台币），一年产值高达 4000 亿（新台币），而三大团购平台 Gomaji、Groupon、17life 只占其中的 1%～2%。时间轴科技看重其余下的 98%的产值，推出 Qbon 优惠墙服务，希望能在衣食住行育乐各方面提供本地化的生活体验。Qbon 优惠墙结合线上电子商务平台及线下零售渠道，提供线上到线下、线上到线上、线下到线下的一站式整合服务，创造营收增加新用户的体验机会。

Qbon 优惠墙是 360 度 O2O 概念的优惠联播广告多边平台，广告主只要花 5 分钟就可以将优惠信息放上 Qbon，提供六种兑换服务机制，包括一维条码、点击兑换、序号等，不论是纸质的 QR code，或是网络上的任何优惠促销方式，都可以使用。APP 开发商也只要半天的时间，就可以把 Qbon 优惠墙的服务整合至自身的 APP 中，目前时间轴提供每笔 0.5 元的分润费用，协助开发商获得第三种额外收入，也可提高知名度。Qbon 亦使用 LBS 技术，通过定位让消费者直接看到附近的店家优惠信息。

Qbon 在试营运期间，广告主可免费刊登，直到 2014 年第 4 季才开始收费，以刊登的数量来计价。时间轴科技在 2014 年年底，其 APP 联盟的所有 APP 总下载量达 1 亿次以上，合作的广告店家达到 1 万家以上。Qbon 优惠墙结合广告主、APP 开发商及消费者三方，亦有超过 5000 家零售店及电子商务平台加入。

企业正陷入一场规模足以与“工业革命”相匹敌的“网络革命”当中。在这大起大落的网际网络市场，不难发现这绝不只是单单引进软、硬件的科技技术与设备，然后再建立一个网站而已。电子商务科技不仅仅只是一个辅助工具，而是企业的演变必须随着科技不断进步而创新。企业数字化、网络化带来的是全面创新的商业经营模式，企业经营者必须有决心全心全意地投入，以及接受并开创全面的事业改革。

然而要想从传统商务转型到电子商务企业，这条路并不十分明确与平坦，需要一张完善的地图与一个经验丰富的向导。本书并不打算在此讨论网络设备、软硬件系统、网络服务器之类的话题，因为这类话题对于经营电子商业（e-business）并无直接帮助；也不打算教您如何模仿现今成功的网络公司的电子商务策略，因为仿效只会制造更多看起来十分神似的网站，绝不可能把企业塑造成业界的翘楚。

9-1 网络消费者行为

一、消费者洞察（consumer insight）

因为理想的市场区隔方法，并非以产品特性或人口统计变量来区分，而是根据消费者当时的“任务”（理论提出者 Christensen 称为“job”）而定，而消费者执行任务时所在的环境、心情与体验，汇集成一种价值观，就是消费者洞察。而所谓“任务”（job）是指的消费者在当时一个特定情况下要解决的基本问题。简单来说，consumer insight 就是要了解消费者内心世界在想什么。

二、AIDMA 模式

在传统消费者行为模式中，以 1920 年代经济学者霍尔（Ronald Hall）所提出的“AIDMA”模式最为有名，主要用来呈现消费者被动接受消费刺激后，所采取的一系列行为反应，包括注意（Attention）、兴趣（Interest）、欲望（Desire）、记忆（Memory）、行动（Action），而为方便记忆，取其个别英文前缀第一个字母作为模式名称。所谓 AIDMA 法则，是指消费者从看到广告，到发生购物行为之间，动态式地引导其心理过程，并将其顺序模式化的一种法则，主要包含五个阶段：

1. **注意（Interest）**：是指消费者受到外在刺激的影响，开始对产品或服务产生“注意”，也就是借由传播、广告、促销等手段让消费者暴露在信息中，使消费者在感官上受到信息的刺激而注意到产品或服务。
2. **兴趣（Interest）**：对商品或服务感“兴趣”，而进一步阅读广告信息。
3. **欲望（Desire）**：当消费者受到信息刺激引起注意与兴趣后将产生“欲望”，开始进行信息的搜集。信息的搜集可分为内部搜集和外部搜集两种，内部搜集是指消费者进行购买决策过程中会搜集已存在记忆中的信息，若信息不足时消费者便会开始向外部搜集相关信息，而外部信息的来源渠道通常是亲朋好友、组织性社团、网络社群、营销传播媒体等。
4. **记忆（Memory）**：当信息引起消费者的注意时，消费者将进一步分析并存储在记忆中，主观判断是否对信息产生记忆保留。
5. **行动（Action）**：最后做出决策，是否购买商品或服务。

AIDMA 模式示意图如图 9-1 所示。

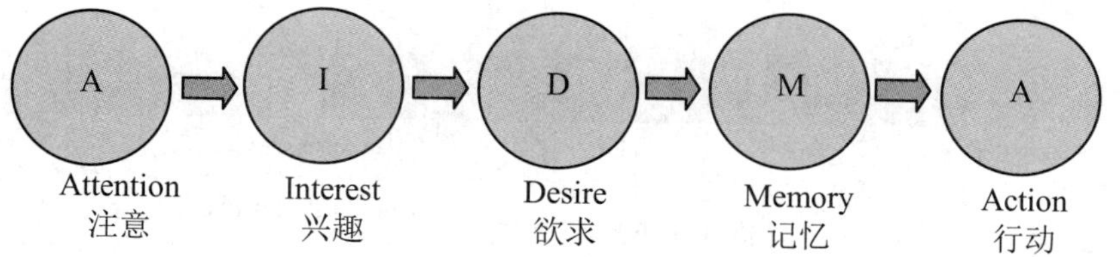

图 9-1　AIDMA 模式

三、AIDEES 模式

AIDEES 是日本东京大学片平秀贵教授所提出。所谓 AIDEES 是在“顾客自主媒体”(Consumer Generated Media，CGM)环境下，口碑影响消费者行为的 6 个阶段，而其中“顾客自主媒体”(CGM)的环境，泛指消费者互相传递信息的媒体，诸如 BBS、BLOG、SNS、Facebook 等，如图 9-2 所示。

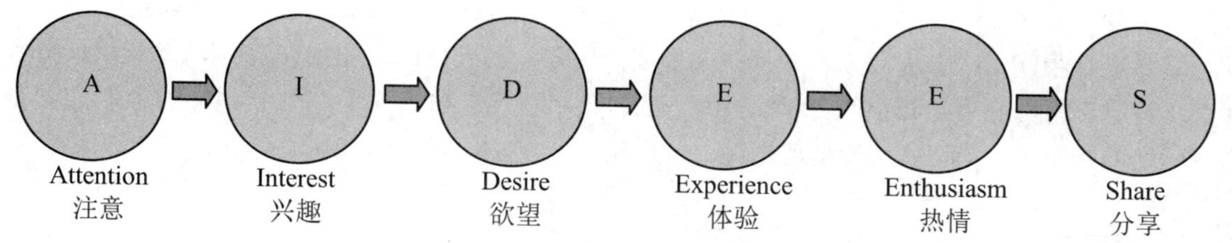

图 9-2　AIDEES 模式

在过去，大众媒体对于引起“注意”、唤起“兴趣”、产生“欲望”等方面有较大的影响力。但是进入 Web 2.0 网络时代，网络媒体与顾客自主媒体在“体验”（购买并使用的实际感觉）、“热情”（对品牌的热衷）、“分享”（在实体生活中与虚拟网络上分享体验）这三个过程中具有口耳相传与口碑营销（buzz marketing）的影响力，与大众媒体相较，有过之而无不及。

AIDEES 模式并非全然否定大众传媒的价值，而是将前端的“AID”与后端的“EES”做了媒体影响上的区隔。片平秀贵认为，在 AIDEES 模式中，品牌的体验能够顺利地分享与他人共有，就会像一个循环般，又进入下一个“注意、兴趣、欲望”的循环，越来越广。AIDEES 模式也影响了企业内部的流程，也就是说，要时时刻刻谨记以逻辑思维和冷静的心情反省“如何不让消费者出现疲态”“我们应该要怎么做，才能帮助消费者解决现在担心的事情”。AIDEES 模式认为，企业应摒弃传统单向沟通的心态（B2C）来面对客户，随着互联网科技的发展，在营销领域的逆向沟通（C2B）与消费者横向沟通（C2C）的新时代已经来临。

AIDMA 模式与 AIDEES 模式的比较如表 9-1 所示。

表 9-1　AIDMA 模式与 AIDEES 模式比较

模式	AIDMA 模式	AIDEES 模式
年代	1920 年提出	2006 年提出
出发点	以企业为中心	以消费者为中心
信息	由企业发布	由消费者口耳相传

续表

模式	AIDMA 模式	AIDEES 模式
主要媒体	大众媒体	顾客自主媒体（CGM）
模式	注意（Attention）→兴趣（Interest）→欲望（Desire）→记忆（Memory）→行动（Action）	注意（Attention）→兴趣（Interest）→欲望（Desire）→体验（Experience）→热情（Enthusiasm）→分享（Share）

四、AISAS 模式

当网际网络进入 Web 2.0 时代，上网搜寻消费信息已成为消费者的日常习惯；由于数字环境与生活方式的改变，消费者从接触消费刺激到最后达成购买的过程也发生了翻天覆地的变化。企业及营销人员需要重新探讨 AIDMA 是否符合 Web 2.0 时代消费者的行为模式。因此，日本电通广告公司（dentsu）在 2005 年提出了新的 AISAS 模式。他们认为 Web 2.0 网络时代的消费行为模式应该是：注意（Attention）、兴趣（Interest）、搜寻（Search）、行动（Action）、分享（Share）。

基本上，AIDMA 与 AISAS 两个模式间最大的差异，在于 AISAS 模式在购买行动前后，分别加上“搜寻”与“分享”两个消费者的自发行为。而“搜寻”与“分享”两个 S 的出现，主要是由于网络的普及，主动消费者便随即出现。AIDEES 与 AISAS 的关联如图 9-3 所示。

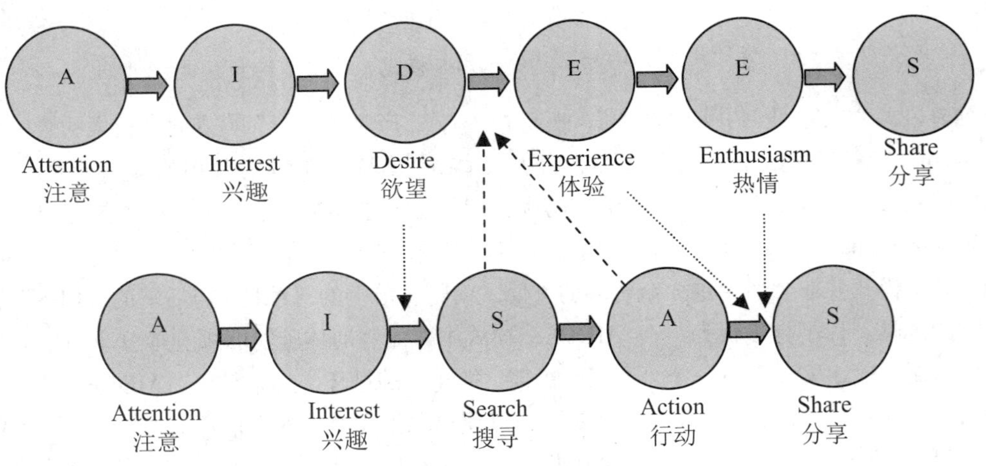

图 9-3　AIDEES 与 AISAS 的关联

五、顾客协同设计

顾客协同设计（customer co-design）是指与顾客形成商品协同设计团体，借由顾客的能力或资源协助企业共同开发新的商品，进而创造对顾客更具价值的商品。企业采取顾客协同设计有许多好处，例如：改进创新构想，因为顾客能够提供第一手的市场资讯、更创新的想法或是节省资源的办法。增强研发能力，因为任何企业在设计、测试到商品化阶段，一定有能力不足之处，顾客参与设计，能够补强企业缺乏的能力与资源。

9-2 组织结构 e 化转型以追随电子商务策略

网络消费者行为不同于传统消费者，企业的组织结构要跟着网络消费者的改变而 e 化转型调整，以追随电子商业策略。

一、电子商业是彻底的改变

跨足电子商业（e-business）的领域，只会有两种结果，不是“大好”就是“大坏”，至于那些不上不下的电子商业网站，连苟延残喘的机会也没有。不妨想想看，你记得多少在网络上卖书的电子商务网站？除了亚马逊网络书店、当当网、京东商城之外，还有多少网络书店存活？

“与别人不同不见得比较好，但是最好的一定是与众不同。”那些一窝蜂有样学样的网站，绝不可能位居网络事业中的领导地位。如果打算效仿其他网站，那您的企业绝对不可能冒出头。

电子商业是一种彻底的改变。企业应将重心放在“如何改变网络经营的游戏规则”。亦即，企业应开发一套不同于传统商务交易模式的全新价值链（value chain）或价值体系（value system），而这就是所谓的数字化转型（digital transformation）。

有的企业认为：电子商业只不过是在本业之余，外加一项电子商务的新颖业务。在这种心态下的电子商业是不会成功的，必须将整个企业彻底转型为电子商业，并彻头彻尾地改变。这种改变就像经历一场大地震般，将企业内部进行重组与改造，甚至企业间的关系与互动的重组与改造，都将是无可避免的。

如果企业目前仍是以传统商务的手法在经营企业,那么任何发展电子商业的准备都应该能够为企业在经营的本业带来更多帮助。若非如此，那么一定是某个环节出了问题。跨入电子商业的领域既不是改变本业中一部分的运作方式，亦非代表增加一条销货渠道；电子商业应该是从头到脚的改变，而且一开始就要抱着“破釜沉舟”的经营态度。

例如，嘉信理财（Charles Schwab）就是趁着同行还在观望之际，甘冒瓦解原有商务模式的风险，终于以新的电子企业经营模式异军突起，尝到胜利的滋味。再看看思科（Cisco），思科的成功也正是因为企业从上到下对电子商业的认同，使得思科得以改头换面。

营销大师彼得 • 德鲁克（Peter Drucker）曾说：“与其让你的竞争对手来淘汰你，还不如自己先淘汰自己来得省钱又有利。”经营电子商业的回报是十分诱人的，但有两个基本前提不可或缺，那就是改革的勇气与创新的智慧；特别是为了数字化转型，既有的业务必然会受到极大的冲击，这些冲击有部分将会被更具效率、更具价值的经营模式所取代。

《华尔街日报》指出，每一位名列《财富》（Fortune）杂志前一千的大企业负责人，无不把数字化转型作为电子商业的重要目标。

二、电子商业的误区

要转型成为电子商业，企业首先必须先厘清一个大错特错的想法。很多不成功的电子商务经营者误认为“只要动手架设网站，其他的都会水到渠成”，即使是亚马逊网络书店或 eBay 这些拥有网络界最高知名度的企业，仍然免不了要在传统媒体渠道上砸下巨额的广告费，以提高知名度。当然，网络知名度并不代表市场占有率的提高或销售额的增加。

第二个错误想法是认为传统实体企业比不上纯网络企业。事实上是不能一概而论的，邦诺实体书店（Barnes&Noble.com）与亚马逊网络书店（Amazon.com）的成本结构自然不同，不过邦诺实体书店可以提供在其网站上购书的顾客到其实体书店退换货的服务，而这是早期纯网络公司的亚马逊网络书店所无法做到的。

第三个错误想法是误认为网址超链接可以增加消费者的便利性，事实上绝非如此。不妨试试看，在几个常用的搜索引擎网站中输入相同的关键字，然后比较这几家搜索引擎的前 100 个网站链接，你也许会感觉相似度很高，其实你错了！随着网站与网页的大量充斥，搜索引擎的异质性已经大为提高。你可能会认为“就算如此，很快网友会找到他们想要搜索的东西的”。根据调查，新上网用户在 100 个网站中，平均只会将 14 个放入收藏夹，剩下的就不加以理会。所以真正的问题是，如何确定企业网站在这 100 个当中？更别说是最受青睐的那 14 个之一。在互联网上，最大的障碍在于它的漫无边际，而且每分每秒都在扩大其边际。

第四个错误想法是误认为网络商品的区别并不重要。从实体商店的角度来说，家乐福超市可能不需要担心其商品是否与附近的沃尔玛有所区别。但是虚拟商店就不同了，每一家网络商店的网址距离顾客的浏览器都只有咫尺而已（鼠标的电子距离），商品的区别不只是重要，简直就是致命的关键。

三、前瞻的企业愿景（vision）

“这是一个历程，而非结果”。前瞻的企业愿景（vision）是电子企业制胜的关键。企业先要有一个如同“买家网站”（buy.com）的愿景，强调所有商品都是“全球最低价”，也可以类似“特价连线”（priceline.com）的愿景，强调反向拍卖策略，先由买家想出想要出价的机票或旅馆，特价连线再接洽愿意接受这个价格的航空公司或旅馆。

当然并非有一个企业愿景就可以高枕无忧了，企业愿景只是企业转型的第一步。你是否想过，买家网站（buy.com）凭什么可以经常推出“全球最低价的商品”？它必须与什么样的企业结盟？它应该销售哪一种类别的商品？难道买家网站（buy.com）只需要扮演某种中介角色，纯粹将订单转给各供应商？还是它应该涉足采购、仓储、运送等流程，建立一套属于企业本身的系统？当企业建构前瞻的企业愿景时，这些问题都会一一浮现。

没有一个清晰的企业愿景，不可能建立一个成功的电子商业系统。当然，企业愿景绝对不是天马行空，一个企业的愿景也不一定适用于其他企业。然而，这是最重要的第一步。

但问题来了，怎么踏出这成功的第一步。如图 9-4 所示，企业可将网络中属于电子企业优势的部分适当地表现出来，也就是说，在整个流程中，必须先要有一个电子愿景（e-vision），才能够确定经营驱力（business drivers）与科技驱力（technology drivers），也才能够形成电子企业愿景下的电子企业策略。换句话说，企业电子化策略的结果是由经营驱力与科技驱力相互搭配，使得电子商业的电子愿景得以成真。

电子企业的电子愿景来自于谨慎回应顾客、确认顾客需求、比较基准数据（benchmark data）、分析市场力量、分析竞争者、使用量统计、目前营运能力等各种条件指标的审慎考虑，如图 9-5 所示。当然，介绍此方法的目的，并不是要企业学习这种方式，只是希望企业能够了解，整套建立电子愿景的过程并非随便制定的。

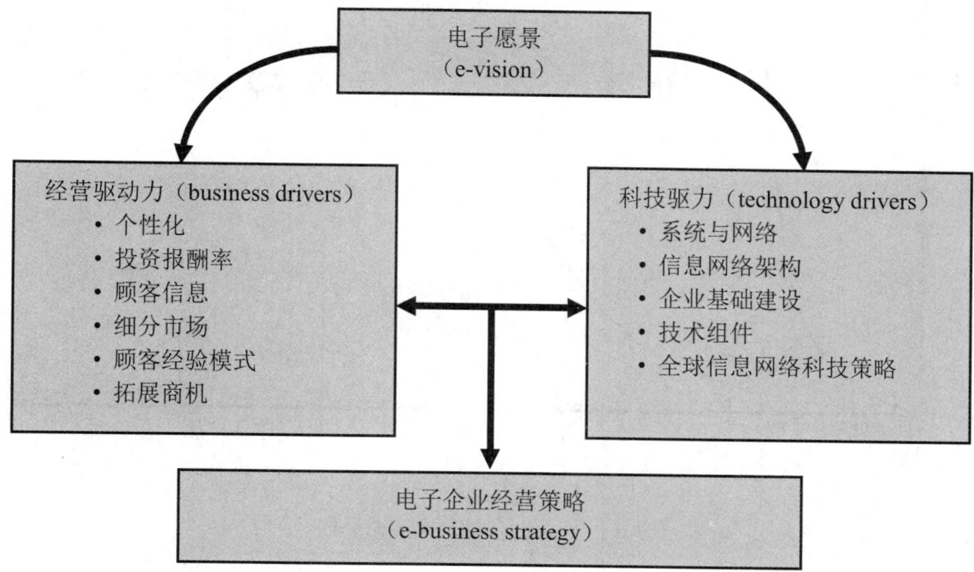

图 9-4 电子企业愿景的建构过程

资料来源：修改自 Keyur Patel & Mary Pat McCarthy. Digital Transformation: The Essentials of e-Business Leadership. 2000.

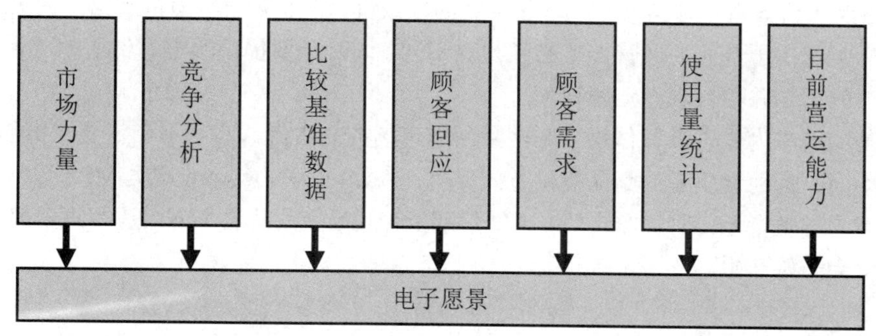

图 9-5 电子企业愿景的各个考虑因素

资料来源：修改自 Keyur Patel & Mary Pat McCarthy. Digital Transformation:The Essentials of e-Business Leadership. 2000.

四、先占优势（first mover advantage）

在没有互联网的年代，每件商品都必须经过一段被市场接受的生命周期。首先，最早进入市场的企业带动风潮，早期的主要厂商随之跟进；接着，大多数企业都跟进了，在这段期间里，商品需求量快速增加，投资报酬率也相对提高。然而，一旦绝大部分企业都加入战场，商品的销售就会趋于平缓，衰退；最后，后知后觉的企业开始投入，商品价格已跌落至批发价，甚至跌落批发价，销售量急速下滑，如图 9-6 所示。

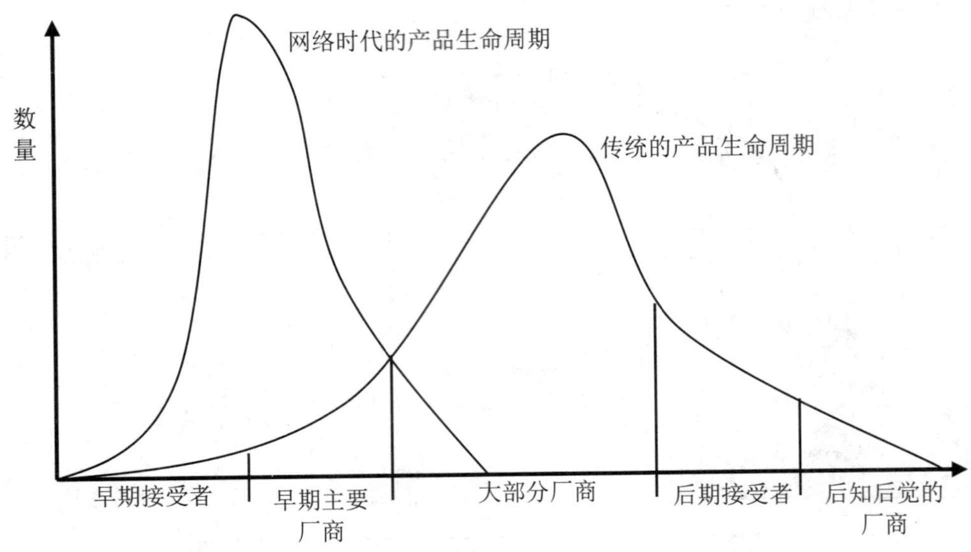

图 9-6　网络时代的产品生命周期

在网际网络的时代，产品生命周期变得更短了，只有跑在最前面的厂商才有甜头，而且形成“赢家通吃”的一面倒局面，在这种情况下，产品生命周期曲线，快速上升又快速下降，如果企业无法在快速上升的过程中占有一席之地，那么几乎就没有机会了。在网际网络世界，唯有出奇才能制胜。企业必须改写新的游戏规则，迫使追随着无利可图。在电子企业的领域里，仿效是不可能成为赢家的。网际网络对于仿效者是非常残忍的，在专业的领域里，企业必须努力挤到第一或第二，而成为第一或第二的关键在于企业的经营方式必须与众不同，同时还要提供顾客有价值的关系。当然，成为市场的第一或第二并不代表一定赚钱。

但问题是如何成为先占者。作为一个网际网络市场的先占者，其实不一定要非常创新的事物，只要有一个不同于其他竞争者的商品提供方式即可。例如：CDNow.com 这类 MP3 音乐网站，所提供的商品虽然同样是音乐，但其形式却非 CD 片或卡带。当企业从这个方向进行思考时，许多正面的经营内涵就会开始产生。

9-3　数字转型

一、何谓数字转型

把一个传统企业转型成为电子商业的过程称为“数字转型”（digital transformation）。就一个企业而言，数字转型必须包括下列 8 个“C”：❶基模（Context）、❷内容（Content）、❸社群（Community）、❹定制化（Customization）、❺连接（Connection）、❻协同（Collaboration）、❼商务（Commerce）、❽沟通（Communication）。

换句话说，数字转型将改变企业与顾客的互动方式——沟通；企业做生意的方式——商务、企业与合作伙伴的协调合作方式——协同；企业与所有利害关系人的连接方式——连接；所利用的资讯——内容；互动的对象——社群；企业满足消费者需要与欲望的方式——定制化，网络店面的布置方式（美观与机能）——基模，如图 9-7 所示。

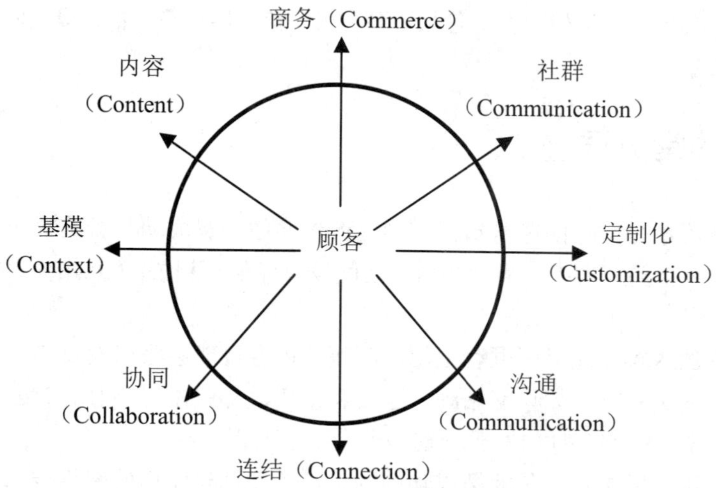

商务（Commerce）
内容
（Content）
社群
（Communication）
基模
（Context）
顾客
定制化
（Customization）
协同
（Collaboration）
沟通
（Communication）
连结（Connection）

图 9-7　数字转型的 8 个 C

资料来源：修改自 Keyur Patel & Mary Pat McCarthy. Digital Transformation: The Essentials of e-Business Leadership. 2000.

数字转型取决于两大标杆：价值（value）与速度（speed）。企业必须在价值与速度之间寻求平衡点。如果企业只把焦点放在速度上，若 8 个 C 之中有任何一个点的革新速度过快或方向不同步，则很可能造成无法提升价值。反之，如果企业只把焦点放在价值的提升，而不去管革新速度，将可能因此流失顾客，如图 9-8 所示。

价值
商务
内容
社群
基模
顾客
定制化
协同
沟通
连结
速度

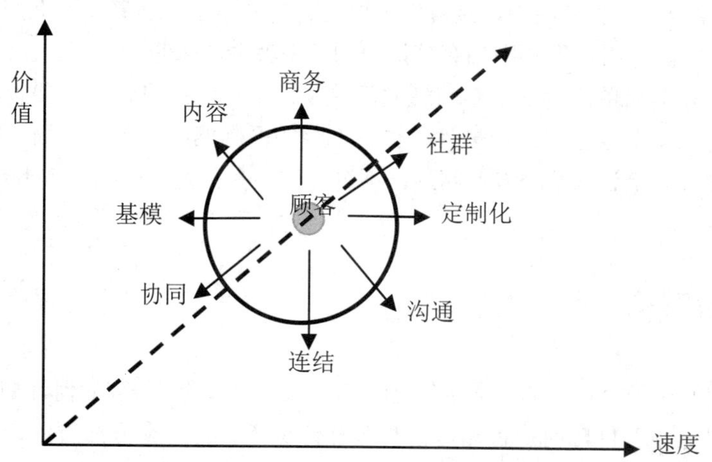

图 9-8　数位转型的 8 个 C 与两大标杆：价值与速度

资料来源：修改自 Keyur Patel & Mary Pat McCarthy. Digital Transformation: The Essentials of e-Business Leadership. 2000.

此外，在整个数字转型中还要考虑 3 个重要要素：❶支出成本（cost）、❷企业文化（culture）、

❸科技（technology）。在数字转型过程中，需要科技、流程、人力资源 3 大环节整体的改变。数字转型最显著的成功之处，在于价值链与价值体系的整合。电子商业的转型并非“零和游戏”，一个企业的胜利不代表着其他商业伙伴的失败；这可以是一场双赢的游戏，即电子企业价值链或价值体系里的每个环节都可以共享信息与顾客，包括：❶基模；❷内容；❸社群；❹定制化；❺连接；❻协同；❼商务；❽沟通。

二、数字转型的常见误区

1. **以为网站流量是唯一的衡量指标。**网站流量并非衡量成功与否的唯一指标，高网站流量与业绩、市场占有率、品牌知名度之间没有任何正相关。“点击”只不过是消费者从您家门前经过罢了。
2. **以为叫座的内容才能吸引顾客上门。**叫座的内容可能会吸引网友第一次浏览，但等到他们第二次浏览时，如果网站的内容没有改变，那就永远不会有第三次浏览；除非能给网友一个好的回笼理由，否则这些人会永远不再回头。
3. **以为最先进的网络技术是业绩成功的秘诀。**企业拥有先进的网络技术或许可以让消费者更具信心，但前提是消费者必须动心。销售终归是销售，空有科技并非是销售的保证；销售的成功与否并非完全取决于是否拥有先进科技。
4. **以为只有花哨酷炫的网站才能制胜。**实际上，网站不必让人觉得十分酷炫，但是网络经营模式必须与众不同。上网者喜欢简洁明了的网站、无拘束的浏览空间，以及容易上手的操作功能。
5. **以为网际网络只不过是另一种电视。**换句话说，想把经营电视营销的那一套用在网站经营上是绝对行不通的。
6. **以为有许多人都在网络上漫游。**根据调查，每个上网者平均会浏览 100 个网站，并把其中 14 个放入收藏夹中，接着就不再逛新的网站了。随着新的上网者与新的网站不断地投入网际网络，您的网站会被访问的几率就会越来越低。
7. **误以为非常简单。**建立一个网站太简单了，不少网站设计者只要收取一些费用就可以帮助建立一个专业网站。另外，也有不少的网际网络服务供应商，只要每个月花几千块，就可以租到一整套专业网站。不过，这些都只是“网站（Web site）”，并不是“电子商务”。

三、全方位的整合

以网络为基础的电子企业策略，需要企业内部全方位的整合。顾客如何订购？从订购到完成出货的整个流程如何运作？供应商是否知道何时该补什么货？有什么方法可以即时分享订货信息并减少出货延迟？

对于电子商务公司而言，配销机制与库存后勤是最需要掌握的课题。玩具反斗城（ToysRus）在 1999 年的圣诞节销售旺季时，根据经营传统企业的存货控制来处理商品短缺的问题。也因此造成当年无法及时在圣诞节前夕准时送达订单，以至于以失败收场。玩具反斗城对于招揽顾客上网消费与订单处理上并无太大问题，但是因为有太多人订购，超出其系统能够处理的能力。因此，要想要在电子商务市场中占有一席之地，电子企业的各个环节都必须共同运作。

四、扬弃传统的竞争

不少经营电子企业的人都有一种错误观念，误以为只要待在网际网络内发展，就可以以小搏大；许多新成立的小型网络公司经营者误认为自己可以和高知名度的大型企业一般，在网络上获得相同的知名度、信赖感与可靠度。这种错误的想法很显然可能受到亚马逊网络书店与 eBay 的高知名度所误导。

事实上，并不是网际网络为亚马逊网络书店与 eBay 带来优势，而是它们本身的企业愿景、创新与优异的执行能力，为自己带来绝佳的优势。当亚马逊网络书店决定与邦诺（Barnes & Noble）传统实体书店一较天下时，它并不具有任何市场地位。最后，亚马逊网络书店利用网际网络争得生存的处女地，在这块处女地上，它占据了先占者的优势，于是源源不绝的资金与好评不断地向它投入。不过，先占优势并不代表必然获利，亚马逊网络书店在很长一段时间内都处于亏损状态。

网际网络是一块新的竞争疆域，在各项领域中，除了第一名与第二名外，其他的都是一样的名次，分不到半杯羹。进行电子商务的第一项挑战就是让别人知道你的存在，这是默默无闻者很难面对的挑战。请问在网际网络的世界里，你知道如何界定所谓的“本地化（local）”吗？

五、应该在企业内部新设部门还是独立经营

就某些产业而言，电子商业（e-business）是开创性科技；但就某些产业而言，电子商业是属于破坏性科技。实务上，企业要将开创性科技纳入其企业经营体系内，多半不会有太大问题。但若是破坏性科技，那就会面临一些挑战。

破坏性科技通常是由新加入市场的企业所导入，因为这些市场新秀通常对于即将形成的新市场与其投资报酬率有较为精确的预估。一般而言，开始时有一段时间，主流市场丝毫不受破坏性科技的影响而动摇，但是等到破坏性科技发展到一定阶段，主流市场将展开双臂拥抱它。基本上，产业内只要存在“信息不对称”（asymmetric information），破坏性科技就有展现的机会。

旅行业就具有信息不对称的情况。线上旅行社与传统旅行社的经营模式有很大的不同，与线上旅行社接洽的顾客，不但可以查询第一手的各类航班信息，更可以自行网上订位，而且只要顾客愿意，所有步骤都可以在任意时间完成。很快地，越来越多的消费者开始使用网上票务系统，尤其是从事私人旅行而非商务出差的消费者。当然，传统旅行社依旧承接大宗公务出差的订单，但是正逐渐变化中。长远来看，传统旅行社很难拼得过线上旅行社。传统旅行社业者受到航空公司与线上旅行社的夹击，必须设法拟定一套对抗电子企业的策略才能脱困。而最好的方式是“拥抱”它（转型电子企业）。

汽车业也具有信息不对称的情况，而且是有利于卖方，不利于买方。汽车业务代表永远都饱受出清存货的压力。虽然车商通常是按照顾客所要求的规格订车，但是车商更希望早一点把车卖掉，让顾客把车开走（早点交车），以便结束其融资利息与库存成本，让投资报酬率达到最大。因此，如果消费者能够自行决定购买日期与交车日期，并买到自己喜欢的车，而且还是以非常具有竞争力的价格来购买，这对全球汽车业而言，就是一项破坏性科技。

总而言之，电子商业的业务究竟应该设在原本的组织结构内，还是要独立出去，依赖其成果效益。以下是一些建议：

1. 对企业而言，若电子商业属于破坏性科技，应将它独立出去。
2. 对企业而言，若电子商业属于开创性科技，而且对于企业文化与既有组织结构没有冲突，那么可以将它留在企业内。
3. 对企业而言，若电子商业属于开创性科技，但对企业文化与既有组织结构有所冲突，那么应该将它独立于企业之外。

六、实务者的电子商业经营策略

首先要有电子愿景（e-vision），接着思考下面 8 个 e 化策略：

1. 转变与消费者接触的界面：数据、声音与影像结合。
2. 人对人、机器对机器，以及智能型代理人与生物化发展。
3. 能够充分呼应“我”与“我的个人兴趣”——个性化与定制化。
4. 更多无线连接——人对人、机器对机器、人对机器。
5. 让网络像电力一样，成为绝大多数人之所需。
6. 同步与异步整合。
7. 建构消费者线上购物的全新体验。
8. 多元通道、多元装置、多元存取，但却整合一体的个性化。

七、企业准备好了吗

问题是，企业准备好了吗？请为企业的电子商业策略做好准备。

1. 企业是否已经尽可能重整供应链与需求链（销售链）？
2. 企业潜能是否已经不存在了？
3. 企业成本是否在降低？
4. 以顾客为导向的数字转型中，是否能与 8C——基模（Context）、内容（Content）、社群（Community）、定制化（Customization）、连接（Connection）、协同（Collaboration）、商务（Commerce）、沟通（Communication）相互整合？
5. 企业在进行数字转型过程中，是否已考虑支出成本、企业文化、组织结构等因素？
6. 当企业在进行数字转型时，科技所扮演的是开创性科技，还是破坏性科技？
7. 信息基础建设是否也同时进行数字转型——e-ERP、e-CRM、e-SCM、e-KM 等？

9-4 虚拟组织

在信息科技变革的冲击之下，企业将可能产生以下两个重要的变化：

1. **完全数字化的企业信息网络**：为了提高企业组织的生产力与工作效率，企业内部与对外的信息网络，必须重新加以检视，并进行必要的再生工程。完全数字化的信息网络，可以有效地整合各种形式的数据，提供高效的各种网络服务与应用，成为企业再生工程的重要基础。

2. **虚拟化的工作群组与企业组织：**在完全数字化的企业信息网络中，高速、宽频网络服务，将再加速数据的处理与交换以及知识的生产、分享与再利用。方便的信息网络，将使各个工作组更紧密地联结，产生更多种形式而且频繁的互动关系。

在数字经济时代的电子商务运作体系下，所有交易的功能并不需要在一个地方运作，因此企业可以不再以单一地点为基础，甚至超越了分权化，变成可以在网际网络上沟通的分布式组织或虚拟企业。

一、虚拟组织的特性

1. **快速反应外界环境：**虚拟组织必须要能快速地反应外界市场及环境变化，面对竞争者的威胁，能在短时间内做出回应，并针对顾客的需求随时调整，尽量缩短产品开发时间及成本，以便随时配合环境的变化。
2. **与上下游厂商密切合作：**为了快速反应外界环境变化，虚拟组织必须结合上下游的供应商、经销商，以求在彼此密切合作的过程中可以达成快速的互动，以降低企业风险，并达成各种组织功能。
3. **无固定组织形态：**虚拟组织必须与上下游的供应商、经销商甚至顾客紧密结合，其研发、生产、营销、顾客服务可能完全外包，或是由人力市场上获取代价较低的人员进行，因此不会有固定的组织形式。某一时间内，组织内可能协力厂商的员工数目比本组织的人数还多。
4. **以市场力量协调：**虚拟组织在市场上搜寻各种资源，如研发、生产、营销、人力等，各供应者间为求获取利益，必定降低成本与提高品质，经由市场力量的协调，各供应商间可达最适配置，使资源达到最有效的运用，而使整体产出最大。
5. **强调相互信任与自制：**虚拟组织中的人员应该是相互信任且合作的，不论经理人或工作人员都应共同努力推动组织的目标，同时个人也应有自制的能力，使各成员间能相互结合而达组织的成功。
6. **分布式决策：**集中式决策使组织内只有少数几人具有决策权，故容易缺乏时效性，而无法快速地适应市场环境。因此，虚拟组织是采取分布式决策，即组织中的所有工作人员都具有决策权，如此，则容易随市场的改变而迅速做出相对的应对措施。

二、虚拟组织的内涵

虚拟企业几乎是没有界线的，其影响领域会延伸到供应商、经销商、零售渠道甚至终端消费者；由内在来看，组织是没有固定形式的，办公室、部门、工作分工、员工等均会随需求而改变。

对虚拟组织的定义，学术界尚无一致的看法，但从组织的观点而言，虚拟的意义是指某一组织主体不必具有固定的或正式的组织形式，但具有该形式所拥有的实质功能，因此，虚拟组织乃是为了应对外在快速变动的环境，不采取固定的组织形式，经由特定的配置程序，由市场上以适当代价取得资源以满足组织内外需求，达成组织所应具有的功能。

大部分提及虚拟组织的文献，均用以描述企业利用数据与电传科技联结供应商与顾客，成员间可快速相互沟通的系统。借由此系统，企业与外部成员可快速互动并节省成本与时间，以应对环境的变动。至于虚拟企业的目标则在于企业价值活动与所有信息、资源的整合，借以创造出企业最佳的作业模式。

综上所述，可以对虚拟企业作如下的定义："整合企业间相关价值活动与所有的信息与资源，以最佳的作业模式在最短的时间满足顾客的需求；并让顾客享有主导权，使产品在生命周期的每个阶段都在顾客的掌握之下"。

学习测评

1. 说明为什么"电子商业（e-Business）是一种彻底的改变"？
2. 说明电子愿景（e-vision）的建构过程，以及应考虑哪些因素。
3. 说明网络时代的产品生命周期和传统的产品生命周期之间有何不同？
4. 说明数字转型包括哪 8 个 C？其又代表什么含义？
5. 什么是虚拟组织？其内涵为何？

案例讨论：博客来 2013 年销售额持平

博客来在 2011 年电子商务 50 强评选中，击败强敌拿下第一名的宝座。1996 年成立之初，博客来师法美国的亚马逊，要做最棒的网络书店；十多年后，亚马逊发展成全球最具影响力的综合零售渠道。2011 年 1 月，在统一超商的助力下，博客来转向综合零售之路，博客来正式将原本企业商标中的"网络书店"四个字拿掉，积极转型为多元的商品网购平台。

博客来至 2014 年已拥有 580 万的会员，以图书商品起家的博客来，至今书籍仍是销售主力，书籍和影音商品占整体营收的 75%，百货商品则占 25%。虽然百货占比不高，但却有强烈的成长力道，对比书市衰退，百货商品整体营收有两位数成长，其中又以设计类商品符合博客来原有的客层属性，销售成绩最为亮眼，成长幅度达两三成。目前博客来整体流量已有 20%来自移动设备，其中以手机成长幅度最大。

博客来表示，2014 年百货商品的发展重点，将会放在加强设计商品方面，以及力推 2013 年 10 月才刚推出的安心食材平台。未来希望提升整体百货商品的营收比重，理想状况是书籍、设计类商品和其他生活商品各占营收的三分之一。博客来表示，自成立以来维持 B2C 模式的博客来，未来不排除推出 C2C 模式，让消费者直接上架商品，品项也不仅限于书籍一个种类。此外，博客来也将于 2014 年开始，在台湾地区特定 500 家 7-ELEVEN 门市推出"博客来推荐畅销书"专区，将流量导入移动博客来，未来也预计打造博客来的实体阅读空间。

讨论问题：

1. 你认为本案公司，其有何值得学习的地方？又有何需要改进之处？
2. 这样就够了吗？请以数字转型 8C——基模（Context）、内容（Content）、社群（Community）、定制化（Customization）、连接（Connection）、协同（Collaboration）、商务（Commerce）、沟通（Communication）的角度，重新思考该公司进行数字转型的详细做法。

网络营销导论

10 CHAPTER

导读：你 Line 了吗

自从微软的 MSN 消失后，近年来最流行的通信软件，莫过于 Line 了，只要是 Line 的用户，就能与好友免费联系。Line 除了能发送免费信息外，还能直接拨打免费网络电话。而 Lline 的超萌贴图创造了独特的沟通乐趣，更是拉近了人与人之间的距离。Line 从未思考未来是否出现同样类型的竞争者或打倒竞争者的想法，只考虑使用者的需求、还未满足使用者的地方，由于该软件完全以使用者及社群为出发点，也开创了新的商业模式。

Line 为韩国 NHN 的日本子公司开发的一款 App 应用程序。其起源于 2011 年日本大地震并引发海啸，当时电信网络受损、交通大乱，许多人无法与家人联系，因此该公司决定开发 Line，使幸存者能有与亲人沟通的桥梁。该服务一开始以游戏、照片及沟通工具为主，为一般人工作和生活上的沟通需求而设立。截至 2013 年 12 月 31 日，Line 的全球用户近 3 亿，在台湾地区则有 1700 万人使用。

本章从数字经济时代、网络营销活动、网络营销与电子商务的关系，以及从策略、信息科技、顾客关系、虚拟社群等角度来加以探讨，最后说明商务经营的变迁与网络营销的误区。

10-1 数字经济时代

一、数字革命

人类社会的经济基本上经过了三个阶段的演进，如图 10-1 所示，早期是农业经济、接着是工业经济，随着 1995 年后互联网的兴起，人类的生活进入了数字经济时代。

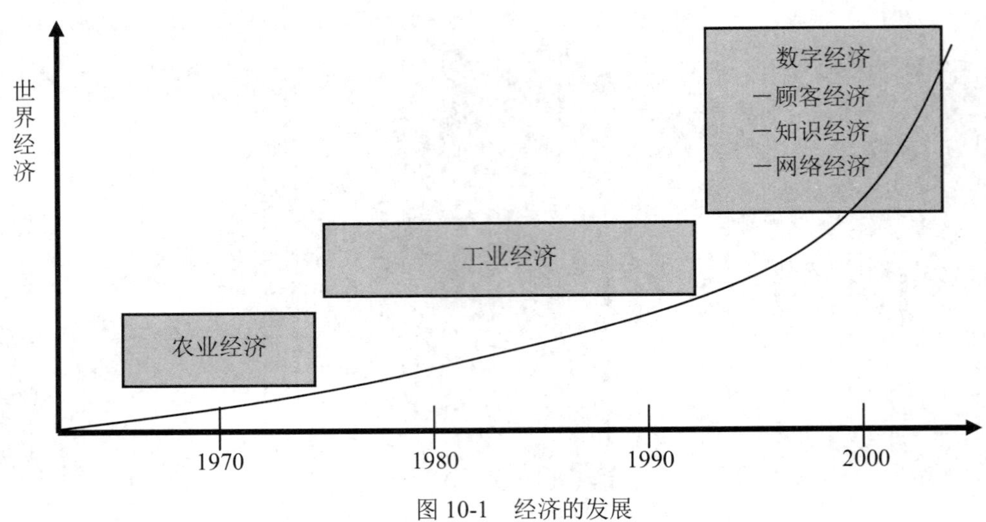

图 10-1 经济的发展

数字经济的发展。在 1995 年初，全球只有 50 个网站，现在已有几千万个。第一波与第二波产业革命均造成产业变革及生产力剧增，这一波亦不例外。在全世界一片经济不景气的冲击中，美国已悄悄进行第三次 Internet 产业革命（如图 10-2 所示），使美国经济国力在 1995－2005 年来不断持续成长。

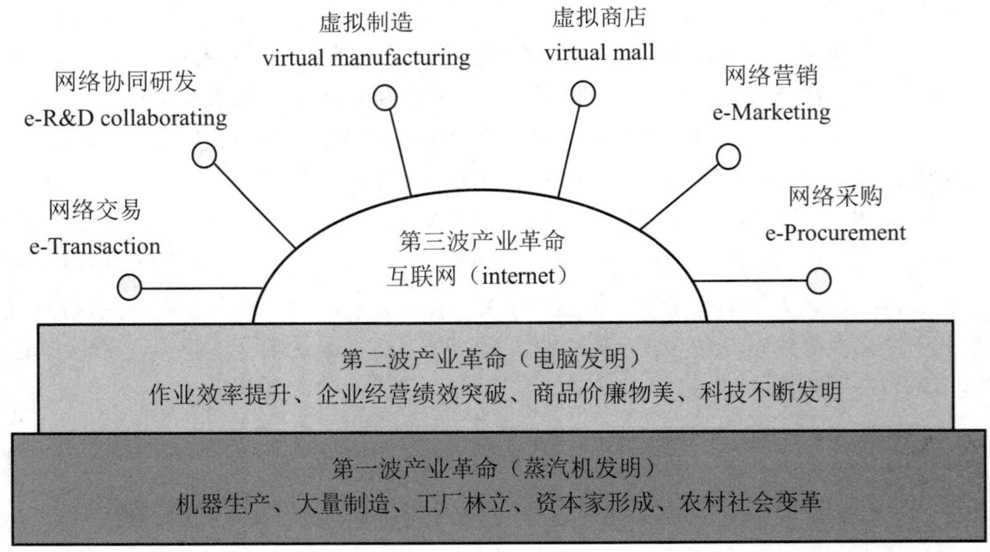

图 10-2 产业革命

二、数字时代的三个经济潮流与两个主义

数字时代的三个经济潮流：顾客经济、知识经济与网络经济。

1. 顾客经济：顾客对定制化产品的要求，而参与“生产”的过程，生产者的权力将转移到顾客手中。

2. **知识经济：**信息将更加透明，网络上的“虚拟团队”将无所不在。传统的管理原则，如马利·费尧的“十四原则”，分工、职权、纪律、指挥、目标、利益、报酬、集中、连结、秩序、公平、稳定、主动、团队，除主动与团队，大部分将不再适用。
3. **网络经济：**将成为主流，电子消费者将跨越年龄差距而整体成长。

而所谓的“两义”代表的是两个主义潮流：个人主义及社群主义。

1. **个人主义：**消费者的个人偏好、购买习惯、价格制定将受到重视。大量制造消费的时代将逐渐远离。“产品品牌”将会被“个人品牌”所取代。
2. **社群主义：**沟通是人性的本质，知识分享是人类的天性，未来将会以“合作和社群”的方式运作。利用社群释出知识，鼓励分享的组织，才能取得领先的机会。

三、顾客经济

顾客导向经济的三大法则：

1. **顾客取得了控制权：**他们开始重塑商业的面貌，并改变了产业的结构与游戏规则。企业再也无法完全掌控自己的命运。由于网际网络以及移动商务的发展，顾客现在可以随时随地与企业做生意，当然，竞争者也是如此。通过电子化的方式，顾客可以随时随地与企业互动。顾客催促企业加速采用新的信息科技好让他们更方便。一旦顾客导向的力量开始推动，产业中的参与者别无选择只有接受。顾客开始要求企业改变定价、分销渠道，以及设计与递送产品或服务的方式。企业无法拒绝，而顾客也晓得自己拥有这样的权力。无法符合这些顾客期望的企业很快就会被淘汰出局。
2. **只有顾客关系**（现有的以及未来的顾客关系）**代表一切：**与顾客建立又深又广的关系，这就是企业的顾客特许资产，将决定企业的价值。由于顾客取得了控制权，顾客将改变曾经所熟悉的经济面貌。企业的价值将掌握在顾客手中，而顾客特许资产（customer franchise）将变成企业最急迫需要取得的资源。
3. **顾客经验至关重要：**顾客与品牌互动的经验将决定他们的忠诚度，因此企业应建立并维持顾客所喜爱的消费经验。顾客经验是构成品牌认同（brand identity）的要件，但建立品牌可不只是大力推广企业的商标而已，而是伴随品牌出现时，顾客获得了什么样的经验，包括电话交谈、光临店面、浏览企业的网站、阅读企业的电子邮件或是使用企业的产品。现今顾客的要求越来越严格，顾客期待企业能够在所有渠道上提供一致的品牌体验，不论是企业直接互动，或是通过分销渠道（例如零售商、经销商或经纪商）。顾客希望对于高价值的产品与服务拥有高品质、可预测的使用经验。

旧经济与顾客经济的主要差异如表 10-1 所示。

表 10-1 旧经济与顾客经济的比较

旧经济	顾客经济
以企业的产品为中心	以顾客的需求与欲望为中心
着重可获利的交易	着重顾客终身价值
主要追求财务计分卡	主要追求平衡计分卡

续表

旧经济	顾客经济
重视股东	重视内外顾客
经由广告建立品牌	经由顾客体验建立品牌
着重网罗新顾客	着重留住老顾客

企业组织形态的彻底调整——从以企业的产品为中心（product-centric），转换到以顾客的需求为中心（customer-centric），如图 10-3 所示。

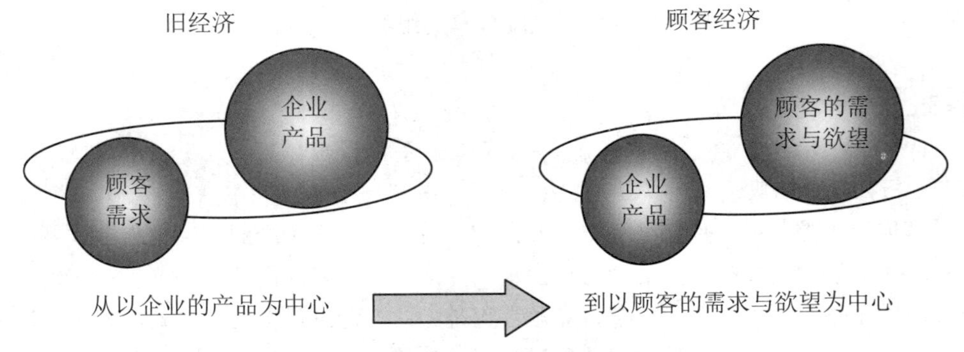

图 10-3 旧经济与顾客经济

从重视市场占有率移转到重视顾客荷包占有率。以往企业着重在市场占有率的极大化，它所强调的是企业角度下的“商品”。不过在顾客经济时代，企业着重的不再是产品的市场占有率，而是以顾客为中心，思考如何提升“顾客的荷包占有率”，如图 10-4 所示。

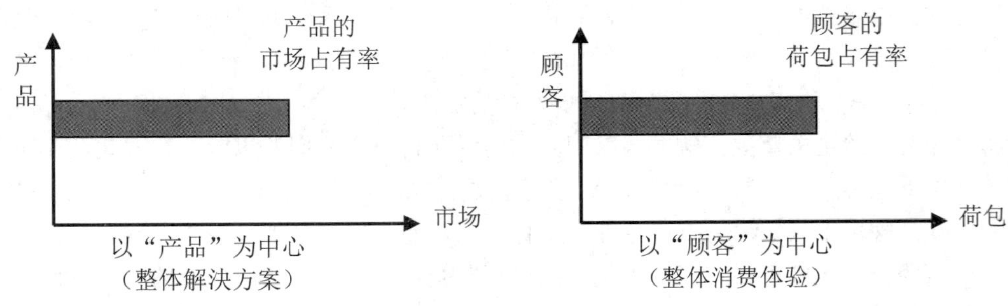

图 10-4 产品市场占有率与顾客荷包占有率

四、知识经济

1996 年经济合作发展组织（OECD）发表“以知识为基础的经济”（The Knowledge-based Economy）报告，自此知识经济的理念广受国际社会的高度重视。“以知识为基础的经济”这个术语的出现，显示了人类对于知识与科技在经济成长中所扮演的角色，有了更充分的认知。知识蕴含于人力资本与科技中，向来处于经济发展的核心地位。知识经济是建立在知识与信息的生产、扩散与应用之上的经济。

五、网络经济

有效网络循环

网际网络的兴起，促使电子商务产生了一个有效网络循环，如图 10-5 所示。有效网络循环是具有正向回馈的系统。每一个要素依赖另一种要素而快速发展。尽管缺乏明确的商务经营模式，消费者与企业仍都感到必须参与这场盛事，并做出贡献。

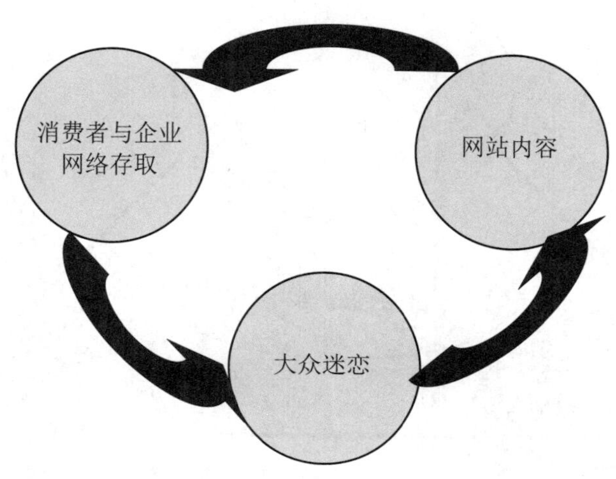

图 10-5 有效网络循环

资料来源：修改自 Ward Hanson（2000）

有效网络循环的核心是大众的迷恋。大众迷恋这种科技，于是企业发现这个机会，急忙建立新的产品与服务，吸引了媒体报道，又让更多人更多企业参与，提高了这项科技被采用的速度，远远超过没有回馈回路情况下的步伐。

三个主要网际网络应用阶段

Ward Hanson（2000）认为有三个主要的网际网络应用发展阶段：

1. **线上展示阶段：**对所有参访者展示相同的网络信息，它就像线上报纸或线上杂志一般，并带有通过超链接而查询的材料。此阶段，网站包含无数图画、声音、影像，设计与图形很吸引人，但网站与参访者之间缺乏互动，因为信息是静态的。信息单方面从网站流向参访者，唯一的互动是点击动作下的超链接。
2. **网页数据库阶段：**此阶段将线上展示阶段的展示能力与回应参访者互动的能力结合起来，提供数据查询，并通过网际网络提供于网络上买卖商品与服务的电子商务，许多基本的电子商务经营模式在此阶段成形。
3. **个人化阶段：**动态建立迎合个人需求的网页，它超出了问答式互动对话，进而主动预测参访者的选择，提出可能的解决方案。这个阶段是最具有挑战性的，除了需具有第一阶段与第二阶段的能力之外，网站必须能够识别每一位参访者，进而有适当的回复能力。

数字聚合——新的聚合产业

网际网络的兴起带来数字聚合（digital convergence），也就是过去一向分明的产业界限渐渐被合并，其中最重要的三个汇集产业是计算机、电信和内容产业，如图 10-6 所示。计算机产业：包括计算机硬件、计算机软件、计算机服务，它是这个数字聚合体中最大的部分；电信产业：包括电话、电报、卫星、有线网络、无线网络等，是整个数字化的基础；内容产业：包括出版、娱乐、信息、线上服务等，是数字聚合中吸引大众的主体。

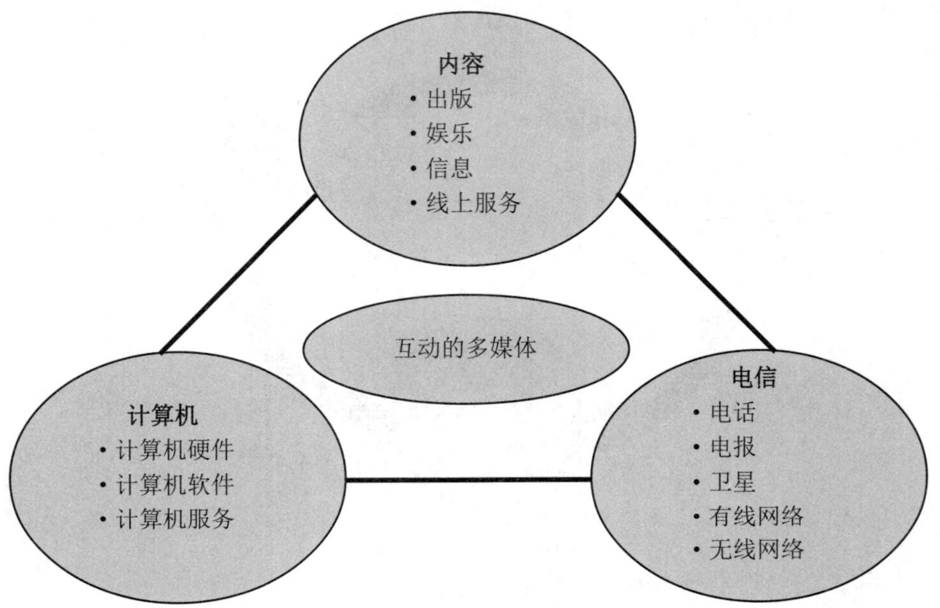

图 10-6　数字聚合——新的聚合产业

资料来源：修改自 Ward Hanson（2000）

在数字聚合下，跨产业合并成为趋势，例如：

1. 时代公司与华纳传播公司合并为时代－华纳公司。
2. 内容：时代杂志、HBO、华纳兄弟电影、电视。
3. 电脑与线上服务：Road Runner 与微软等合资。
4. 通信：时代－华纳有线。

十年后旧媒体已经开始过时，除非与任何“.com”相关，否则即可能被淘汰。问题来了，那么在数字世界中，营销应如何进行：

1. 确认营销流程。
2. 将数字化进程带入营销流程中。
3. 重新设计营销流程，以利用其数字化能力。

六、网际网络对商业活动的冲击

营销因网络而改变，但是网络改变的却不只是营销而已，企业的经营者与高层主管绝对不能不重视网际网络所带来的冲击。网络对商业活动的影响表现在以下几个方面。

1. **对“营销管理”方面的影响**
   - 营销极致：一对一营销（直复营销）。
   - 从大众营销到个人化营销。
   - 顾客关系管理（CRM）思维与自助式服务。
2. **对“生产管理”方面的影响**
   - 从预测式生产到接单式生产。
   - 上、中、下游整合——供应链管理（SCM）与协同商务。
3. **对“人力资源管理”方面的影响**
   - 员工由劳力工作者转换为知识工作者。
   - 线上学习（e-Learning）与知识管理（KM）。
4. **对“财务管理”方面的影响**
   - 由传统付款转为电子支付。
   - 金融商品多元化与网络化。
5. **对“组织结构”方面的影响**
   - 数字化转型与虚拟组织。
   - 创新的经营模式。

10-2 网络营销的含义

一、营销的定义

美国营销学会（American Marketing Association，1985）认为：营销的主要目的在于把生产者所提供的产品或服务，引导至消费者手中。Kotler（1998）认为：营销是一种社会性及管理性的过程，而个人与群体可经由此过程，通过彼此创造及交换产品与价值，以满足其需求与欲望。

总而言之，营销是一种转移的过程，通过规划与执行，将有形的产品、无形的服务与创意予以交换 / 交易，以达成满足顾客的需求与欲望的目的，因此营销具备下列四个要素：

1. **主体**：至少有两个以上的个人或群体，如生产者、消费者。
2. **客体**：有形的产品或是无形的服务、创意。
3. **过程**：定价、计划、推广、服务与分配等整体性的企业活动，为一种社会性及管理性的过程。
4. **最终目的**：满足顾客的需求与欲望。

二、营销的效用

一般而言，营销具有如下效用：

1. **形式效用（form utility）**：生产者将各种不同来源的原物料加以转换，形成另一种形式的产品，而创造出的效用。

2. **地点效用（place utility）**：由于生产者与消费者之间存在着地理区隔，因此营销人员通过营销活动，来调整因地理区隔的空间因素所造成的供需失调，而创造了地点效用。
3. **时间效用（time utility）**：由于生产者与消费者之间存在着生产与消费时机的不同，因此营销人员通过营销活动，来调整因生产与消费时机不同所造成的供需失调，而创造了时间效用。
4. **信息效用（information utility）**：由于生产者与消费者之间存在着信息的落差，因此营销人员通过营销活动，来调整信息落差所造成的供需失调，而创造了信息效用。
5. **价值效用（value utility）**：由于生产者的生产成本与消费者获得的效用之间往往不会相等，因此营销人员通过营销活动来强化这两项的距离，而创造了价值效用。
6. **所有权效用（possession utility）**：由于生产者与消费者之间存在着所有权的差异，因此营销人员通过营销活动，来调整所有权的差异所造成的供需失调，而创造了所有权效用。
7. **数量效用（quantity utility）**：由于生产者与消费者之间存在着数量的差异，因此营销人员通过营销活动，来调整大量生产与小量消费间的数量差异，而创造了数量效用。
8. **组合效用（merchandising utility）**：由于生产者与消费者之间存在着产品组合的差异，因此营销人员通过营销活动，来调整产品品类的组合的差异，而创造了组合效用。

三、营销观念的演变

随着时间与价值创造焦点的转移，营销学演进经历了从最早期的生产观念、产品观念、销售观念到后续的营销观念，乃至社会营销观念的发展历程。

生产观念

早期的生产者通常只为自己或是亲朋好友制造产品，所进行的交易也完全是以物易物的方式。因此当环境无法允许以物易物时，则会进入单纯交易时期，亦即这些家庭单位将他们所剩余的产品销售给地区性的中间商，中间商再将这些产品销售给其他的消费者或其他的中间商，直到工业革命才使单纯交易有所改变。

因此，在 1850 年代至 1920 年代这段期间内，企业以“生产导向”为主要的营销哲学。这是由于 19 世纪下半期，工业革命的发生使得美国产生了全面性的转变，例如随着科技的创新、运用劳动力方法的改变、产品大量生产及大量倾销市场等，皆促使市场中的消费者对于产品具有相当强烈的需求与欲望。所以，生产导向的哲学是假设消费者会接受任何便利、价格低廉、愿意且有能力买得起的产品，因此企业以追求生产及分销的效率为主要的任务，管理者将注意力集中在生产程序的改进，以及分销方式的创新，以满足消费者。所以，生产导向主要发生在两种情况，分别为“需求大于供给”——管理当局集中精力来增加产量；“生产的成本相当高”——企业必须不断提高生产效率以求降低成本，亦即销售得多，成本也就更低。

产品观念

产品观念仍延伸于生产观念，认为企业的主要任务在于制造产品，因为只有制造产品才对市场大众有利。产品观念假设消费者会选择品质、功能与特色等产品特性较佳的产品，因此企业应该不断地致力于改善产品，亦即企业只要能生产出较好的产品，就不怕顾客不上门，所以产品导向的企业常常忽略顾客真实的需求就开始设计其产品，此外，也不会注意到竞争者的产品，容易产生“营销近视症”，因为产品导向的企业太重视产品本身，而忽略了市场真正的需要。

销售观念

销售观念起始于1920年代，由于1920—1930年间正是美国逐渐发生经济大恐慌的时期，因此消费者对于产品的强烈需求逐渐衰退，致使企业界开始意识到产品必须卖给消费者，所以销售观念主张的企业主要任务在于刺激潜在顾客对于现有产品或劳务的兴趣，因为销售观念乃假设顾客对购买都有惰性或抗拒，除非企业极力推销及促销，否则消费者将不会踊跃购买企业的产品，因此，销售观念的目的在于销售其所制造的，而非制造他们能销售的新产品。故自20年代中期到50年代，企业界以竞争的观点来考虑营销目标，视推销为增加利润的主要手段，因为营销人员相信人员销售及广告是最重要的营销活动。综合上述，企业为拓展市场，必须追踪可能的购买者，并且施展各种销售技巧，向他们灌输产品的种种优点，以促进顾客购买产品的欲望。

营销观念

销售观念于1950 年代宣告结束之后，许多企业发现虽然可以更有效率的方式生产产品，且人员推销及广告活动也做得比以前更好，但却不一定能带来大量的销售业绩，因此企业界开始认为必须要能了解顾客真正的需求，才能生产出符合顾客要求的产品，以满足顾客，进而提升销售绩效。所以营销观念主张欲达成企业目标，关键在于探究目标市场的需求与欲望，然后使企业能较其他竞争者，以更有效果且具效率的方式满足消费者的需求。在此时期内，企业为满足顾客的要求，必须将研究发展、采购、生产与销售的功能予以结合，所以产生了营销部门，因此在营销观念时期，所有的营销活动皆在营销部门的控制之下，以增进短期政策规划的效果。由于市场竞争激烈，消费者早已成为营销的重点，因此企业的主要任务在于决定目标市场的观念、需求、欲望，并从事规划、传播、定价、运送适当且富有竞争力的产品或服务，以满足顾客，故此时期亦被称为“顾客导向”。

社会营销观念

社会营销观念有3个基本的考虑因素，如图10-7所示。

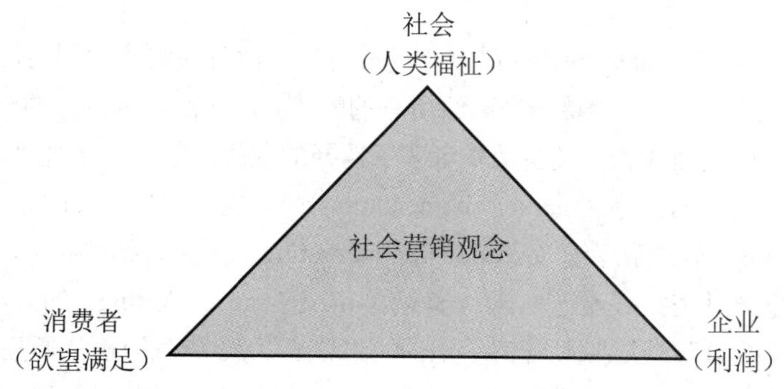

图10-7　社会营销观念的3个基本考虑

资料来源：G Armstrong , P Kotler. Marketing: An Introduction, 5th ed. Upper Saddle River, NJ: Prentice Hall, 2000: 21.

社会营销观念是指企业的要务是要决定目标市场的需求、欲望以及利益，以期能较竞争者以更有效率的方式提供目标市场所要的产品与服务，以求同时能兼顾消费者及社会的福祉，亦即不只是追求企业与顾客的权益，同时亦在满足社会对于企业的期望，所以社会营销同时兼顾短期消费者的欲望、需求与长期消费者的福利。在社会营销观念基础下，企业的任务在于决定目标市场的需要、欲望与利益，并在维持与促进消费者与社会福祉的前提下，以较竞争者更为有效的方式，提供目标市场所欲求的满足。因此，在此时期内，企业除了仍维持短期的营销规划外，还扩增至长期计划的拟定，因此可知营销观念也引领了全企业的活动，可称之为营销企业时期。

此外，根据 Ward Hanson（2000）的观点，营销观念自 20 世纪以来，为了顺应不同的环境，经历了生产导向的大量生产、销售导向、品牌管理，以及现今的顾客关系管理，因此在上述 4 个阶段中，产品种类、市场规模、竞争工具、主要科技与衡量标准这 5 个方面各有所不同，见表 10-2。

表 10-2 营销各阶段与趋势

	生产导向	销售导向	品牌管理	顾客关系管理
产品种类	单一产品	一到少数	少数到许多	非常多
市场规模	尽可能大	全国到全球	全球 目标市场细分	全球 个人化
竞争工具	价格 制造	价格 渠道 广告	定位 品牌 产品特征	品牌 定制化 易用性 双向沟通
主要科技	大量生产 运输	广播 电话	电视 大型计算机 数据库 后勤补给	电视 数据库 电子邮件 网际网络
衡量标准	生产成本 总量	利润 市场占有率	市场占有率 品牌权益	品牌认定 顾客自身价值

资料来源：修改自 Ward Hanson. Internet Marketing. 2000:21.

1990 年代初期是大众营销（mass marketing）鼎盛的时期，此时的销售者利用规模经济的生产方式，大量生产、大量分销及大量促销单一产品给所有的购买者。然而随着时间的演进、市场的扩大、广告媒体与分销渠道的迅速成长，使得消费者多了选择的空间，故开始重视“品位与格调”，致使大量营销走入历史，而市场细分（market segmentation）、数据库营销（database marketing）、直复营销（direct marketing）与关系营销（relationship marketing）等观念相继而生。

再加上近年网络科技的发达，延伸出一对一营销（one-to-one marketing）的观念。由此可知，随着时间的演变，“顾客导向”已是现代营销手法的不二法门，营销路径也从原先“由内而外”转变为“由外而内”，因此产品必须按照顾客的需要来制造与改良。所以在信息不断发展与社会日渐多元化的形势下，营销人员在市场细分层次的选择上，也已经由过去的大众营销、区域营销，逐渐地朝向个人化营销。图 10-8 就表现出网络营销来自营销、科技、经济学等 3 方面的影响，并且具有通过数字化、网络化和个人化增强的趋势，转变成企业用来预见和了解网络营销活动、策略、商机的架构。

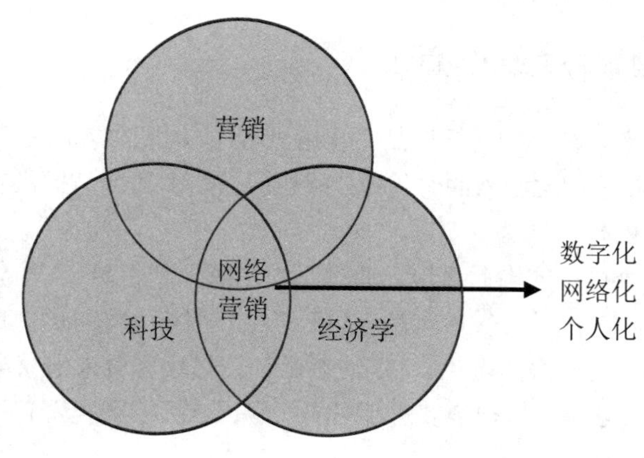

图 10-8　网络营销构成要素

资料来源：修改自 Ward Hanson（2000）

三、网络营销的定义

简单来说，网络营销 ＝ 互联网络 ＋ 营销活动 ＋ 管理活动，如图 10-9 所示。

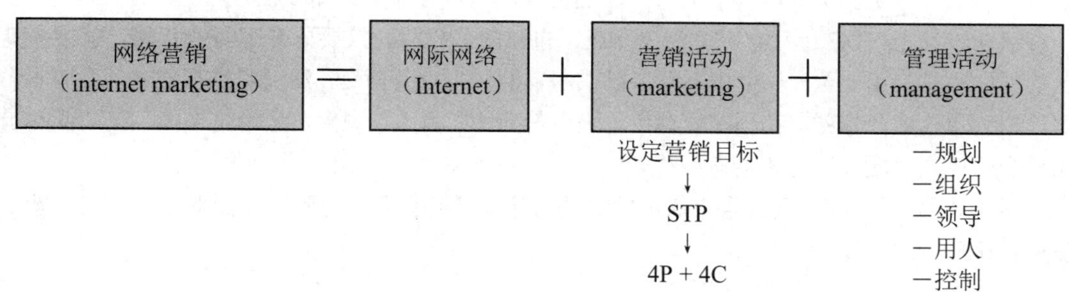

图 10-9　网络营销的定义

近几年来，随着网络科技的成长，营销实务上也出现了革命性的改变。因为网际网络本身具备即时性、互动性、跨域性、连接性、定制化及多媒体等特性，所以网络本身不仅对于传统产业的商业活动产生戏剧性的变革，同时也对于顾客与企业之间的关系产生微妙的变化，例如网络时代的消费者与生产者可借由网络直接接触、沟通、购买，使得传统中间商被取代，甚至造成“去中间化”的现象。全年无休、不受地域国界限制的网络市场，将替买卖双方营造可观的市场商机，不管是现在还是未来，网络商业行为或是其他 e 时代的活动将会越来越普及化。

网际网络营销是一种互动式营销，其通过网际网络的应用，提供顾客相关产品与服务的信息，甚至让顾客参与整个策划流程，以维持顾客并促进与顾客间的关系，所进行的营销活动过程。因此可以了解到网络营销并非推翻传统的营销观念，而是与传统营销相加相乘的观念。

五、营销趋势的演变

由产品导向营销到顾客导向营销

过去我们往往把重点放在“如何把产品销售给顾客”，对于顾客而言，提供给他们良好品质的产品就足够了，但是在竞争如此激烈的时代中，顾客面对众多的产品提供者，于是他们更在意自己的想法与意见是否被重视。

网际网络提供了一个很好的沟通渠道，通过不受地域限制、24 小时全年无休的计算机网络，可搜集消费者的意见，作为产品开发的参考。LG 曾经在网络上举办的“LG 梦想树”活动就是一个很好的例子，为了解当地顾客的意见，LG 通过活动搜集顾客对未来家电的看法，网友可栽种自己的梦想树，包括五大类家电，每一个梦想都可得一颗果实，不同类别有不同的颜色，使整棵梦想树更为缤纷。

如果想要让自己的梦想树长得更好，可以请朋友给自己的树“爱的鼓励”，浇水长叶子，施肥长花朵，日照让叶片换个颜色，造成以一传百的扩散效果，让参加的人“自助”也“助人”，为了让参加的会员继续保持黏性，每位用户每天都有一次鼓励别人的机会，核爆式营销的威力，可从人气排行榜中的第一名拥有近 5000 人次的鼓励得知。

LG 梦想树的页面视觉效果十分赏心悦目，更让人莞尔一笑的是树旁的土拨鼠，可爱的模样讨人喜欢，会在浇水时撑着雨伞，施肥时钻地挖土，日照时带个太阳眼镜，有些网友更以“土拨鼠很可爱”为昵称，证明在进行网络活动时，适当的互动接触点是非常重要的。

在活动设计上，LG 让大家有机会公开展示自己的梦想树，只要再许下新的梦想，就会在梦想总览的页面中排列第一位，如果找不到自己或朋友的树也没有问题，活动提供搜索功能，输入昵称就可以找到想找的梦想树，在程序设计上，采用最新的“基因”观念，无论是果实、花朵或叶子都会在适合的地方出现，同时不会有两棵长得完全一样的梦想树，颇见设计者之巧思。

此活动共得到 4000 多条对未来家电的看法与建议，而企业所得到的正面形象与网友好感度的增加更是无形效益。

从在乎价格到重视价值

如果产品只能以价格为差异化的策略，除非能找到降低成本的好方法，否则永远陷入薄利的泥沼。不能忽略消费者的购买能力，以往会认为“名牌”只是金字塔顶端人士的专属，但现在只要走在街头，应该不难发现年轻女孩身上背的皮包，手上拿的手机都是名牌商品，因为对他们而言，价格已不是太大的问题，为了产品所带来的价值，可以节省其他开支，或是辛苦地打工以换取心目中的理想产品，从价格到价值，企业必须重新检视目标对象的设定是否正确。

网际网络提供了搜集与传播信息的良好场所。买不起新品吗？没问题，网络拍卖就可以解决难题。有旧货难以处理吗？原本该进垃圾场的黑胶唱片可以千元卖出，发霉的三明治因为出现圣母玛利亚的神像，而在拍卖市场以近万美元售出。在网络上，价格与认知之间的差距，只能以“价值”来说明了。

传统渠道到虚实整合的多元化渠道

营销理论中，为了创造效能及提升效率，制造商会将商品顺着流通体系由上往下流动，由制造商流向批发商，再由批发商流向零售商，最后再由零售商流向消费者，在渠道方面就有直接与间接渠道、单一与多重，还有传统营销渠道与垂直营销系统的不同。

在网络时代中，渠道更为多元化，虚实合一的销售方式，为消费者带来了便利，也增加了购买意愿。例如统一集团投资博客来网络书店，消费者在网络上买书，可选择在距离自己最近的7-ELEVEN 取货付款，“最后一里”（last mile）的竞争是如此重要，谁最接近消费者，就有可能向同一个消费者卖出更多的商品。而与消费者最没有距离的网络，就扮演着提供信息、货比三家不吃亏的最佳工具。

从单向推广到双向沟通与顾客共创价值

过去所使用的推广工具大多是单向式的，广告、公关、促销活动、直复营销大多以单向式的信息沟通为主，虽可与顾客互动，但接触成本过高，也难有长时间的观察与关心顾客所需。以前强调的市场占有率是尽可能将产品卖给更多的顾客；但是现在各行各业都重视顾客占有率，尽量增加每位顾客的消费额，让他对你的产品有忠诚度，使顾客的价值从单项产品转化为终生消费力，也就是一般所称的“顾客终生价值”（customer lifetime value）。但要做到这点，就不得不借助数字科技的力量了。

顾客永远是最重要的，以顾客的终身价值来看，企业是否能提供个性化的服务，是让顾客产生忠诚度的原因之一。让顾客自助，更可以运用在营销活动策略中，顾客因为自助而产生的影响层面，共有下列 3 种层次：

1. **顾客自助：**清楚的人机界面，使顾客可以自由地使用服务，顾客可自己决定需要何种规格的产品。
2. **顾客自动帮助其他顾客：**许多社群网站，推出同学会或社群单元，由具有忠诚度的网友担任会长或社长，回答问题或组织同种喜好的团体，进而形成一种对企业有帮助的次文化，就是其中一例。
3. **顾客成为宣传者：**忠诚顾客不但自己参与，还邀请朋友加入，借由口耳相传，拉进更多的顾客，是一种关系的自然强化功能，这样借由次文化团体的传递，自然也少了营销色彩，顾客也容易卸下消费武装。此时，适当的奖励与回馈，是必要的。

以数字科技创造新价值曲线

掌握顾客行为，与顾客共创价值，自然产生良好的互动，就像多年好友或不会变心的亲密爱人一样，巩固彼此信任与持续的关怀，那么关系就会凌驾于品牌忠诚之上。企业与顾客的多元互动可以顾客价值摩天轮来说明，这些要素就如同坐摩天轮一样，有时在顶端，有时会下降，这是一个轮转循环的概念，各要素均不可或缺。

网际网络可助企业一臂之力，打破产业既有成规，改变游戏规则，创造新的营销空间，使产业竞争变得与自己无关，只要支力点得当，一只手指也可能把地球举起来。

企业可先检视自己的核心资源与能力，避免产生类似人力资源管理的“彼得现象”（由于能力及时间限制，无法胜任工作），或过度陷在“黄金牢笼”（固守自己原本的专业），以更开放的视野，抓住顾客，迎接 21 世纪网络与通信的挑战。

10-3 传统营销模式与网际网络营销模式

在网际网络（internet）这个虚拟国度，连产业游戏规则也虚拟化，网络世界中既无实际管理者亦不属于任何人，传统的营销方式已经无法满足这种虚拟且难以掌握的环境。网际网络在企业策略上的运用，可以改变企业与顾客的互动关系、使产品与服务更符合顾客的需求、可缩短新产品与服务推出的时间、使支付系统更有效率、可以降低企业的广告成本，可帮助企业提供多项营销功能。网络营销并非推翻传统营销的观念，其最基本的特点仍在于营销概念、营销策略以网络化或数字化的方式思考，是一种与传统营销相加相乘的概念。我们可从传统营销市场细分（S）、选择目标市场（T）、市场定位（P），产品策略、定价策略、分销策略、推广策略、品牌策略等方面来比较网络营销的各项活动（见表 10-3）。

表 10-3 传统营销与网络营销的比较

比较项目	传统营销	网络营销
市场细分（segmentation）	区隔复杂	网络区隔明确
选择目标市场（targeting）	目标复杂	1. 对利基市场强化其互动性及社群性 2. 有助于一对一营销的理念
市场定位（positioning）	定位复杂	1. 产品定位更清楚，回馈也更明确 2. 有助于发展大量顾客化产品 3. 适合个性化服务性产品
产品（products）	消费性产品为市场主流	1. 增加具有如资料性、软件性、服务性、媒体性、非实体性产品的销售机会 2. 规格化、不变质的产品为理想的网络产品 3. 服务性商品、金融商品与信息产品将成为明日之星
定价（price）	价格受中间商及关税影响较大	无关税、降低中间商成本、降低营销成本、价格弹性化
渠道（place）	空间成本高，包括租金、渠道空间费用	虚拟化、无空间、无租金、低成本、全球化、虚拟渠道、无仓储、无库存
促销（promotion）	偏重单向营销，传播成本极高	1. 双向互动 2. 可提供充分的销售信息、兼顾迅速及信息完整性、24 小时多向互动营销，成本低 3. 全球化及跨国活动成本低
品牌（branding）	品牌价值已普遍受到重视，但仍因产品种类而有差别	1. 虚拟世界非实体的特性，强化了品牌价值的重要性 2. 网站界面设计水准与品牌形象息息相关

在网际网络上从事营销活动，将有别于传统的店铺营销方式，不管是从传播媒体的角度来看，如整合文字、影像、声音、动画等动态资料呈现的营销手法，还是从经营角度切入，如虚拟商店的形式、组织结构的扁平化、办公室生态的转变、跨越时间与空间的障碍等，都显示出它们之间的差异，至于在营销方面，由于网络营销的特性是将渠道与媒体两者合而为一，而且网络营销的广告方式不仅可以提供大量的信息，而且还可以将广告化主动为被动，使顾客不再是一味地接受所有广告，

而是可以随意选择个人感兴趣的广告，更进一步深入了解。故网际网络不同于传统大众传播媒体或是小众传播，为一种可以个人化的大众传播工具，顾客可自主决定是否接受传播信息，也可根据需要主动选择或浏览信息。因此，广告媒体的整合、交易形态的转变、新的营销渠道等都是有可能发生。信息时代的营销方式，相较于传统资本主义大量生产模式下，所强调的“大众营销”（mass marketing）观念，具有差异性存在，故分别针对传统营销模式与网络营销模式加以比较，予以说明。

传统营销模式

如图 10-10 所示，基本上，传统营销模式是根据整体企业策略（愿景、使命、目标、目的）下的业务组合，所发展出来的营销目标为出发点，经由 STP（Segmentation，Targeting，Positioning）、4P（Product，Price，Place，Promotion）以锁定目标市场。

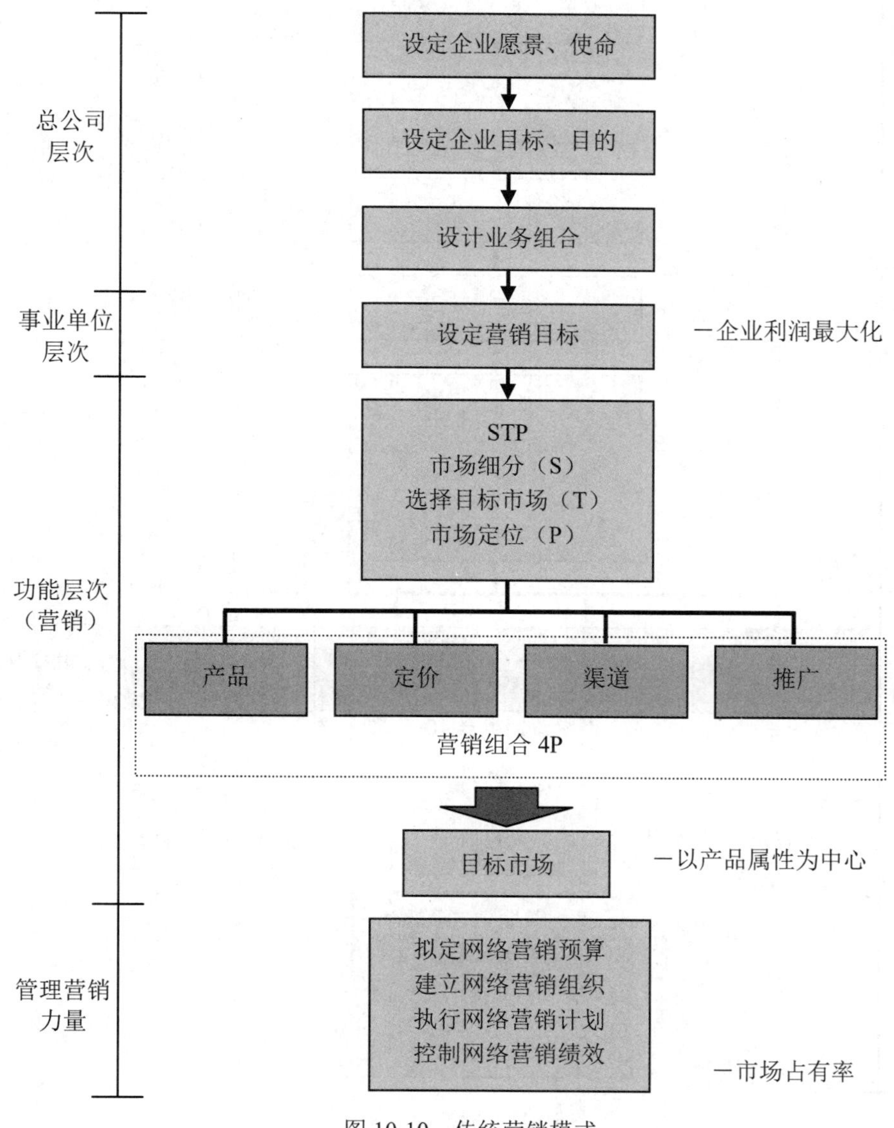

图 10-10　传统营销模式

传统营销模式是以 STP、4P、品牌建立（Branding）与整合营销为主要概念，因此传统营销模式在产品本质上是以消费性产品为主流；价格易受到中间商及关税的影响；渠道成本昂贵；在推广活动上较偏向单向营销手法，所以传播成本极高；在市场细分、定位上皆较复杂。

传统的营销模式具有单向式、间接性、多阶层的性质，因此为了传达产品信息与相关活动内容，多是采用广告传单、媒体广告、户外活动广告等，以达到与顾客接触的机会。但因为企业与顾客之间存在着许多中间商，因此企业却很难掌握顾客的反应，甚至需要花费庞大的营销预算支出，以通过多层中间机构获得顾客的回馈。

网络营销模式

网络营销模式如图 10-11 所示。

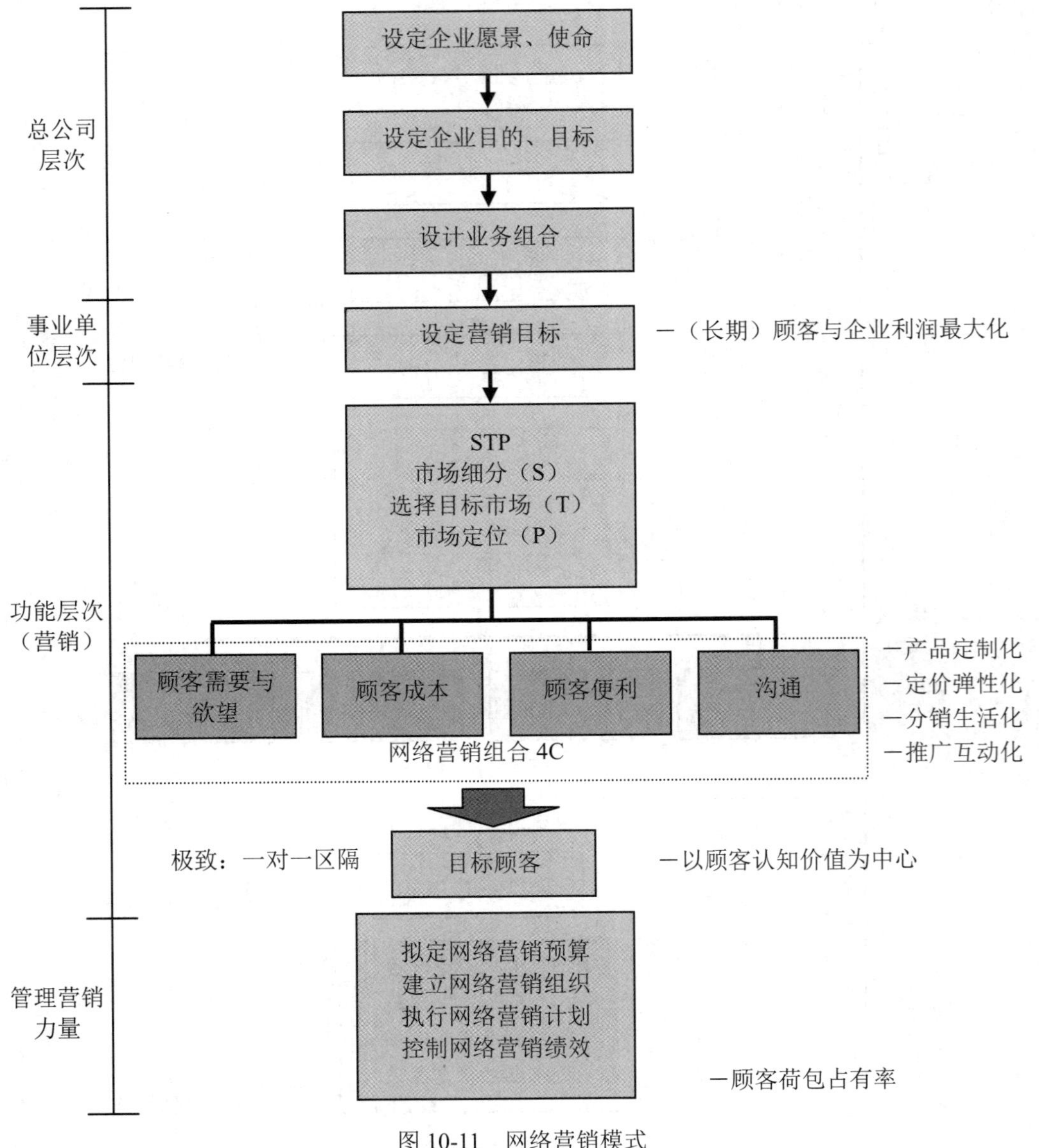

图 10-11　网络营销模式

网络营销是采用直接瞄准的方式，将特定的营销信息传达给特定的顾客，包括通过丰富的数据库内容分析，辨识线上消费者的行为模式与偏好等。所以网络营销模式在产品市场上以服务性、金融或是信息产品为主流；在价格方面，由于无关税、降低中间商与营销成本以及具有价格弹性，价格远比传统较低；在渠道方面，为虚拟渠道、无仓储、无库存、租金成本低；在推广方面，提供销售信息、兼顾迅速及信息完整性、24 小时多项互动服务等。此外，网络为整合渠道与媒体性质的新媒介，所以不仅一方面能通过网络营销的广告方式来提供大量的信息，另一方面能化被动式广告为主动，使顾客不再是单方面的信息接收者，因为借由选择个人感兴趣的广告，能回馈个人喜好的信息给厂商，亦即新形态的营销沟通模式也可提供虚拟的、多对多的及以电脑为媒介的沟通环境，让顾客与企业进行信息的交流。顾客一方面可与企业沟通，另一方面也可与其他的消费者交换意见，因此信息内容将不再局限于由企业所提供，顾客也是信息的提供者之一。所以，在网际网络的协助下，已从原本的单向沟通，转变为双向沟通的形式。

10-4　网络营销的活动

第一代的电子商务（e-Commerce）就好像淘金热一样，许多新的电子商务产业与新的电子商务企业如雨后春笋般兴起，但经过泡沫化的洗礼，只有少数几家企业生存了下来，如亚马逊网络书店（Amazon）、电子海湾（eBay）等。现在进入了第二代电子商业（e-Business），这是网络营销人员应该回归传统寻根，进行周详规划的时代，企业必须借助新的规则、新的工具，应用到网络营销实务之上。

1990 年代末期，借着“遥控器”不断转换电视台的频道，消费者已经逐渐取得控制权，现今又从“鼠标”中取得了网络生活的主控权。

一、网络营销的新规则

网际网络的兴起，改变了商务活动的游戏规则。企业经营必须配合外在环境变化，与本身条件能力的消长，不断调整其经营模式，方能确保企业的长期获利与成长，如表 10-4 所示。

表 10-4　网络营销的新规则

1. 由供给面经济转变成需求面经济	6. 市场重建
2. 全球性	7. 产业标准之争
3. 速率日增	8. 产业疆界模糊
4. 无限虚拟	9. 顾客知识极为重要
5. 时间调节	10. 智慧资本统御一切

1. **由供给面经济转变成需求面经济：**实体世界讲求的是供给面的规模经济（supply-side scale economy），也就是当生产数量（规模）越大，则越有经济效益。数字世界讲求的是需求面规模经济（demand-side scale economy），也就是用户越多，则越有经济效益。
2. **全球性：**网际网络的全球性是指网际网络可将世界扩大和缩小的能力。它能扩大这个世界，是因为世界上的任何人于任何地方所生产的产品与服务，可能被世界上任何人

在任何地方取得。它能缩小这个世界，例如在甲地的一个工程师并不需搬至乙地才能在该地工作。而乙地的软件开发人员也能撷取世界各地的程序撰写技术。

3. **速率日增：**根据摩尔定律（Moore's Law），计算机的处理运算能力在成本不变的情形下，每 18 个月增加一倍；同样的，相关存储装置以及网络科技的发展，也会以相类似的速度持续进步。
4. **无限虚拟：**也因为这样的科技发展的速度，消费者常认为他所使用的科技让网际网络具备了无穷的虚拟扩充能力（每个网络使用的设备都可以成为网络的一部分）。值得注意的是，目前网际网络（Internet）仍是个看得到、听得到，但摸不到、闻不到、尝不到的世界。虽然理论上，虚拟实境可以使网际网络上的事物看起来十分真实，但是目前仍有它的局限。
5. **时间调节：**即缩减或扩大时间的能力。
   - 立即（right now）——缩减时间——同步。
   - 任何时间（any time）——扩大时间——异步。
6. **市场重建：**网际网络与电子商务正在改写市场的定义，没有人能够像过去一般，可以明显看出市场的样貌，现今的市场是动态的，每分每秒都在改变。
7. **产业标准之争：**在网际网络上，产业讲求的是“关键多数”，要达到这个关键多数，必须先占有产业标准，否则一切免谈。
8. **产业疆界模糊：**根据网络产业报告，上网人数每天都不断地增长，上网企业也不断地在成长，每分每秒都在扩大产业疆界，而且虚实整合趋势下，外显供给增加，到处都是竞争者或潜在竞争者。
9. **顾客知识极为重要：**在由供给面经济转向需求面经济中，最重要的关键就是顾客知识，未来企业最重要的资产将不再是土地、劳力、资本，而是顾客知识。
10. **智慧资本统御一切：**拥有顾客知识虽然重要，但更重要的是，具备高度的营销理解能力与营销操纵能力的智慧，才能将“智慧财产”转换成利润。

二、网络营销的效益

一般而言，网络营销对消费者可以提供如下利益：

1. **不受时间限制的消费方式：**网际网络提供 24 小时的消费环境，消费者可以在任何时间进行消费。
2. **不受地点限制的消费方式：**网际网络提供全球化的消费环境，消费者可以在任何地点，只要能够上网都可以进行消费。
3. **信息充足：**在一个交易行为中，参与者对相关市场上的信息取得处于不平等的地位，称为信息不对称（information asymmetry）。而网际网络可以提供更为充足的信息，以平衡买方或卖方的信息不对称。
4. **不受广告及销售人员的影响：**在网际网络上，不同于传统的营销，消费者不会接受到传统电视广告，更不会接触销售人员，因此，并不受广告及销售人员的影响。

而网络营销一般对企业而言，则可以提供如下好处：

1. **市场得以延伸：**网际网络全球化的特质，任何网络上的企业基本上都是全球化的企业，因此市场没有国别之分。

2. **不需通过分销商就可以降低渠道成本：** 网际网络的去中间化特质，提供企业不需通过分销商就可以直接接触消费者的机会，可以降低渠道成本。
3. **能迅速反应市场需求，增加产品或改变营销规划：** 网际网络提供的是电子距离，这不同于传统上的实体距离，网络上的每一位消费者与企业的距离是 1 秒钟的电子距离，因此企业能迅速反应市场需求，增加产品或改变营销规划。
4. **能与消费者建立应对式的互动对话：** 网际网络虚拟化、互动化的特质，有助于企业建立线上应对式的互动对话。

若以效率与效能的角度来看，网络营销可为企业带来两方面的效益：

1. **改善为基础的效益——效率：** 属于间接性效益，即借由网络营销以改善企业体质，带来企业形象改善、内部节约、消费者态度改变（更高的顾客忠诚度或更多的消费）等效益，如思科（Cisco）与英特尔。
2. **以利润为基础的效益——效能：** 属于直接性效益，即借由直接在网络上经营业务获取利润，尤其是那些电子商务企业，如亚马逊网络书店（Amazon）。

三、网络营销的 4P 活动

以下说明当今网络营销 4P 活动的趋势：

1. **产品定制化：** 网络消费者整体特征为：高学历，有一定的网络知识，以中青年为主，有一定消费能力，易于接受新事物，对商品求新、求美、求奇，注重个性化，服务周到。网上商场应当针对不同消费需求提供相应的产品和服务，采取一对一营销，争取顾客忠诚度。
2. **定价弹性化：** 电子商务环境下，传统市场中的定价因素因此改变，一是市场的垄断性在减少，企业面对趋于完全竞争的市场，采取价格垄断是行不通的；二是消费者的购物心理趋于理智，网络为他们提供了众多的商品信息，网友可以通过网络科技进行综合搜寻比较。所以网上商场应当在选择定价策略时加强灵活性。
3. **推广互动化：** 网络广告的优势：传播范围广——有互联网覆盖的地区都是广告能传播的范围；形式生动——可利用 E-mail、横幅广告（banner）、网站页面等形式将图片、声音、文件、影像等表达出来；即时互动——即时回馈、信息发送双向交流，使消费者的参与性与主动性加强；灵活性——可 24 小时与消费者保持联系，回答消费者的疑惑，通过网络的浏览记录，经营者可以了解顾客的喜好及特征。
4. **分销生活化：** 进行网络营销时要保证商品在最短的时间内由最近的分销网点送到消费者手中，这一切必须要靠现代化的物流配送体系，目前国际上较为流行的物流配送模式是“第三方物流”（third-logistics），是指由与货物有关的发货人和收货人之外的专业企业，即第三方来承担企业物流活动的一种物流形态。

四、网络营销的误区

1. **网络营销活动的结合：** 门户网站的横幅广告点击率普遍低于 1%。企业本身的营销活动必须与门户网站的相关内容网页相互结合，这种网络营销活动才可能会有比较好的效益。

2. **回归基本面——产品与服务。**假如产品品质不好、网站无法提供良好的顾客服务，很快就会在网络世界传开来。你将会发现活动期间所吸引来的人潮在活动之后很快就离开了。其实在网络上口耳相传的力量才是真正可怕的地方，大过任何营销活动的赠奖威力。
3. **网络营销需要广告营销、工程技术与网络经营三方面同时兼顾。**
4. **要想一夕成功并不容易：**虽然很多人一再编织网际网络的美丽愿景，但要想一夕成功并不容易。各网络业者必须寻找合理的衡量方法，设定一个能逐步达成的目标，时时检验执行的成效并进行修正。而不应当好高骛远，妄想一蹴而就。
5. **网络外部性：**一部电话的价值来源不只是那一部电话，而在于这部电话之外的所有事物（如现在使用的人）。例如 E-mail、MS Office 等也具有相同的特性。
6. **杀手级应用（killer apps）：**科技的变革是指数成长的，社会的变革是渐进的，当落差（gap）越来越大时，便会有革命性的应用，拉近彼此距离，而将实体社会朝技术变革处向上拉近的，就称为杀手级应用（killer apps），例如 E-mail。
7. **网络世界中资源有限——使用者的目光（eye-ball）与时间（time）：**迎合消费者的价值观，就可以赢得他们。但若是侵扰消费者的上网时间（顾客不希望见到你的时间），企业就会失去他们。

10-5 网络营销的策略发展

网际网络相较于大众媒体有两大优势：一是互动性；二是信息搜集能力。因为互动而有关系产生，因为关系而建立社群（community），有了社群因此关系营销（relationship marketing）、口碑营销（mouth to mouth marketing）成为可能；而信息搜集能力可以帮助了解消费者的生活风格及消费习惯，而为其量身定作各式各样的产品与服务，发挥一对一营销（one to one marketing）的优势。

现代营销的核心是以顾客为导向，极大化满足顾客需求。在以网际网络（internet）为基础的网络营销中，能充分利用网际网络的特点，作为企业与顾客间双向沟通的优势使传统营销组合 4P 转化为网络营销组合 4C。换句话说，在顾客导向的时代里，传统营销管理的营销组合 4P（产品 product、定价 price、渠道 place、促销 promotion）应该与衍生自买方观点的 4C（顾客的需求与欲望 customer needs and wants、顾客成本 cost to the customer、便利 convenience、沟通 communication）充分结合，而网络营销的特性正符合顾客需求导向、成本低廉、使用方便、充分沟通的 4C 要求。

此外，网际网络对营销活动将产生巨大的影响，而营销人员将如何有效地应用将是一个重要的考验。Albert Angehrn（1997）提出 ICDT 模式，将网络营销 4P 策略区分为 4 种形态，建议企业应该了解本身的定位进而发展适当的策略。四种形态网络营销组合决策说明如下：

1. **虚拟信息空间（Virtual Information Space，VIS）：**提供一个展示和接近公司产品和服务等相关信息的新渠道，例如线上型录、线上商展、线上研讨会等。
2. **虚拟沟通空间（Virtual Communication Space，VCS）：**提供从事关系建立和沟通概念

或意见等活动的新渠道，例如 Skype、MSN 等。

3. **虚拟交易空间（Virtual Transaction Space，VTS）**：提供开发和执行商业相关交易活动的新渠道，例如线上订购与线上付款。

4. **虚拟分销空间（Virtual Distribution Space，VDS）**：提供分销产品或服务的新渠道，例如数字化商品（线上软件下载安装）与数字化服务（线上技术咨询服务）等。

如图 10-12 所示，网络营销的策略发展就可以借由 ICDT 模式连接传统市场实体空间（market place）的营销组合 4P 与虚拟市场空间（market space）的网络营销 4C 组合。

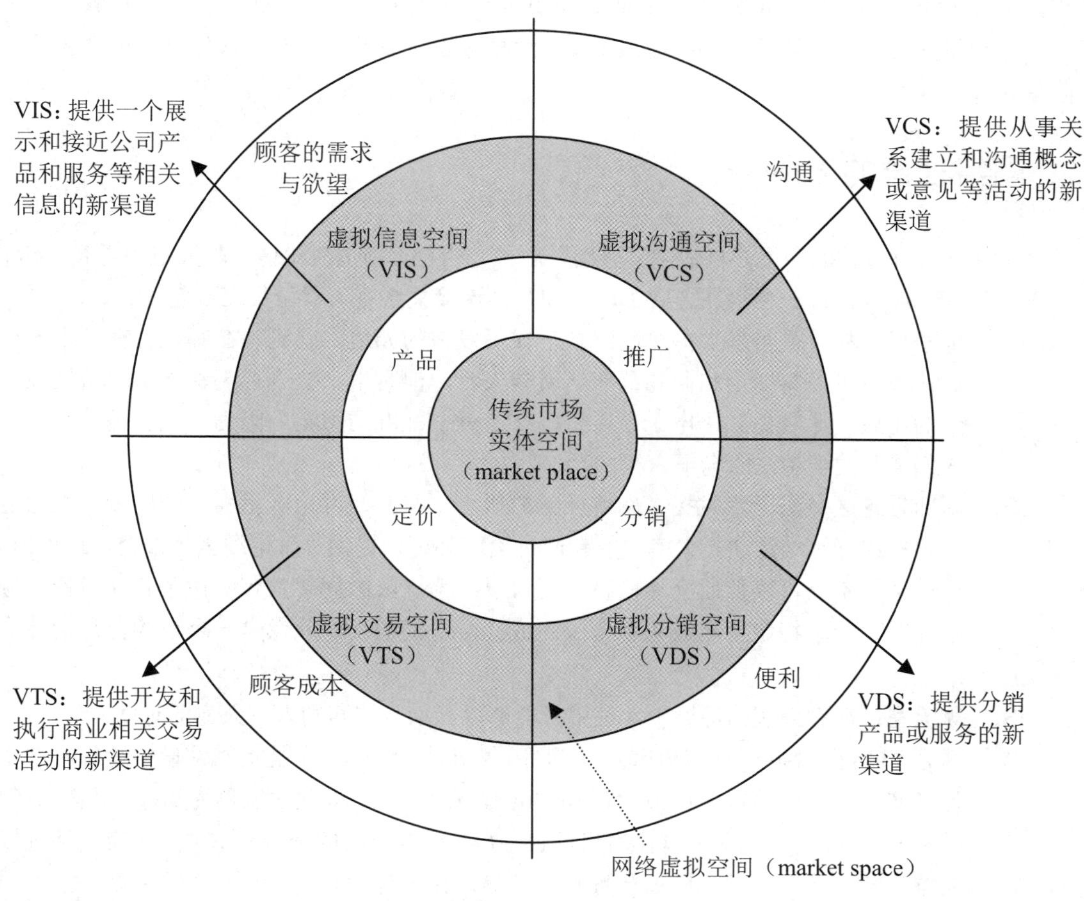

图 10-12　4P→ICDT→4C 之间的关系

10-6　网络营销与虚拟社群

网际网络和之前的媒体有一个不同的地方，它建立了一种社群感。在网际网络发展初期，新闻讨论区、电子公告栏和聊天室就已出现，如今已发展成功能齐全的网络社群。社群是网际网络上的某个区域，可以把在某一方面有根本共同点的人聚集在一起。有些网络社群专供消费者聊天、交易和互动，但是有些网络社群也聚集了一些信息搜集者与潜在顾客。具有前瞻思维的企业可以充分利用网络社群这个概念，他们不但能够参与网际网络现有的网络社群，还可以在需要时自行创建新的网络社群。

一、虚拟社群的理论基础：六度分隔理论

1967 年，美国哈佛大学心理学教授 Stanley Milgram 想要描绘一个连接人与社区的人际联系网络，做了一次连锁实验，结果发现了“六度分隔”现象。六度分隔（six degrees of separation）现象，又称为小世界现象（small world phenomenon）。所谓六度分隔理论，简单来说就是“你和任何一个陌生人之间所间隔的人不会超过 6 个，也就是说，最多通过 6 个人你就能够认识任何一个陌生人”。

二、网络社群的应用

网际网络上有各种的网络社群应用，分别是电子公告栏、新闻讨论区、聊天室和博客（blog）、微网志、Facebook 等，每一种沟通方式都以某种共同连接关系将人群聚集在一起。

1. **电子公告栏：**是最早期提供网络社群成员发言的园地，它到现在都还存在。电子公告栏让成员可以将评论和问题公布给所有人看，但是电子公告栏无法提供私密性或一对一的沟通。尽管如此，电子公告栏确实造就了社群的感觉，因为它就像是一个可以让人们彼此发表想法的电子白板。
2. **新闻讨论区：**进一步发扬了网络社群的概念。在新闻讨论区里面，使用者可以通过电子邮件进行互动沟通。大多数的新闻讨论区都可以提供“讨论线索”来查询讨论内容，这样会员不只可以彼此互相问答，还可以阅读别人的问答内容。由于新闻讨论区倾向于针对某一个特定主题或兴趣范围而成立，它们的功能就像是一个自给自足的迷你网络社群。
3. **聊天室：**在聊天室的环境中，使用者能够以互动方式和别人聊天（即时回应）。
4. **博客（blog）：**blog 就是 Weblog 的简称。Web 是网络，log 是指网站程序运行时产生的记录文档。为了将博客和网站程序的 log 记录作区分，因此才统称为 blog（又称为博客、网志）。blog 就是一个可以让用户发表心得、抒发自我的平台。从独立专有的网址发表文章、转发分享、意见回馈与好友互动等，完全包括在一个小小的平台里。撇除传统个人网站生硬的管理机制以及网页编辑能力的限制，在博客圈里，只要花 10 分钟的时间，就可以马上建立一个个性化的、简单好用的博客。
5. **微博（micro-Blog）：**顾名思义，就是小一点的博客。是允许使用者即时更新简短文本（通常少于 140 字）并可以公开发布的微型网志形式。之所以会是 140 个字，主要是为了配合短讯发送的限制。（一则短讯最多只能发送 140 个字符）。它允许任何人阅读或者只能由用户选择的群组阅读。微博的代表性网站是 Twitter 与新浪。因为限制字数，微博就不可能让用户长篇大论，但也正因如此，微博比起正统博客来说，也就显得更没有负担，想说什么就说什么。
6. **Facebook：**Facebook 于 2004 年 2 月 4 日上线，是一个社交网络服务网站。用户可以建立个人主页，添加其他用户作为朋友并交换信息，包括自动更新及即时通知对方。此

外，用户可以加入各种群组，例如工作场所、学校、学院或其他活动。Facebook 规定至少 13 岁才可注册成为用户。

三、虚拟社群的意义

虚拟社群的真正意义是它把人们聚集在一起，提供一个自由主动的交流环境，人们从社群持续的互动，创造一种互信与了解的气氛；而彼此互动的基础是基于人类的四大基本需求——兴趣、人际关系、幻想、交易。会员是社群最重要的经济资产，因此发展会员是社群经营的首要任务。虚拟社群在网络营销上为顾客和企业双方都带来利益：

1. **顾客的力量**：虚拟社群协助顾客在与企业的互动中获取最大的利益，并消除信息不对称的问题。
2. **企业的利益**：虚拟社群降低搜寻成本、增加顾客的购买倾向、加强目标营销能力、提高产品和服务的个别化能力、降低固定资产的投资、扩大接触层面等。

网络经营之道必须是创新、更新以及提供附加价值，才能使顾客不断地回流，因此管理一个策略性互动的群体可经由差异化网站来进行，而差异化可由 4C 来着手：

1. **内容（content）**：不只是了解顾客为何而来，他们想要什么，如何与他们互动，而是要提供对的内容、正确的格式、对的机能及创新的内容。
2. **商务（commerce）**：企业提供的产品及服务能给顾客带来什么价值？企业所提供的产品或服务所提供的附加价值是否大过其他企业？
3. **定制化（customize）**：企业所提供的产品或服务是否能做到一对一定制化？
4. **社群（community）**：如果企业能在网站上创造“社群”的感觉，顾客将会不断地重回网站，就像他们在看喜欢的杂志或电视节目或是逛他们喜欢的百货公司一样。

学习测评

1. 说明什么是有效网络循环。
2. 说明三个主要网际网络应用阶段。
3. 简述何谓数字聚合，它指的是哪 3 个产业。
4. 何谓营销、网络营销？
5. 简述营销观念演变的历程。
6. 比较传统营销与网络营销的异同。
7. 简述网络上最常见的 3 种网络社群应用科技。

案例讨论：谷歌与苹果决战云端服务

Apple 仍然不走定制化路线，iPhone 6 问世，没有 Skype、没有 Facebook Home，因为智能型手机的战场已经转向，新的战场不在于定制化程度，而是在于布局云端服务的实力——Google Maps 与 Apple Maps、Google Now 与 Siri、Dropbox 与 iCloud；这是一场云端大战，在智能型手机普及的时代里，云端运算无所不在，智能型手机转型带领使用者进入云端服务的大门。

Apple 的 Siri 与 iCloud 并不是顶尖的软件，甚至有人以“开发者的噩梦”形容 iCloud；当 Siri 刚现身时，市场普遍认为 Siri 将打败 Google 语音搜索，但实情是 Siri 的发展几近停滞，Google 却以层层叠叠的网络服务包裹语音搜索推出 Google Now，让整合后的云端服务更实用。

Apple 的长处在于优异的硬件工艺、利落的设计，但谈到尖端的云端技术还是 Google 见长。Google Now 和 Google 搜索的原理一样，能通过记录与分析手机使用者的行为，来提供最适当的信息与答案，当 Siri 无法在使用者问问题前发挥“读心术”，Google Now 却可以。

值得注意的是，苹果语音助理 Siri 的敌手——Google Now，于 2013 年跨出 Android 平台，登录苹果 iSO 平台下的 iPhone 与 iPad。Google Now 大打智能功能，强调使用者不用搜索，便能取得天气、餐厅、行车路线等信息。Google 了解消费者不可能皆用 Android 移动设备，决定进军苹果 iOS 平台，尽可能扩大使用群。Google Now 和 Apple Siri 最大的不同之处，在于 Siri 需要用户主动提问才会提供服务。Google Now 的使用者无须搜索，软件会根据使用者所在地、Gmail 信箱、Google Calender 等资料，自动提出建议。例如 Google Now 会根据使用者所在地和交通状况，规划最佳行车路线；若邮箱内有机票购买记录，将主动显示航班起飞时间；此外也会根据搜索记录，提供用户所支持球队的比分。但 Google Now 内置于 Android 系统，搬到苹果 iOS 操作系统后必须先登入 Google Search App 方能使用，操作程序较为复杂，恐怕会影响用户使用意愿。

在这场云端服务大战中，究竟 Google 与 Apple 谁能胜出？虽然现在谈胜负还太早，但唯一可以确定的是，两强相争，消费者得利。

讨论问题：

1. 以网络经济法则的观点，分析这两家公司的思维，说说你的看法与见解。
2. 请为 Google 拟定网络营销 STP 策略。

网络营销规划

CHAPTER 11

导读：台湾地区 10 大购物平台

根据 EZprice 比价网的资料，2013 年 1 月台湾地区 10 大购物平台商品数、成长比如表 1 所示。

表 1

名次	购物平台	商品数	成长%
1	PChome 线上购物	759,370	74%
2	博客来	634,118	44%
3	Yahoo!奇摩购物中心	499,098	7%
4	momo 购物网	450,757	27%
5	GO HAPPY 快乐购物网	340,864	37%
6	udn 买东西	185,174	40%
7	PayEasy	179,595	19%
8	7net 云端超市	166,218	31%
9	大买家	158,379	30%
10	森森购物网	136,548	47%

根据 EZprice 比价网的资料，消费者于前五大购物平台浏览搜索商品类别的占比如表 2 所示。

为了让网友能在购物中心买到需要的商品，加强招商及扩增品项是必要策略，EZprice 比价网还观察到 2012 全年至 2013 年 1 月台湾地区 10 大电子商务的商品数成长率，PChome 线上购物不仅商品数位列冠军，其商品数成长力道达 74%，堪称双冠王，紧追在后的是森森百货 47%，而博客来除了原本书籍主力外，近年也加入了百货类的商品，整体成长 44%，可见其积极拓展的野心。而 Yahoo!奇摩购物中心则因商品整合因素，商品数成长仅 7%。由此可一窥电子商务平台经营网购市场的用心与野心。

表 2

购物平台	消费者浏览搜寻商品类别占比
PChome 线上购物	流行 33%、生活百货 32%、3C 电子商品 28% 日常用品 5%、家电 3%
博客来	书籍 71%、生活百货 11%、流行 10% 3C 电子商品 5%、食品 2%、家电 1% 日常用品 1%
Yahoo! 奇摩购物中心	流行 53%、生活百货 21%、3c 电子商品 11% 家电 5%、书籍 4%、日常用品 2% 食品 2%、其他 1%
momo 购物网	流行 47%、生活百货 33%、3C 电子商品 7% 书籍 5%、食品 3%、其他 3% 日常用品 2%、家电 1%
GO HAPPY 购物网	流行 43%、生活百货 24%、3C 电子商品 11% 其他 10%、家电 5%、食品 4% 书籍 2%、日常用品 1%

本章主要衔接策略篇中所提到的企业经营模式与策略，主要探讨市场细分（segmentation）、目标市场选择（targeting）与市场定位（position），营销 4P 与 4C 策略搭配——产品策略（product）、定价策略（price）、渠道策略（place）及促销策略（promotion）。

11-1 传统营销规划程序

拟定营销规划是企业在发展营销策略蓝图的一个过程。这个蓝图就像企业地图一样，可以引导企业分配资源、在关键时刻作出决策。

科特勒（Kotler）认为营销管理的定义是："营销管理是对营销活动的分析、规划、执行与控制的过程"。也就是在有限的企业资源限制条件下，充分分配资源于各种营销活动，通过营销计划做分析、规划、执行与控制，产生、建立并维系与目标对象有利的交换，以达成企业营销目标。根据此定义，科特勒认为营销规划程序可分为 4 个阶段，7 个步骤，如图 11-1 所示。

1. 分析市场机会与消费者行为

- 营销环境侦测。
- 建立网络营销目标。

2. 研究并选择目标市场——STP

- 市场细分（segmentation）。

- 选择目标市场（targeting）。
- 产品定位或品牌定位（position）。

3. 发展并拟定营销组合策略

设计营销组合4P策略——产品（product）、定价（price）、渠道（place）、促销（promotion）。

4. 营销活动的组织、执行与控制

建立营销组织、执行营销方案、控制营销绩效。

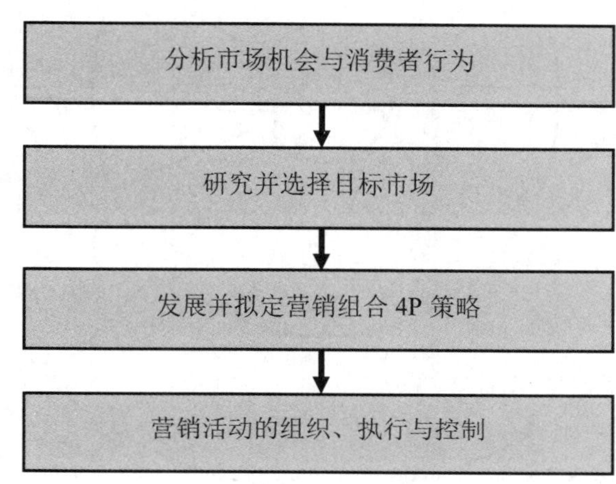

图11-1 营销规划程序

一、分析市场机会与消费者行为

营销的思考模式是“由外而内”（outside-in）的思考，而非传统的“由内而外”（inside-out）的思考。营销管理的第一个步骤就是要先分析各种营销环境和消费者行为，才能掌握现有的市场机会或创造新的市场机会。

企业在进行营销组合策略的规划前，必须先就目前市场环境进行了解。整体市场环境可以分成总体环境（macro environment）（亦称为宏观环境）和个体环境（micro environment）（亦称为微观环境）两大部分。总体环境又称为一般环境（general environment）；而个体环境又称为任务环境（task environment）。营销总体环境是指会给企业带来机会或威胁，而企业无法控制的外在环境力量，包括人口统计（demographic）环境、经济（economic）环境、科技（technology）环境、政治/法律（political/legal）环境，以及社会文化（social cultural）环境等。营销个体环境是由所有协助或直接影响企业产销活动的个人、群体或组织所组成，包括顾客、供应商、营销中间机构和竞争者。由于这些营销个体环境和总体环境因素对企业的营销组合决策都有很大的影响，因此应系统地、定期地加以分析，了解它的变动趋势和可能的影响，如图11-2所示。

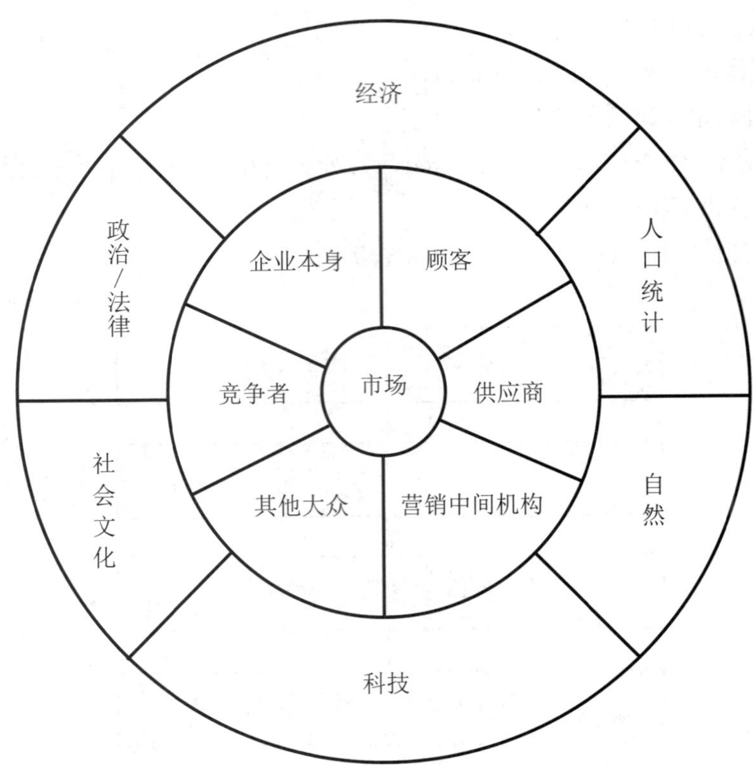

图 11-2　营销个体环境与总体环境

二、研究并选择目标市场

企业在经过分析市场机会后，接着便从该市场机会中，选择其最有利可图的细分市场，以期能集中企业资源与火力，强攻下该细分市场。此阶段包括四个步骤：

step 01：需求的衡量与评估。

step 02：市场细分。

step 03：选择目标市场。

step 04：市场定位 / 产品定位。

需求的衡量与评估

需求的衡量与评估，就是掌握企业外在环境的一般动向，同时确定企业的发展方向，预测企业产品品质，了解潜在市场规模，作为原物料订购、生产计划与财务调度的基础。在进行需求衡量与评估之前，企业最好先搜集相关资料与信息，以作为决策的依据。而企业所做的需求衡量与评估一般包括两大项：

1. 第一项为当期市场需求的衡量。
2. 第二项为预测未来的需求。

市场细分

所谓“市场细分”（market segmentation）是指运用适当的细分变量，将市场切割成较小的细分市场，再从其中选择规模适合，而且对企业具有吸引力的细分市场，以作为营销对象。

一般企业在进行市场细分时，可采用的细分变量包括地理细分变量、人口统计变量、心理细分变量、行为细分变量等，先将市场细分成若干细分的市场，再从中选择有利可图的市场细分。

选择目标市场

在市场细分后，企业必须衡量本身的条件，决定其目标市场策略，并评估各细分市场的潜力，以选择其所要服务的特定目标市场。同时应针对目标市场的需要，选定有利可图又具竞争性的定位，以争取目标市场中目标对象的认同与喜爱。选择目标市场应衡量各细分市场的吸引力，选定一个或多个细分市场为目标。

市场定位（market positioning）与产品定位（product positioning）

当企业已做好市场细分，以及选定目标市场与目标对象后，接着应决定企业本身在该细分市场要如何定位的问题。换句话说，一旦选定“无差异营销”“差异化营销”“专注化营销”或是“微营销”等策略之后，营销人员必须为其商品找寻最佳的市场定位。所谓定位（positioning）是要在可能消费某项商品的消费者心中，为商品找到或创造出适当的定点或相对位置。通过定位策略，营销人员可以让企业的商品与众不同，并有效地与消费者进行沟通。

营销者可以根据商品的属性、商品的用途、商品的使用时机、商品使用者的特性、商品品质与价格的关系，以及市场竞争者的相对关系为其商品进行适当的定位。无论以上述的任何一种方式进行商品定位，营销人员都必须强调商品特色，突显商品的与众不同。而通过商品定位图（positioning map），营销人员可以明确地了解在特定产业中，竞争品牌在消费者心中定位的相对位置关系。

竞争环境的不断变化，迫使营销人员必须不断重新思考与调整营销策略，并对其商品做新的再定位。所谓再定位（repositioning）是一种重新调整商品在消费者心中与竞争商品的相对位置。

发展营销策略时，尚应考虑企业本身的市场地位或角色，不同的市场地位（先驱者、领导者、挑战者、追随者或利基者）常采用不同的营销策略。

三、发展并拟定营销组合策略

企业在决定市场定位（positioning）时必须发展并拟定营销组合策略。所谓营销组合（marketing mix）是指一组可由企业控制的营销变量，而企业混合这些变量以期实现营销目标。因此，营销组合即达到营销目标的手段的整合。一般而言，营销组合可分为四大项，简称“4P 策略”：即产品（product）、定价（price）、渠道（place）及促销（promotion），如图 11-3 所示。

1. **产品（product）**：产品泛指可以提供于市场上，引起消费者注意、购买、使用或消费，并能满足消费者欲望的各项有形与无形的产品或服务。而产品策略代表企业所提供给目标市场品质与服务的组合，包括产品品质、品牌、样式、产品组合、产品线、包装、标示及服务等。

2. **价格（price）**：价格策略代表消费者为获得该项产品所付出的金额，包括产品的定价、折扣、折让、付款条件、信用条件等。
3. **渠道（place）**：渠道策略代表企业为使产品送达目标顾客手中所采取的各种活动，包括中间商的选择、产品的仓储、装运与存货等。
4. **促销（promotion）**：促销策略代表企业为宣传其产品的优点，并说服目标顾客购买所采取的措施，包括广告、人员推销、促销、公开报道、直复营销等。

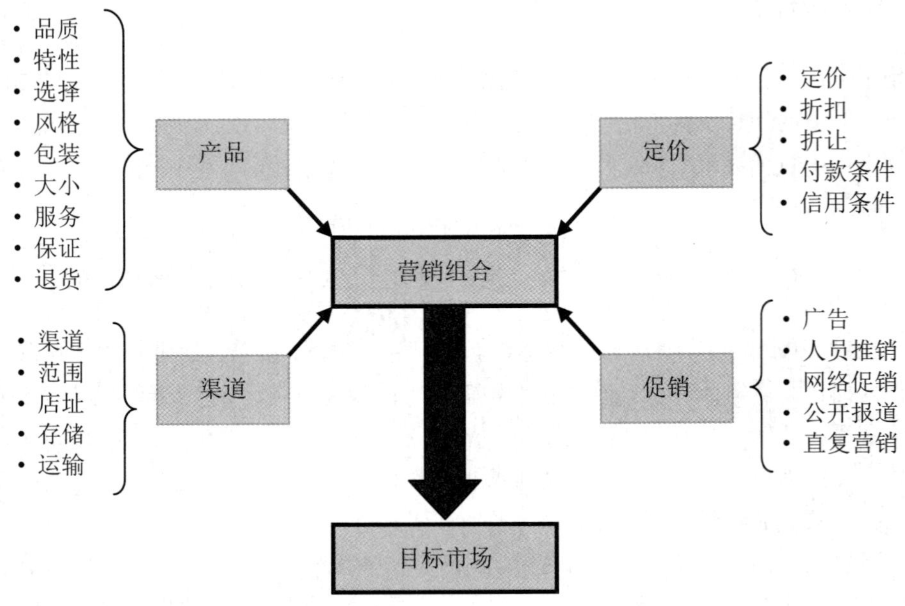

图 11-3 营销组合 4P

四、营销活动的组织、执行与控制

营销组织结构

营销组合策略拟定之后，企业接着要进行营销组织结构的规划。所谓组织结构是指在企业人员与部门，在企业机构中的安排。营销组织结构可分为：功能类别组织结构、地区类别组织结构、产品类别组织结构、顾客类别组织结构。

营销计划的执行

在营销计划的执行过程中，有四项足以影响营销方案执行效果的技能，即诊断技能（diagnostic skills）、公司层次（company level）、营销执行技能（marketing implement skills）及评估执行结果的技能（evaluative skills）。

1. **诊断技能（diagnostic skills）**：当营销方案的执行结果与原先的预期有所出入时，营销人员必须借由诊断技能来了解差异发生的原因，以做有效的修正。
2. **公司层次（company level）**：此外，营销人员必须深入评估问题发生的层级。一般而言，营销问题会发生在三种层次上：
   - **营销任务**：指各营销组合 4P 方案下，各任务的执行。
   - **营销方案**：指问题发生在营销组合 4P 方案。
   - **企业策略**：指问题发生在企业策略层次，其为指导营销组合方案规划的基本政策。
3. **营销执行技能（marketing implement skills）**：如以下四项主要的营销执行技能：
   - **分配技能**：能将营销人员与可行经费进行有效配置的技能。
   - **监视技能**：能发展出一套控制系统以做有效回馈的技能，主要控制内容包括——年度计划控制、获利力控制、策略控制。
   - **组织结构技能**：须重视有关营销组织结构的问题，以确定此一组织结构能达成企业营销目标。
   - **互动技能**：必须能善用企业所有人力物力，以影响别人的方式，形成互动关系，完成企业的使命。
4. **评估执行结果的技能（evaluative skills）**：企业必须明了考核与计划执行成果间的连接关系，以做有效评估。

营销计划的控制

营销控制系统（marketing control system）的主要目的在于，协助企业有效经营并完成企业的营销目标，其主要内容包括：

1. **年度计划控制（annual-plan control）**：在年度计划控制下，营销人员以原定的年度计划为基础，对当期所完成的绩效进行考核，并作必要的修正。
2. **获利力控制（profitability control）**：获利力控制采取不同的测量工具，以了解不同产品、地区、市场及渠道的获利能力。
3. **策略控制（strategic control）**：策略控制定期衡量不同环境变化冲击下，企业策略的适用性与可行性，以作适当修正。

11-2 网络营销规划程序

基本上，网络营销规划程序与传统营销规划程序大致相同，所不同的是网络营销规划程序更重视顾客角度，也更重视科技的应用，因此多出三个部分——设计顾客经验、规划与设计顾客界面及善用科技整合顾客资料。Mohammed, et al.（2002）的建议，从事网络营销规划应有七大步骤，如图 11-4 所示。

一、分析市场机会

网络营销规划始于对营销环境的了解，而营销环境大致可区分为总体营销环境及个体营销环境。总体营销环境包括政治与法律环境、经济环境、社会与文化环境、科技环境、人口环境、能源与自然资源环境等。个体营销环境则涵盖竞争环境、社会大众、供应商、中间商、顾客等直接与企业关系较密切的因素。在网络营销规划中，了解网络营销环境（如表 11-1 所示）的机会与威胁是相当重要的一环。机会之所以产生是因为环境变化所带来的未被满足的需求；而当需求被过度满足，威胁就可能产生。但注意，在网络上企业所具有的优势与劣势，可能与网络下实体的优势与劣势有所不同。

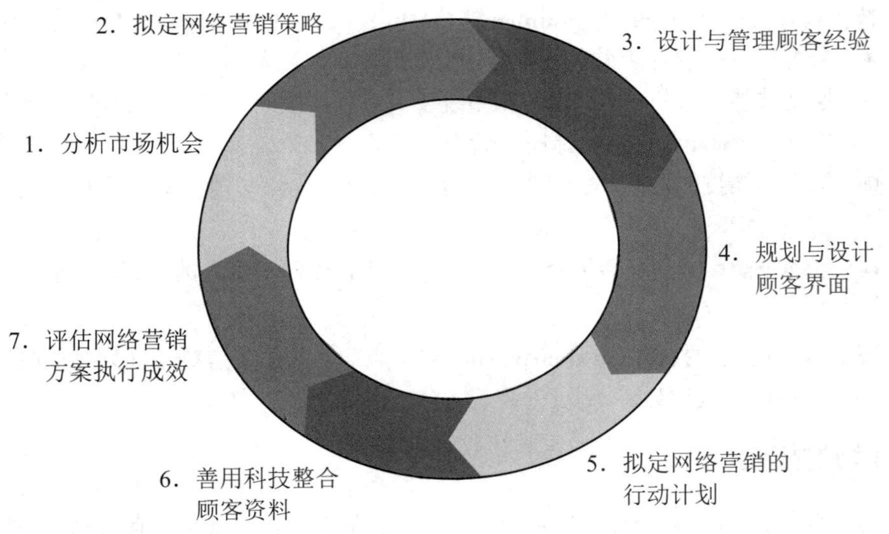

图 11-4　网络营销规划程序七大步骤

表 11-1　网络营销环境特色

目标市场化	电脑软硬件、视听电子产品接受度较高
个人差异化	服务商品（如旅游商品）接受度较高
数字化	软件、电子书、音乐通过数字化与网络试读、试听机会大，接受度较高
地理时间	能够配合消费者指定地点及时间交货，比较受欢迎

分析市场机会，目的在于确认目前及未来营销上的机会与困难之处。虽然有许多学者提出多种不同的分析市场机会方法，但基本上，分析市场机会包含六个步骤，如图 11-5 所示。

二、拟定网络营销策略

在拟定网络营销策略时，必须先进行 STP 策略规划，即市场细分（segmentation）、目标市场界定（targeting）、市场定位（positioning）后，才能展开网络营销组合决策。如图 11-6 所示，在经过 STP 分析之后，接着拟定网络营销组合策略。

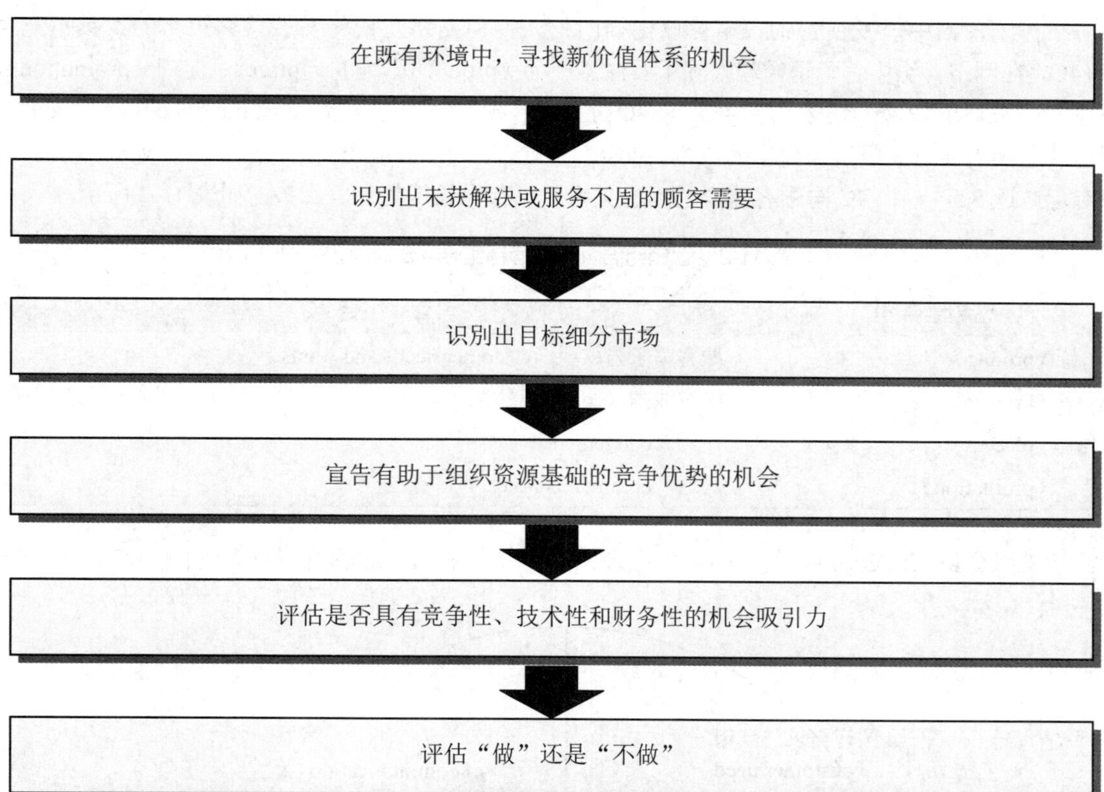

图 11-5　分析市场机会

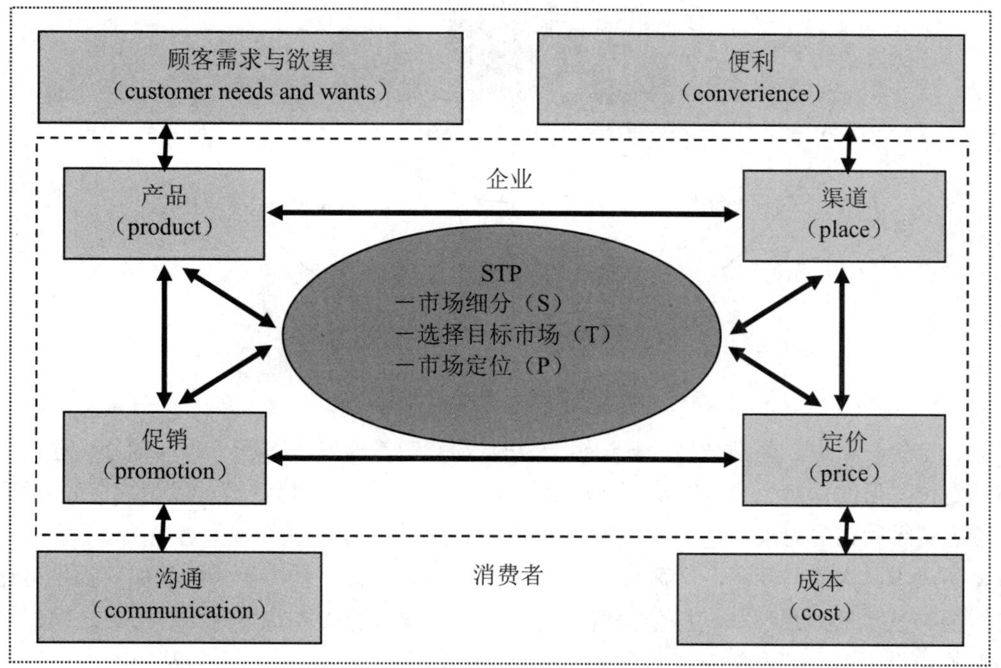

图 11-6　拟定网络营销策略的考虑

在传统营销中，发展营销策略可以由 4P 切入；但网络营销将发展营销策略的工具扩充至4P+4C。在网络营销中，营销经理人除了要注意产品（product）、定价（price）、促销（promotion）、渠道（place）等 4P 外，还须注意 4C。此 4C 分别为：顾客需求与欲望（customer needs and wants）、顾客满足其需要与欲望所需付出的成本（cost）、沟通（communication）、便利（convenience）。管理者可通过 STP→4P+4C 与顾客建立长远的关系，以获得长期的竞争优势，如表 11-2 所示。

表 11-2 营销组合 4P 与营销组合 4C 对照表

营销组合 4P	营销组合 4C
产品（products）	顾客需求与欲望（customer needs and wants）
价格（price）	顾客成本（cost）
渠道（place）	便利（convenience）
促销（promotion）	沟通（communication）

营销组合虽然已迈入 4C 的范畴，但在理论上仍以营销 4P+4C 做探讨（参考图 11-7 所示）。

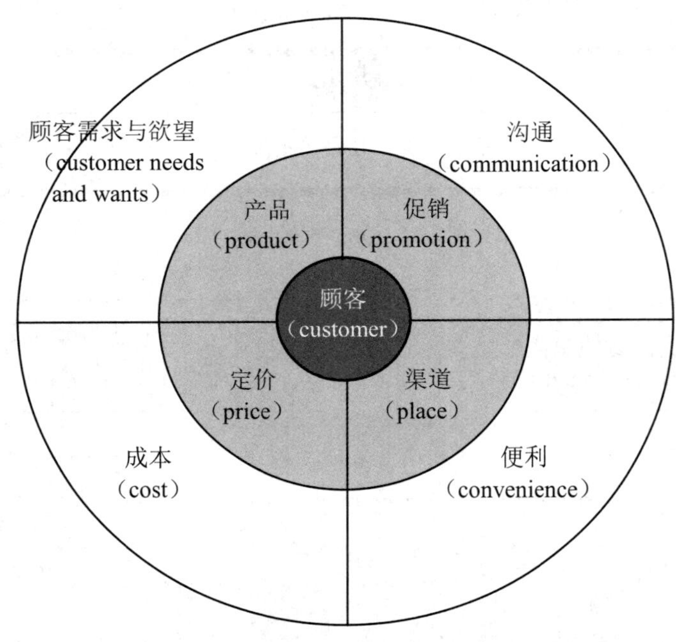

图 11-7 营销组合 4P 与 4C 的关系

产品、定价、渠道、促销被称为营销组合 4P，而营销策略就是 STP（市场细分、选择目标市场、市场定位）后的营销组合 4P 决策（产品决策、定价决策、渠道决策、促销决策），然而网际网络与顾客关系营销的思维兴起，网络营销策略从消费者角度来看就变成顾客需要与欲望、满足需要与欲望的成本、沟通与便利，又称为网络营销组合 4C。因此企业要思考的是如何提供可让消费者满足需要与欲望的商品？如何降低消费者满足需要与欲望的成本？如何与消费者之间建立良好的沟通？如何以消费者便利的方式满足其需求与欲望？这就意味着企业必须从 4P 的思维转变成 4C 的思维，如图 11-8 所示。

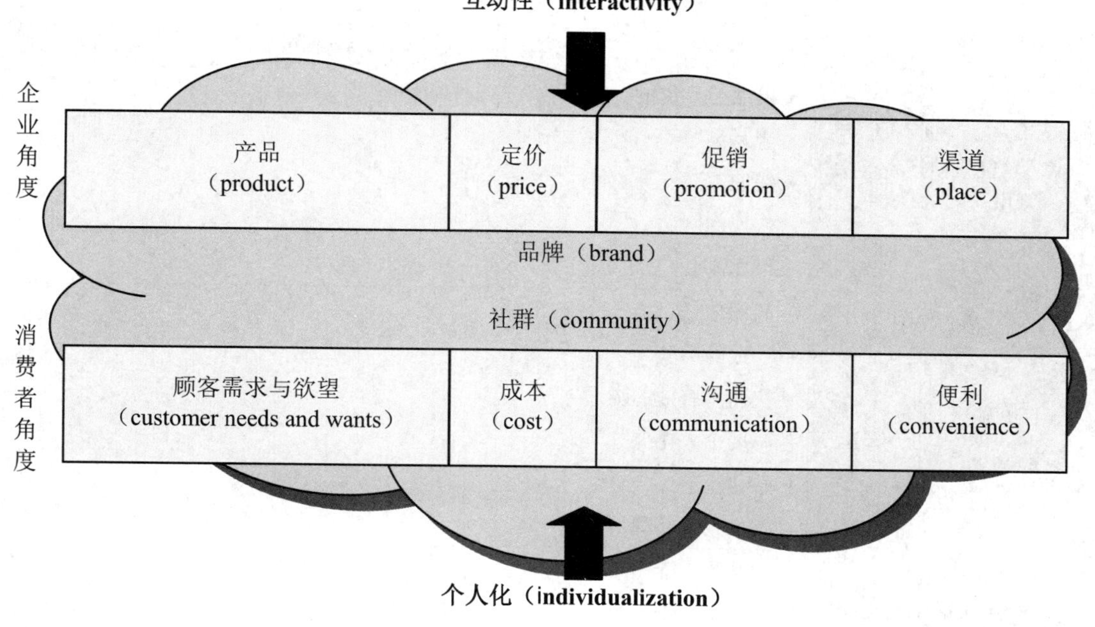

图 11-8　网际网络对营销组合 4P 与 4C 的影响

此外，过去的推广是单向的，而互动是网络的特性，因此消费者角度下的沟通是双向互动而不再是企业角度下的单向推广。除了“互动性”之外，网际网络的另一个好处是可以协助企业达到“个人化”，这对一对一营销或顾客关系营销十分有帮助。最后应留意网络品牌经营与网络社群经营。

三、设计与管理顾客经验

许多研究显示上网者在网站浏览的经验，将决定其对该网站的忠诚度。上网者对网站的经验可区分成如下四个阶段，如表 11-3 所示。

1. **第一个阶段是功能性阶段（functional），**使上网者认为网站具有实用性，容易浏览，下载速度快而且可靠。为了要达到此阶段，网站必须具备良好的版面设计与信息架构，并且了解上网者的需求。
2. **第二个阶段是亲密性阶段（intimacy），**民众可以获得个性化的信息，对网站逐渐增加信任感。在此阶段，网站必须能够运用数据挖掘（data mining）技术，整合网站信息提供个性化的版面与信息。
3. **第三个阶段是内化阶段（internalization），**也就是该网站已成为上网者生活的一部分，民众可随时从网站获得特有的价值。而网站经营者必须有持续、稳定的投入与创新，才有办法使民众进入此一阶段。
4. **第四个阶段为代言阶段（evangelism），**民众自愿为网站代言，推荐给周围的朋友。在此阶段网站必须能确认忠实的民众，提供忠诚客户足够的鼓励与诱因。

表 11-3 顾客经验的阶段分析

阶段	顾客经验（customer experience）
功能性阶段（functional）	• 网站是可用的 • 容易浏览 • 快速下载 • 快速的网站 • 可靠的
亲密性阶段（intimacy）	• 高度信任 • 一致的经验 • 快速而有效的沟通 • 高度个人化 • 独特价值 • 有一致的品牌信息
内化阶段（internalization）	• 网站是生活的一部分 • 网站是有价值的
代言阶段（evangelism）	• 在市场上到处宣传 • 维护经验

四、规划与设计顾客界面

网站是数字企业关键的顾客接触点（contact point），因此在商业设计中顾客界面的设计至关重要。Rayport & Jaworski（2003）认为在设计顾客界面时要注意七个要素，此称为顾客界面的 7C 架构，如图 11-9 和表 11-4 所示。（注：若把合作伙伴也视为顾客，则应再加入 1 个 C——协同（collaboration），形成前述的 8C 架构）。

设计网站时顾客界面设计的七要素：基模（context）、内容（content）、社群（community）、定制化（customization）、沟通（communication）、连接（connection）、商务（commerce），说明如下：

1. **基模（context）**：基模的设计与摆设，也就是指屏幕面对顾客的界面所给人的感受。基模的好坏取决于美观与机能，美观属于主观的感受，每个人对美的定义不同，故难以判别其优劣。
2. **内容（content）**：内容是指网站上的数字信息，包括文字、声音、影像和图形等。换句话说，内容的主题包括商品、服务或信息的提供，而主题的格式包括文字、音效、影像与图形。内容建立在基模之下，是顾客界面七项要素中最重要也是最基础的一项。
3. **社群（community）**：社群的定义是网络使用者之间的互动，而非网络与使用者的互动。使用者对使用者的沟通可以在两个使用者间（如电子邮件、连线游戏）或发生在一个使用者对许多使用者（如聊天室）。例如网络上的博客（blog），由网站提供一个平台让网友来讨论，以产生共同的话题，久而久之网站的虚拟社群便会形成一种次文化的群体以集结顾客及上下游厂商，因社群所造成的口碑往往是市场营销与品牌塑造的利器。

4. **定制化（customization）**：网站为不同使用者定做，或使用者可以管理网站的个性化能力。当定制化是由企业所发起并管理时，称为个性化；若是由使用者发起并管理时，称为量身定做。
5. **沟通（communication）**：沟通是网站让使用者对网站，网站对使用者，或双向沟通的方式。能够利用网络与顾客或目标受众保持沟通，是网络营销成功的不二法门。
6. **连接（connection）**：指网站与其他网站连接的程度。连接的类型有由外面连进来或由里面连出去。通过连接企业可以增加曝光和交易的商机。
7. **商务（commerce）**：商务就是网站促进商业交易的能力，也就是上述六项要素所要达成的最终目标。

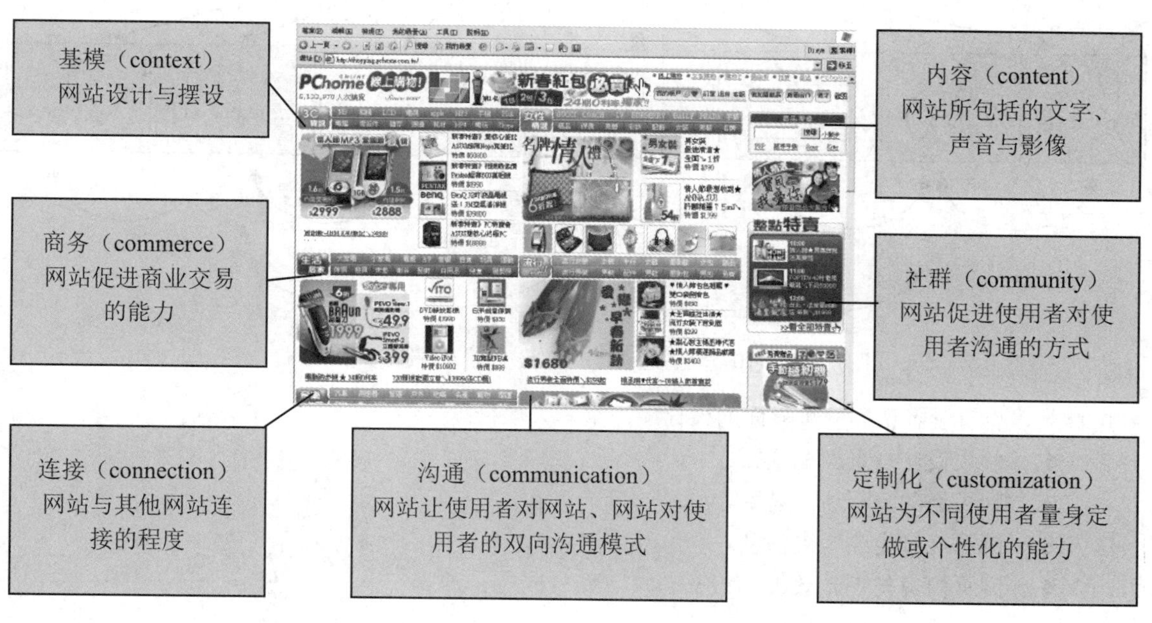

图 11-9　顾客界面的 7C 架构

资料来源：修改自 Rayport & Jaworski（2003）

表 11-4　网站顾客界面七个设计要素

基模（context）	网站的设计与摆设
内容（content）	网站所包含的文字、图片、声音与影像
社群（community）	网站促进使用者对使用者沟通的方式
定制化（customization）	网站为不同使用者定做，或使用者可以管理网站的个人化能力
沟通（communication）	网站让使用者对网站、网站对使用者，或双向沟通的方式
连接（connection）	网站与其他网站连接的程度
商务（commerce）	网站促进商业交易的能力

资料来源：修改自 Jerry F.Rayport & Bernard J.Jaworski（2003）

数字企业的成功有赖于将所有的 C 整合在一起，以支持其价值主张与商业模式（business

model)。“适合度”（fit）与“增强度”（reinforcement）这两个观念有助于说明企业如何获取7C的整合综效。适合度（fit）是指每个C都能单独支持商业模式，图11-10中利用每个C与企业商业模式之间的连接关系来说明适合度。增强度则是指每个C之间的相互强度，图11-10以每个C之间互相连接关系来说明增强度。

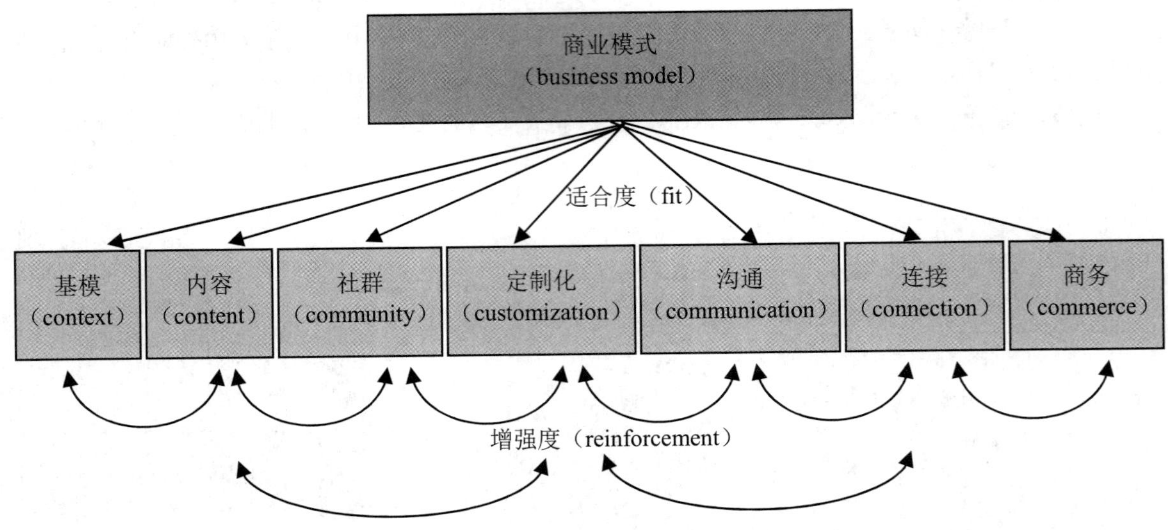

图11-10 具备适合度与增强度的7C顾客界面

此外，也有学者认为网页界面的设计应注重7大项目：

1. 网页设计与页面配置。
2. 网页订购流程清楚易用。
3. 网页连接速度与容易度。
4. 网页内容与声光效果。
5. 虚拟设群的使用界面。
6. 符合民众的个性化程度。
7. 促进双向沟通的界面设计。

网页界面设计需要结合技术、美工、流程设计等专业进行开发，未来网络商店的设计须深入了解网友的需求，提供最适合的网页界面。

五、拟定网络营销的行动计划

网络营销之行动计划（action plan）阶段，是指网络营销人员必须确认执行策略时所需的资源、人力及时间点，这些都是日常执行营销活动的细节。拟定书面行动计划是为确保有效执行网络营销策略的重要步骤，因为书面营销计划详细说明要采取什么行动（What）、何时采取行动（When），以及由谁负责执行（Who）。

基本上，一般企业将行动计划以周期分为年度营销行动计划、季度营销行动计划、月营销行动计划、甚至旬（10天）或周行动计划。此外，也有针对特殊日子，例如周年庆、情人节、中秋节等所做的行动计划。

在大型企业内，书面行动计划特别重要，因为网络营销人员的计划通常必须经过更高层管理者的检视与认可，同时也因为经认可的营销计划将可作为评估营销人员工作绩效与营销绩效的标杆。而即使是小型企业，制定简洁而有力的正式书面营销计划，也是一项非常实用的工作，因为其中所包含的工作规范，有助于企业确保所计划的营销目标、营销策略、营销执行计划等，都以营销组合4P或4C为基础，而且每一细项都有详细说明。所以行动计划可作为分配企业资源的一种方法，同时可以作为分派计划执行责任的一种方法。换句话说，行动计划必须结构完整以确保是详尽、正确的计划，使营销策略、营销资源与营销绩效三者都能与市场状况确实连接。

而拟定网络营销的行动计划有如下的好处：

1. **辨识新的机会：**帮助企业发现新的机会并认清威胁所在不是“计划”本身，而是形成计划的“过程”。要作出好的行动计划，必须经过系统化的外部市场与内部能力评估，这让企业有机会从日常营销活动中抽离出，以更宽广、更详尽的眼光来审视市场和企业状况。
2. **充分运用核心能力：**企业借由拟定网络营销行动计划的主要利益，就是能够更加充分运用与活络企业的既有资产与独特能力。
3. **专注对的顾客：**大部分的网络市场是由许多较小的利基市场和微细分交错聚集而成，这些细分可以进一步分割成更小的利基市场或更小的一对一细分。要是没有行动计划，企业很容易迷失自身的定位。好的网络营销行动计划能清楚地描绘目标顾客的轮廓，如此就能借由这些轮廓作出对的微细分，甚至一对一细分，进而作出对的定位策略，而所有的网络营销焦点也自然就能有效锁定这些目标顾客。
4. **有效资源分配：**行动计划有助于企业专注于对的顾客。这样就不会发生不知道谁是企业的顾客的情况，而将资源与精力用在错误的地方。

六、善用科技整合顾客资料

在数字化的时代，营销所使用的媒介和模式，已有相当大的转变，传统的营销工具，因日渐受到局限而难以发挥作用，必须要改用具有数字特性的营销工具。

数位时代的营销特色，是以“数据库”为核心，根据所收集到的资料，先将顾客群区分为数种类型，再就其类型上的特性，选择最合适的营销策略。有关数位营销模式的建构，主要有六个步骤有助于企业专注对的顾客。这样企业就不会发生不知道谁是企业的顾客，而将资源与精力用在错误的：

1. **建立顾客数据库：**将由各种数字化工具或传统的营销渠道所收集到的顾客数据，键入数据库。
2. **细分不同的顾客：**根据顾客的共有特性，可将其分成不同的顾客群，例如可按其年龄层区分，或以消费能力、消费习惯、来往关系等加以归类。
3. **发展出独特的产品和服务：**针对每一顾客群，开发出新的数位产品或服务。
4. **数位促销：**对每一种数字产品或服务进行促销。为吸引顾客的注意，数字促销的手法，要竭尽所能地达到有用性、娱乐性或创新性。
5. **运用数位工具与顾客沟通：**可通过数字化工具或线上机制与现有顾客和潜在顾客来互动，并留下顾客的个人特征数据。拥有这些数据之后，可善加使用，并定期主动地和顾客联系。

6. **扩展数字领域（digital domain）**：环绕在数据库的周边环境，就叫做数字领域。当数据库不断成长时，数字领域亦将不断扩大，连带地可创造出新的细分市场，发展出更多的数字产品和服务，进而启动新的数字促销方法，也增加了新的数字工具和能力。

此外，顾客关系管理可视为“持续的一对一营销”，而顾客关系管理（CRM）的重要性已无需讳言，但是面对为数众多的顾客资料与决策需求，是否有更好的方式来辅助企业进行顾客关系管理（CRM）？如何才能符合顾客关系管理的基本需求——在正确的时间、正确的地点、正确的方式、提供正确的商品或服务等顾客信息与知识？信息科技（IT）的运用提供企业一个可行的解决方案。

企业可借由信息科技（IT）为工具，以累积顾客知识，一方面利用电话、传真、电子邮件、网站（Web）等方式，立即回应、满足顾客需求，创造顾客价值；另一方面，企业可利用数据库中所存储的记录，让营销人员得以找出其所需，形成企业智慧，以制定更佳的营销策略，进而吸引顾客，提升经营绩效。其观念如图 11-11 所示。

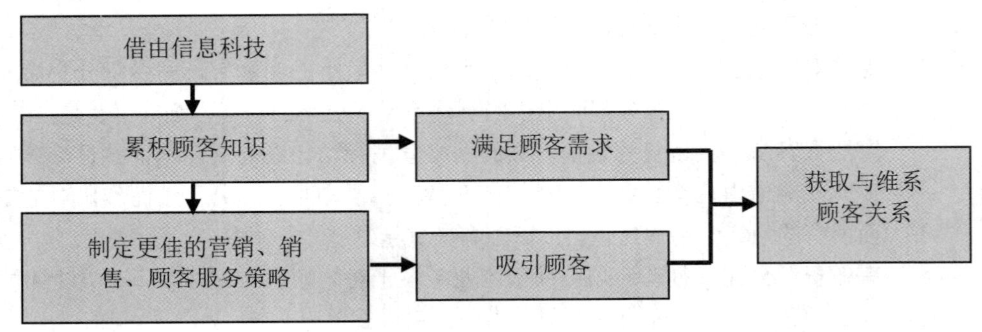

图 11-11　善用科技整合顾客资料

总而言之，若要达成上述一对一营销的目标，必须善用信息技术（IT），才能收事半功倍之效。资讯技术因可提供个人化营销，一改传统大众化营销的缺点，已是一对一营销中不可或缺之工具。

七、评估网络方案执行成效

网络营销最后一个阶段的工作，即在于评估前述种种策略的选择与计划的执行是否符合企业整体策略与整体目标。

11-3　网络营销策略（STP）的建构

一个注重营销的企业，会采用各种不同的方法来营销自己的产品。所以营销策略应根源于企业的整体策略，并进一步思考网络上的营销策略，最后才是制定出自己网站的方向与其在整体营销中的定位。因此，企业主在思考如何做网络营销或架设企业网站时，应先思考自己企业的整体策略、营销策略，再决定网络营销的策略及网站的定位与功能，才能使整体营销的效果倍增，如图 11-12 所示。

企业整体策略
营销策略
网络营销策略及
企业网站定位与功能

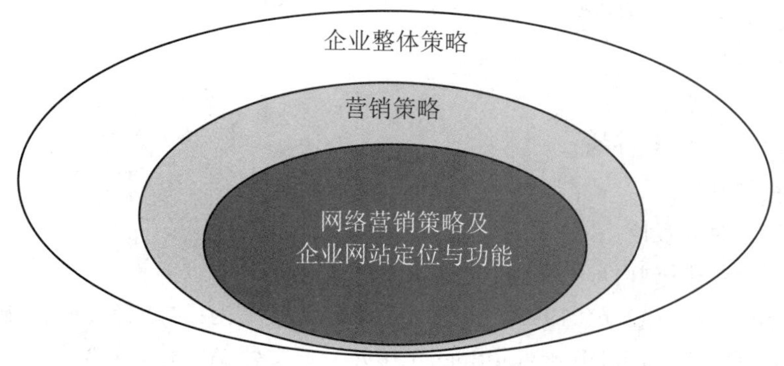

图 11-12 企业整体策略、营销策略与网络营销策略间的关系

网络营销的种类与手法繁多，会因为不同的策略而有不同的方式，但不管是什么样的方式，企业都应该先制定一个营销的策略，而当企业在制定网络营销策略时，最基本应该对企业的营销目标、营销预算以及网络媒体的特性三者有所认识，因为这些都会影响网络营销策略。图 11-13 说明网络营销策略的建构，可以作为网络营销策略的参考。

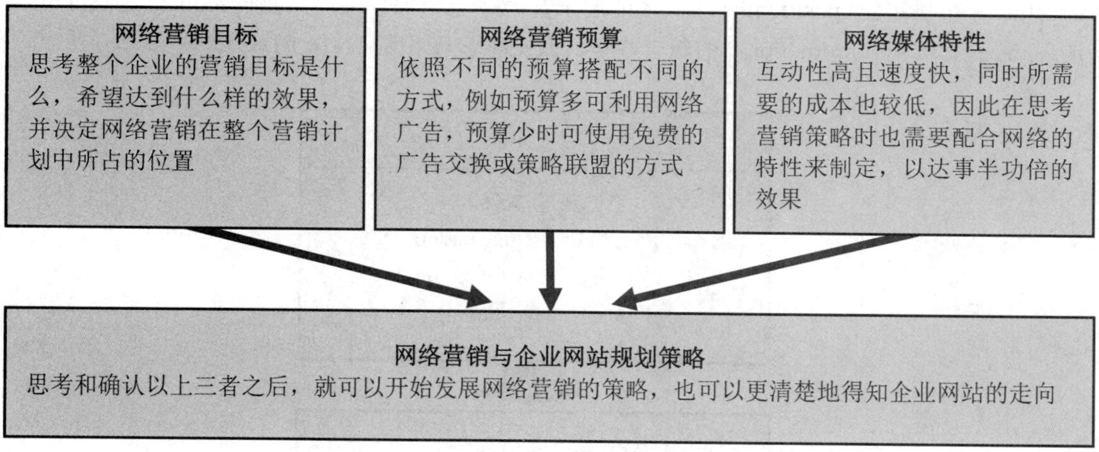

网络营销目标
思考整个企业的营销目标是什么，希望达到什么样的效果，并决定网络营销在整个营销计划中所占的位置
网络营销预算
依照不同的预算搭配不同的方式，例如预算多可利用网络广告，预算少时可使用免费的广告交换或策略联盟的方式
网络媒体特性
互动性高且速度快，同时所需要的成本也较低，因此在思考营销策略时也需要配合网络的特性来制定，以达事半功倍的效果
网络营销与企业网站规划策略
思考和确认以上三者之后，就可以开始发展网络营销的策略，也可以更清楚地得知企业网站的走向

图 11-13 网络营销策略的建构

网络营销目标是通过网络营销策略相关活动所要达到的一般化成果。网络营销目标的建立必须清楚、客观。同时由于网络营销环境十分多变，因此在建立目标时应有相当的洞察力。

网络营销目标可分为定性目标与定量目标。定性目标比较抽象，不易量化，但却是努力的方向与标杆。一般而言，网络营销的定性目标有：

1. 改善企业形象。
2. 提高知名度（能见度）。
3. 发展新市场或新顾客。
4. 提高销售量。
5. 增加营业额。
6. 提高或维持市场占有率。
7. 满足消费者期望。

网络营销的定量目标有：

1. 到访率。

2. 网络广告浏览率。

3. 网络广告点击率（hits）。

4. 电子报订阅率。

5. 顾客停留时间长度。

6. 顾客回馈：电子邮件、留言板。

Bearden、Ingram & Laforge（1995）认为营销策略的定义为："选择目标市场和发展营销组合，以满足市场的需要"。Schoell & Guiltinan（1995）定义营销策略为："使用企业资源以达成营销目标的一组行动计划"。Kotler（1998）则认为："营销策略即某一特定公司在某一特定的竞争环境中，为达到其维护长期顾客与利润目标，而设定的一套一致性适合与可行的原则"。企业的营销策略必须考虑下列诸项因素，其中包括：企业在市场的竞争规模与地位，企业的资源、目标、目的与政策，竞争者的营销策略，目标市场的购买行为，产品生命周期的阶段，经济体系的特质。

在拟定营销策略时，必须先进行 STP 策略规划，即市场细分（segmentation）、目标市场界定（targeting）、市场定位（positioning）后，才能展开营销组合 4P 决策，即产品（product）、价格（price）、渠道（place）、促销（promotion）的组合决策，其完整步骤如图 11-14 所示。

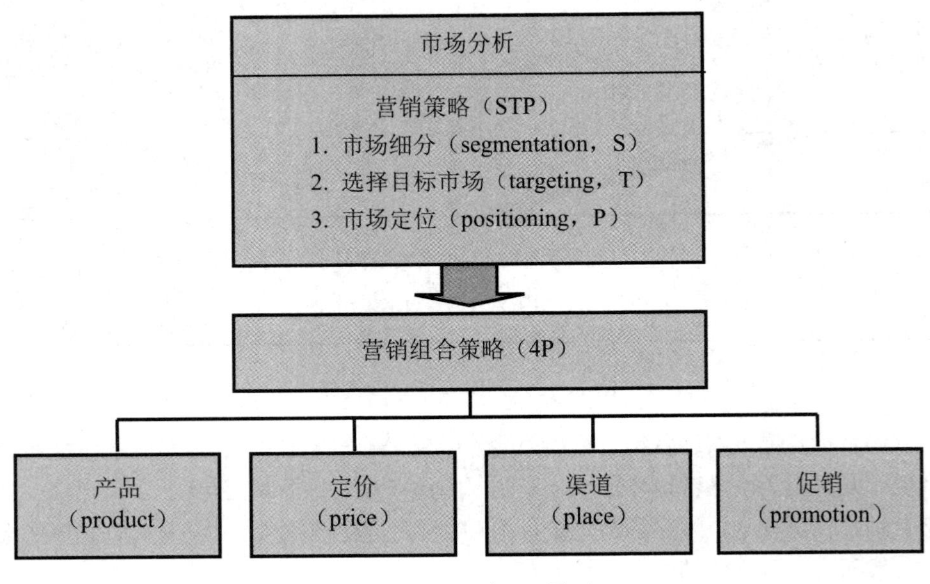

图 11-14　STP 与 4P 展开

资料来源：周文贤（1999）

Kotler（1994）认为现代营销策略的核心就是所谓的 STP，亦即市场细分（segmenting）、选择目标市场（targeting）、市场定位（positioning）。STP 能提供在市场策略中更广大的架构，销售市场策略的观点经历了三阶段：大量营销、产品多样化营销、目标营销，企业发现要实行大量营销或产品多样化营销越来越困难，并逐渐转向目标营销，由于目标营销有助于销售者更明确地确认营销机会，并能针对每一个目标市场发展适当的产品，销售者可以有效地调整其价格、分销渠道及广告，以求更有效地接近目标市场。简单地说，营销策略的本质就是 STP，而整个 STP 过程又称为目标营销，如图 11-15 所示。

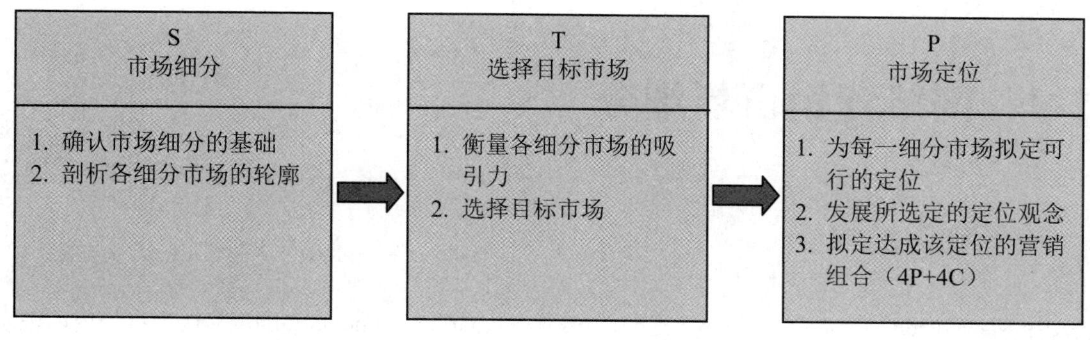

图 11-15　目标营销之 STP

目标营销有 3 个主要步骤：

1. **市场细分（S）**：根据购买者对产品或营销组合的不同要求，将市场区分为几个明显区别的子市场。企业必须确认不同的市场细分方法，必须描述各细分市场的轮廓。
2. **选择目标市场（T）**：即评估及选择所要进入的细分市场。
3. **市场定位（P）**：针对选定的目标市场，寻求、发展、传达定位理念。

一、网络营销市场细分

市场细分化即确认不同的市场细分方法，并描述各细分市场的轮廓。将市场分割成几个不同的购买群体，每个购买群体的购买者对个别的产品或营销组合感兴趣。营销人员尝试以各种不同的变化，找出能提供最佳化的细分机会。分析细分化的效果，由细分市场的可衡量性（measurability）、足量性（substantiality）、可接近性（accessibility）、可区别性（differentiable）、可行动性（action ability）等特征而定。如未能满足上述要求，则必须重新检讨，借由有效的策略方案加以补足。如此周密的考虑，才能确保细分市场的有效性。

二、网络营销目标市场选择

选择目标市场即评估及选择所要进入的细分市场。在选择目标市场时，必须考虑各个细分市场的关联性以及潜在细分市场的入主计划。

三、网络营销市场定位

产品的市场定位即拟定具竞争性的产品定位及营销组合的详细计划。最早提出定位（position）观念者为 Ries & Trout（1982），他们将定位视为对现有产品的一种创造性活动。许长田（1991）认为营销定位（marketing positioning）是针对潜在顾客心理的一套"抓心策略"，如何将商品定位于潜在顾客的心目中，最主要的方法就是先定位消费者的心理，也就是"消费者心理的定位"。定位的工作包括三个步骤：首先，企业必须确认其在产品、服务、人员及形象等方面，相对于竞争者的差异性的地位。其次，企业必须利用一些标准来选择其中最重要的差异属性。最后，企业必须在其目标市场中推广差异化的竞争优势。

11-4 网络营销市场细分

一、市场细分的内涵

史密斯（Wendell R. Smith，1956）提出市场细分（market segmentation），其认为市场内的消费者并不是同质的，而是具有不同的需求，因此若将一个市场细分成几个较小的消费群，再针对每一群体的特殊习性或需求，发展不同的营销组合策略，将能满足这每一消费群的需求，达到更好的营销绩效。亦即市场细分的基础建立于市场需求面的发展上，针对产品和市场营销活动进行合理及实际的调整，以使其适合于消费者的需要。

由于企业资源是有限的，为达到最大的营销效能，市场细分是必要的。针对不同细分市场，为符合细分市场中顾客需求而有不同的营销组合，使其同市场内具有高度同质性，不同市场间具有高度异质性，以达到事半功倍的效益。

在面对需求异质化的市场时，应用市场细分化的策略一般都能增加企业的期望报酬。市场细分有助于销售者更明确地确认营销机会，并能针对每一目标市场开发适当的产品，并且可以有效地调整其价格、分销渠道及广告等营销策略，将力量集中于那些有更大机会满足其需求的购买者身上。其利益如下：

1. 针对最具潜力及利益的细分市场投入适当资金及关注。
2. 设计出真正符合目标消费者需求的产品。
3. 针对目标消费者提供有效的广告诉求。
4. 决定最适当的广告媒体并决定预算比例。
5. 销售下降时，适时地修正广告策略和促销活动。
6. 掌握及预测瞬息万变的市场趋势，使企业事先准备以获取利益。
7. 充分了解与运用人口统计变量。

市场细分的基础变量相当多，但就营销观点而言，并非所有已形成的细分市场皆具有意义，在进行市场细分时，应考虑细分是否有效，选择最有效的细分基础。此外，市场细分化观念带来三个基本策略思维，包括无差异营销（undifferentiated marketing）、差异营销（differentiated marketing）、集中营销（concentration marketing）。

二、为何需要进行市场细分

1. 根据营销法则，任何针对消费者市场的产品均无法吸引全部的购买者，因为购买者的数量很多，而且彼此的需求与习性都不相同。
2. 企业的网站可能会被世界各地的消费者使用，但这并不表示产品会被所有的消费者接受，只是表示以往区域的限制被打破。企业仍然要实施市场细分，把企业的资源集中在那些有较大购买兴趣的顾客身上。

3. 通过市场细分针对市场规模、潜力的不同，更明确地定义出目标市场，更有效率地分配资源，以使目标更精确、更容易评估，达到更高的营销绩效。

三、市场细分的基础

市场细分的基础（basis for segmentation）是指将整体市场划分成数个同质子市场的标准。常见的 4 种市场细分因素，如表 11-5 所示。

表 11-5 市场细分的基础

划分方式	地理性（geographic）	人口统计（demographic）	心理层面（psycho graphic）	行为层面（behavioral）
变量内容	区域 城市大小 密度 气候	年龄 家庭人数 家庭生命周期 性别 收入 职业 教育 宗教 民族 世代 国籍	社会阶级 生活形态 人格	使用时机 利益寻求 使用者状态 使用频率 忠诚度 购买准备阶段 对产品的态度

市场细分变量可分为两项：一为细分变量，作为划分市场之用；二为描述变量，则是针对细分变量所划分而来的各个集群加以描述，使得研究者能对各细分市场有更深入的认识与了解。以下针对市场细分基础内容，分为地理变量、人口统计变量、心理层面变量和行为变量四部分讨论。

地理变量

各区域需求及偏好可能不同，企业应让不同区域的消费者可以选择适合自己的产品。网际网络（Internet）打破了区域的限制，因此美国企业的产品可以被中国的消费者在网络上订购，但是某些产品具有时效性，无法承受长时间的运送，企业必须针对这个特性，改进包装或限制太远的消费者购买。例如，Download（http://www.download.com）这个提供文件下载的网站上，有许多子网站可以让使用者选择，使用者可以自行选择最后要下载的子网站，避免因为距离过远而增加下载时间。

人口统计变量

人口统计（demographic）细分化是以一些基本的人口统计变量将市场分成数个群体，内容包含年龄、家庭人口、家庭生命周期、性别、收入、职业、教育、宗教、民族、世代、国籍。由于消费者的欲望、偏好及使用率常与人口统计变量有很大的关联，而且人口统计变量较其他类型的变量易于衡量，因此人口统计变量是最普遍的细分消费者的变量。其中“收入”方面，因网际网络使用者包含学生或无实际工作者，故扩大“收入”为“平均月收入或可支配零用钱”。

心理层面变量

1. **人格：**人格有许多意义，在消费者研究中，人格定义为对环境刺激的一致性反应。一个人的人格使其产生有秩序的、连贯的行为与经验。人格是一种特定的组成类型，使一个人与他人不同。人格的一致性反应乃是基于较持久的、内在的心理特质。企业进行市场细分时，要注意网络上每个人的行为可能与现实生活并不相符，产品本身应有一些独特的特性，以吸引这些潜在的消费者。实例：在 BBS 上使用者的昵称往往会表现出另一面。在现实生活中不喜欢说话的人，很可能会利用 BBS 来抒发情绪；在寂寞时，BBS 很可能会是他排解寂寞的方式；更有些人是网络的重度使用者，每天可能有不少时间是耗在网络上的。
2. **生活形态：**生活形态是个人价值观及人格特性经由不断整合所产生的结果，是消费者生活、支配时间和运用金钱的方式。生活形态的观念源自于社会学、心理学等，在 1960 年代正式引用于营销领域上，此后受到营销学者的重视与广泛运用。学者认为生活形态理论可以较精确地描绘消费者特质及其心理层面，有助于营销人员对消费者行为的了解及预测。生活形态包括活动、兴趣、意见、人口统计变量等 4 个方面，共 36 个变量，整理如表 11-6 所示。

表 11-6　生活形态结构表

活动（activity）	兴趣（interest）	意见（opinion）	人口统计变量
工作	家族	自我	年龄
嗜好	家庭	舆论	教育
社交	工作	政治	收入
度假	社区	商业	职业
娱乐	消遣	经济	家庭人数
社团	流行	教育	住所
社区	食物	产品	地理位置
购物	媒体	未来	城市大小
运动	成就	文化	家庭生命周期

3. **科技生活形态：**科技生活形态是将一般的生活形态以网络使用动机、科技信息敏锐度、科技产品使用活动、对科技的观点等方面加以衡量。龚俊霖（2001）在研究我国人口族群细分时，使用科技生活形态量表，配合人口统计变量、网友的科技基础环境、网络使用能力以及网络购物能力等变量，利用集群分析将我国网络人口区分成六大类：网络探索族、初学保守族、娱乐八卦族、数字潜力族、科技快走族及善用网络族。
4. **涉入程度：**“涉入”是个人对事物感觉到的攸关程度，属于一种内心状态。涉入理论最早起源于社会心理学，发展迄今已有四十余年，但关于涉入的定义与衡量众说纷纭。

而最简洁也最常为人引用的定义："个人基于本身的需求、价值观和兴趣等因素来考虑个人与产品的相关程度。"虽然涉入的定义很多，但仍有共同脉络可循，涉入是个人对目标主体（goal-object）所存在的知觉价值，以表示对于目标主体的兴趣，其所指的目标主体可以是产品本身、广告信息或是购买决策。

行为变量

1. **利益细分：**利益细分是指根据消费者对于产品或服务所寻求的不同利益，对消费者市场加以细分。市场细分应采用与消费者未来购买行为有因果关系的因素为基础，因此根据消费者在特定产品的功能或服务中可得的利益或重视的因素来细分市场较为恰当。而消费者在做购买决策时会考虑产品或服务所带来的利益，若满足消费者所欲寻得的利益，便能激发消费者购买的欲望。故利益细分其细分基础为因果性因子，而非描述性变量，所以较能正确地预测目标顾客未来的消费者行为，因此，由利益细分所得到的信息是有助于分析新产品机会、产品定位与促销方式的决策。利益是指消费者在使用某产品或服务时，希望从中获得某些利益或满足某些需求，所以消费者在选择商店及选购产品时，心中会有一些评估标准，故其收集国内网络消费市场上，网络使用者选择电子商店的评估标准及所重视的条件。
2. **使用（购买）形态：**使用（购买）形态变量是指消费者对产品采用决策过程中，所表现的各种行为特征。因此使用（购买）形态变量即消费者行为中"采取决策过程的行为变量"。使用（购买）形态变量可归纳整理如下：
   - 上网地点。
   - 上网连线方式。
   - 上网动机。
   - 是否曾上网购物。
   - 过去一年消费总次数。
   - 平均消费金额。
   - 信息来源。
   - 使用网络购物意愿。
   - 偏爱产品类别。
   - 预期未来网络购物单笔消费最高金额。

在网络上无法用传统的方法收集资料，企业必须利用新的方法来搜集资料，例如 cookie 或 session。但是企业在收集网络族的资料时，必须注意隐私权的保护。

四、市场细分的方法与步骤

市场细分方法可分为下列四种模式：

1. **事前细分化模式（prior segmentation model）：**此模式有直接观察法、归类法、交叉列联表分析法等方法，所采取的细分基础通常为人口统计变量、品牌忠诚度、产品使用（购买）率等。在选定细分基础后，于细分形态分析之前，即可计算出市场细分数目及各细分市场内的人数。

2. **事后细分化模式（post hoc segmentation model）**：此模式有集群细分分析法（cluster-based segmentation design）、多元尺度分析法（multi-dimensional scaling analysis）等方法，以集群细分分析法较常用，所采取的细分基础有利益追求变量、需求态度、生活形态及其他心理变量等。在选定细分基础后，尚无法立即计算出市场细分数量及各细分市场内的人数，它是根据受试者在某些细分基础上的相似程度予以分群，且必须运用特定研究技术进行分析，才能决定细分变量、细分市场内的人数以及细分形态。
3. **弹性细分化模式（flexible segmentation model）**：此模式是综合联合分析（conjoint analysis）和顾客选择行为的计算机模拟而分成许多细分市场，且每一个细分市场中，分别包含一些对产品特性组合有相似反应的顾客，可供营销人员用以弹性地细分市场。
4. **成分细分化模式（componential segmentation model）**：以联合分析和正交分析（orthogonal analysis）而得，用产品及人格特质来细分，强调预测何种形态的人会对何种形态的产品产生积极的反应。其与弹性细分化相异之处在于，它同时包含产品与人的特性，如此便具有细分市场和预测的双重变量。

而市场细分化的观念转变为有效的管理策略，必须遵循 3 个步骤：

1. **细分的定义**：根据研究目标、经营者的要求、企业内外资源的限制等，凭理论需要、经验、判断或是直觉，选定可能适用的细分变量去定义各个细分市场。
2. **消费者的分类**：将消费者分类归入所属的细分市场中，以便决定细分市场的大小与市场潜力。
3. **细分的辨认**：关注各个层面，找出足以区分各个细分市场差异的描述变量来描述各细分市场的特征。

研究发现，在网际网络的领域上，多数研究者以“生活形态”作为市场细分变量来细分其所研究的目标消费者，如网际网络使用者、网络银行消费者等。

五、评估市场细分是否有效

一个有效的细分市场，必须具备五项要素：

1. **可衡量性（measurability）**：是指该细分市场的大小与购买力可以被衡量的程度。
2. **足量性（substantiality）**：是指该细分市场的大小与获利性是否足够大到值得开发的程度。例如汽车工厂可能会制造一些座椅较宽的汽车，但就市场的观点来看，身高较高或体重较重者很少，造成这个细分市场可能太小而无法获利。
3. **可接近性（accessibility）**：是指该细分市场能够被接触与服务的程度。例如可能区分出老年人这个市场，可是此一族群较少上网使得网站无法有效接近，因而无法成功销售相关产品。
4. **可区别性（differentiable）**：细分市场在观念上是可加以区别的，且可针对不同的细分市场采取不同的营销组合。
5. **可行动性（actionable）**：是指该细分市场足以拟定有效的营销方案，吸引并服务该细分市场的程度。例如一汽车公司将市场区分出高级车、中型房车、小型车、箱型车、货车五个市场，但是因资源有限而无法一次进入所有的市场。即使企业只决定要进入高级车的市场，但可能会因为知名度不足或技术不足而退出。

11-5 目标市场的选择

评估市场细分是否适合作为目标市场的方法：

1. **长期获利**：评估细分市场在市场规模及成长率方面，长期而言是否具有吸引力。
2. **竞争威胁**：评估目前及未来竞争者所带来的影响，以及替代品的威胁。
3. **供应商**：好的供应商会让企业在原料、设备的取得上比其他的竞争者更有优势。
4. **本身目标与资源**：考虑企业本身的目标与资源是否与市场有相关性。

选择目标市场的方式可分为四种，如图 11-16 所示。

1. **无差异营销（undifferentiated marketing）**：以一套产品、服务及策略提供给整个市场，而将重点放在消费者的共同点，而非差异点。公司不重视各细分市场间的差异性，而将整个市场视为一个整体，企图以单一产品或单一营销组合来服务市场上所有的顾客。换句话说，企业只生产一种商品，而企图以单一的营销组合向所有的消费者营销时，这样的策略就称为无差异营销，有时也称为大众营销（mass marketing）。此种策略必须追求成本经济，以达成全面成本优势。
2. **差异化营销（differentiated marketing）**：即企业承认各细分市场间存在差异性，因而决定选定一个或数个细分市场为目标市场，进而针对每一细分市场，设计不同的产品与不同的营销组合策略。同时厂商在两个或更多的细分市场中运营，并设计不同的产品及营销方式以满足不同细分市场。换句话说，当企业将市场切割成不同的细分市场，而以不同的营销组合满足各个不同细分市场的需要（needs）时，这样的策略即为差异化营销。
3. **专注化营销（concentrated marketing）**：企业本身因资源有限，某些企业会决定将全部营销资源专注在某个特定的细分市场。在这种策略下，营销者集中一切力量，试图满足单一细分市场的需要（needs），这种策略最适用于资源较少，或者是生产提供高度特殊化产品或服务的企业。而这种策略有时又称为利基营销（niche marketing）。
4. **微营销（micro marketing）**：微营销专门针对一个邮递区号、一种特定的行业、特定生活方式或是单一家庭的消费需要（needs）进行营销，其所认定的细分因素较“集中式营销”更小。当微营销策略推行到极致时，即是针对个人的一对一营销。网际网络的兴起更有利于微营销策略的推行。利用网络使用者的个人资料，营销人员通过电子邮件或短信，直接与目标消费者个人取得联系，对目标消费者进行个人化的一对一微营销。

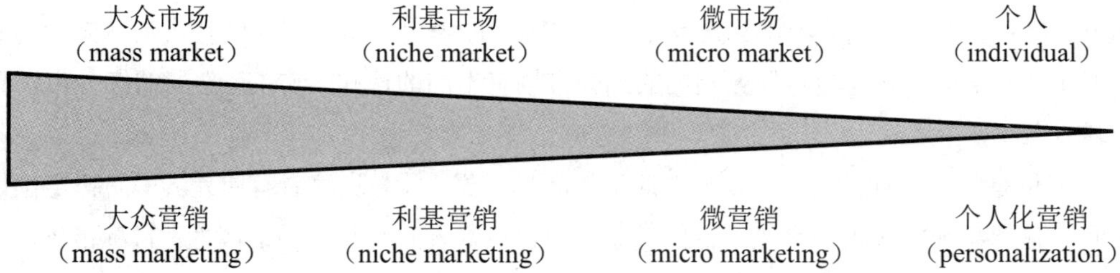

图 11-16 细分市场的选择

11-6 网络营销市场定位——产品定位、品牌定位

一、产品定位

市场定位是指目标市场中的消费者对产品所认知的市场地位。营销者必须了解消费者对产品的印象如何，并采取有效的营销策略，以达成企业目标。因此市场定位的主要目的为协助完成市场细分，找出利基的所在。

产品定位是指企业提供一种满足消费者心目中特定地位的产品，并结合产品设计、产品制造、产品营销包装、广告组合等相关活动，即所有的产品定位，来自市场消费者不同细分市场的需求，并由既定的定位来执行后续的所有相关活动的 4P 组合。产品定位是营销策略中有关产品决策的重要课题，甚至可以说是整个产品策略的核心，而定位的意义是将本身品牌定位在比竞争厂商更易接近顾客所偏好的部分细分市场上。

确定产品定位的考虑因素有很多，常用的主要有以下 6 种：

1. **根据产品属性的特色或顾客想要的价值来定位**：例如耐用型、经济型或是两者之间的结合。
2. **根据价格与品质的高低来定位**：例如普通住宅楼与别墅。
3. **根据产品的用途来定位**：例如短期娱乐的游乐场。
4. **根据产品使用者的身份区别来定位**：例如 Nike 球鞋与 Micheal Jordan，将产品与使用者形象相连接。
5. **根据产品群的相对性来定位**：即将产品根据其所属的某种产品类别进行定位或根据该产品类别的领导者定位。
6. **根据竞争厂商的相对性来定位**：例如强调产品在某些方面要比竞争者佳，并以此作为自足的地位。

二、品牌定位

品牌定位是目标消费者对品牌的认知，这些消费者的认知包括功能性的利益与非功能性即情感性的认知。其中，功能性的利益即为产品定位。也因为品牌定位是奠基在消费者的认知上，所以消费者本身的态度、信念与经验将导致相同的细分市场有不同的认知，或许有不同的细分市场但有相同的品牌认知。

品牌定位是一个沟通的过程，以塑造期望的品牌形象，并与竞争者有所差异。品牌定位是以竞争为观点，强调品牌的区别与刺激属性的关系，隐含消费者的利益与动机属性、目标市场、使用时机与竞争者等概念。

品牌定位是品牌识别与价值主张的一部分，此一定位将积极、主动地与目标受众沟通，同时用以展现其相较于竞争品牌的优势。根据上述定义，Aaker 提出以下 4 个方面来解释品牌定位，如图 11-17 所示。

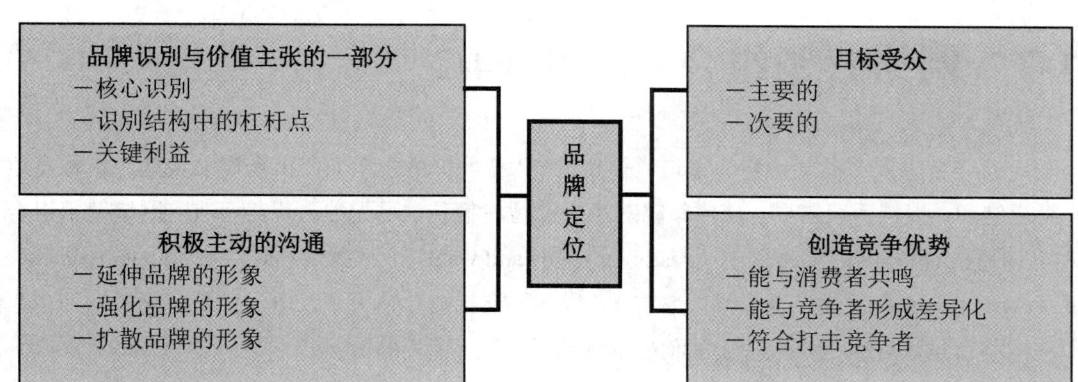

图 11-17　品牌定位架构

资料来源：Aaker（1996）

1. **品牌识别与价值主张的一部分：**当一个品牌的确存在时，该项品牌的识别与价值主张才能完全地发展，并且具有系统脉络与深度。
2. **目标受众：**品牌定位是一个沟通的过程，因此必须决定目标受众，该目标受众通常仅是目标市场的一部分。
3. **积极主动的沟通：**品牌识别与品牌形象的比较经常会产生下列三种不同的沟通任务：延伸、强化与扩散品牌形象。而这些品牌定位任务则是通过品牌定位的过程加以陈述反映出来。
4. **创造竞争优势：**品牌定位应展现其相对于竞争者的优势，并能与消费者共鸣，意即能与竞争者形成差异化的竞争优势。

总结来说，品牌定位是一种厂商主动将品牌、形象及价值主张传递给消费者的过程，而通过此沟通的过程来表现出与竞争品牌的差异化及竞争优势。

三、定位的策略

根据 Kotler & Fox（1985）的建议，发展定位策略的步骤为：

1. 评估该产品在市场上的位置。
2. 选出一个理想的位置。
3. 针对所选择的位置发展策略。
4. 实施所定的策略。

Jain（1996）建议产品的定位可由下列 4 个过程来决定：

1. 分析对消费者而言是显著的产品属性。

2. 分析这些产品属性在不同的市场细分中的分配状况。
3. 以产品属性来决定产品的最适定位，并考虑市场中既存品牌的定位。
4. 为产品选择全面的定位。

11-7 网络营销组合——4P+4C

传统营销常采取产品、价格、渠道、促销的 4P 竞争价格。但当今市场产品成熟、价格竞争激烈、渠道饱和、促销手段雷同，任何策略对手皆能适时模仿，已无独占优势可言。网络营销组合已迈入 4C 时代：顾客的需求与欲望（customer needs and wants）、成本（cost）、便利（convenience）、沟通（communication）的范畴！谁能掌握 4C 优势，谁就能营销天下，电子商务才会脱颖而出！但想要在网络市场攻城略地，取决于如何发展特有的 4C 营销策略。

网际网络（Internet）与电子商务（e-Commerce）的兴起，促使营销理论由原来的重心——4P，逐渐往 4C 移动：

1. 不再急于制定营销组合的产品（product）策略，而以回应顾客的需要与欲望（Customer needs and wants）为导向，不再以“销售”企业所生产、制造的商品或服务为主，而是“满足”顾客的需要与欲望。
2. 暂时把营销组合的定价（price）策略放一边，而以回应顾客满足其需求或欲望所愿付出的成本为主要考虑因素。
3. 不再以企业的角度思考营销组合的渠道（place）策略，而以顾客的角度思考，怎样才能提供顾客想要的便利（convenience）环境，以方便其快速地取得其所需的商品。
4. 不再以企业的角度思考营销组合的促销（promotion）策略，而着重于加强与顾客之间的互动与沟通（communication）以获取、增强与维系顾客关系。

传统以 4P 为基础的营销理论，是追求企业的利润最大化；而 4C 则是追求顾客的利润最大化。因此，新一代的网络营销强调的是，企业如果从 4P 对应 4C 出发，而不是只追求本身的（短期）利润最大化出发，在此前提下，同时追求长期的顾客利润最大化与企业利润最大化为目标。换句话说，网络营销理论模式是：营销过程的起点是顾客的需求与欲望；营销 4P 决策是在满足 4C 要求下的长期顾客利润最大化与企业利润最大化。因此，即使在网际网络时代，营销 4P 依然管用，只是方向与导向改变而已，从企业主导转向顾客主导。表 11-7 所示为网络营销组合 4P 的构成要素。

如果从产品属性差异化与顾客价值差异化的角度来看，传统营销组合 4P 策略是销售端的考虑，而网络营销组合 4C 策略则是顾客端的考虑，如图 11-18 所示。

在当今时代，不论任何行业（包括制造业及信息产业）越来越趋向服务化，及强调顾客导向的更深层化，因此厂商在实务上应使网络营销 4P 更具有服务性，所以才有了网络营销 4C 的说法，但在理论上仍应针对网络营销 4P 进行探讨。网络营销 STP、4P 及 4C 的关系如图 11-19 所示。

表 11-7　网络营销组合 4P 的构成要素

产品（product）	价格（price）	渠道（place）	促销（promotion）
网络产品决策	网络产品动态定价	去中介化与新中介化	网络广告
网络产品定位决策	线上议价	逆物流处理	网络人员销售
网络产品组合决策	网络拍卖	第三方物流	网络促销
数字内容决策	免费——礼物经济	电子距离与实体距离	网络公共关系
网络品牌决策	网络搭售（捆绑销售）	线上安装、线上更新	网络直复营销
网络 CIS 决策		线上配送	

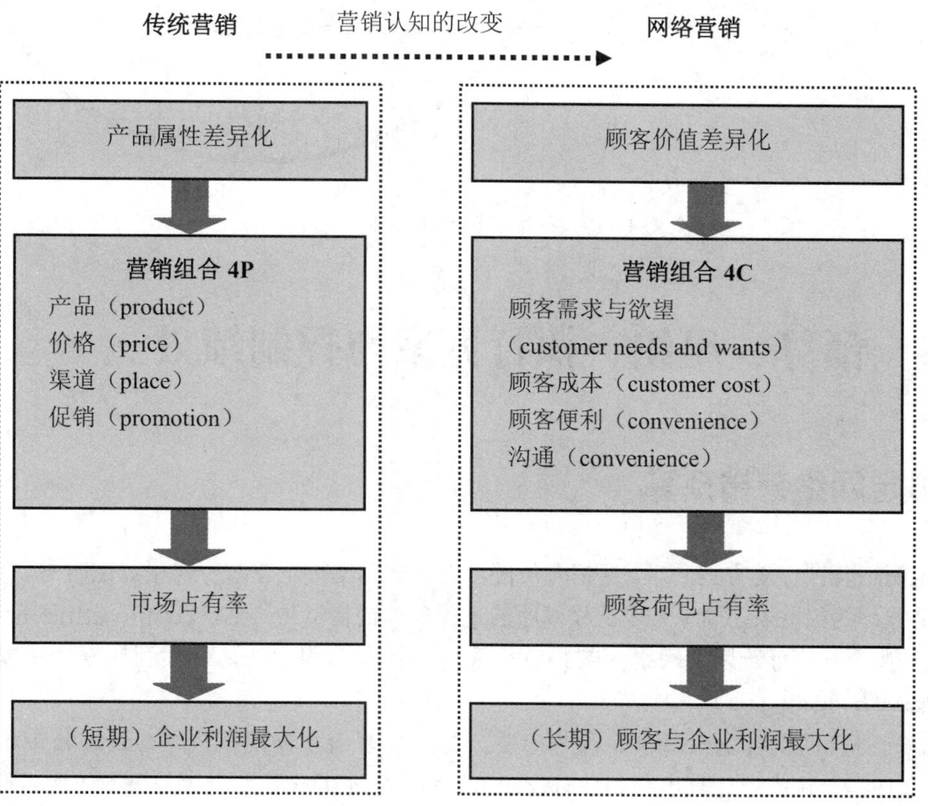

图 11-18　从产品属性差异化与顾客价值差异化看 4P 与 4C

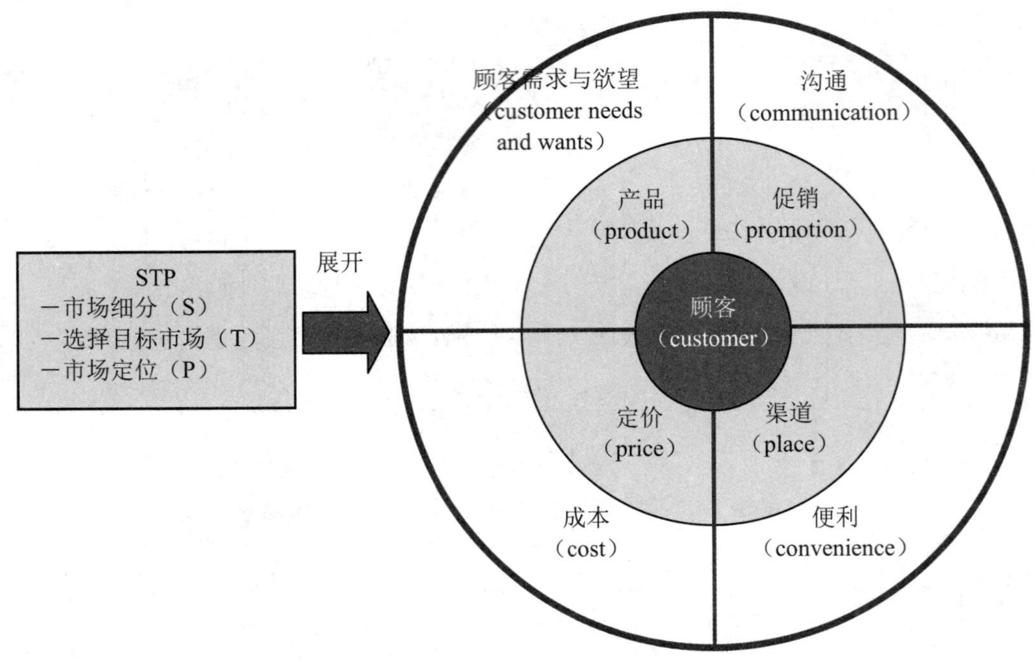

图 11-19 网络营销 STP、4P、4C 的关系

11-8 预算、组织、执行方案与控制绩效

一、拟定网络营销预算

拟定网络营销行动方案之后，营销人员便可设计一套支持企业运营的预算说明书，预算说明书本质上是预计的损益表。预算表现于收入面的是预期的销售量与价格，表现于支出面是生产、配送及其他营销成本。而计划中网络营销预算可采用目标利润规划法、最大利润规划法或零基预算（zero-based budgeting）。

在作网络营销组合决策时，必须考虑要分配多少营销预算到那些顾客及细分市场的问题。Mulhern（1999）认为当计算出获利性时，即可以将营销资源投注到最大报酬率的顾客群；但是同时他也提出警告，不能仅凭获利来断定资源分配，尚需考虑顾客转换行为。当顾客忠诚度不高，即使他们处于获利性非常高的层级，也不能如同忠诚度高的消费者一样，投入过多的资源。

二、建立网络营销组织

网络营销计划若要有效执行必须要有适当的组织结构来加以配合，并且此组织结构要能有效回应目前情况与未来机会。一般而言，在电子商务时代，企业所需的组织结构是偏向“生物有机式组织结构”（organic structure），其组织结构会形成一个跨功能、跨地理区域的虚拟工作团队，让组织内员工在不同的功能单位之间沟通、支持与互动，如同有机体一般。

三、执行网络营销方案

营销人员在建立实施网络营销规划的组织结构，并且发展网络营销行动方案、拟定预算之后，就应将此行动方案加以落实。网络营销策略的拟定与执行是不可分割的，而策略的拟定并不仅是营销主管的责任，也是所有人员的责任。

要落实网络营销策略，组织结构必须是跨功能的虚拟团队，让信息在企业组织结构内自由流通，在数字系统的协助下有更宽广的控制幅度、分权化，以及较低的正式化。

四、控制网络营销绩效

计划书的最后一部分为绩效控制，用来检查计划的进度。通常标的与预算会按照月或季度划分，此举可使营销人员明了各期间内各单位的业务成果。未达成预定标的的经理人必须解释原因，并说明将采取何种补救措施。

对网络营销计划的控制包括：设定网络营销绩效标准、评估网络营销实际绩效，并将网络营销实际绩效与所设定的绩效标准做比较。控制的成效视网络营销标准的有效性及信息回馈的正确性而定。

11-9　下一个经济时代——营销的演化

拜科技之赐，原本不可能的产品或服务都逐渐美梦成真，而且有些新科技、新发明不但实用，很有创意，更富有人性。但是，顾客不满意的程度却在持续增加。原因是人们渐渐地把新科技视为理所当然。人们的需求越来越多，要求的速度越来越快。科技使人们期望过高，导致理想与现实的落差越来越大。

当初（1995 年）以为能带来美好生活的“网络经济”，却在 1999 年发生了网络泡沫化，这是企业忽视了长期顾客关系所导致的结果，而非科技本身的错误。1995－2000 年网络经济预告的便利、准确、快速和愉悦的新生活从未实现。顾客常常发现，找不到客服电话，只有客服 E-mail，拨了电话没有人回应，产品问题无法迅速解决；浪费许多时间等待上网、下载文件，休闲时间极度被压缩，科技浪费了更多时间，也让人面对更多过去没有的挫折感。

人们对品牌不再“死忠”，因为在第一代网络经济下，许多企业迷失在“速度”的梦幻中，所有的产品或服务不管是否做好万全准备，都被火速推出。人们常听到的观点是：“上市速度决定一切”“先推出再说，有问题明天处理”“消费者会了解，新产品难免有小瑕疵”。这些观点使得维系品牌与顾客之间关系的脐带脱落，商场信任荡然无存。

网络经济促使企业结构和经营理念发生重大改变，这些改变包括：

1. 把科技推向经济的最前线。
2. 重新界定最佳的商业经营模式，从原材料供应、生产制造、配送、人力资源管理、财务管理、营销、销售、顾客服务与支持，甚至获取利润的方式都面临重大转变。

3. 生产力明显大幅成长，而且外显供应增加。
4. 重塑人类的经济概念。生产要素不再只是：土地、劳动力、资本，还包括了知识，甚至“顾客智慧”。
5. 突显了信息带动经济成长的重要潜力。

尽管人们正经历网络泡沫化带来的混乱，但是大多数的企业仍然深信，各行各业仍会受到网络经济的重大冲击。大多数人也都同意这样的看法，电子商务（e-Commerce）会继续存在，也会在电子商业（e-Business）中扮演重要角色。只是，问题在于，了解电子商务在电子商业中的未来角色和范围的人寥寥无几。近 20 年来，企业经历了 3 个不同经济思维的年代：

1. 在 1980 年代（营销年代）企业正努力营销产品，有什么方法可以异军突起？
2. 在 1995－2000 年（电子商务年代）企业思考如何利用网际网络创造商机？
3. 但到了 2000 年以后（电子商业年代）企业回归商业的本质，重新思考顾客在哪里？如何才能接触到顾客？

在电子商务年代（1995－2000 年），许多创投公司都砸钱在毫无商业经验的网络公司。这说明了大多数人都把焦点放在“科技”上，而非现实的“商业”环境。想达成过度乐观的目标，又对顾客一无所知，说明了这些网络科技族，正犯了典型的营销短视症（marketing myopia）。他们一方面高估市场，一方面以错误的方式评估获利率，例如以注意力、点击率、网站逗留时间等数值估算获利能力。

留意经济史的人可能已经发现，电子商务也重蹈历史覆辙，深陷价格泥沼。过去，多数传统零售业都是利用价格取得“市场占有率”，不仅损害企业竞争力，也使市场成为价格战场。一般而言，能存活下来的通常是大型企业或利基小店。大型商店运用规模经济削价竞争，利基小店则提供有特色的商品或个性化服务，至于那些规模不大不小的中型企业往往惨遭淘汰。如今，同样的情形也发生在网络市场。大型网络企业靠着规模经济抢占市场，利基小店则依赖个性化服务和专业知识闯出一片天，夹在两者之间的中型网络企业岌岌可危，非死即伤。

另一个网络经济的盲点是，忽略了女生才是经济主力的事实，毕竟多数家庭中掌管财务者都是女性。网络科技在开创之初就明显倾向于男性，从商业角度来看，数字时代基本上是由男性主导，将顾客层锁定在年轻男性，忽略了多数的女性消费者。多数女性都很厌恶横幅广告，她们不喜欢在选购商品时，被销售人员紧盯，同样的，也不喜欢上网时被不断干扰。此外，上网搜索信息也必须浏览十多个不相干也没有兴趣的网站，幸运的话才能找到真正想要的网页，取得所需的信息。

现代的女性不像上一代那么有时间。她们除了要工作，还要全心照料家庭。压力迫使她们必须有效地运用时间和金钱。她们不仅知道最佳的购买时机，压力迫使她们必须有效地运用时间和金钱，也要耐心等候最佳时机。

降价人人会做，因为这不需要任何智慧、愿景。事实上，依赖低价促销对企业的顾客关系有微妙的负面效果。当产品降价销售时，也同时传递了几个负面的信息，例如，我们的产品或服务并不值原来的价格，所有的产品并无不同。

一、失效的营销 4P 策略

过去的营销策略，也就是强调产品（product）、价格（price）、渠道（place）和促销（promotion）的营销手法，已经不能影响顾客行为。旧经济的品牌价值公式如下：

$$品牌价值 = \frac{产品+渠道+促销}{价格}$$

企业知道有一半的广告预算是白白浪费的，而唯一的困扰是，并不知道究竟浪费的是哪一半。

产品（product）

根据 POPAI 的数据资料显示，一般人大多是现场决定所购买产品的品牌，而非事先决定。多数消费者是在店里才决定购买的对象，商店已经成为制造商与顾客的关键。当零售商自创品牌时，也会使产品差异性降低。当企业顾客变成最大的竞争对手时，问题就变得很严重。当品牌问世，在产品包装上与领导品牌非常接近时，顾客很可能误以为该产品就是领导品牌。只要品质能使顾客满意，营销人员就很难过通过产品建构品牌价值。

只要留意大卖场、百货公司及化妆品店，就会惊讶地发现，领导品牌与渠道品牌的产品极为类似。也因为如此，消费者会误认为所有的产品都大同小异，价格才是最重要的购买条件。

渠道（price）

新的概念兴起——“能否成为消费者生活的一部分”。传统的实体距离与数字时代的电子距离，消费者与企业之间的距离不再只是“最后一里”（last mile），而是“一鼠之遥”的电子距离。因此消费者对于地点的要求，不再是实体距离的远近，而是这个地点（price），是否能够成为其生活的一部分。

此外，这也是个到处都买得到的时代，不管是实体商店购物，或是在网络商店购物，便利性不再取决于销售地点，因为到处都可以买到想要的东西，然后快递公司能快速地将包裹送到目的地。

过去销售地点的核心在于其专业性。在新经济时代，这类专业服务必须再创新，因为身处数据爆炸时代的顾客，仍在不断地寻找有用的知识和客观的建议，以便做出最佳的选择。

促销（promotion）

根据 POPAI 长期研究发现，店头营销对购买决策的影响力越来越大，消费者在包装型商品和杂货的采购中，店内决策比例已高达 70%；大宗商品或折扣商品的店内决策比例更高达 74%。

促销（promotion）的价值在于告诉消费者品牌的特性，做出细分。然而，在旧经济与新经济交替之际，促销（promotion）不等于保证在品牌与消费者之间提供无形的契约。

价格（price）

低价促销大幅增加。面对新经济时代多变的消费者、没有效果的营销广告以及缺乏愿景的营销部门，许多企业都把低价促销当作唯一的营销策略。然而，过度依赖低价促销对企业的顾客关系会产生微妙的负面影响。当商品降价销售时，也同时传递了几个负面的信息，例如我们的产品或服务并不值原来的价格，其次，我们的产品并无特殊之处。

价格策略已无用武之地。经由短暂的降价获取短期的销售量，又会被竞争对手发动的促销攻势所抵消。因此，价格除了影响获利之外，并不能影响市场占有率，更不能影响顾客荷包占有率。此外，科技的改变促使产品的生命周期缩短，也促使产品价值大幅滑落。

二、营销 4R、4C 与 4P

过去营销专家强调以“品牌形象”来弥补无法全面照顾核心顾客的问题，以 4P 理论来决定品牌价值：

$$品牌价值 = \frac{产品+渠道+促销}{价格}$$

然而当产品（product）、渠道（place）、促销（promotion）、价格（price）等 4P 在市场上的差异逐渐缩小，要创造品牌价值又谈何容易，更重要的是：如果核心顾客是企业主要的利润来源，“把关系搞好”的因素并未列入公式的要因中。更多学者认为，新经济时代的品牌价值是：

$$\frac{\text{Relationship} + \text{Retrenchment} + \text{Relevancy} + \text{Rewards}}{\text{Price}}$$

良好的顾客关系（Relationship）、提供丰富的信息以减少顾客不便（Retrenchment）、专精服务项目建立专业形象（Relevancy）、给予忠诚顾客附带的奖赏（Rewards），即 4R 营销策略，如表 11-8 所示。如果 4R 营销战术运用得宜，品牌价值与产品价格的关系也会改善，企业利润自然会更好。因此企业应清楚定义需要长期维护与经营的潜在消费者的轮廓，设定能维持良好关系的沟通频率与方式，然后“把关系搞好”。

表 11-8 4R、4C 与 4P 营销策略

4R	4C	4P
良好的顾客关系 （relationships）	顾客需求 （customer needs）	产品 （product）
提供丰富的信息减少顾客不便 （retrenchment）	便利 （convenience）	地点 （place）
专精服务项目建立专业形象 （relevancy）	沟通 （communication）	促销 （promotion）
给予忠诚顾客附带的奖赏 （reward）	成本 （cost）	价格 （price）

因此，现今的电子商业（e-business）应改成利用 4R 与 8 项核心竞争力，制定目标明确的营销策略，以形成独特的商业经营风格，与独特的顾客体验，如图 11-20 所示。

三、由需求（needs）转向欲望（wants）

了解马斯洛（Abraham Maslow）需要层次理论的人都知道，当一个人的生理需求得到满足时，行为动机才会转为心理需求。然而，现今的网络社会中，消费者其实是购买他所“想要的”（wants），而不是他所“需要的”（needs）。另一个更现实的问题是，“需要性（needs）商品”已经没有什么利润可言。一般消费者购买日用品时，已不是购买行为，而是取得行为。现今能产生利润的商品，一定是满足顾客欲望（wants）的高价品，而不再是日常用品。而要把顾客对商品的认知由满足需

要（needs），转变成满足欲望（wants）的关键，就在于品牌权益（brand equity）。

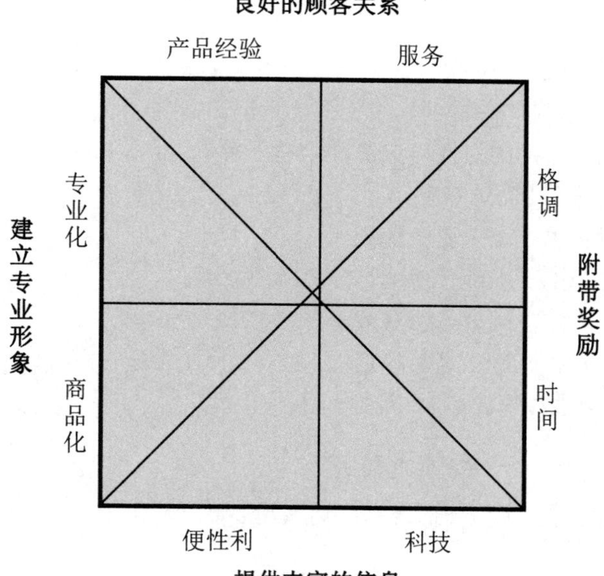

图 11-20 4R 与 8 项核心竞争力

资料来源：Elliott Ettenberg（2000）

欲望细分（wants segmentation）主要是根据顾客的价值观进行市场细分，也就是先了解顾客重视什么（欲望是什么，而不是需要什么），然后以心理因素进行细分。根据欲望细分销售商品，就好像将商品卖给情人，但是根据需要细分销售商品，就好像将产品卖给陌生人。当然，人的基本需要（needs）的变化不大，但是欲望（wants）却会随着经济时代的改变而改变，这也是欲望细分不易掌握与实际操作的原因，不过随着科技的进步，“个人化的欲望细分”渐渐变得可能。

学习测评

1. 简述网络营销规划程序。
2. 简述营销环境包括哪些。
3. 举例说明网络营销的定性与定量目标有哪些。
4. 什么是营销“STP”策略？
5. 简述目标营销的 3 个主要步骤。
6. 举例说明常见的市场细分变量可分为哪四大类。
7. 简述如何评估市场细分是否有效。
8. 什么是产品定位？什么是品牌定位？
9. 什么是 4P 策略？什么是 4C 策略？

案例讨论：大买家——从实体到虚拟

大买家网站简介及数字化转型之路见下表。

大买家简介	数字化转型
网络排名：台湾地区第九大网购平台 成立时间：1993 年 董事长：张异昌 主要业务：销售各种民生用品 效益：打破地理限制，拓展商品销售种类	数字化工具：网络商店 1. 整整花了 3 年时间，事前准备周全，深入了解网络产业 2. 凝聚公司内部共识，朝转型目标迈进 3. 决策者有决心推动，不主张挖角，大力培养内部人员

大买家股份有限公司自 1993 年成立，又相继在台湾地区多个城市建立分店（及购物中心），它引进连锁智能计算机运营管理系统，并由专业团队经营管理，以提供各类民生必需品及餐饮、商店的复合式量贩店，满足消费者一次购足、应有尽有的量贩百货大卖场。

1997 年为扩大采购规模，提升竞争力，与大润发流通事业股份有限公司开展交互持股策略联盟，成立商品联合采购中心，2001 年再与具有 45 年零售流通经验的法国欧尚集团合作，提供国际性更多元化的商品服务。

2008 年为了顺应更专业和多角化经营的策略，成立餐饮及流行百货招商营运部门，专营以品牌专柜 Outlets 业态为核心的商店街、购物中心，对消费者承诺 Save & Safe（买得便宜，买得安心）。2009 年再扩大营业规模，成立地产业务部门，针对商业不动产开发、营建、管理、销售等建立完整的经营体系。有鉴于网络的蓬勃发展及消费趋势，整合公司资源成立网络业务部门，提供民生必需品为核心的应有尽有量贩百货网络商店，消费者可选择通过网络或到实体店购物，结合虚实，创新营销服务理念让顾客更方便、更满意。

2010 年 1 月才开站的大买家，在网络世界中还是新手，但在实体世界里，却是成立超过 18 年的量贩店业者，目前在台湾地区多个城市共有 3 家实体店。大买家坚实的量贩店背景，为早已群雄割据的网购市场，投入一颗“炸弹”，更成为台湾地区第一家跨入网购市场的量贩店业者。谈起走入网络的原因，大买家表示，量贩体系的竞争已进入战国时代，只有 3 家实体店迟早会被市场淘汰。大买家要生存下去只有两条路，一个是开店，但是量贩店开店成本太高；一个就是网络，直接打破了量贩店的来客范围限制。

大买家与大润发携手成立商品联合采购中心，发挥实体采购优势。大买家也清楚，身为网络购物市场的后发品牌，要杀出重围就必须塑造独特的核心价值，自有的量贩商品正是优势。早在 1997 年时，大买家就与大润发携手成立商品联合采购中心，每年高达 500 亿元（新台币）的采购量，不仅保证商品可以拿到优惠价格，种类更是齐全，能把众多一线品牌全搬到网络上销售。

大买家保证网络店的售价和实体店一样，让消费者同样可以享受到实体商店的折扣优惠。早前台湾地区也曾有量贩业者想尝试网购市场，不过由于实体店数量过多，针对不同地方的消费特性，同样的商品却有不同价格，网络店该按照哪个价格就是一大问题。加上经营网络的营收，与连锁体系的实体店相比太过悬殊，因此最后都选择放弃。因为大买家只有三家分店，统一价格不是难事，网站上甚至提供“买贵通报”，就是要保证网络最低价。对分店数少的大买家而言，走入网络市场更是未来的生存法则，这也是为什么比起其他业者，大买家更适合经营网购业务。

目前大买家在网站上提供的量贩商品，横跨食品日用、冷冻鲜食、冷藏生鲜三大类别，约有 2 万 5 千到 3 万件商品，众多知名品牌如统一、味全、舒洁等全都看得到，物流与“统一速达”合作，保证 24 小时到货。不过大买家也清楚，若只提供量贩商品，就只是量贩店的网络版，会限制未来的发展性。

因此大买家除了原有实体店销售的食品日用、冷冻鲜食、冷藏生鲜三大类别外，还花费许多时间，寻找各类商品的供应商，目前已与 920 多家供应商配合，将商品扩增到 13 个类别，从团购美食、旅游票券、3C 商品，到流行服饰、美体美妆，甚至是动辄上万元的精品包袋，通通涵盖，商品总数共有 12 万 5 千件。为了推出更吸引人的商品，光是网络店的采购人员就高达 95 人。大买家的优势是量贩商品，知名度高、亲和力够，用量贩商品培养消费者的信任感与回购率，再带动其他商品的购买。在目前 35 万的会员中，第一次购买的比例超过 85%，一年购买超过两次的占 44%，购买超过六次的则占 8%。

此外，会员每次购买的金额也逐步提升中。从第一张订单 80%都是购买量贩商品，接着再从 1 千多元的商品，慢慢提升到五六千元的手表，最后就敢尝试高单价的名牌包。精品类在 2012 年 1 月，销售就有明显增长，用量贩商品带路的方式显然奏效。

除了强大的商品力外，大买家也将实体店的经营模式带到网络上。不同于一般网络购物平台常见的“上架费”“成交抽成”等营收来源，大买家采取的是实体店常见的“售价控制”模式。跟厂商谈好商品进价成本后，网站上的售价由大买家决定，价差是大买家主要的获利来源，消费者下单后，直接由厂商出货。

大润发表示，因为控制售价，能快速调整价格，所以可以做到保证最低价，如果是抽成模式，厂商不一定愿意降价。网络店上线后，经过半年的宣传与经营，卖场营收从 2011 年 9 月起，每月都有两到三倍的增长，目前一天订单量超过 1500 张，平均客单价接近 3000 元（新台币），亮眼成绩让雅虎奇摩、PayEasy 等平台纷纷前来洽谈合作机会。

为了跨足网络市场，大买家历经 3 年的准备期，经营团队大换血，2010 年才正式进军网络商店。为了经营网络业务，大买家成立 EC 业务部，并与东方线上等机构合作，深入研究网络购物市场。大买家独立开发网页后台程序、研究能与量贩商品配合的纸箱尺寸，甚至因为交易模式的不同，还要说服供应商加入。

在过程中当然也经历了转型的阵痛期，在 EC 业务部将近 130 位员工中，有些人因为不认同跨入网络的理念，有些人因为受不了转型压力，从 2010 年成立之初到 2011 年下半年营收稳定为止，八成的岗位都有变动。其中四成选择调单位，四成直接离开，整个团队几乎大换血。之所以能渡过难关，决策者的理念成为关键因素。大买家背后的母公司是以建设、营造起家的中阳集团，董事长张异昌早在 10 年前就看准网络商机，成立“台湾装潢网”，成为国内第一个整合室内设计、装潢、家具饰品的网站，因此对于网络业务并不陌生。

即使面临许多内部的人事压力，大买家也不主张从别的网络购物平台挖角，坚持用公司内部同事，大家一同从学习中成长，在过程中也连带建立起转型共识，发挥决心做到最好。大买家甚至聘请专员观察网络社群的口碑回馈，如果遇到网友的负面评论，主动留言来解决问题。

现在大买家也尝到了网络带来的甜美成果，通过网络，大买家不用花费高额开店成本，也能做全台湾地区的生意，为量贩店开启了新契机。

讨论问题：

1. 请你为大买家重新进行网络营销规划。
2. 这样的经营模式长期来看会有何隐患？说说你的看法。

网络营销组合——产品（Product）

12 CHAPTER

导读：2014 年全球 Top 10 策略性科技

Gartner 曾预测 2014 年全球 Top 10 策略性科技包括：

1．移动设备多元化与管理：Gartner 预测至 2018 年，多样化设备、使用者情境以及互动模式将大幅进步，企业必须针对移动设备多元化进行有效管理。

2．行动 App 与应用：至 2014 年，“HTML5” + “浏览器”成为 App 应用程序开发环境的主流，并且 App 数量将不断成长，而传统应用程序则开始萎缩。

3．万物联网（The Internet of Everything）：网络将扩充至企业的资产与消费性产品（如电视或冰箱）。企业不应将思维局限于物联网（Internet of Things，如资产和机器设备），而必须为万物联网做准备。

4．混合云与 IT 即服务中介：整合个人云以及外部私有云服务绝对是必要的。企业在设计私有云服务时，应考虑未来将采用混合云服务，并确保未来的整合性与互通性。

5．云端／用户端架构：由于消费者网络连线越来越方便，宽带速度越来越快，降低云端应用程序运算及存储消耗量，有助于云端／用户端架构的运行。

6．个人云时代：随着个人云时代来临，硬件装置的重要性将越来越低，反倒是个人云将担任更为重要的角色。

7．软件定义一切（Software-defined anything, SDx）：代表着基础架构可程序化与数据中心互通性等越来越标准化、规格化，其背后的动力是云端运算内部自动化、开发及营运以及快速基础架构配置。

8．网络规模 IT（Web-Scale IT）：是一种全球性的运算形态，借由多个层面的重新思考定位，在企业 IT 环境当中提供大型云端服务的能力。部分大型云端服务供应商如亚马逊、谷歌和脸书等，正重新打造 IT 服务的供应方式。

9. 智能机器：直至 2020 年，智能机器将蓬勃发展，具备环境感知能力的智能型个人助理、智能型顾问以及进阶全球工业系统将大量出现。Gartner 预期一般民众将购买、掌控并使用自己的智能机器来提升个人成就，而企业也同样将投资智能机器。

10. 3D 打印：全球 3D 打印机出货量于 2014 年成长 75%，且 2015 年再呈翻倍成长态势。随着市场逐步炒热 3D 打印，使得企业发现 3D 打印能够改善设计、简化雏形制作并且快速制造的一种真实、可行且符合成本效益的方法。

网络营销者必须了解企业内各产品间的关系，才能以整体企业的观点来规划网络营销策略。本章先说明产品的定义、层次、层级，接着说明实体商品、新产品策略、品牌、网络品牌等，最后探讨适合网络上进行交易的商品的相关事宜。

12-1 产品

一、产品的定义

产品（product）是指市场上任何可供注意、购买、使用或消费以满足欲望或需求的东西，它包括实体物品、服务、人、地、组织和理念。从另外一个角度来看，产品是指在交换过程中，对交换的对方而言，具有价值并可以在市场上进行交换的任何标的。因此，产品有两个重要的特质：要具有价值；要能在市场上进行交换。

产品的提供是营销活动的核心，也是营销组合的起始点。产品决策是 4P 之首，没有产品，其他的价格决策、渠道决策、促销决策也就没有着力点。

产品的形式很多，广义来说，产品不只是实体产品（如空调、面包），还包括服务（如美术展览、金融服务、理发）、人物（如政治人物、演艺人员）、地方（如北京、东京）、组织（如公益团体、政府机构、慈善基金会）、理念（如男女平权、禁烟、禁毒）、事件（如公司创立十周年纪念、奥林匹克运动会）、信息（如百科全书和生活网站所提供的信息）和经验（如令人怀念的生日餐会）等。

二、产品的层次

早期有学者将产品分成三个不同的层次（如图 12-1 所示）：

1. **核心产品**：最基本的层次。是顾客购买产品时所追求的利益。企业卖给顾客的是产品所带给他们的“利益”（benefits），而不是产品的“功能特色”（features）。核心产品是整个产品的中心。
2. **有形产品**：产品策划人员必须把核心产品转变成有形的东西。有形产品有五种特征：品质水准、功能特色、式样、品牌名称、包装。
3. **附加产品**：最后，产品策划人员必须决定随着有形产品，要提供哪些附加的服务或利益给顾客，例如信用条件、运送、安装、使用说明、维修、售后服务、保证等。附加产品会提醒企业注意购买者的整个消费体系。消费体系是购买者通过使用产品以达目的的一套行事方式。

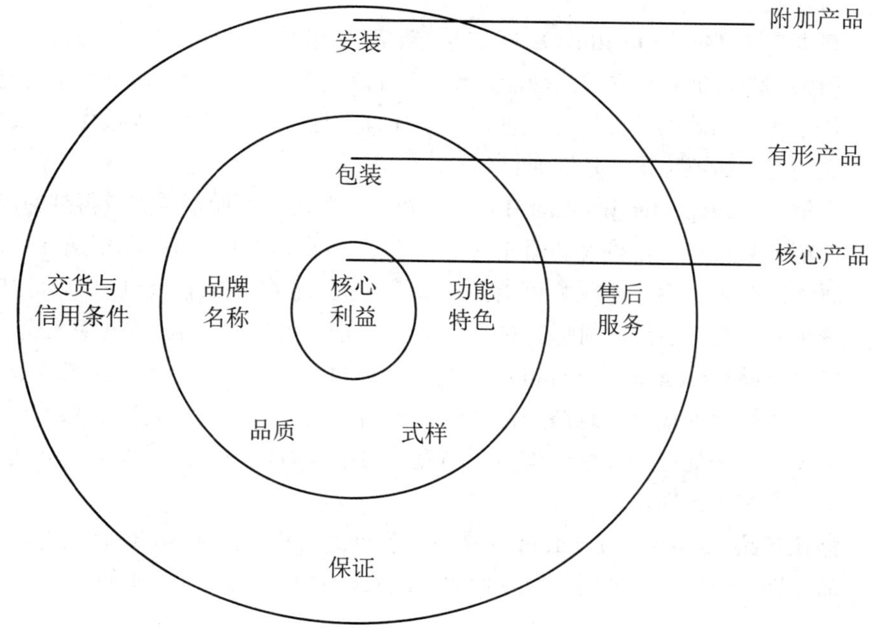

附加产品
安装
有形产品
包装
核心产品
交货与信用条件
品牌名称
核心利益
功能特色
售后服务
品质
式样
保证

图 12-1　产品的三个层次

这个早期的产品三层次观点，后来由营销大师菲利普·科特勒（Philip Kotler）于 2003 年改成五阶层产品模式，即产品的五个层次如图 12-2 所示。

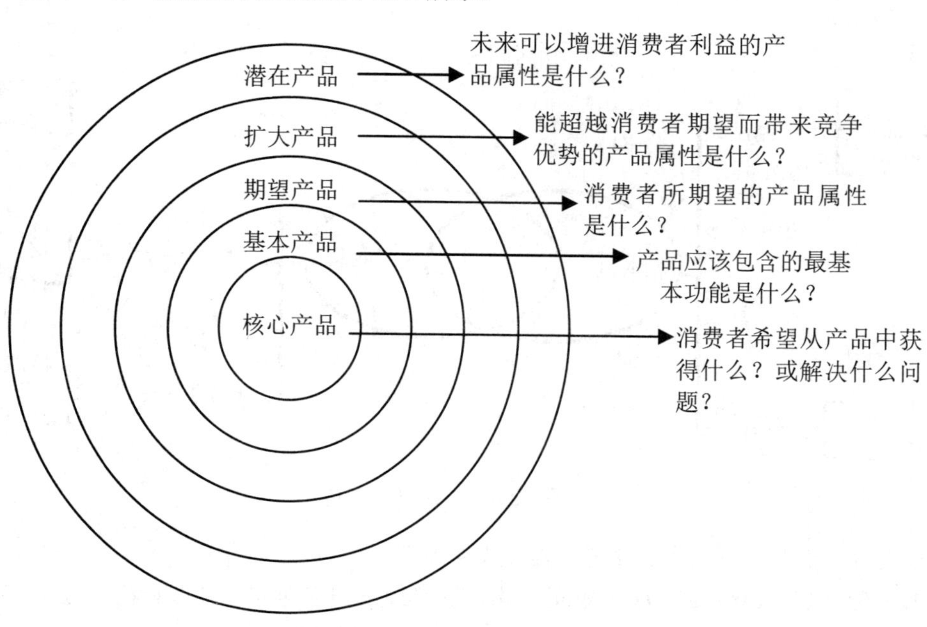

图 12-2　产品的五个层次

1.　核心产品（core product）：顾客真正想要的基本利益或服务。例：如女性购买化妆品主要是为了“想要美丽”而不是想要“化学物质”——化妆品本身。任何产品都是在用以解决某种问题，因此所有产品对其目标顾客都有一种根本的利益存在，这种根本利益就是核心产品。

2. **基本产品（basic product）**：产品应该包含的最基本功能，即看得到、摸得着的实体。例如：洗衣机只有洗衣的功能，没有其他额外附加的功能。通常基本功能的产品属性，是指此产品若不具有这些属性，就不配称为这个产品名称。例如：洗衣机如果没有洗衣功能，那还称得上是洗衣机吗？
3. **期望产品（expected product）**：是指消费者在购买时所期望看到或得到的产品属性组合。期望产品代表目标顾客心目中对这类产品的期望属性，这些期望属性往往会超出基本属性的要求。例如：顾客可能会希望洗衣机不但能洗衣，还同时具有定时的功能，或脱水的功能。然而，消费者对产品属性的期望会随着时间的改变而改变。
4. **扩大产品（augmented product）**：是指超越目前消费者的期望，为产品增添独有的或竞争者所缺乏的属性，这些产品属性就称为扩大产品。扩增属性是为了与竞争者竞争，所表现出来的产品属性；即为了与竞争对手竞争，在产品属性上作某些修改，以便和竞争者有所区别。
5. **潜在产品（potential product）**：是指目前市面上还未出现的，但将来有可能会实现的产品属性，或可能添加的功能，例如：洗衣机加入自动熨烫衣服的功能。

三、产品的分类

若以购买者（产品的最终使用者）的目的来进行分类，可分成消费品与工业品，产品分类架构如图 12-3 所示。

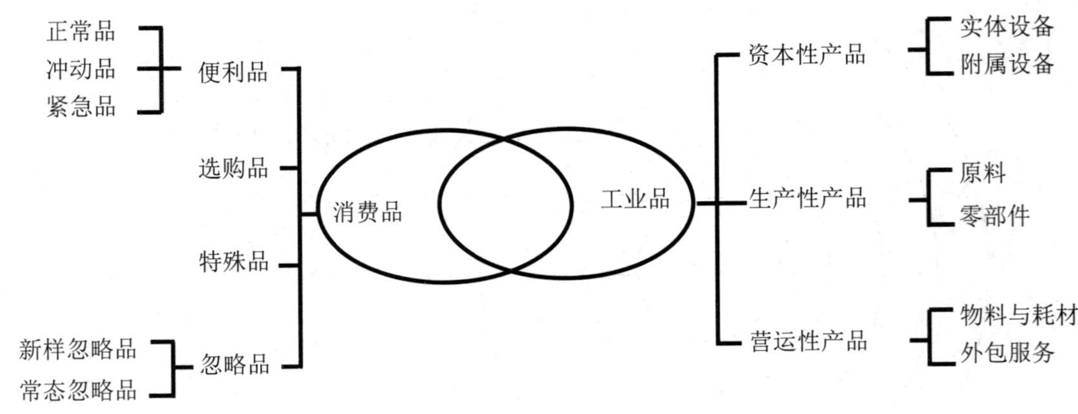

图 12-3 产品分类架构

一般而言，消费品可按商品取得过程分成 4 大类：

1. **便利品（convenience goods）**：指消费者经常、立即购买且不必花精力去比较所购买的商品，如肥皂、香烟等民生用品，其可在一般商店，例如零售店、便利商店或在网络商店购买，其主要购买关键为便于消费者购买的地点与充足的存货。
2. **选购品（shopping goods）**：指消费者在选择与购买的过程中，经常会比较适用性、品质、价格及样式等，例如家具、服饰及家用电器等，其可在一般商店购买。对于选购商品，消费者在购买决策过程早期多对商品信息不完整，故须先有信息搜集阶段。其购买频率较一般便利商品低，但价格一般较高。一般而言，在品质因素差不多的情形下，价格较低者多占有优势。

3. **特殊品（specialty goods）**：为具有独特的特性及高品牌知名度的商品，通常须支付更多的代价取得，例如高级汽车或钻石等。其可在专卖店或网络商店购得，消费者多具有品牌忠诚度。
4. **忽略品（unsought goods）**：指消费者可能知道或不知道此商品，但通常不会自行去购买它，如百科全书等。由于商品的特性使得厂商更重视广告与人员推销。

工业品是指个人或组织为用于未来的制造过程或经营活动所购买的产品。消费品与工业品的区别主要在于购买此产品的目的。工业品主要分为三类，包括资本性产品（设备）、生产性产品（材料与零件）、营运性产品（物料与外包服务）。

1. **资本性产品**：是指需要摊入购买者的生产或作业过程中的工业品，包括主要设备和附属设备。主要设备由建筑物（如办公室、厂房）和固定设备所组成。附属设备包括可移动的工厂设备及工具和办公设备。
2. **生产性产品**：包括原料、加工后的材料与零件。原料可细分为农产品及天然产品。加工后材料与零件可以分成组合材料与零件组。
3. **营运性产品**：完全不摊入制成品的部分。物料包括一般用物料和维修物料。工业品中的物料就如同消费品中的便利品，通常花极少心力去重购。商业服务包括维修服务和商业咨询服务。

另外，消费品按其属性亦可分为实体商品、数字商品与信息商品，定义如下：

1. **实体商品**：具有品质、重量，并可销售的商品。
2. **数字商品**：能够数字化且可经由网络传输的商品。
3. **信息商品**：具有互动服务，且能提供信息、情报的商品。

实体商品为一般性商品，如民生用品。数字商品可为 MP3、软件及数据库索引等。信息商品如股市金融咨询、中介情报服务等。但在实体商品、数字商品与信息商品中，许多商品并不完全属于单一形态，如音乐商品，被制成 CD 或唱片时可归类为实体商品，而其 MP3 格式则可归类为数字商品。另外，有些交易过程亦可能包含不同形态的商品类别，如房屋买卖过程中，虽然最终为实体房屋交易，但期间会有中介提供咨询，即为信息商品与实体商品的搭配形态。

现实生活中，为了能使报纸、音乐类的交易更顺畅地进行，将一些原本以实体存在的商品转变成可以直接利用网络传输的数字型产品，以吸引消费者直接在网络上购买，这种做法凸显了产品特性对于网络营销的重要性。

长久以来，产品特性一直是营销研究中探讨消费行为的重要因素，但由于网络营销在最近几年才急速发展，所以相关研究较少。在电子商务发展初期，适合在网络上销售的商品需具有以下的属性：

1. 不须实体配送的商品，可以直接使用且单价不高的商品。
2. 消费者不须亲自观看检查的商品。
3. 生活中惯于使用且熟悉的商品。
4. 信息类或高科技等需要后续充分的技术指导与规格文件的商品。

有国外学者建议可从购买成本、次数及价值属性来分类网络上的商品，其中价值属性指的是从网络的观点而言，该产品价值属性是无形的、信息的、数字的，或是有形的、物质的。而国内学者在探讨网络营销时，也可通过产品品质的事前可确定性、价格因素、产品可数字化程度、产品网络上接近程度等4项因素分析产品的特性。

以五力模型来说明台湾地区实体商品网络商店的现状：

1. **在同业竞争方面：**目前各网站皆以扩充产品线的方式来增加客源，提供多样化与个性化的商品并提升店面知名度。
2. **在替代商品的威胁上：**消费者购买实体商品时仍以传统渠道为主流，网络商店的替代商品仍大幅领先。
3. **新进入者的威胁：**由于目前并无占有绝对优势的网络商店，且进入与退出成本也不高，故仍有许多厂商进入该市场卡位（尽快占领领先位置）。
4. **购买者的议价能力：**消费者会要求比传统渠道销售商品更加便宜之价格，但因交易量未达经济规模，故目前厂商商品不具竞争力。
5. **供应商的议价能力：**传统渠道的供应商、批发商与渠道商在商品议价能力上比专营网络商店更具优势，目前也有向前整合的趋势，以结合传统与电子渠道的优势。

四、从产品线到产品组合

1. **产品品项：**是指一特定的产品，在大小、价格、外观或其他属性方面有别于其他产品。例如Nike的乔丹第16代运动鞋、BMW的Z5跑车等，都是属于产品品项。
2. **产品线：**是一组具有相似顾客群、销售渠道且功能类似的产品。产品线是由许多产品品项从营销、技术或最终使用者等方面考虑，而将其组合在一起规划营销。例如 Nike按照使用者的不同，分为篮球鞋、网球鞋、高尔夫球鞋等不同的产品线。
3. **产品组合：**产品组合也称产品搭配，是指企业所生产或销售的所有产品线或产品品项的集合。

在探讨产品管理时，通常可以分成三个层次来考虑，如图12-4所示，首先考虑产品组合的层次，其次考虑产品线的层次，再次则考虑产品品项的层次。

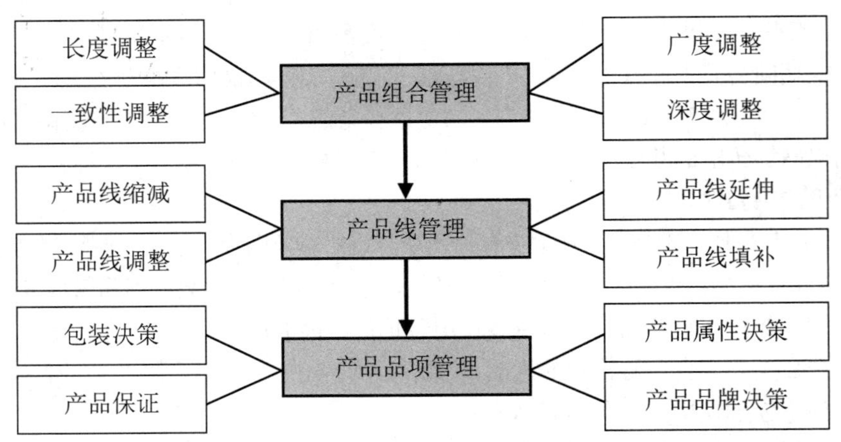

图12-4　产品管理的层次

五、产品标签

消费者借由产品标签（label）可以辨认品牌名称、制造商、产品成分、产品使用说明。因此企业可借由产品上的标签，塑造消费者对产品的认知，并且在消费者购买时影响其选择。传统上，标签大多是用于有形的产品，然而标签在网络上也具有同样功能，只是在网络上的表现方式不同而已。一般来说，只要在企业网站上整合品牌名称、制造商、产品成分、产品使用说明等产品信息，就会有如同实体产品标签般的效果。

六、产品生命周期

产品生命周期（Product Life Cycle，PLC）是指一个产品被消费者接受以后，会经过一连串的阶段，也就是导入期（introduction）、成长期（growth）、成熟期（maturity）、衰退期（decline）的现象，而在进入产品生命周期之前的阶段为开发阶段。产品生命周期也可以说是一个产品从诞生到死亡的历程。典型产品生命周期曲线如图 12-5 所示，其中横轴为时间纵轴为销售量。

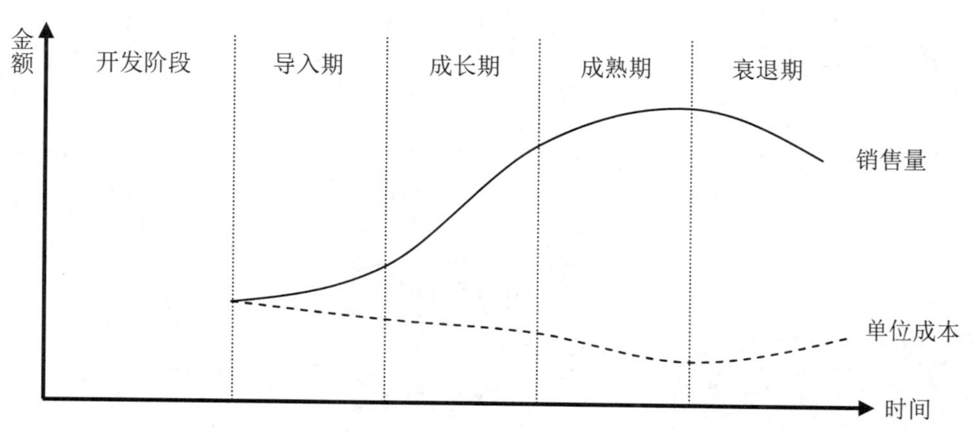

图 12-5　产品生命周期

产品生命周期各阶段的特性，如表 12-1 所示。

表 12-1　产品生命周期各阶段的特性

项目		导入期	成长期	成熟期	衰退期
市场特性	销售量	少	快速成长	销售量增长缓慢；销售量达到最大，并随之开始下降	销售量下降
	成本	高	成本下降	成本最低	成本比成熟期还高
	利润	负	结束亏损出现利润，并随销售量增加而增加	利润开始下降	利润下降

续表

项目		导入期	成长期	成熟期	衰退期
市场特性	主要顾客	创新追求者	早期采用者	早期大众与晚期大众	落后者与忠诚者
	竞争者	少（甚至没有）	增加	最多	减少
	需求	初级需求	次级需求	次级需求	初级需求
营销策略	营销目标	让目标顾客知道并试用	在成长中的市场尽量取得市场占有率	从既有竞争者中取得市场占有率	缩减与收割
	产品	基本型产品，形式少且简单	增加产品形式与功能	产品形式与产品功能最多	删减没有获利的产品形式
	价格	高价	价格下降，但下降幅度有限	价格可能降至最低	价格稳定，有时还回升
	渠道	有限渠道	渠道成员的数目与渠道范围增加	渠道最广泛、也最密集	删减无利可图的渠道
	促销	促进顾客对产品的认知，并借助大量促销	强调品牌差异，抢占新增顾客层	强调品牌差异，鼓励竞争者顾客的品牌转换或维持自己的市场占有率	将整个促销活动降至最低水准，只维持单纯的告知

12-2 产品策略

产品营销策略是一连串的流程，该流程主要是由市场细分（segment）、选择目标市场（targeting）及市场定位（positioning）三项基本决策所驱动，如图 12-6 所示。

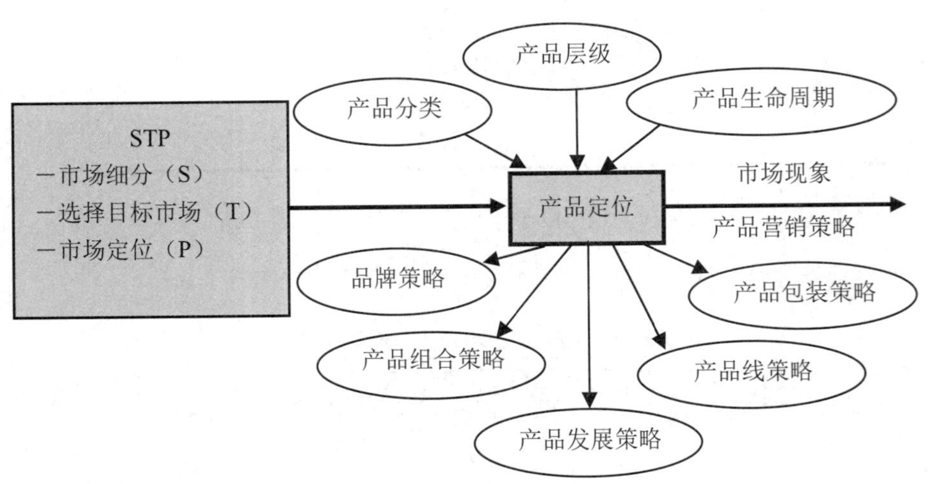

图 12-6 产品策略管理

为了作出正确的决策，营销人员必须先回答下列问题：

1. 对于消费者，什么是重要的？
2. 在消费者认为重要的事情中，企业应集中焦点在哪些部分？

第一个问题能找出可行的定位策略，第二个问题则可找出不同的目标顾客群，以及相对的产品定位策略。

一、产品组合策略

产品组合又称为产品搭配，是指卖方提供给买方的产品线及产品品项的集合。产品组合可用广度（width）、长度（length）、深度（depth）、一致性（consistency）来说明。

1. **产品组合的广度：**是指企业所拥有的产品线数目。产品线越多则表示产品组合广度越大。假设有5条产品线，则其产品组合的广度就是5。有些营销者的产品组合很狭窄，只有一条产品线；有些营销者的产品组合则很广，有很多条产品线。较广的产品组合广度，可使营销者对其经销商有较强的谈判议价能力，对经销商的控制力也较大，这是较广的产品组合广度所带来的经营优势。
2. **产品组合的长度：**是指企业所生产或销售的产品品项的总数。产品组合的总长度除以产品线的数目即得产品组合的平均长度。
3. **产品组合的深度：**是指企业的产品线中每一产品品项有多少种不同的样式，换句话说，就是每一产品品项提供多少变体——样式或种类。假设某牙膏有3种大小及2种配方，它的产品组合深度即为6。将每一产品品项的深度加总计算，再平均，即得产品组合的深度。
4. **产品组合的一致性（consistency）：**是指不同产品在用途、生产技术、分销渠道或其他方面相似的程度。

由产品组合的4个方面——广度、长度、深度、一致性——可以协助企业拟定企业的产品策略，即企业可以4种方式来扩展业务：

1. **广度方面：**增加新产品线，从而拓宽产品组合。
2. **长度方面：**增加产品线内产品品项的数目。
3. **深度方面：**增加产品品项的样式变化，以丰富产品组合。
4. **一致性方面：**在产品组合里追求一致的产品类型或产品线，以专注于某个特定领域，在该领域内得享盛名。

二、产品线策略

基本上，企业有四种产品策略可供选择：

1. **产品线延伸（line stretching）策略：**产品线延伸是指企业将产品线扩展至其他经营范围。当企业决定增加新产品到现有的产品线，以扩大其产品线的经营范围，增加竞争力时，企业通常会采取产品线延伸策略。产品线的延伸方式有3种：
   - 向下延伸：产品线向市场较低价或较低品质的产品范围延伸。
   - 向上延伸：产品线向市场较高价或较高品质的产品范围延伸。
   - 双向延伸：同时进行向上延伸与向下延伸。
2. **产品线填补（line filling）策略：**是在现有的产品线范围内，增加更多的产品项目，以提供该产品线的完整性。

3. **产品线缩减（line pruning）策略：**是在现有的产品线范围内，减少产品项目数，以维持该产品线的竞争性。产品线缩减一般而言是由于产品线扩张过度所致。产品线如果过度扩张，会造成营销资源的不当分配或浪费，则可能会进一步侵蚀利润。
4. **产品线调整（line adjusting）策略：**是指产品线内产品品项的更新。由于市场环境的变化，消费者欲望的改变，以及竞争者的竞争态势改变等因素，产品线必须定时更新调整，以维持掌握市场商机。

三、产品定位策略

安索夫提出产品市场成长矩阵（product/market expansion matrix），如图 12-7 所示，其基本的策略方案是从产品（product）和市场（market）两个层面着手，从而衍生出四种成长策略。

市场＼产品	既存产品	新产品
既存市场	市场渗透 （market penetration） 鼓励增加使用量	产品开发 （product development） 运用新技术牵引出新产品
新市场	市场扩张 （market expansion） 为既存产品寻找新客源	多角化 （diversification） 新产品新市场

图 12-7 产品市场成长矩阵

1. **市场渗透策略：**在现有市场内，以现有产品，借由说服既有顾客购买更多的企业产品，增加既有顾客对产品的使用量，或以此获得新顾客，以达到企业成长目标的决策。
2. **市场扩张策略：**以现有产品在新市场上营销，以达企业成长目标的决策。而新市场可以是同一地理区的不同市场区隔，或不同地理区的相同目标市场。
3. **产品开发策略：**在现有市场上营销新的产品，以达企业成长目标的决策。而产品开发策略的焦点，在于以最小风险来获取潜在最大利益。
4. **多角化策略：**将产品及市场扩张至新的产品与新的市场。企业无法在既有产品与既有市场建立优势或获取想要利润时，便可采取这种策略，这是一种风险最大的产品成长策略。多角化在程度上的不同，又分为：
   - **相关多角化：**是指提供与既有产品有关的新产品，或新产品与新市场与现有的业务存在某种共通性。
   - **非相关多角化：**是指提供与既有产品无关的新产品，而且新产品与新市场与现有的业务缺乏共通性。

此外，Hiam & Schewe（1995）两位学者，将产品策略分为七大类型：

1. **全产品线与有限制的产品线：**只是程度上的不同，全产品线是指产品线有相当的宽度及深度。有限制的产品线则是指提供特定产品。

2. **产品线填充策略：**市场上若存在未被竞争者注意到的断层，或因消费偏好改变而形成的断层，适用于产品线填充策略。
3. **品牌延伸策略：**品牌延伸是指把原有产品的品牌扩大到其他产品品项。
4. **产品线延伸策略：**是指在相同基本型产品推出更多变化的类型。
5. **重新定位策略：**包括运用广告及推广活动扭转消费者原有的认知。
6. **规划的产品过时策略：**运用使产品过时的策略，以提高替代品的销售额。
7. **产品撤出策略：**当产品开始衰退或已经过时，企业便要决定何时把该产品正式退出生产线。

四、新产品策略

网络营销人员有 6 种新产品策略可供选择，第一是创新发明，也是风险最高的策略，最后是降低现存产品成本，则是风险最低的策略。

1. **创新发明：**初次问世，对市场而言，该产品是从没见过的。
2. **新产品线：**以现有的品牌名称，然后在完全不同的类别内，创造新的产品线。
3. **附加在现存产品线：**在现有的产品线，增加新的规格、尺寸、口味、风格或其他变更。
4. **修改现存产品：**改良即有产品，以取代旧产品。
5. **产品重新定位：**产品并没有多大改变，只是改变其产品定位。
6. **降低现存产品成本：**产品并没有实质上的改变，只是想办法降低其成本。

通常新产品将经历 6 个开发阶段（如图 12-8 所示），称为新产品开发流程，分别介绍如下：

1. **产品创意：**要发掘创意，要先从顾客需求着手，根据调查 80%的企业指出顾客是新产品创意的最佳来源，许多企业通常会通过分析顾客抱怨或者是关于产品的意见或问题，借以发掘新产品的市场机会。
2. **检视创意：**在这个阶段，通常企业根据经验判断与检视各种新创意，而非市场或竞争资料。这又可细分为“构想筛选”与“概念发展与测试”两个阶段。在筛选创意时，可以考虑下列几个构面：新产品的独特性优势、市场本身的吸引力、企业资源的配合度。
3. **经营分析：**一旦发展出产品概念后，就要进行具体的经营计划书以规划营销策略，此即步入经营分析的阶段。通常包含两大部分：估计新产品的销售量与销售额、预测新产品的成本与费用。
4. **开发原型：**在确认经营分析的结果可行之后，即可开发新产品的原型，以便观察此产品概念的利益是否能够表现出来。通常开发原型需要大量的投资，因此这个阶段的新产品开发成本急速上升。此外，还得检视该产品在实际使用时是否安全，即进行所谓功能性测试。
5. **市场测试：**除了原型开发阶段的内部测试之外，接着要进行实际顾客的市场测试。
6. **商品化：**市场测试成功或视其结果调整产品规划后，就进入商品化或上市的阶段，以进行全面量产。

新产品选择进入市场的时间点十分重要，一般有 3 种选择：

1. **抢先上市：**基于先占先赢（first-mover advantage）的想法，许多企业都乐于抢先上市以抢占关键渠道与顾客，以获得领导厂商地位。

2. **同步上市**：此法的优点是可与竞争者共同分担宣传促销成本。若是与异业结盟的同步上市，还可能获得相得益彰的加成效果。
3. **延后上市**：若选在竞争者进入市场后才跟进，也可能获得三种利益，❶竞争者必须负担教育市场或消费者的成本；❷可避免竞争者所犯过的错误；❸可借竞争者探知市场规模与消费者的反应。

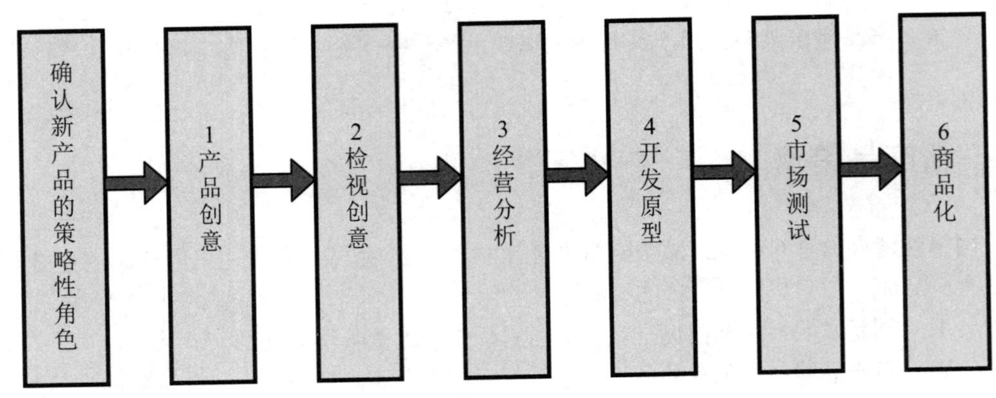

图 12-8 新产品开发流程

资料来源：Michael J Walker 等著. 营销学. 黄营杉审阅. 2001:270.

12-3 网络品牌管理

一、品牌基本概念

品牌（brand）是指用以认定产品或服务的名称、词语、设计、符号或其他特征。品名（brand name）是品牌中可以念出声音来的那一部分，如字母、数字和文字。品线标识（brand mark）是品牌中不能说出的一部分，通常是一个符号、图案、设计、颜色或其结合。商标（trademark）是品牌的法定名词。品牌若向有关单位登记注册，而让注册厂商对该品牌有独家拥有权与使用权，则该品牌就成了商标。

好的品牌名称对企业非常重要，这也衍生出品牌价值（brand values）的观念。品牌价值代表消费者购买出色品牌所愿支付的额外费用。而品牌个性（brand personality）是品牌价值的延伸，用以让消费者能经由购买特定产品来表达他们自己的个性。

品牌熟悉程度（如图 12-9 所示）是消费者选择行为的主要线索，也影响了营销组合的规划。

1. **品牌缺乏认知（brand nonrecognition）**：是指因消费者不知道某品牌的存在，所以认为所有品牌的产品都相同。
2. **品牌认知（brand recognition）**：是指消费者听过或知道某个品牌，而且记得它。
3. **品牌拒绝（brand rejection）**：是指消费者知道某个品牌，但因对它的印象不好，而不接受它。

4. **品牌接受（brand acceptance）**：是指消费者在购买产品时，会将某个品牌列入考虑。这个品牌符合消费者对产品的最低要求。
5. **品牌偏好（brand reference）**：是指消费者不但接受某个品牌，并且喜好该品牌。
6. **品牌坚持（brand insistence）**：是指消费者只购买某个品牌的产品。

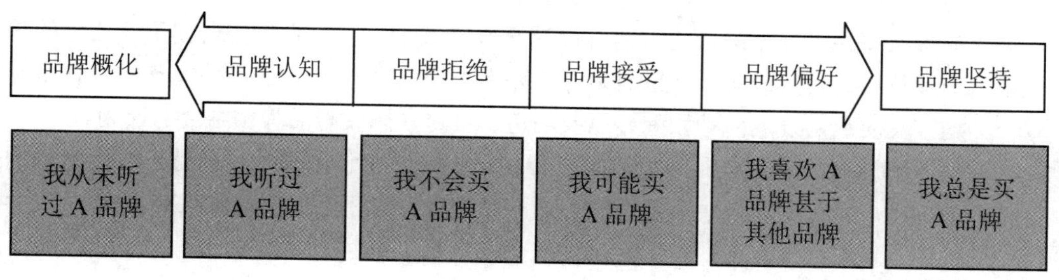

图 12-9　品牌熟悉程度

此外，与品牌相关的决策如下：

1. **品牌建立决策**：有品牌、无品牌。
2. **品牌提供决策**：制造商品牌、分销商品牌。
3. **品牌名称决策**：个别品牌名称、总体品牌名称、个别家族名称、公司名称。
4. **品牌策略决策**：产品线延伸、品牌延伸、多品牌、新品牌、共同品牌。
5. **品牌复位决策**：品牌复位、品牌不重新定位。

值得注意的是，过度的品牌延伸模糊了品牌在消费者心中的地位，当消费者不再把某品牌和某特定商品或高度相似性商品做同一联想时，就会发生品牌稀释（brand dilution）。例如：当人们上网购书时，第一个出现在脑海的网站可能是亚马逊网络书店，但如今亚马逊不再只是卖书，还开始出售其他商品，如烤肉架、电器、录影带等，其品牌定位已由“全球最大的书店”，改换成“全球最大的购物商城”，试图满足消费者一次购足的需求，但令人担忧的是，亚马逊的品牌延伸策略会不会带来品牌稀释的后果。

二、品牌权益

品牌权益（brand equity）是与品牌的名称和符号（symbol）有关联的品牌资产及负债，此种资产及负债会对产品或服务带来或增或减的效果。基本上，品牌权益包含四个层面，如图 12-10 所示。

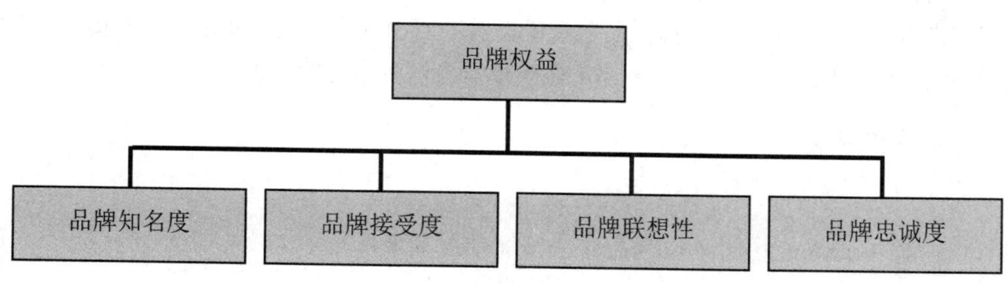

图 12-10　品牌权益

1. **品牌知名度**：是一项常常被低估的资产，然而，知名度向来都会对人们的感受，甚至品位造成影响。人们喜欢熟悉的事物，并且总是对自己所熟悉的事物抱持着正面的态度。
2. **品牌接受度**：是一种特别的联想形式，部分是由于它会在许多情况下影响品牌联想性，另外一部分的原因则是，经过实证显示，它会对获利能力产生影响。
3. **品牌联想性**：是任何可将顾客与品牌予以连接的事物。它包含着使用者心中的想法、产品特质、使用场合、组织性联想、品牌性格与品牌符号。品牌管理中有许多层面，均涉及应决定发展何种联想，以及创造出可将联想性与品牌相结合的计划。
4. **品牌忠诚度**：是所有品牌价值的核心。此一观念在于加强各个具有忠诚度区隔的规模与程度。目标顾客规模小但极度忠诚的品牌会具有相当大的品牌权益。

三、企业识别系统

亚马逊
amazon.cn

www.amazon.cn

www.sina.com.cn

许多企业会将产品品牌套用到整个企业对外展现的各个层面上，如职员所穿的制服、与外界沟通用的信纸等，都使用相同的字体、颜色及符号设计，称为企业识别系统（Corporate Identity System，CIS），同一集团旗下的关系企业也常用这种方式。

企业识别系统还可细分为理念识别、行为识别与视觉识别。理念识别来自品质差异化，行为识别来自销售方式差异化，而视觉识别则涉及外观差异化。

对消费者而言，同样等级的商品，消费者会优先选择具有品牌名称及企业识别系统（CIS）的商品。对企业而言，为了让消费者看到某些企业色系自然联想到某个企业或网站，建立网站识别色系是区别于竞争对手，凝聚目标社群向心力，且又能有效吸引消费者注意力的方式。

四、网络品牌

网际网络由原先的蓬勃发展到今日快速的泡沫化，起起落落只在短暂的瞬间。在这瞬间，我们发现仍有些许网络品牌，成功地以虚拟角色在消费者心目中成为知名品牌之一。事实上，从这些前人归纳的网络品牌成功要素中，有许多都是在实体世界恒久不变的真理。

由网络特性来看

每一项产品与服务的交易，都必然包括以下 3 种要素：

1. **内容（content）**：指公司所提供的产品或服务项目。
2. **情境（context）**：指公司如何提供产品或服务。
3. **基础建设（infrastructure）**：指能使交易发生的媒介。

在实体世界中，品牌资产的形成，往往需要上述 3 方面因素的结合，才有可能成功。就像报业，需要有新闻人员采访新闻（content）；报纸的格式、编排（context）；以及销售渠道（infrastructure）等。但在虚拟世界中，这三项是可以分开各自创造品牌价值的。就像 AOL 未拥有 content 及 infrastructure，有的只是 context。同时在发展消费者的品牌忠诚度时，尤以 context 为优先，其次才是 content 及 infrastructure。就像消费者对 HBO（context）忠诚，但不见得对 HBO 中的每部电影忠诚或是对有线电视业者忠诚。

如何打响网站品牌

1. **积极宣传知名度：**通过传媒（包括线上及离线）、市场营销计划、公共关系等建立公司整体的品牌。若是由传统市场进军，更应利用原有品牌知觉，彼此互相搭配。
2. **创造顾客认同：**网站所提供的服务，能确实提供给消费者利益，消费者并非只受品牌知觉的吸引而已。
3. **寻找代理商及策略联盟伙伴：**网际网络是相互依存的世界，因此，网站间互动连接，互相打网络广告，互相提供服务、内容，彼此加强对顾客的服务品质。
4. **先声夺人：**网站发展不但要即早把握发展契机，还要不断求新求变。
5. **深入了解顾客及市场：**针对顾客所作的研究报告，是改善服务品质及设立新服务的依据。
6. **建立卓越的信誉：**网站要能赢得顾客信任，口碑便能建立。
7. **提供顾客无形的价值：**不断地补充服务，从顾客的观点出发。
8. **个性化：**如新浪微博是最明显的实例，个性化在实体世界的不易，到了网络世界，却为科技所克服。
9. **走向专业网站：**许多网站在不断扩充的同时，却忽略了其实网站的内容越复杂，经营的成本相对也会增加。因此网站走向专业化，或许是使品牌更加稳固的方法之一。
10. **国际化市场：**国外市场的经营方式，似乎不是将网站翻译为另一个语言即可，还要注意不同地区的消费倾向。但不论网站公司如何顺应，国际化的脚步似乎是必然的。
11. **社群的力量：**众多网站赖以存续的根据，即是虚拟社群，因为这正是顾客流连忘返的真正要素。

网络品牌法则

1. **互斥法则：**若要建立网络品牌，就不能只把网络当作一种宣传的媒体工具，而要视为一项公司的新业务。基本上，现实世界的公司，若要延伸至网际网络，必须考虑网站的目的，若是要经营新业务，那么共享品牌名称，是错的不能再错的决定；若只将网络当作宣传媒体，那么不妨共享名称。以下提出几项准则：
   - 若公司销售的是有形商品，那么要把网络当作媒体。
   - 对于流行商品来说，把网络定位在媒体比较好。
   - 公司产品若有成千上万种选择，把网络当作新业务较好。
   - 若公司品牌对低价敏感，把网络当作业务较佳。
   - 若运费是成本中的重要因素，把网络当作媒体较好。

2. **互动法则：**网络是唯一有互动性的大众媒体，因此网络品牌的生死，完全系于互动。互动性能随时提供消费者想要的信息；能把繁复的价格体系，同一时间呈现；能够分析状况、建议解决方案等。
3. **泛称法则：**在网络时代，命名是品牌的生死关键。品牌是个专有名词，绝不可以一般名称、属性名词来命名品牌。
4. **专有名称法则：**绝对不要用公司所提供的这个产品或服务类别的一般通称，作为网站品牌的名称。以下列出网站品牌名称的命名法则：
   - 名称越短越好。
   - 名称要简单。
   - 名称在行业中要富有联想性。
   - 名称要特别。
   - 名称最好押头韵。
   - 名称念起来要好听。
   - 名称要有震撼力。
   - 名称最好具有个性化。
5. **独占法则：**在网络世界中，没有任何中间商、筹码等来制裁领导品牌，因此网站就必须尽可能在自己所属的领域中独占鳌头。
6. **广告法则：**网络是第一个不被广告支配的媒体，它是一种互动媒体。因此消费者并不希望在网络上再被广告压迫。因此，事实上，网络的出现，反而使传统媒体的广告量更多，为的就是宣传网站。
7. **全球法则：**网络带给世人的是地球村，在一个世界型的超大型购物商场，各国产品充斥其中，因此品牌变得更重要。
8. **时间法则：**在商场上要独占鳌头，就必须第一个打进消费者心理，而不只是第一个进入市场。
9. **虚荣法则：**不要以为品牌壮大，就可做任何事，因为品牌会给消费者一个既定的印象，凡是超出这个联想外的产业，进行品牌扩充便容易失败。
10. **分散法则：**网络这个新媒体，不可能与其他媒体整合，因为科技会分家，不会整合。
11. **转型法则：**未来，网络将会改变我们的生活方式。
    - 纸张目录型的书籍将一去不返。
    - 纸张印刷的型录命运未卜。
    - 精心印制的彩色小册，会变得越来越少。
    - 分类广告将会搬上网络。
    - 邮政业务将不仅是送信。
    - 各种金融服务会渐渐移到网络上。
    - 货运业会大发利市。
    - 网络零售会变为价格游戏。
    - 网络外的零售业，将转为服务竞争。
    - 网络搜索引擎的重要性将逐渐降低。

- 网络将会扭转电信业务的面貌。
- 网络的两道难关——自身泡沫危机以及减税优惠即将取消。

网络蟑螂

网络蟑螂是指利用知名企业的名称，抢先申请网域名称，然后再以高价销售该域名以图获利。

12-4 长尾效应与网络商品

一、适合网络上交易的商品

"网络商品适合论"认为，越是适合在网络上销售的产品，代表其对传统市场交易模式的冲击越大。而观察电子商务网络营销现况，发现其实已经包括了衣（卖衣服）、食（卖便当）、住（卖房子）、行（卖车子）、育（线上教学）、乐（线上音乐）。

二、长尾效应与冷门商品

美国连线杂志（Wired Magazine）总编辑安德森（Chris Anderson）在 2004 年 10 月发表的"长尾"（long tail）一文，引起了全球广大的回响，他的理论如今已逐一验证，其影响方兴未艾，而且十分深远遍及各行各业。

什么是长尾？所谓"长尾效应"，简单地说就是，经由网络科技的带动，过去一向不被重视、少量多样、在统计图上像尾巴一样的小众商品，却能变成比一般最受重视的畅销大卖商品（big hits）有更大的商机。

冷门商品靠网络畅销，业绩不输热卖货。以音乐 CD 的销售为例，过去因为卖场空间有限，只有最畅销大卖的 CD 才有上架展售的机会。但就算全世界最大的量贩店沃尔玛（Wal-Mart）也只能有 4000 种 CD 上架，这只占全部音乐 CD 种类的 1%左右，其他 99%少量多样的音乐 CD，却因无销售渠道而难有市场商机。如今通过网络就大不相同了，Amazon 网络书店因不受卖场限制，就有 80 万种 CD 在销售，虽然每种 CD 数量不多，但几乎各种 CD 都会有人喜欢，因此这个种类繁多的小众市场，就像一条很细很长的尾巴，由于它的项目够多、尾巴够长，它的交易总和往往比大卖商品还大。

如何会有长尾效应？从音乐 CD 的例子可以看出，网络是长尾效应的主要动力，因为它大幅降低了渠道及广告的成本；更因它无远弗届，可使销售对象遍及全球，提供了各种适应特殊品位小众的机会。其实网络并不是唯一的因素，任何其他能使少量多样商品的供应及销售效率大幅提高的方法或技术都很重要。例如，能大量定制化（mass customization）的弹性制造、3D 扫描的个性化设计、RFID 快速通关，以及智能仓储、宅急便、零库存等，也都是促成长尾效应的重要因素。

长尾的商机何在？长尾效应最明显的是出现在以网络为主的行业，例如 eBay、Amazon、Google 等，但其实还有许多行业，都已开始运用长尾理论去发展新的运营模式，且成功的例子越来越多。例如精致农产品、二手房买卖、音乐艺术品、定制化眼镜、个性化女性内衣等，在台湾地区也有网络书店博客来、104 人力银行、露天市场、无名小站、分众传媒等，都能将少量多样的商品变成长尾市场大商机。当然也有些行业或产品是不易有长尾效应的，例如差异化较小的大宗货品（commodity）或原物料，如石油、钢铁、矿产、大豆等，或是标准化的工业基本组件，如马达、DRAM 存储器等。

长尾的社会效应。长尾理论也会影响到社会形态及公共服务，例如：过去被忽略的少数选民的声音、以往不受重视的冷门服务项目、更个性化的社会医疗看护等，也都变得可行。而由于渠道及界面成本下降，中介者的角色及重要性快速消失，担任转手、过滤的中间管理工作日益减少，而组织也因此更扁平化，个人比以往更受重视、创业集资比过去更容易、中小企业发展的机会也更多了。

长尾能变更长吗？Web 2.0 更进一步催化了长尾效应。由于开放及互动式的参与，使得更多不同的买方及卖方加入，也提供了更多样化的商品交易，这使得长尾不断地增长，而其市场规模也跟着扩大。这些推陈出新的现代科技及创新模式，使过去不可能的“小众经济”变成可能，长尾效应创造了极宽广的想象空间，它的影响遍及各行各业，对中小企业及个人，更带来无限的新商机。

12-5 数字化商品

一、数字化商品的定义

所谓“数字化”（digitize）是指将声音、文字、图形、信号等，利用电脑加以编码，转换为 0 与 1 的排列组合，并可再利用电脑加以解读还原。因此只要能以数字化形式存在的商品，都可称为数字化商品。经由数字化处理而产生的文件，可在存储媒体中大量存放，不但可以节省传统媒体所占用的空间，亦可增加在使用上的效率，而利用数字化的技术亦可创造出一个数字化的生活环境，提供给使用者更多整合性的服务。

数字化可分为四类应用范围。首先，数字化的第一类范围，也就是最广泛的应用，即为将上述事物转换为 0 与 1 的排列组合。而第二类范围所指的是，从信息的产生、传递，到其交易与使用，皆采用数字化的方式。第三类范围为一种实体性的数字化，是指利用数字化方式将实体作业转换为数字信息，并利用此数字信息进行制作、再造等；例如利用数字化的工业设计图与实体的机器设备，可完全自动化地生产产品。第四类范围为概念性的数字化，即将思考模式以数字化方式来进行，如人工智能（Artificial Intelligence，AI）。上述范围亦可利用图 12-11 来说明其相互关系。

任何能够被数字化的东西，将其以数字化的方式编码者——皆为信息，因此如书籍、电影、音乐、股票价格、数据库、网页等，只要是以数字化方式来进行存储、计算、传送、交易的产品，即为数字化信息产品。

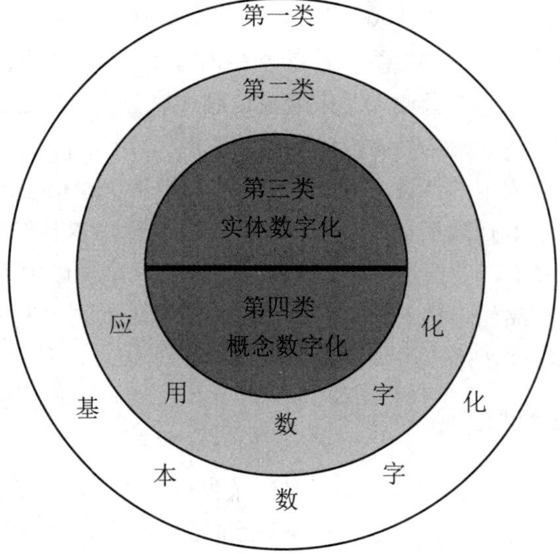

图 12-11　数字化的分类应用范围

二、数字化信息产品的特性

数字化商品有三个互为表里的基本特性：

1. **不具毁损性：** 由于不具毁损性，因此数字化商品一旦被制造就永久维持它的形式与品质，所以无所谓耐久与非耐久的区别。对此种极端耐久的数字商品而言，消费者理论上只会在产品生命周期中购买该数位商品一次，厂商若想卖更多，就必须降价销售，然而消费者也可能预料到价格有向下探底的趋势，所以可能会延缓购买。
2. **复制性：** 数位商品容易复制、存储与传输，因此除了依赖智能财产权的保护外，企业必须通过持续改变与改良来推陈出新，以维持获利。
3. **变化性：** 一旦生产者采取一些机制抑制非法的拷贝，则可能破坏复制性。

而有关数字化信息产品的特性，本文整理成下列七个特性加以讨论。

1. 信息产品的成本结构。
2. 信息产品为一种经验性商品（experience good）。
3. 信息产品为顾客导向生产。
4. 锁住（lock-in）与转换成本（switching cost）。
5. 正向回馈（positive feedback）与网络效应（network effect）。
6. 交易成本的降低。
7. 标准化与品牌。

信息产品的成本结构

信息产品的开发成本可说是相当得高，但是其复制成本却非常低廉，就如同一本电子书在出版之前，可能需要花费作者相当长的一段时间，耗费心力来写作，但是当书籍出版后，接下来的再制就相当便宜；而一套软件在上市之前，也需要工程师不眠不休地努力撰写程序，以及公司庞大的资金需求与软硬件开发环境，当软件已经完成可以上市销售，其软件的复制成本可能只有光盘与包装费用等。同样的，对一个以提供信息内容为产品的网络内容提供者（ICP）而言，在生产信息之前亦需投入大量资金建设硬件，并通过专业人才来搜集信息加以分析，当信息内容完成后，所花费的成本仅可能是管理数据库的费用，或是存储媒体所需要的电力而已。因此学者认为信息产品的制造具有高固定成本，以及低边际成本的特性，简单地说，即制造第一份信息产品的成本极高，但当信息产品开始再制时，其再制成本则微不足道。这种成本结构有着许多重要的隐含意义：当产品数量极大时，新增一单位产品的成本可能接近于零，此时运用过去以单位成本为基础的定价模式则显得毫无用武之地，因此在信息产品的定价上，并不是通过产品的成本来作为定价的考虑因素，而是要搜寻顾客价值（customer value）来作为主要的定价依据。

信息产品为一种经验性商品

经济学上所谓的经验性商品，指的是使用者必须亲身使用过该产品后，才能得知产品的价值，因此只要是一个新上市的产品，都可视为是一种经验性商品。而厂商也发展出相关的策略，来帮助使用者认识其新产品；例如通过发放免费的样本、采取折扣促销、赠送试用品等方法，来使使用者进一步认识其产品特性。

但对于信息产品而言，以使用者的角度来看，几乎每次都是在购买一种经验性商品。使用者能够清楚地知道他今天所买的一份报纸，是否真的值它的定价吗？答案是否定的，除非使用者已经阅读过内容，否则不会知道这份报纸的价值所在。而使用者对数字信息产品本身的价值，衡量的方式亦同，因此许多利用网络提供信息产品服务的厂商，就会借由免费的试用或服务，来吸引使用者的注意，如 Yahoo!一开始所提供的免费搜索引擎即是一例，借由增加使用人数与大量曝光的机会，再通过广告来获取利润。而其他像网络上常见的共享软件（Shareware）与信息索引服务等，也是通过使用期限或功能或内容限制的方式来让使用者先行体验产品的价值。除此之外，信息产品供应商亦可通过本身的品牌与信誉，来克服消费经验性商品的问题。例如摩根士丹利（Morgan Stanley）的报告可说是投资者观察市场动态的一项重要指标，而摩根士丹利本身也投入大量的资金于建立其信息的准确性（accuracy）、时效性（timeliness）与相关性（relevance）上，因此使用者在购买其所出版的信息产品时，通常会认定其价值在一定水准之上。

信息产品为顾客导向生产

信息产品与过去传统商品在销售方式上最大的不同在于，信息产品可以通过需求来拉动供给，亦即厂商可视顾客需求来生产其所需的产品。传统的生产方式若要以顾客导向的方式来生产，其生产成本势必提高许多，但通过网际网络的传递以及网络互动接口程序（interactive interface program）的不断进步，厂商可以借由网络上的使用者回馈、线上支持服务（online support）等，来作为产品改进或生产的建议，例如微软操作系统，在个人电脑中发生程序错误或有使用上的困难时，可立即通过网络向厂商回报错误代码，或是利用远端控制（remote access）来得到即时的协助。而利用更进一步的个性化（personalize）服务，使用者更可设定适合自己的产品形态，选取对自己最有利的服务内容，厂商也可按此来进行差别定价，以获得更大利润。目前如网络上的电子报即是一例，使用者可根据自己喜好的类别来决定电子报的传送内容，另外如 Yahoo!的门户网站等网络内容提供者（Internet Content Provider，ICP），也提供了让使用者可以自由设定适合自己的搜索结果或是新闻内容。研究机构或市场调查单位，亦可以通过既有的数据库，来发展个性化的内容服务；通过友善的使用者接口（user-friendly interface），让使用者可以选取需要的分析结果，再按照分析结果的复杂程度来向使用者收费，而不必像过去只提供单方面的计算结果，或是将原始资料整个出售。

锁住（lock-in）与转换成本（switching cost）

锁住与转换成本是使用者在使用信息产品时另一个常面临的问题，这里所谓的锁住，指的是当使用者已习惯于使用某一项产品时，便很难转换为其他产品来使用；而在转换的过程中，所需要付出的代价，即为转换成本。例如在过去利用唱片或卡带来欣赏音乐的使用者，如今可能要面临是否要将其软硬件转换成为 CD 的问题，若产品本身并没有很大的诱因驱使使用者转换时，则使用者可能倾向于使用原本的设备，因为要将原有的音乐唱片再重复购买一次，是一件成本极高的事。而相对于制造产品的厂商而言，则有可能通过宣传 CD 的品质较高与停产旧式唱片的手法，让使用者愿意付出金钱来转换，以增加厂商的利润。而厂商亦有可能利用锁住与转换成本来锁定使用者，避免本身的顾客流失，例如使用特殊的规格或接口，或提供累积使用与升级的优惠等。在信息产品的市场中，锁住与转换成本的例子随处可见，如对于用惯微软的 Windows 操作系统的使用者而言，可能就很难转换为 Linux 系统，而微软本身也针对旧版使用者提供优惠的升级购买价格，来加强原有使用者对原有操作系统的依赖性。

正向回馈与网络效应

正向回馈就好像拿着扩音器讲话一样，会产生一个放大的效果，简单地说，就是强者越强的意思，这个情形在网络经济中又最为常见。而信息产品在网络经济的发展下，通过网络的传递与应用，使得其产品被越来越多的使用者使用，而新的使用者对产品的价值是取决于使用人数的多寡，此即为网络效应（network effect），或称为网络外部性（network externality），这种经济上的效益连带地加强了正向回馈的效果。信息产品的发展，通过上述效应，使得名气越大的厂商越能在市场上占有一席之地，最著名的例子为 Internet Explorer（IE）与 Netscape 的浏览器市场争夺战，当微软急起直追并打败 Netscape 成为市场占有率较高的一方时，新加入的使用者也越来越倾向于使用 IE，使得 Netscape 与其他厂商的占有率越来越小。我们可以利用图 12-12 来说明上述的效果。

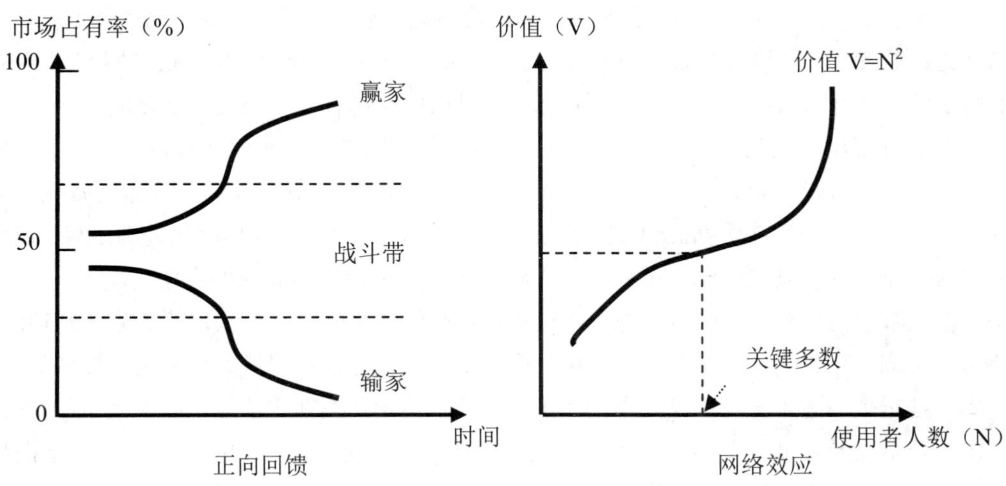

图 12-12　正向回馈与网络效应

交易成本的降低

通过网络来传递与应用的信息产品，最大的经济效益当属交易成本的降低，可将网络信息产品的主要交易成本形态分为 5 点：

1. **搜寻成本（searching cost）**：指在寻找买卖双方的过程中，所需花费的成本。
2. **信息成本（information cost）**：为了得知买卖双方对其产品品质的信息，以及交易信誉与产品需求，所需花费的成本。
3. **契约成本（contracting cost）**：指买卖双方在交易的过程中，对交易项目的协商及订立规范交易的合约所需花费的费用。
4. **执行成本（enforcing cost）**：基于在不确定性的因素会影响交易的前提下，对于合约实施的规范与控制，以及履行合约项目所发生的差异与制裁的实施费用。
5. **维护成本（maintenance cost）**：让交易从此阶段到下一个阶段，过程中间所需使用资源的成本。

标准化与品牌优势

标准化（standardization）可说是高科技产业的一大特征，例如 CD 唱片的规格、连接网络的通信协议等，对于信息产品而言，标准化则是产品成功与否的关键之一。从过去录影带规格的竞争，到通信协议的制定，皆是为了使厂商的产品能够取得市场的标准化，一旦厂商能够取得市场标准化的制定，则其在竞争上即取得较高的优势，也因此对于使用者而言，信息产品的标准化即成为使用者愿意购买产品的另一项依据，因为当使用者未来若要再转换为标准化产品时，势必要付出较高的转换成本。对于厂商本身而言，取得标准化可使其保有对使用者产品使用的控制，并获得在智能财产权上的保护，并能更进一步地研发新产品，获得先占者的优势（first-mover advantage），以及在其品牌上享有较高的知名度。

从品牌优势的角度来分析，不论在何种形态的市场中，品牌知名度皆具有一定的营销价值，但信息产品就如前面所述，具有经验性的特性，因此使用者在购买信息产品时，大多会先从知名度较高的产品先开始搜索，虽然具有品牌知名度的信息产品，在网络市场中更具有营销利益，但并不一定能取得运营上的优势，原因是无法让使用者能真正确认其价值所在，通过标准化的建立与认定后，就使信息产品对使用者更具购买的说服力。之前浏览器大战中，Internet Explorer（IE）成功击败 Netscape 成为市场占有率较高的一方，即是通过微软本身的操作系统，将 IE 内置于系统中成为标准化程序，并增加许多附加新功能，以借此提高产品知名度及取得未来标准化的制定权，最后这项策略使得 Netscape 从这场浏览器大战中节节败退，拱手让出市场占有率的宝座。

综合以上数字化信息产品的特性与应用模式，可归纳出影响信息产品定价策略的几项因素：

1. 厂商在定价上的考虑并非产品中的变动成本，而是以搜寻顾客价值为主要依据。
2. 通过使用者本身对产品使用的回馈与认定，可使厂商在定价时，有更完整的信息。
3. 降低交易成本与制定其产品品牌的标准化，将能使使用者对产品品质的认定提高，并使厂商的定价决策更具影响力。

三、数字化产品所提供的服务与附加价值

过去一套完整的大英百科全书可能价格不菲，但经过数字化后的百科全书，不但价格可能仅需原来的 1/10，且更易于携带与使用，使用者不但可以快速地通过关键字的搜索来获得所需的信息，亦可将百科全书中的内容重复应用，不必担心数据会损毁。信息产品不单只是其价格上的减少，更能提供比传统商品更多元化的服务；以下就三种信息产品常见的服务内容来加以说明：

1. **提供广泛的协助，不受地域上的限制：**通过网际网络的传递，数字化信息产品已不再像过去传统商品般，有地域上的限制。例如使用者如果想购买一整套纸本的大英百科全书，除了可能须向特定书商订书外，还需要支付一大笔运费，千里迢迢的从国外寄到自己手中，但若是购买线上百科全书的使用权，使用者只需一组个人的账号与密码，即可通过网络来查询资料，而使用上若有任何的问题，亦可利用网络来达到即时的售后服务，并不受到其所在地域的影响。
2. **信息产品提供快速的更新服务：**信息产品发展迅速，也因此常会有内容或功能上的更新，不同于过去传统商品一旦推出新的形式，就必须重新购置，信息产品可随时修正其信息内容，或利用一些免费的修正档案（patch file）来达到升级的目的，使用者亦可用极低的价格来取得更新的产品版本。
3. **信息产品可提供整合性的服务：**由于信息产品数字化的特性，使得其在功能与服务上很容易就可以整合在一起；例如目前热门的网络社区，只要通过一台电脑，使用者不但能利用软件来监控大楼人员进出情形，亦能控制居家生活用品，更可实现通过远端控制来操作家电等功能，除此之外，还能提供其他生活上的协助与娱乐，增加更多人性化的服务。

信息产品的服务对使用者而言，更重要的是能够增加其使用上的附加价值，意即信息产品的服务内容所带来的便利与效率，能提高产品所带给使用者本身的效用。使用者本身是否决定购买信息产品时，除了所提供的服务功能为考虑的因素外，能够带给使用者多少产品的附加价值，亦是一个重要的决定因素。

四、数字化产品的形态与影响产品评价的因素

在众多的信息产品中，不论是使用者想要找到适合自己的产品，或是厂商欲了解使用者偏好，都必须先对产品的内容与特性予以分类，才能使买卖双方进行议价与决定交易内容。在有关产品内容的分类上，根据使用形态与功能上的不同，可将信息产品主要分为三类：

1. **功能性信息产品：**在这里所指的功能性信息产品，代表能提供特定功能给使用者的信息商品，如杀毒软件、通信软件、线上游戏等，且在产品的标准化上，也已受到专业单位或使用者的肯定，如杂志的评比票选，或专业单位展览上的推荐等。
2. **内容性信息产品：**所谓的内容性信息产品，是指提供信息内容（information content）给使用者的信息商品，如电子报、数据库查询、电子全文下载、线上数据库分析报告等，主要是提供使用者所需的信息内容，并能进一步做广泛性应用的信息产品。
3. **平台性信息产品：**平台性信息产品指的是提供数字化机器设备所需的操作环境，并能

进一步执行其他信息产品的基本工具，日常生活中随处可见，如移动电话的操作系统、计算机的操作系统，或是电视娱乐设备的操作界面等。

其次，在有关产品评价的影响因素上，对于使用者根据产品品质所做的评价，研究归纳出以下 6 种特性：

1. **使用简便性（ease of use）**：指产品是否易于使用者操作，并具有完整清楚的说明与指示。在信息产品上，则可视为是否提供使用者友善的操作界面。
2. **功能性（functionality）**：指产品所提供的操作项目与复杂程度。在信息产品上，则可视为使用上是否能够提供多方面的应用。
3. **耐久性（durability）**：指产品在使用时间上的长短。
4. **服务性（serviceability）**：指业者是否具备产品售后服务的责任。在信息产品上可表示业者是否提供技术支持等服务。
5. **稳定性（performance）**：指产品在使用上，是否能够提供一致性的服务。在信息产品上，可视为使用上是否会造成系统失灵（system failure）或死机的程度。
6. **品牌商誉（prestige）**：指产品在市场上，使用者所给予的评价。

通过对产品品质内容的分析，可将上述六种特性作为使用者在认定数字化信息产品品质上的依据，亦即使用者对产品品质所做的评价，会综合以上六种因素加以考虑。换句话说，当以上六种特性在其所带来的产品效益程度上越高时，则使用者对产品品质的评价亦越高。

根据上述，可进一步整理出主要影响使用者对数字化信息产品内容评价的因素为三项：品质（quality）、标准化程度（degree of standardization），以及使用者转换产品的机会成本。品质是指该项信息产品的可信度、准确性以及合理性，亦可视为信息产品在功能或属性上的差异，即功能越强品质越高。而标准化程度可代表该信息产品在内容与功能上的专业程度，亦可视为使用者在运用该项信息产品时，其可以使用的范围与有效程度。使用者转换产品的机会成本则指的是，当使用者欲转换其他产品时，所需付出的学习、交易、转换等隐含成本。

学习测评

1. 什么是产品、产品品项、产品线、产品组合？
2. 简述常见的产品策略有哪些。
3. 简述产品有哪三个层次，或有哪五个层次。
4. 什么是品牌？什么是品牌熟悉度？
5. 简述常见的品牌策略有哪些。
6. 什么是网络品牌？如何打响网络品牌？
7. 哪些商品适合在网络上交易？请举例说明。
8. 什么是数字化商品？数字化商品有何特性？
9. 数字化商品提供哪些服务或附加价值？

案例讨论：出版商小心了，Amazon 直接与作家签约

Amazon 的图书王国，不只是想要取代传统的实体书店，Amazon 进一步地说服知名作家跳过出版商，直接和 Amazon 合作发行实体与电子版书籍，让 Amazon 和出版供应商成为一种微妙的竞合关系。

Amazon 找来美国出版界老将 Laurence Kirshbaum，以 Amazon 为品牌名称，出版小说和非小说系列。第一位签下的畅销书作家是 Tim Ferriss，另外以 80 万美元拿下电影导演 Penny Marshall 回忆录的出版权。

出版商对此举相当不满，指责 Amazon 抢走了最受欢迎的作家，并且破坏了出版商、书评及经销商长久以来建立的出版产业生态。“出版商全都吓坏了，也都不知该如何回应”。“在出版界，每个人都怕 Amazon，从书店、出版社到经销商，都害怕哪天一觉醒来，发现 Amazon 已经抢走了大家的饭碗”。

Amazon 对此表示，未来将是直接端对端服务（end-to-end service）的时代，传统出版模式最终将会走向尽头，接下来的出版产业，唯一必要存在的仅有作者和读者，其余的角色都将面临危险和机会。Amazon 推出一系列 Kindle 产品，并研发、推广更直接地传达产品和服务。

讨论问题：

1. 你认为电子书有没有未来？请说明电子书的产品本质如何？
2. 假设你是电子书厂商，请以网络营销组合策略，重新为电子书找寻更佳的产品定位。

网络营销组合——定价（Price）

CHAPTER 13

导读：定价实务

一、游戏产业

早期的游戏业者生产并销售所谓的“单机版”游戏，消费者买了纸盒装的游戏回家安装后，自己一个人玩。厂商要把该单机版游戏盒铺送到各个零售渠道上所费不赀。一套价格不菲的知名游戏，让身为消费主力的学生大喊吃不消，于是各种盗版的游戏光盘流窜于各大校园之间，同学们彼此“分享”。

电脑游戏进入线上游戏的时代后，一张游戏光盘价格低廉，扣除渠道以及包装成本，等于是把这张光盘送给消费者。消费者买回家安装后，支付游戏的连线费用（点数卡或者月费卡）才能玩。

从此盗版问题绝迹，游戏厂商经营模式变成免费送盒子。以前是卖完单机版游戏盒就银货两讫，无法从同一个盒子再赚取消费者的钱。现在则是靠每个月源源不绝的月费收入来摊提研发成本，与消费者维持长期关系。

此外，线上游戏也非常符合数字内容产业经营 3 要素：月费、社群、即时连线。摆脱卖盒子的思维后进入月费制经营，通过社群凝聚力黏住玩家，即时连线克服消费者对于“拥有”的心理门槛。

二、电子报业

“总裁学苑”主要是以提供企业经营知识的电子报为主，对每个订阅用户收取年费 2500 元新台币，用户可从近 40 份电子报中自由选择感兴趣的进行订阅。关于电子报到底能不能获利，其实历史上经过无数种尝试。一份传统的报纸可以收费，电子报怎么不行？但是尝试过的人都知道，付费的电子报真的很难卖，尤其是卖“一份一份”的电子报。

如果总裁学苑把旗下电子报通通标上定价，例如《六西格玛》电子报一份 100 元，《典范领导》电子报一份 100 元等，让消费者自己选择订阅哪些报纸。这种斤斤计较的定价法，相信不会有今日成绩。

此外，台湾地区历史悠久的《IT Home 电脑报》也是鲜明的例子。这份前身为《PC Home 电脑报》的网络电子报，曾经因为免费订阅而一度冲上 38 万订户大关，却也因为开始收费而用户数大跌。

如果按照传统的报纸逻辑，《IT Home 电脑报》的计价方式应该是一天多少钱，就好像传统报纸，一天份的报纸 10 元。但是他最终采取了收取年费的做法。电子报保证每天都有，一年 1500 元。

《IT Home 电脑报》在 2001 年达损益平衡。除年费收入外，广告收入也颇丰厚。这印证了业者的预期：电子报必须要收费，其广告版位才会有价值。因为用户付费看报，广告主才会认真看待这个媒体。

网络新闻不能卖钱吗？前人的经验告诉你，可以。2001 年台湾地区的联合新闻网推出付费的《联合知识库》服务。一年 2000 元，你可以查询台湾地区 15 年来的各式新闻资料，甚至包含新闻照片。

一般消费者可能不知道，一份报纸虽然是由多篇新闻集合而成，但是其实这些新闻的编排方式以及“为什么挑选这篇当作头条新闻”，是有其叙事逻辑的。因此一份报纸有其完整性，甚至不可分割性。但是传统报纸内容登上网络，却必须要被分割。当消费者在“联合知识库”里查询 15 年内有关地震的新闻时，查询出来的每一篇文章都是独立于当年的那份报纸之外的。

对于这样的特性，你只能收取年费或月费。消费者要的是单篇的新闻，而不是购买整份的报纸（因为整份的报纸包含了消费者不需要的部分）。经营者无法将一整份的过期报纸卖给消费者。

三、电子杂志业

在台湾地区最早引入付费电子杂志的是城邦集团的电子杂志发行网。通过国外的电子杂志制作技术，将纸本的杂志整本数字化成电子文件后，让消费者付费下载通过阅读器（Reader）进行阅读。

这些电子杂志都是来自实体版本，消费者可以购买单本，也可以一次订阅半年。电子杂志可以进行全文搜索，添加注解等传统杂志做不到的功能。杂志种类不少，不过售价与实体的杂志比起来并没有便宜多少。

有趣的是，电子杂志发行网也销售过期杂志。因为是过期的所以单本比较便宜，不过这种做法对照前面所提到的思维就显得有点荒谬。因为销售整本的过期杂志，显然是传统的“销售盒子”的思维。

读者会需要寻找过期杂志，有很大的原因是为了取得当期杂志中的某篇文章，因此硬逼读者买整本杂志其实是很令人抗拒的，尽管是较便宜的过期杂志。

传统的内容经营者，由于长期以来依赖销售硬件（纸张、光盘等）的模式运作，从没想过将内容分割销售（硬件有其不可分割性以及成本效益性），以至于在网络上销售数字内容时，还是延伸旧有思维。

实务经验说明了一件事，数字内容的经营者必须摆脱卖“一盒一盒”或者卖“一份一份”的逻辑。任何一种数字内容的形态，不论是音乐、电影、电子书、线上教学等，都必须开始考虑这种可能性。

网络上的礼物经济学（gift economy）：网站提供信息，并不要求消费者有直接的回报，而是从其他方面获得间接的报酬。在定价方面，电子商务企业必须分辨什么是吸引人潮的“礼品”，以及可汇聚钱潮的“商品”，如果所产生的集客力无法达到网络外部性，且没有企业愿意对所聚集的人潮付钱，则无法获利。

本章先借由对定价因素的了解，进而说明一般定价方法，最后则探讨网络营销的定价策略。

13-1 定价时应考虑的因素

价格（price）决定了商品在网络上竞争的实力。美国营销会（AMA）对价格所下的定义是：每单位商品或服务所收付的价款。影响定价决策的因素分为内在因素和外在因素两个方面，如图13-1所示。

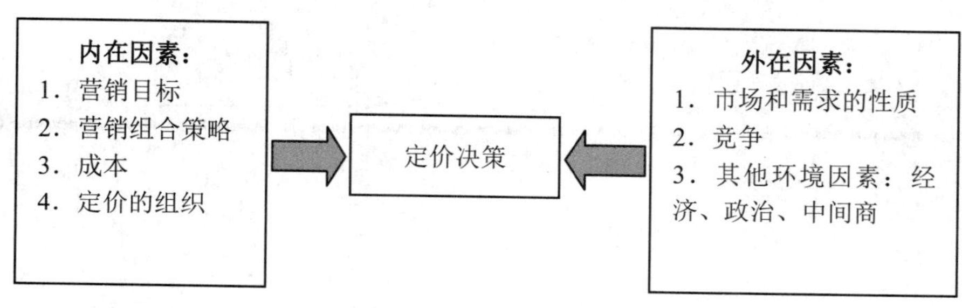

图 13-1 影响定价决策的因素

一、影响定价决策的内在因素

营销目标

一般定价的目标有：

1. **求生存：**大规模降价，只要售价高于变动成本而可弥补固定成本，这样就可以使公司继续生存一阵子。
2. **求本期利润最大：**估计各种价格下的需求和成本，选择一种价格能使本期利润，现金流入量和投资报酬率最大。
3. **求市场占有率的领先：**尽量压低价格，而拟出的营销定价营销方案。
4. **求产品品质或研发的领先：**通常要以较高的价位来分担高品质和研发费用。
5. **牵制竞争者：**跟随竞争者定价或以较低价格牵制竞争者，以避免竞争者做大。

营销组合策略

价格决策须与产品设计、分销、促销决策互相协调，以组成一套一致而有效的营销方案。例如：

1. **市场细分：**路边摊还是五星级酒店。
2. **产品特性：**日用品还是奢侈品。
3. **分销渠道：**中间商的利润与广告费用。

成本

成本是公司为产品定价所设的下限。公司的成本有两种形态：

1. **固定成本**：是指不随产量或销售收入而变动的成本。
2. **变动成本**：是指随产量或销售收入而变动的成本。需注意的是，变动成本会随着经验曲线（experience curve）或学习曲线（learning curve）效果的变动而变动。

定价的组织

公司须决定组织里的哪些人要负责定价程序及定价决策？而其定价主要的 3 个考虑因素如图 13-2 所示。

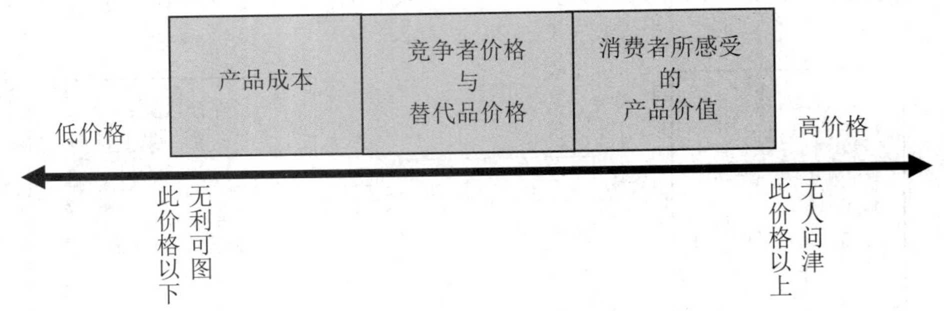

图 13-2　定价光谱

一般而言，消费者所感受的产品价值（认知到的价值）会决定价格的上限，如图 13-3 所示。

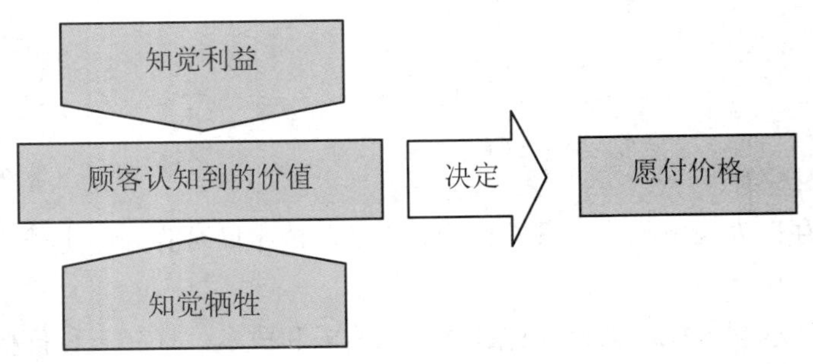

图 13-3　消费者愿付的价格

1. 当消费者的知觉利益＜知觉牺牲，则消费者不愿购买。
2. 当消费者的知觉利益＞知觉牺牲，则消费者才有购买意愿。

二、影响定价决策的外在因素

市场和需求的性质

成本是定价的下限，而市场和需求则为其上限。

1. **不同形态市场的定价**
   - 完全竞争市场：买卖双方皆为市场价格的接受者。卖方并不重视营销策略，因为只要市场依然维持完全竞争状态，则营销研究、产品发展、定价、促销、分销策略等几乎全无用武之地。
   - 垄断性竞争：卖方有能力使其产品有别于其他竞争产品（产品异质），买方感觉有所不同，故愿付不同的价格。
   - 寡占竞争：竞争者跟降，不跟涨。
   - 完全独占：对价格的制定有最高的自主权。
2. **消费者对价格与价值的感受：**定价决策必须是购买者导向的。
3. **分析价格与需求量的关系：**
   - 价格因素的影响——同一条需求曲线上点的移动。
   - 非价格因素的影响——整条需求曲线的移动。
4. **需求价格弹性：**弹性大则价格的小幅度变动会造成需求的大幅变动；弹性小则价格的变动不太会影响需求。产品越独特或越不容易被取代时，价格弹性越小，越适合定较高的价格。

$$\text{需求价格弹性} = \frac{\text{需求量变动百分率}}{\text{价格变动百分率}}$$

竞争

1. 竞争者的产品价格。
2. 竞争者的产品功能、品质与服务。

其他的外在因素

1. 经济因素：经济成长率、物价指数。
2. 政府法规：例如税制、水电费、运输费、燃气费。
3. 中间商态度。

三、网络定价的困难所在

1. 网络营销者并不知道产品的需求曲线，无法预估产品的价格弹性。
2. 不同的顾客对产品或服务所负担的价格心理不同。
3. 顾客常购买多种互有关联性的产品，如习惯使用 Apple 产品的顾客会使用同一品牌的手机。

四、价格敏感度与定价

1. **独特价值效应（unique value effect）：**独特的产品特征或价值（消费者能从中获得的利益）会降低购买者的价格敏感度，增加购买者的购买意愿，这种现象称为独特价值效应。

2. **替代认知效应（substitute awareness effect）**：替代认知效应即表达价格敏感度与替代品之间的关系。即使是最高档的产品或服务也可能具有高的价格弹性，若市面上只有一种产品且无替代品，则此产品的价格敏感度必低；反之，若市面上的替代品到处可见，则其价格敏感度必高。
3. **分担成本效应（shared cost effect）**：分担成本效应主要说明当产品的购买决策者与实际支付者不是同一人时对价格的敏感程度。例如用户因公采购，则不会太在乎价格，反之，如果出钱的人是用户自己，那么对价格的敏感度就会比较高。
4. **价格-品质效应（price-quality effect）**：当购买者第一次面对新的公司、新的产品或新的服务时，通常会利用价格来判断品质。而价格-品质效应正说明了此现象，对品质的不易判断，会降低购买者的价格敏感程度。
5. **存货效应（inventory effect）**：存货效应是指当产品可以被购买者存储，而且不占空间、没有使用期限时，则其价格敏感度就会高；反之，当产品的存储不易，不论是空间或时间上的限制，对购买者而言，价格敏感度就会高。例如当鲜奶价格下降时，因只能存放 7 天，对购买者而言，他可能只买一瓶，因为买多了他无法在期限内喝完，因此鲜奶的价格敏感度就低。
6. **价格无差异区间效应**：所有产品都有其定价无差异区间。所谓定价无差异区间是指，在一定范围内的价格变化，并不影响购买者的购买意愿。例如，同等地段同样面积的房屋，相差几百元或几千元，并不会影响购买者的购买意愿。

五、数字产品的定价因素

数字产品的成本结构

信息产品的制造成本比较高，但是其复制成本却非常低，例如一本电子书在出版之前，需要花费作者相当长的一段时间，耗费心力来写作，但是当书籍出版后，接下来的复制就相当便宜；而一套软件在上市之前，也需要工程师不眠不休地努力撰写程序，以及公司庞大的资金需求与软硬件开发环境，当软件已经完成可以上市销售，其软件的复制成本可能只有光盘与包装费用等。

同样的，对一个以提供信息内容为资讯产品的网络内容提供者（ICP）而言，在生产信息之前亦需投入大量资金建设硬件，并通过专业人才来搜集信息加以分析，当信息内容完成后，所花费的成本仅可能是管理数据库的费用，或是存储媒体所需要的电力而已。因此学者认为信息产品的制造具有高固定成本，以及低边际成本的特性，简单地说，即制造第一份信息产品的成本极高，但当信息产品开始再制时，其再制成本则微不足道。

这种成本结构有着许多重要的隐含意义：当产品数量极大时，新增一单位产品的成本可能接近于零，此时运用过去以单位成本为基础的定价模式则显得毫无用武之地，因此在信息产品的定价上，并不是通过产品的成本来作为定价的考虑，而是要搜寻顾客价值（customer value）来作为主要的定价依据。

数字产品的锁住与转换成本

锁住（lock-in）与转换成本（switching cost）是使用者在使用信息产品时另一个常面临的问题，

这里所谓的锁住，指的是当使用者已习惯于使用某一项产品时，便很难转换为其他产品来使用；而在转换的过程中，所需要付出的代价，即为转换成本。

例如过去利用唱片或卡带来欣赏音乐的使用者，如今可能要面临是否要将其软硬件转换成为CD的问题，若产品本身并没有很大的诱因驱使使用者转换，则使用者可能倾向于使用原本的设备，因为要将原有的音乐唱片再重复购买一次，是一件成本极高的事。而相对于制造产品的厂商而言，则有可能通过宣传CD的品质较高与停产旧式唱片的手法，使使用者愿意付出金钱来转换，以增加厂商的利润。而厂商亦有可能利用锁住与转换成本来锁定使用者，避免本身的顾客流失，例如使用特殊的规格或接口，或提供累积使用与升级的优惠等。

在信息产品的市场中，锁住与转换成本的例子随处可见，如对于用惯微软的 Windows 操作系统的使用者而言，可能就很难转换为 Linux 系统，而微软本身也针对旧版使用者提供优惠的升级购买价格，来加强原有使用者对原有作业系统的依赖性。

六、网际网络影响定价的因素

有许多网际网络的因素会造成定价的上涨：

1. **分销成本**：因为实体商品在线上下单后都必须配送到目的地，这些成本比传统零售店的物流成本还高，所以网络零售商对于这些商品都负担着相当沉重的分销成本。所以有些网络零售业者会将配送成本转嫁给消费者，并且有些业者甚至抬高运费，以补偿他们所提供的一些折扣品甚至样品或试用品。
2. **联盟计划（affiliate program）**：有些网站会与其他网站签订联盟计划，若订单经由其联盟网站而来，则必须按比例支付推荐佣金，一般是7%～15%。就像传统渠道一样，这类佣金都会影响到商品的定价。
3. **网站的发展与维护（site development and maintenance）**：根据调查指出网站的发展与维护成本并不便宜，这些或多或少都会影响到商品的定价。
4. **营销与广告**：网络上的营销与广告成本，比传统营销与广告成本更加昂贵。例如，亚马逊网络书店花费年收入的 24%来支付品牌的营销与广告费用，而庞诺实体书店却只花费年收入的4%来支付营销与广告费用。

当然，也有许多网际网络的因素会造成定价的下降：

1. **自助式的订单处理**：由消费者在网络上直接下单，对企业而言，节省了订单输入及纸张的成本，以及错账机会的减少。
2. **零库存**：有些网络零售商甚至没有库存，他们在消费者下单以后，直接将订单传送给供货商，由供货商直接出货，因而节省下巨额仓储及运输成本。
3. **行政业务费**：网络零售业者通常不需在繁华商业区租赁昂贵的店面或安置办公人员，通常可以省下营销业务费。
4. **自助式的顾客服务**：传统上顾客服务平均要花 15～20 美元，但网络上的自助式顾客服务却只需 3～5 美元。
5. **印刷及邮寄**：企业不必再印制商品型录、寄送邮件。相对之下，线上型录的成本非常低，而且不需邮寄。
6. **数字商品分销成本**：数字化商品可以在网络上直接配送，其分销成本极低。

七、有智慧的定价者

有智慧的定价者具备以下四大条件：

正确的定价观点

有智慧的定价者不会将定价交由市场或竞争者决定，它会站在满足顾客需求的立场，设想和竞争者的产品、定价放在一起时，如何为自己商品的特点和呈现创造出价值。其深刻了解影响利润的3要素：销售量、价格与成本，其间的关系：

利润= 销售量 × 价格 – 成本

建立事实档案

有智慧的定价者了解顾客认知价值是定价行为的核心（如图13-4所示），因此手上握有的数据比他人更精确、更即时、更具相关性，而且更有系统。最上方的矩形代表企业初步分析，其中包括两个部分，一是为了确认差异化机会的竞争者分析，二是为了确认消费者需求以及重要市场区域的消费者分析。根据这两项分析的结果，企业作出决策，创造出产品市场上的认知价值。第一个步骤是选定目标市场，然后组合营销要素以价值创造元素，包括产品本身、营销与分销的相关传播活动，以及其他支持。再加上竞争者的外在影响，决定了我们的商品在顾客心目中的认知价值，此一认知价值便是顾客愿意支付的最高价值。此外，有智慧的定价者知道竞争者的成本结构、产能，以及经营模式，并且能够系统化地追踪竞争者的行动和反应。当然，这些事实档案也包括企业内部的相关资料，如生产、营销、销售以及服务等的成本。

掌握分析工具并界定范围

有智慧的定价者以事实档案为基础，针对顾客和竞争者进行系统化分析，以便评估调整定价策略的可行性，分析的范围包括顾客反应、竞争者反应，以及价格对于市场占有率和产业获利的影响。值得注意的是，其将眼光放在长期获利上，而非只是追求短期市场占有率。

决策与执行能力

价格管理并非易事，有智慧的定价者会从企业内部网罗各方专业精英，组成一个团队来完成这项任务，并将奖励办法与企业利害一致。

有智慧的定价者必须避免以下三种代价高昂的常见错误：

1. **将定价与其他营销组合分开**：有智能的定价者必须了解，定价与其他营销组合——产品、分销、推广是息息相关的。
2. **一成不变的定价**：在网络化购物环境中，价格的变动十分迅速，一成不变的定价将使企业失去竞争能力，必然会有“该赚的钱没赚到”的缺憾。
3. **忽略市场本质**：有智慧的定价者必须领略市场的真实面目，并看清市场变化的表象。

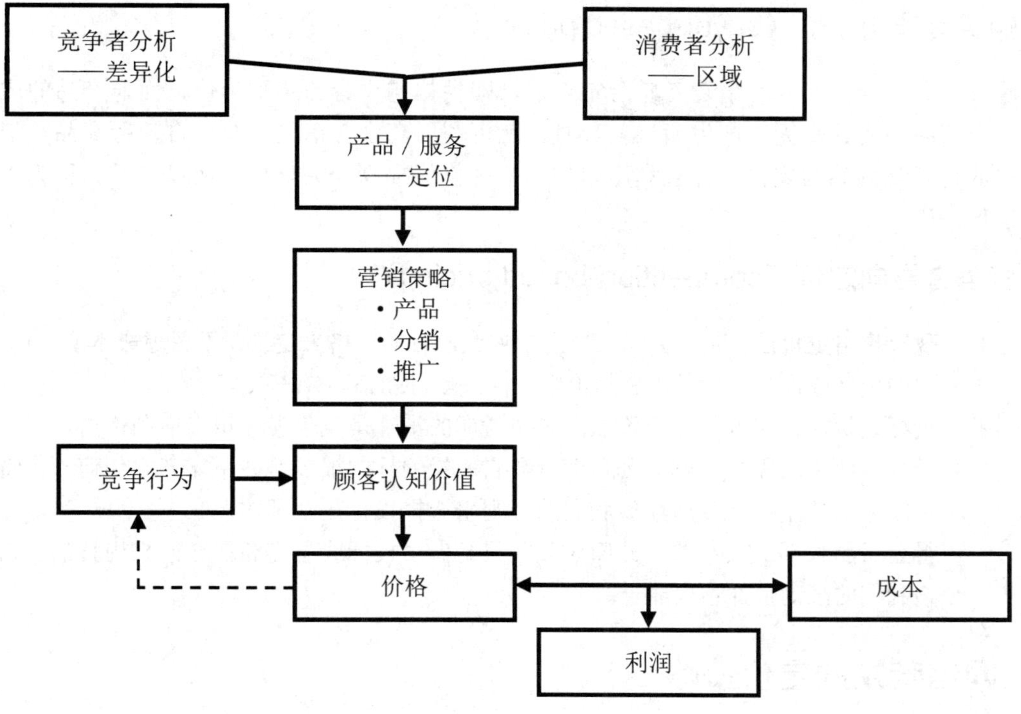

图 13-4　有智慧定价者所具备的事实档案

资料来源：Robert J. Dolan & Hermann Simon（2000）

13-2　定价方法

一、一般的定价方法

产品成本是定价的下限，消费者对产品价值的感受是定价的上限。

成本导向定价（cost-based pricing）

1. **成本加成定价法（cost-plus pricing）**：在现实中，大部分企业最常用的定价方法是所谓的成本加成定价法，即根据产品的单位成本加上某一标准比例或成数而制定价格，而加成幅度则视产业传统或是经验法则而定。但要注意的是，消费者愿意支付的价款，并不是按照产品的单位成本来决定的，而是按照产品效能及其对消费者所产生的价值而定。
2. **盈亏平衡分析与目标利润定价法（breakeven analysis and target pricing）**：即根据某一目标利润来制定其产品价格。

购买者导向定价（buyer-based pricing）

购买者导向定价又称为消费者感受定价法，即根据购买者的感受价值，而非产品的成本来定价。当商品同质性高无法产生明显差异时，就可利用高度营销包装及广告塑造商品在消费者心目中的特殊认同感与定位，并且利用附加的品牌价值提高产品价格，所以有时又称为“品牌价值定价法”。

竞争者导向定价（competition-based pricing）

1. **现行价格定价法：**是指公司大体上根据竞争者的价格来定价，不考虑成本或市场需求，它的价格或许与主要竞争者的价格一样，也可能稍高或稍低。
2. **投标定价法：**采取投标定价法的公司考虑的重点是竞争者会报出何种价格，而不拘泥于成本或市场需求。就大公司而言，它所投的标的很多，并不靠其中任何一个特别的标的来维持生计，故用期望利润的准则来选择投标是合理的，它不必靠运气，即可获得公司的长期最大利益。然而对某些只是偶尔投标或急需获取合同来周转的公司，期望利润的准则也许不太适合。

二、网络营销的定价策略

网络营销的定价策略主要如下：

1. **购买者需求定价策略：**传统营销非常强调购买者导向定价，但这种定价方式是建立在对购买者消费信息的预测上，带有很大的主观性。在传统营销活动中，企业通常会将目标市场进行市场细分，根据不同的细分市场，生产不同的产品或服务，并进而制定不同的价格，以满足不同细分市场购买者的需求。网际网络的互动性使企业可以更为即时获得购买者的需求信息，为满足购买者个性化的需求，企业可以根据购买者对产品或服务的不同需求灵活地为每一购买者提供差异化的产品，并索取不同的价格。这种方式对企业来说非常有利，企业可以获得更多的消费者剩余价值，对购买者而言，也可以获得更高的满意度。
2. **线上拍卖策略：**拍卖其实早就存在，传统的拍卖需要在一个专门的拍卖市场进行，由于受到拍卖空间、拍卖时间的限制，并未成为一种市场制定价格的主要方式，而且传统上，拍卖方式交易成本相当高。线上拍卖是网络带来的新价值，线上拍卖提供一种新的、虚拟的、不受空间与时间限制的交易场所，它可以在短时间内聚集大量的买家，使交易可以在更大范围内进行，丰富了拍卖的产品种类，提高了成功率，并降低交易成本。
3. **差别定价策略：**差别定价策略是指企业以不同的价格将同一种产品出售给不同的购买者。
4. **流行水准定价策略：**通常购买者会上网比较各直接竞争者产品的价格，因此企业可以上网搜索竞争者的价格资料，并进行定价。
5. **实时定价策略：**网际网络的兴起大幅增加了产品的价格透明度，有利于购买者进行比较和选择，迫使企业采取更为即时的定价策略。
6. **捆绑销售（bundling）策略：**捆绑销售强调的是两种以上产品的组合销售，学者之间对于捆绑销售的定义虽然略有差异，但是所关注的焦点仍在于“两种以上产品的组合销售”。关联性商品（例如刮胡刀与刀片、相机与胶片、数码相机与存储卡）的捆绑销售趋势使定价的问题更加复杂——不能单独考虑价格的个别因素，必须确立个别商品在产品组合中的角色，并针对整套产品线来考虑定价，而非单纯考虑个别商品。

三、价格 / 品质的定价策略

营销学者科特勒在价格 / 品质因素的考虑下，提出了“九宫格式”定价策略，如图 13-5 所示。

价格 \ 品质	低	中	高
高	打代跑策略	价超所值策略	登峰造极策略
中	经济而不实惠策略	中庸策略	物超所值策略
低	经济实惠策略	招徕定价策略	超高价值策略

图 13-5　价格 / 品质定价策略

四、价格 / 品牌的定价策略

营销人员通过检视品牌的新旧、产品类别及价格高低这几个要素，可绘出如图 13-6 所示的价格 / 品牌定价策略。

价格 \ 品牌	现有品牌名称	创新品牌名称
高	品牌高级化	高贵品牌
低	品牌低级化	牺牲品

图 13-6　价格 / 品牌定价策略

五、收益管理

收益管理（yield management）是一种谋求收入最大化的新经营管理技术。收益管理主要通过建立“即时预测模型”和对以“微区隔”为基础的消费者需求行为进行分析，以决定最佳的销售价格。其核心是差别定价（price discrimination），就是根据客户不同的需求特性与价格弹性向客户收取不同的费用。这种划分标准的主要作用在于，借由差别定价将那些愿意并且能够消费得起的客户和为了使价格低一点而愿意改变自己消费方式的客户区分开，以极大化开发市场的潜在需求，提高整体效益。

收益管理要想成功，必须针对不同的微区隔市场需求，界定不同的价格区域，价格较不敏感区可定较高的价格，价格敏感区可定较低的价格。

13-3 产品组合定价策略

假如产品属于产品组合策略的一部分时，定价的道理即须修正。在这种情况下，产品的价格应该是使整个产品组合的利润最大，而不是单一产品的局部利润最大。

1. **产品线定价（product-line pricing）**：在决定价格差距时，必须考虑同一产品线各种产品的成本差距、顾客对不同功能的评价，以及竞争者的价格等。然后为其产品线精心设定几个不同等级的价格点（price point）。而卖方必须使买方感受到不同等级间，产品确实有所不同，进而让买方认同不同等级的产品有不同的价格是合理的。
2. **备选产品定价（optional product pricing）**：例如顾客除了购买汽车之外，可能同时订购电动控制器、卫星导航系统、除雾器、调光器等，企业必须决定哪些该包含在汽车售价中？哪些应另定价格？
3. **后续产品定价（captive product pricing）**：例如剃刀片、相机胶片、墨盒，公司通常将主产品（即剃刀、照相机、喷墨印刷机）的价格定得较低，利用后续产品的高额加成来增加利润。
4. **副产品定价（by-product pricing）**：制造商会想办法找寻副产品的市场，只要价格高于存储与运输成本，就可以出售，这样有助于降低主产品的价格，加强竞争能力。

13-4 新产品的定价策略

一、市场撇脂定价

市场撇脂定价（market skimming pricing）即制定高价格，以先从此市场“榨取”相当的收入。市场撇脂定价法在下列的情况下是可行的：

1. 有相当多的顾客对该产品有高度需求。
2. 生产较少量的产品时，其单位生产成本及分销成本并不会高出许多，因此大量生产所获得的好处并不重要。
3. 高价格不致吸引更多竞争者。
4. 高价格可塑造高品质的产品形象。

二、市场渗透定价

市场渗透定价（market penetration pricing）是将新产品制定略低的价格，以吸引大量的购买者与使用者，以争取市场占有率。在下列情况下采取市场渗透定价策略是有利的：

1. 市场对价格相当敏感，低价可刺激市场快速成长。
2. 累积的生产经验足以使生产与分销的单位成本降低。当厂商因低价策略而导致销售量大增，每单位固定成本及变动成本下降，而且如果成本下降速度大于价格下降速度，就算降价，销货毛利仍然会上升。
3. 低价格可以打击现有与潜在的竞争者，以及替代品。如果竞争者实力不强，例如它们的成本结构过高，或受制于现有的渠道合约，不能任意调降价格等，就可以考虑以低价策略打击现有及潜在竞争者。

13-5 价格调整策略

一、折扣与折让定价

1. **现金折扣（cash discount）**：对即时付现的顾客，公司通常会给予现金折扣。
2. **数量折扣（quantity discount）**：是指顾客大量购买时，公司通常会给予价格的优惠。
3. **功能折扣（function discount）**：亦称为中间商折扣，是指给予执行营销功能的分销渠道成员的折扣。
4. **季节折扣（seasonal discount）**：对在非旺季购买产品的顾客，公司通常会提供季节折扣。
5. **折让（allowance）**：折让也是减价的一种形式。例如：
   - **抵换折让（trade-in allowance）**：顾客在购买新型产品时，可用旧产品抵换。抵换折让多见于以旧换新活动。
   - **促销折让（promotional allowance）**：是指给予参与广告或促销活动的经销商的一种报酬。

二、差别定价

差别定价是以两种以上的价格出售同一产品或劳务，而这价格不一定完全反应成本上的差异。其有下列几种方式：

1. 依顾客不同而不同。
2. 依产品形式不同而不同。
3. 依地点不同而不同。
4. 依时间不同而不同。

当市场细分明确时，可以针对各个市场分别定价，定价问题相对来说比较简单。不过由于网络上的消费者可以全球化采购，网络营销人员在不同市场的差别定价空间更小。

三、心理定价

每个顾客的付款意愿是各不相同的。只有在认知价值（若以金钱来衡量）高于定价的时候，顾客才会掏出腰包。面对多重选择时，顾客会选择净值（认知价值超出价格的部分）最高的商品。例如：异常的贵就显得与众不同。有些消费者心理上认为299还在200多元的范围，而非300元范围。心理折扣（psychological discounting）即销售者事先将产品价格提高，再打折扣。

四、促销定价

例如：企业以某些产品为特价品，以吸引消费者。或者在某些季节举办“大特卖”或“周年庆”，以吸引消费者。

五、地理性定价

1. **固定运费定价法（uniformed delivered pricing）**：不论位于何处，公司均收取一样的价格和运费。
2. **区间定价法（zone pricing）**：即公司划定两个以上的地区，同一地区的价格统一，地区越远价格越高。
3. **基准点价格定价法（basing-point pricing）**：即选定其所在城市为基准点，向所有顾客收取自此至目的地的运费，不考虑实际上由何处交运。距工厂越近的顾客越是多付了一些运费，越远的则反之。
4. **运费补贴定价法（freight absorption pricing）**：有时公司为了急于争取某一位或某一地区的顾客，可能会负担一部分甚至全部的运费，即认为销售量增加所降低的成本，足以弥补所负担的运费。常见于采取市场渗透策略，或在竞争日趋剧烈的市场中想维持占有率的企业。

六、捆绑销售（搭售）

以往，所有的产品服务都会搭售在具有实体的产品或服务上面。但随着网际网络兴起，渐渐地企业将搭售的商品延伸到虚拟产品或网络服务。此外，过去的搭售重点，大多集中在企业内的商品或服务，但网际网络的兴起，促使企业间的信息交流更为方便，也逐渐兴起了所谓的跨企业搭售风潮。例如旅游网站上的套装行程，就是最标准的搭售行为。

就4C中的顾客成本而言，某些搭售对企业而言只是成本，但成本与售价之间一定存在利润，因此对顾客而言，若搭售的商品具有顾客认知价值，其会觉得搭售绝对比单买便宜许多。也因此，在所有价格调整策略中，搭售是最不伤及企业利润，相对较具有成效的策略。

13-6 价格的改变

所有产品的价格并非一成不变。但要如何改变，就成为一项非常重要的课题。可惜，绝大多数的企业没有做到这一点。许多企业抛弃了定价的责任，让“市场”决定价格，或者采取“和竞争者同步”的态度，或轻率行事，将成本以某个百分比加成来定价，这些企业正不经意地让一分一毫的小钱溜走，聚沙成塔，有时候流失的可能数以千万计。

一、主动改变价格

主动提高价格

只要将某个平均单位价格为 10 美元的商品，涨价一毛钱，也就是调涨成 10.1 美元，便等于平均单价高了 1%，可创造更高的获利。实务上，不一定每一项商品的定价都调高 1%，有些多收 2%，有些则多收 5%，只要平均值是 1%即可。当然，这必须建立在原有销售量不变的前提之上。

例如可口可乐公司，定价调高 1%会让公司的纯利润增加 6.4%；如果是富士胶卷公司，则为 6.7%；雀巢食品公司则为 17.5%；福特汽车公司为 26%；飞利浦公司为 28.7%。这对某些企业而言，甚至可能是获利与亏损的差别。

就单位毛利率低的产品而言，销售量的增加无法有效提升利润，在这种情况下，应该以降低成本或调高价格或是双管齐下来提高毛利。

1. 主动提高价格主要原因可能是通货膨胀，应付通货膨胀的策略如下：
   - 采取延后报价：公司在产品完工或出货之后，才决定最后的价格。适用于生产前置时间长的行业。
   - 制订伸缩条款：公司要求顾客除了支付现金价格之外，在交货前若物价上涨，也必须负担全部或一部分的差价。适用于期限长的合约。
   - 将商品与服务分开，分别定价。
   - 减少折扣或赠品。
   - 取消低利润的产品、订单、顾客。
   - 降低产品品质、功能特色、服务。
2. 使价格上涨的另一个原因是过度的需求。

主动降低价格

1. 当生产能量过剩时可主动降低价格。
2. 若想利用降价以扩大销售量，增加市场占有率，降低成本，而争取市场上的绝对优势可主动降低价格。

不过要注意的是，就短期而言，厂商认为降价可以改善其市场占有率，但是如果竞争对手也跟进的话，这些美景就有可能变成泡影。一般而言，变动成本较高的商品价格降低时，销售量必须巨幅增加，才能抵消因降价所产生的负面效果。不过要注意的是，有时为了抵消单位贡献减少所必须增加的销售量，往往会超过企业产能极限。

降价影响的不对称现象。价格较高、品质较高的品牌会夺取同一品质，以及次一等级的其他品牌商品的市场占有率；价格较低、品质较差的品牌会夺取相同等级，以及次一等级品牌的市场占有率，但是不会对高于其等级的市场造成重大影响。

购买者对价格改变的反应

顾客对价格下降的看法：

1. 此项产品可能会被稍后将出现的某种新款样式所取代。
2. 此货品有瑕疵，销路不好。
3. 该公司遭遇财务困难，未来不再制造这类产品，以后维修可能困难。
4. 价格可能会降得更低，过一阵子再买会更有利。
5. 品质可能变差了。

顾客对价格上升的看法：

1. 该货品一定是热门货，要赶快买下，否则将来买不到。
2. 该产品价值非比寻常。
3. 商人贪心，趁着大家抢购，把价格抬高了。

竞争者对价格改变的反应

竞争者对该公司价格下降的看法：

1. 该公司想要夺取市场。
2. 该公司经营状况不好，需要增加销货量。
3. 该公司希望引起同行降价，以刺激总需求。

二、对竞争者价格改变的反应

对于竞争者的价格改变，企业应事先有一套周密的反击计划。首先应考虑以下问题：

1. 竞争者何以改变价格？它的意图为何？
2. 竞争者的价格变动是暂时性的？还是永久性的？
3. 如果公司不理会竞争者的价格变动会怎样？
4. 竞争者及其他公司对各种反应又会采取怎样的反应？

13-7 网络商品与服务的定价模式

一、数字商品的定价模式

早期，网络上许多的数字服务与信息都是免费的，如果免费，数字商品要如何赚钱呢？如果要收费，数字商品与服务又要如何收费呢？

在信息有价的观念尚未普及之前，要在网络上向人们索取费用，得要先建立起使用者付费的观念，但提供数字信息服务的业者并不敢轻易尝试，原因是竞争对手太多了，且信息服务的内容同质性太高，如果提供的数字信息不具特别竞争力，很快就会被取代而丧失竞争优势。

数字信息服务想要具有竞争力，内容的优劣与特殊性当然是最重要的因素，但信息服务的定价也是不容忽视的因子，甚至包括实体产品的电子交易也是如此。根据一项调查结果显示，基于网络安全与对产品品质的考虑，国内网络交易金额大都在 2 千元以下（例如拍卖网站），所以在网络销售产品定价之际，要特别注意价位不可太高，以免所卖的产品销路不佳。

若干数字信息服务过去可以维持免费的原因，在于吸引人潮，有了人潮，就有其他的商业机会（例如广告），如此便不一定要直接对消费者收费。尤其是网络上许多消费者是所谓的“网络冲浪者”（Web-surfer），没事到处闲逛，根本不可能向其收费，一旦想要收费，消费者立刻就会改而投向其他网站的怀抱。如果免费的信息服务吸引了许多人潮，网站就可以向企业索取广告费用。这类模式在过去还算可行，但一遇上经济不景气，便只剩下少数网站可以赖以生存。

因此，若能建立信息有价的使用者付费观念，至少对经营者是基本的保障。使用网络者有一部分人具有特殊目的，如果网络上的数字信息与服务能够长期满足使用者需求，确实有机会可以直接向使用者收费。一般而言，网络上数字产品与服务的定价策略，可有以下几种不同的形态：

1. **“吃到饱”**：像是近几年流行的自助餐模式，只要付了一定额度的费用，便能在限制的时间内，无限制地使用。许多数字信息服务都采用类似的固定费用制度，允许在期限内不限次数使用，这种模式简单易用，使用者只需拥有一组账号、密码即可，系统设计也很容易。不过，这种模式也有其缺点。首先，由于是“吃到饱”，同一组账号、密码容易流传而共享，或许 100 人共享一组账号，但业者只收得到一组账号的费用；其次，也不能针对不同需求的人定出不同的价格，例如，有人每天使用，有人 1 年才使用 2～3 次，但他们所付的钱是一样的，因此容易因为不公平而失去一些用户机会。
2. **点餐式**：就像点餐一样，吃多少，买多少。可以根据实际使用的时间或是数据量大小收费，例如每阅读一则新闻收费 1 元，如此一来，便能一网打尽。但是这种系统通常比较复杂，收费程序也比较麻烦。一般而言，可以采用账单式或预付式两种收费的方式。账单式即一段时间结一次账，不过这种方式的坏账率比较高，对于部分规模较小的数字信息服务业者而言，恐怕禁不起坏账的风险。而预付式则是现在常用的模式，消费者先交一笔钱购买一定点数，使用信息后扣除，这种方式可以保障业者收得到钱，不过扣费系统的设计比较复杂。
3. **混合式**：即用户要先付基本费用，如果超过了基本使用额度，再按照超过的部分来收费。“两阶段式”的收费方式在数字网络服务上相当普遍，算是综合前两种方式的优点。其他计费方式还包括按不同时段来收费，像电话费的高峰与低峰时段的收费方式；或针对不同的个人及企业而有不同的定价方式。当然，越是定制化的收费模式，越会增加系统或客服的复杂度，但通常也能满足不同消费者的需求。

另外，现实社会的交易行为通常也有“转换成本”（switching cost）的特性，当使用者已习惯于使用某一项产品时，便很难转换为其他产品来使用；而在转换的过程中，所需要付出的代价，即为转换成本，消费者转换商品之前，通常也会认真考虑转换成本的高低。

对于数字信息服务，业者也可以多加利用转换成本来锁住使用者，避免本身的顾客流失。常见方式有所谓的“会员制”。一旦会员已支付一定的费用，利用会员制增加使用者的转换成本，再让不同定位的会员资格，可以享有不同品质的内容服务优惠。这种方式因为增加了用户的转换成本，相对也就减少了用户离开的机会。

价格与需求的联动关系

虽然定价的方法有许多种，但是价格定多少，恐怕更伤脑筋。虽然经济学理论指出：“价格是由供给与需求来决定的”，不过，数字化信息服务却有不同特性，由于它易于复制、修改与传送，复制时的边际成本低，而且一路递减，因此并没有供给的问题，甚至可以如此指出，数字信息服务是由“价格决定需求”或是“需求决定价格”。

另外，“中华电信”也推出随选多媒体服务（Multimedia On Demand，MOD），在用户的家中安装一台机顶盒，机顶盒连接 ADSL 宽带，并连接到电视机。用户在家中只要通过遥控器，即可遥控选择想看的节目，确认付费之后即可观看，用户只需在指定的时间内（例如 2 天内）看完即可。用户选择的节目影片价格不一，每个月收到电话费的账单后，再行缴费即可。

“中华电信”的 MOD 服务原则上与有线电视，甚至互动电视是可以互相取代的，因此在定价上也就额外敏感，哪一种服务比较便宜，很可能就会取代另一种服务。

有线电视业者采取“吃到饱”的收费模式，用户每个月支付一定金额，至少可以看数十个频道节目。但目前的频道数目对多数用户而言应该已经足够。根据民调业者的调查，大多数观众每日只固定收看 3～5 个频道而已，不然就是在转台时走马观花。

“中华电信”规划的 MOD 收费方式是收取月费，提供某些基本的节目（不需要另外付费）供选择观看；对于某些较受欢迎的内容（如热门电影），每部影片要收看时再另外收取部分费用，收费方式类似上述的混合式。

MOD 或互动电视作为市场的后到者，理论上，服务的定价不能比现在价格高太多，除非在服务品质上有关键性的突破。

问题在于“关键性突破”的服务，也就是说，消费者用同样的钱，甚至更多的钱，他们买到了什么？如果买到的东西有其价值，价格自然称为合理。互动电视与 MOD 强调“自由选择”，有线电视系统现在虽有近百个频道，但多数人事实上只看少数几个频道，很多频道是永远不会看的，换算下来，租看每个频道的费用也不会太便宜。互动电视或 MOD 让用户可以决定看电影的时间，决定自己想看的电影，值得付钱的才付钱，这就是“自由选择”。

“自由选择”价值为何，每个人的主观定义可能不同，但原则上，其费用不能高于到录影带店租 DVD 的价格（包括时间费用）。根据美国的一项调查，真正有意愿付费观看数字频道的消费者，局限于消费金字塔顶端客群，针对这些客群，业者可采取较高的定价策略。

建立有价信息付费观念

只有建立“信息有价”的观念，才会有更多更好的网络信息服务。“信息有价”是大家公认的事，但是在技术上还有若干需要解决的问题，例如：哪些信息内容可以收费、是否具有价值、如何定价、智慧财产权管理、线上小额付款机制等，但相信只要大方向确定，技术与策略不会是障碍。

有关于数位信息服务在电子商务下的定价模式，不论是在理论的发展上，或是实际市场的演变上，目前都还有待进一步研究。通过有效的定价策略，往后数字产品的发展除了更能提升信息有价的观念外，还能进一步落实使用者付费的原则，将智能财产反映于市场价格上，进而促进数字产品的开发与创新，带动技术的进步。

二、网络服务的定价模式

Leanne P. Breker（1996）在探讨网络定价方案（scheme）时，将网络服务的定价分为静态与动态定价模式两大类，以下将网络服务的定价模式整理如下：

静态定价模式

先定出资源的单位价格，再依照所使用的单位计价。根据 Leanne P. Breker（1996）整理出的静态定价模式（static pricing），有下列四种：

1. **单一定价（flat pricing）**：制定单位价格，按照所使用的单位计价。这种方式完全没有考虑使用者所需服务层级的差别或是优先等级的高低，而是采用先到先服务（first in first out，FIFO）的方式提供资源。
2. **按照优先顺序定价（priority pricing）**：其主要的意义在于高优先权的使用者对每一 Byte 所付的价位较高，所得到的服务会比优先权低的使用者好。
3. **预定模式（reservation based）**：预定模式的定价概念主要是假设使用者可以预先知道自己所需的资源，如使用时间、服务的等级、频宽大小等，利用预先提出的需求，便可以根据网络的现况来对使用者计价。最简单的例子就是将服务分成数个等级，越高的等级计价越昂贵。
4. **时段差别定价（time of day, pricing）**：这一类的架构主要是希望能够区分出高峰和低峰时段的定价，利用价格来降低高峰时段的需求。高峰时段的需求较多，所以如果使用者想在该时间连线，必须付出较高的费用。相反，低峰时刻的网络资源使用率较低，例如清晨以及半夜，所以收费就比较低，希望借此吸引使用者在这些时候利用资源。

动态定价模式

动态定价模式（dynamic pricing）是根据经济理论中供给均衡的观点而产生。通常当资源的价格升高则使用需求降低，但资源提供者愿意提供的数量却增加。动态定价是利用价格影响使用者的需求，达到厂商利益最大或是网络使用效率最高的状态。这种策略的做法是先决定出资源的单位价格，再以网络状况作调整，所以比静态定价复杂，也需要较多的计算，但比较符合使用者付费的实际情形，而且可以针对使用者特性、网络流量做更深入的控制。

1. **传输拍卖（Transport auction）**：基本的概念是价格应该随着使用者的需求而改变，这样才能提高网络设备的使用率，进而提升收益。在 Transport Auction 策略中，使用者拥有一个 agent，由这个 agent 来决定使用者可以运用的网络资源以及资源的单位价格。这种做法类似竞价的方式，当使用者所提出愿意支付的价钱等于或高过目前价格时，则获得使用权限。
2. **动态带宽分配（dynamic bandwidth allocation）**：这种策略是运用供需均衡的原理。假设使用者的行为是为了获得对其最大的利益，且当使用者可以用的网络频宽越大则对他越好。根据这样的假设，则可对每个使用者画出一条利益曲线（benefit curve），这条曲线一般来说是边际递减的，因为第一个频宽单元对使用者的利益最大，之后虽然会递增，但会渐趋缓和。然后这条曲线再和目前的网络价格线形成交集，就可以找出使用者在这一段时间愿意以什么价格购买网络资源了。其主要的概念也是在于当网络单位价格低的时候会刺激使用者使用网络资源，当价格提升时，使用者的需求则会下降。

另外，差别定价也是网络服务可采用的定价方式之一，差别定价是将产品或服务分成多个等级，分别给予差别的价格。在电子商场上，消费者可根据商品品质与递送方式的差异，而有不同的价格考虑。差别定价（discriminate pricing）模式有以下 6 种：

1. **数量折扣（quantity discounts）**：购买数量较大的消费者，会被索取较低的价格。数量折扣可以揭露出消费者其购买量与保留价格间的关系。
2. **二阶段费率（two-part tariff）**：整个价格包括固定费用，以及按使用量而决定的变动价格。固定费用的部分在于撷取消费者剩余，或用来排除部分的消费者。
3. **分段收费（block tariff）**：不同购买量，以不同的单位价格计算。购买量越大，则每单位的价格就越低。也是数量折扣的一种方式。不应将区段定得过多，而使消费者不容易了解。
4. **产品间具有部分可替代性的产品线定价（a product line of partial substitutes）**：同样也是针对不同的消费者，制定不同的价格。但要避免产品线中各产品互相侵蚀市场的现象。同时，也应该考虑引进产品的方式与顺序。如果产品间互相侵蚀的情况很严重，则应该考虑自产品线中撤除某部分的产品，以提高利润。这对于处于竞争市场中的加值网络服务公司而言，特别具有意义。
5. **捆绑销售（搭售）定价（bundling pricing）**：以一个价格来同时提供消费者两种或是多种的服务，而这价格应该比个别购买各项产品的个别价格的加总还低。也就是说，组合定价包含有价格折扣（discount）。在组合定价之下，厂商往往可以获得较高的利润。组合定价可以尽量避免分摊联合成本或是共同成本的困扰。同时，公司所提供的各项服务之间常常是具有很高的相关性的。
6. **时间性差别定价（temporal price discrimination）**：设定较高的产品导入价格，以吸引保留价格较高的消费者；然后，再渐渐地降低价格，以吸引保留价格较低的消费者。目的是在产品导入时，即能获得较高的收益。但是，高保留价格消费者与低保留价格消费者，其对于产品的渴望程度应该要相同或接近。

学习测评

1. 定价时应考虑哪些因素？
2. 简述一般定价的方法有哪些。
3. 简述产品组合的定价策略。
4. 简述新产品的定价策略。
5. 简述价格的调整策略有哪些，应注意些什么。
6. 简述价格的改变策略有哪些，应注意些什么。
7. 价格敏感度与定价之间有何关系？
8. 简述常见的网络营销定价策略有哪些。
9. 什么是信息产品的锁住与转换成本？
10. 简述网络服务的定价策略有哪些。

个案讨论：华硕 zenfone 事件

2014 年 4 月，华硕 ZenFone 在北京发布后，引发了规格差与价格差的风波。2014 年 4 月 17 日，华硕针对台湾地区与大陆 Zenfone 手机不同规格、不同价格引起的消费者反弹，公开向消费者道歉，同时让 Zenfone 同规同价，并升级台湾地区的版本规格。而针对先前在 Zenfone 千人体验会中首先购买手机的台湾地区消费者，华硕展现了相当大的诚意，购买 A500CG、A600CG 者可保留手机，华硕会主动联络原经销商全额退费。

2014 年 4 月 17 日，华硕记者会上，施崇棠首先提到，因为商场信息千变万化，在产品上市的过程中，造成消费者感受不佳，也觉得非常抱歉，这要跟消费者说声对不起，希望能展现最大诚意，提出方案来补偿，表示歉意。也表示经过这次事件，内部也做了很多很多的检讨，华硕吸取了教训，以后会更严格确认规格，加强内部沟通，不再发生这种事情，尽量在台湾地区推出领先的规格。

成本问题：记者会上，华硕说明，每个市场法规、市场规模、薪资结构、运费、渠道结构等，影响成本的因素都不相同，每个地区或国家的成本结构都不一样。一般成本里分为软硬件材料成本、服务（售后）、销售、营销、运费、渠道等几项。有时看市场规模，不同市场可能在材料成本上可以得到一些弹性的优惠，大陆市场规模是台湾地区的 60 倍，人口、销量等分母大，每部手机分摊下来要负担的成本也就不一样。全球来看，台湾地区的成本的确是比较高的，因此定价时就有一些差别，同时，不同地区或国家也会有不同的定价策略，希望消费者能够理解。

竞争问题：2014 年 4 月初，小米开始销售红米 Note。在 ZenFone 上市前，华硕有针对红米、华为荣耀 3C 等竞品做产品力与市场评估，当时评估认为 ZenFone 的产品实力足够应对竞争。但红米 Note 推出后，华硕就在 4 月初成立一个评估团队，看看 ZenFone 面对红米 Note 时的竞争力又如何，从外型美学、拍照、屏幕、功能、电量等方面去比较，经过几天后，评估认为在外型、拍照、UI 等方面都有优势，但处理器上，实质性能是好的，但 ZenFone 采用 Intel 的双核双线程处理器，市场观感会不如红米的八核处理器，总体认为在市场上可取得平衡，华硕认为在不管在台湾地区或是大陆，ZenFone 还是有竞争力的，就决定如期推出原先规划的版本，但在发布会前夕，营销团队提出竞争力有风险的意见，到了 4 月 11 日，也就是北京发表会当天决定改变规格来应付竞争，但当时台湾地区已经发布，也展开预购了。

在华硕以往的经验里，不同规格这种事是不会发生的，但是面对强大的竞争，还是得做出改变。因为市场变化快，要应付竞争，就要随时预测前线的变化，用最快的速度调整，除了改变规格，也努力提前出货时间。但决定要改规格后，后续的状况或回应处理得并不好，中间有些处理细节没有掌握好，造成台湾地区消费者心理感受不舒服，是华硕觉得很抱歉的地方。

讨论问题：

1. 从这个事件中，你看到了什么？说说你的看法。
2. 如果你是华硕的 CEO，你会如何处理？

网络营销组合——渠道（Place）

14 CHAPTER

导读：实体渠道也来抢占网购市场

过去几年，网购市场大多数是由虚拟网站独占鳌头，包括雅虎奇摩、PC home 购物网、momo 等，不过 2014 年，越来越多的传统渠道业者，包括星巴克、屈臣氏等零售渠道纷纷抢进，业者想要借由自身的品牌力在网络上延伸销售力，线上与线下都能抢业绩。

以统一星巴克为例，业者宣称台湾地区该门店算是亚洲第一家线上门市，统一星巴克这次大胆抢进，主要是因为统一集团背后的资源支撑着整个物流，约在半年多前就跟美国总部争取，而经过这半年的测试，也得到一些经验，未来除了在 7net 网站、博客来网站销售外，下一步一定会自建购物网站，届时储值卡也可以在网站上消费。

统计星巴克电子商务这半年的资料分析，约有 70%的消费者是女性，而且有 42%的消费者年龄在 30～39 岁，约有 57%的购买者是来自于北部。在购买商品的部分，有 26%是购买咖啡类商品，而有 20%则是购买周边用品，季节性且具有收藏性的商品在网络上都是秒杀，不仅如此，星巴克的线上门店还可购买到国际商品，这对于星巴克迷来说相当具有吸引力。

在竞争激烈的商业环境中，企业若想取得竞争优势，若仅靠营销组合 4P 策略中的产品（product）、价格（price）及促销（promotion）将越来越难，即使能取得优势也极易被模仿，而在短期内被竞争对手赶上。相较于其他 3P 而言，渠道（place）拥有较大的潜能来增加企业的竞争优势，且其所构建的竞争优势也较持久；因为渠道策略是长期的、结构性的，且须奠基于许多相互关系上。

而在网际网络兴起的今天，若从渠道的角度来看网际网络，即：

网络渠道 = 信息渠道 + 营销渠道 + 交易渠道

14-1 营销渠道的基本概念

一、营销渠道的定义

大多数生产者都通过中间商将其产品移转到消费者手中，这些中间商（intermediaries）即组成营销渠道，或称为经销渠道、分销渠道。中间商的存在可使产品或服务的转移流程更顺畅，并可消弭生产者所生产的产品组合与顾客所需求的产品组合之间的差异，此差异主要是来自生产者大量少样生产，而消费者往往是要少量且多样购买。营销渠道是一个结合许多机构且具有组织性的网络系统，以连接生产者和消费者之间的所有活动来完成营销任务。

对某些数字商品而言，其分销渠道可以完全借由网际网络。例如消费者可以在网上直接购买软件，厂商将软件经由网络传送到消费者端的电脑上。

网际网络的初期，许多专家预测网络会消除“营销中间商”，并形成一个无需营销中间商的分销渠道。但相反，实际上在网际网络这个新环境上，却形成了许多新形态的营销中间商。

网络营销人员应从不同的角度来分析营销渠道，以便对其有更多的了解。一般而言，可由三个角度来加以探讨：

1. 中间的种类：

- 批发商：由制造商处取得商品，再转售给零售商。
- 零售商：由批发商处取得商品，再卖给最终消费者。
- 经纪商：经纪商促成买家与卖家之间的交易，但不代表任何一方，其创造了市场，但不具货物的所有权。
- 代理商：一般而言，代理商不是代表买方就是代表卖方，制造商的代理人代表卖方，而采购的代理人代表买方，他们通常并不拥有商品的所有权。他们的存在只是在简化买卖间的交易复杂性。

2. 营销渠道的功能：

- 交易性功能：包括联络买家、营销传播、配合顾客需求推广商品、价格谈判，以及交易处理等。
- 后勤功能：包括交通运输、存货存储、聚集货源、后勤外包等。
- 促合性功能：包括消费者的营销研究以及购买时的资金筹措。

3. 商流、物流、资金流、信息流。

二、营销渠道的形态

渠道结构包括渠道长度（整个渠道流程中，分销商层级的数目）以及渠道广度（每层渠道层级中，分销商的数目），说明如下：

渠道长度

一般而言，若经过的中间商层级越多，则渠道越长；层级越少，则渠道越短。具有中间商的渠道称为长渠道或间接渠道（long or indirect channel），而制造商直接销售给最终消费者的渠道称为短渠道或直接渠道（short or direct channel）。若以渠道层次（channel level）表示渠道长度，可分为下列四种（见图 14-1）：

1. **零级渠道（zero-level channel）：**又称直复营销渠道（direct marketing channel），是由生产者直接销售到最终消费者。如邮购、电话营销、生产者直营店等。
2. **一级渠道（one-level channel）：**通过一个销售中间商，如零售商。
3. **二级渠道（two-level channel）：**包含两个销售中间商，如批发商及零售商。
4. **三级渠道（three-level channel）：**包含三个销售中间商，如批发商、经销商及零售商。

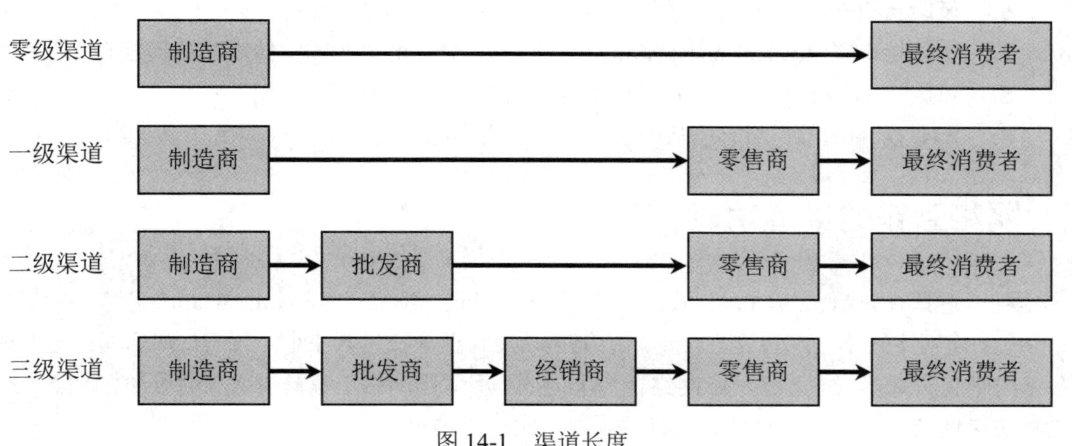

图 14-1　渠道长度

随着渠道层数增加，若要取得最终消费者的信息与掌握渠道控制权，渠道成员将需要投注更多的努力于渠道经营上。

渠道密度

分销范围策略就是密度策略，亦即在同一渠道层次中，渠道成员所选择的合作伙伴数目多寡。渠道结构可分成下列三种：

1. **密集式分销（intensive distribution）：**尽可能利用同一分销层次中所有的中间商，包括零售及批发商都一样，以做到到处有售，使消费者获得最大便利。
2. **选择性分销（selective distribution）：**谨慎选出同一层次的部分分销商作为其经销商，在此策略下，对顾客而言，因非到处有售，故需付出较多时间及费用去采购。
3. **独家分销（exclusive distribution）：**与某中间商协议，在一定范围内，其产品限由一家中间分销商分销，通常这家也会承诺不经销其他竞争品牌。

三、传统营销的渠道功能

专业化经济需要某些中间机构的营销功能来应付服务要求，而完善的营销渠道能够提供较高的服务产出水准，以减少消费者寻找、等待、存储及其他活动的成本。营销渠道将产品从生产者移转到消费者的手中，也填补了两者之间在数量组合、空间、时间的落差，加速信息的流通及所有权的移转。传统营销实体渠道具有下列功能：

1. **信息（information）**：对潜在及现有顾客、竞争者及营销环境中的相关因素，作营销研究信息的收集及传送。
2. **促销（promotion）**：向目标顾客传送有关产品说服性的沟通。
3. **议价（negotiation）**：试着达成在价格及其他条件上的最后协议，以便进行所有权或实物的移转。
4. **下单（ordering）**：营销渠道成员向生产者沟通购买产品的意图。
5. **融资（financing）**：取得并分配资产，使营销渠道中每一中间商的存货皆能达到所需的预定水准。
6. **风险承担（risk taking）**：分担渠道工作中各种可能的风险。
7. **实体持有（physical possession）**：从原料到最终消费者的实体产品的连续存储与移动。
8. **付款（payment）**：消费者通过银行或其他金融机构付款给销售者。
9. **所有权（title）**：所有权从一个组织或一人实际移转至另一人或另一个组织。

四、网络营销的渠道功能

传统渠道具有分销（distribution）、交易（transaction）及沟通（communication）等三种形态的渠道功能，而网络只不过是将这三种形态的渠道功能移至虚拟世界来使用而已。网际网络已经成为一种新的销售渠道形式。若将网际网络视为渠道的一种，则网络应该具有大量且低价的信息、信息传播的快速性及方便性、互动性、交易的媒介、实体分销等特点。

分销功能

所有相关联的组织为了使产品与服务的实体交换更加顺利，提供产品的分类、存货、配额、小量分装及混合包装，而形成所谓的分销渠道。主要的功能是提供消费者需求的产品。网络形式的分销渠道功能不能像传统零售商提供消费者更多的附加价值。不过在数字商品上，例如计算机软件、音乐下载、信息服务等，网络又可说是一个理想的分销渠道。分销功能与厂商所能提供的产品与服务有关，厂商必须拥有固定种类的存货商品才能够满足顾客的需求，也就是必须配合本身对于产品线提供的完整性。

交易功能

网络所具备的交易功能，可以跨越时空的限制，使得原本必须散布在各地甚至各国市场的交易功能，可以利用网络轻易地完成交易。消费者不必为了购买某样产品而亲自到实体商店购买，因此，网络所具备的交易功能是比一般实体商店具有优势的。但是利用网络交易时，消费者会面临到从下单至实际交货间，时间上的落差，更何况网络商店无法亲自检视及感受产品，所以在这方面传统实体渠道的交易功能又显得比网络渠道优异。但是网络可以突破时间与空间的限制，在任何时间与地点均可上网交易，相信是网络渠道在交易功能上最大的便利性。

沟通功能

网络所具备的特性，能够使网络更有效率地传达信息以及促进彼此间的沟通联络。网络能在不增加变动成本的前提下，提供一对一及一对多的沟通方式，使得网络能够更容易接触到各种潜在的购买者，并且产生直接的互动关系。整体来说，网络在沟通功能上具备了下列特性：

1. **人际间的互动性：**通过网络线上聊天室，视频会议等方式，使得人与人之间能跨越距离，彼此有良好的互动性。
2. **人机界面的互动性：**消费者可以随时随地上网查询信息，通过网站的搜索引擎，消费者可以在最短的时间内，接触到世界各地的信息，使得消费者与电脑以及网站的数据库存在互动的情形。
3. **多种沟通模式：**通过网络可以进行一对一的人与计算机媒体沟通的模式，一对多的大众媒体沟通模式及多对多的超媒体计算机环境沟通模式等三种沟通模式；网页内容可以随机出现，以静态或动态的方式呈现，并且针对特定目标顾客播出。
4. **媒体反馈对称性（media feedback symmetry）及同时互动性（temporal synchronicity）：**消费者可以利用关键字找到并下载容量庞大的信息，而消费者利用网络所进行的交易行为的效果，是与在实体商店的效果相同的。

总结以上的结果，可以看出网络渠道功能与一般传统实体商店的渠道功能仍然存在一些差异，如表 14-1 所示，在分销功能上，网络渠道在数字性质的产品的分销服务上较佳，而实体商店渠道则在实体产品的分销服务上较佳；在交易功能上，网络渠道功能具有突破时空界限的便利性，而实体商店渠道则在立即交货与现场服务上有较大的优势；在沟通功能上，网络渠道功能具有多种沟通功能，而一般实体商店则变化比较少。

表 14-1　网络渠道功能与实体商店渠道功能比较表

	网络	实体商店
分销	数字产品分销服务较佳	实体产品分销服务较佳
交易特性	1. 突破时空限制 2. 无法立即交货 3. 消费者不可触摸产品	1. 可以立即交货 2. 可触摸产品 3. 人员协助交易 4. 受地域及时间限制
沟通	多种沟通模式与信息来源，兼具静态与动态的内容、互动性佳	一对一或是一对多的沟通模式

五、传统营销渠道与网络营销渠道

在电子商务冲击下，营销渠道发生了结构性的改变。营销渠道在于执行将产品由生产者移转到消费者之间的工作，必须克服存在于产品、服务与使用者之间的时间、空间及所有权等障碍。营销渠道中的成员执行许多关键性的功能，并参与下列流程：❶信息（information）、❷促销（promotion）、❸接触（contact）、❹配套（matching）、❺协商（negotiation）、❻实体配送（physical distribution）、❼财务融通（financing）、❽承担风险（risk taking）。传统营销渠道的功能与网络可取代的功能比较如表 14-2 所示。

表 14-2 传统营销渠道的功能与网络可取代的功能比较表

功能	传统营销渠道	网络可取代的功能
信息	收集有关营销环境行为和因素的必要营销研究信息，以供规划与促成交易	网络上信息的传递无远弗届，任何信息上传到网络，浏览者便可以一览无遗
促销	发展与传播产品的说服性沟通信息	网络上的促销活动，可以通过网页设计的呈现吸引更多的消费者，并传达商品说服性沟通信息，成本较低，但成效难以衡量
接触	寻找潜在购买者并与之接触沟通	购买者或会员会主动与网站接触沟通
配合	使提供的产品能符合顾客的需求，包括制造、分级、装配及包装等活动	提供的产品也能通过顾客的反应来符合顾客的需求
协商	价格及其他条件上达成最后协定，以推动产品所有权的转移	由于网络上的价格较为一致，消费者较有议价空间，但由于价格透明化容易和竞争者间产生竞相削价的现象，使得市场容易形成完全竞争市场
实体配送	运送及存储产品	网络购物的物流方面，还必须建构良好的配送系统来使网络购物更为便利
财务融通	取得及周转，以供渠道工作的各项成本	由于中间商的减少，存货不会产生滞销于中间商的情形
承担风险	承担完成渠道工作所带来的风险	有商品需求才向供应商订货，渠道的风险幅度降低

在日本，有些消费性商品的渠道层级高达 10 级，以至于末端售价高达生产成本的 5 倍。因此科技进步、上网人口增加及网际网络的应用兴起了一股去中介化（disintermediation）与再中介化（reintermediation）的思潮（见图 14-2），直接模式的网络购物形态兴起，我们称它为线上营销渠道（online marketing chanel），也就是虚拟渠道（virtual channel）。

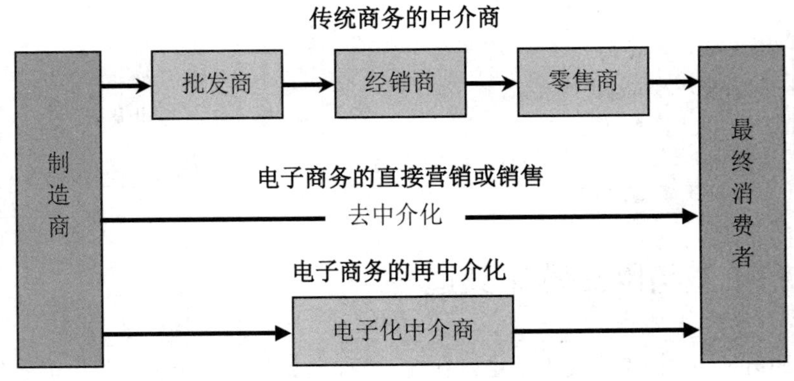

图 14-2 去中介化与再中介化

消费者普遍认为网络购物应该要比较便宜，这让企业在经营上压力非常大。以企业的角度来看，网络购物理论上价格应该要比实体店面更贵，因为其后端物流成本很高。而后端成本之所以高，是因为要提供消费者便利的服务，所以理论上消费者要付更多的钱以购买“便利”。所以在网络上购物应该是更贵而非更便宜。

因为存在这样的矛盾，不断地有企业在思考，有什么商品可以避开定价上的矛盾，简单来说，就是有没有什么商品通过传统渠道销售的成本较高，而通过新渠道（网络+专业第三方物流）来销售成本较低？

问题转换后，可以发现其实只有虚拟商品，例如数字音乐、数字电影、数字电视、电子书、线上游戏、线上服务等才有可能，否则就得专注于极为利基的商品或市场。经过这些年的泡沫化，对 B2C 电子商务的看法已经越来越清晰，显然将网络当作是一种新兴媒体，倒不如说网络是新兴渠道，这可从当所有入口网站拼命降低广告营收的比例时，可看出其“非媒体化”的趋势。

为了帮助理解，可将数字渠道简单类比传统渠道的几种角色：市集、店面及路边摊。

1. **数字市集：**数字市集是网络人潮聚集的地方，可能是一般市集，例如入口网站；也可能是电子市集，例如 eBay 之类的拍卖市集。如果是消费性商品，企业可以直接在市场里开个店面，在市集里直接与顾客交易。当然，企业必须为此付出店面租金或佣金。
2. **数字店面：**网络店面是企业独立经营的电子商务网站。其主要靠赚取买卖商品本身的差价当作利润。这类似传统卖场，只不过它的销售量与真正的卖场还是有所差别。一般而言，这些电子商务网站的营业额通常不易达到一间传统店面的营业额。
3. **数字路边摊：**也就是网络上的个体户，这些个体户通过门户网站或竞价网站进行销售赚取利润。一般来言，个体户的规模都不大，因为缺乏营销资源，所以大多只能在人潮众多的数字市集中摆个小摊子，做做小生意，就像在夜市摆摊一样。

以某种角度来看，数字渠道的现况与实体渠道差异不大，而所谓的电子商务，就是市集、店面、路边摊这些角色的综合体。

六、关于网络销售渠道的误区

一般人会以为网络销售渠道，最直接面对消费者，这是一个误区，因为其实网络销售的渠道链非常长。根据人类记忆理论，一般人只能记住 7±2 个网址，您的企业网址会是那数千万网址中，常被人们记忆的那 7 个吗？我想可能很难！

从流量统计报表来看，不少企业网站的浏览人数并不多，甚至很少破千，因此有人想到网网相连可提高网站流量，希望把其他网站的人流量引导到自己的网站上，这是网站策略联盟的开始，但除非对方的网站流量真得很大，而其他的浏览者对自己企业的商品或服务也有兴趣，才能把人潮导引到自己企业的网站，否则效果不彰，问题是对方如果流量很大，那为什么要与流量小的企业网站交换链接？其次，不断超链接的结果，消费者可能会迷失在网海之中，这可比传统上三阶或四阶渠道更严重，“信息渠道”经过了太多层，更别说还要加上产品渠道，如此完全背离了缩短企业与消费者距离的理想。

七、配送与退货

发展电子商务网站，尤其是购物网站时，配送是最大的问题，必须要注意顾客“接触点”的问题，这里所谓的“接触点”就是渠道。企业若想追求渠道品质，就必须改善现有供应链的松散与昂贵之处。换句话说，网络营销渠道与传统营销渠道都必须朝渠道扁平化——缩短渠道来努力，渠道进化已成为企业成功与否的关键。目前常见的网络订货的分销渠道有：

1. 网络订货，送货到家。
2. 网络订货，到店自取。
3. 网络订货，到日常必经之地取货，如车站、杂货店等。
4. 网络订货，到店选购。

八、电子商务对营销渠道的影响

在电子商务环境中，网络营销渠道承担着企业越来越多的竞争压力，在服务成为企业竞争王牌的情况下，网络营销渠道对企业的发展几乎起到了决定性作用。在电子商务的影响下，网络营销渠道的创新主要表现在以下几个方面：

1. **渠道模式的创新——虚拟渠道的兴起：**电子商务产生了虚拟渠道，虚拟渠道与实体渠道一起促生了渠道模式的创新。电子商务使数字化产品、产品信息、交易过程、物流信息、客户服务等可以通过电子商务网络传播，它们共同构成了虚拟渠道的实际内容。在大多数情况下，虚拟渠道并不能完全脱离实体渠道的功能独立运行，而是对实体渠道起到优化、改善、相互促进、相互协调和提高渠道服务水准的作用。网络商店通过网络销售产品，然后通过物流配送将产品送达顾客手中，便是渠道模式的创新表现。而今各个行业的企业根据自己的产品特点、渠道基础、电子商务应用水准和行业约束条件等形成了各具特色的新渠道模式。例如实际物质产品的网上零售、网上批发、网上拍卖、网上交易市场和网上客户服务等；软件、图书、音乐等可数字化产品的“纯”虚拟渠道；金融市场中金融产品及其衍生产品，通过网络交易平台的流动、各种证券交易等。
2. **电子商务使渠道扁平化成为可能：**在传统的渠道中，沟通、记录、传递和满足个别客户的个性化需求，以及大量定制化产品和服务传递过程的实现十分复杂，企业很难将有限资源投入到全面、大规模的市场推广中，因此需要借助渠道中间环节的资源，实现市场推广的目的。电子商务产生后，使客户关系的个性化管理成为可能，企业资源的利用效率和效能也大为提高，为了扩大企业的利益空间，企业通常通过减少渠道环节降低渠道成本，加强客户沟通与提高服务水准，使渠道的扁平化具有实际经济意义。
3. **电子商务促使了渠道链资源优化整合，有助于稳定、紧密的渠道关系的形成：**在传统的渠道链上，各环节彼此信息封闭，为了自身利益的最大化，与上下游之间的利益争夺较为激烈，彼此关系的基础倾向于互不信任，渠道运行不稳定。电子商务使渠道各环节的信息搜集、分析能力增强，同时为了快速回应竞争压力，渠道环节不得不改变过去的观念，由相互提防转而彼此协同运作，力求双赢和多赢的结果。在此基础上，渠道利用电子商务手段，整合业务流程、信息资源、人员协同过程，共享渠道设施、设备，形成稳固且富有竞争力的渠道链，进而实现与整个供应链的集成。
4. **个性化产品和服务的提供，是在电子商务环境中最能令人感触得到的网络营销渠道创新：**产品和服务的个性化包括产品本身的个性化（形状、外观、重量、体积、功能等）和服务过程的个性化（包装、再加工、传递时间、交付的即时性等）。电子商务对个性化或定制化的贡献在于畅通的客户沟通，个性化需求信息的搜集、处理，个性化产品生产、形成的过程，传递过程的控制、追踪等，而为支持这一策略所进行的资源整合、业务过程重组，仍然离不开电子商务的新渠道支持。

5 **服务的快速回应优势逐步取代了产品的品质、价格、成本等优势，成为企业市场竞争的焦点**：在电子商务的作用下，服务的快速回应所依赖的市场敏感性增强，即企业直接从最终市场获取客户实际需求信息，并对其做出快速回应的能力大为增强；服务运作可视化增强，渠道链各环节可以对自己、上下游环节乃至最终用户的活动、资源状况、客户订单和处理进度了如指掌；而为灵活适应生存环境所建立的弹性化组织、虚拟组织、动态策略联盟等都是建立在电子商务基础之上，企业间紧密协同运作，实行信息共享与交换，共同管理订单，实现优势互补，以快速回应客户需求。

6. **企业借由网络开展网络营销活动的创新形式和手段不断增多**：例如网络广告形式（横幅广告、按钮广告、文字广告、弹出广告、flash 广告等）、搜索引擎营销（一般搜索、固定排名、竞价排名等）、网络公关、网络互动传媒、E-mail 网络营销等，使企业在营销信息发布、渠道支持、用户互动、效果监测方面的能力增强，网络营销效率和效果获得显著提高。

7. **电子商务使网络营销渠道更易管理与控制**：在电子商务环境下，产品组合、搭售的表现力更强，产品展示效果更能对客户形成吸引；会员制、积分制促销突破了传统商场、超市一次性交易的局限性，会员规模更加扩大，积分规则的制订更加灵活，积分计算和查询更加方便，数字产品和实物产品搭配极大丰富了奖品种类；促销活动的设置、调整更加容易；对客户的意见、客户的反应、促销过程的分析、实际销售数量等促销效果的监测更加具有可见性和可操作性；对渠道环节的销售奖励、信用评价、折扣制订与调整等更加具有可控性、即时性，便于渠道的管理和控制。

当然，电子商务对网络营销渠道的影响并非仅有上述几项，随着渠道经营者通过电子商务应用获得丰厚收益，渠道创新将表现出更加丰富多彩的内容。

14-2 网络营销渠道功能的建立

网络渠道功能的建立必须符合消费者的需求，说明如下。

一、产品信息功能的建立

由于超链接的功能，网络链接的信息数量很多，也可通过互动特性找寻专家或使用者，因此消费者利用网络搜索成本很低，而且在网络上容易达到比价的目的。资料显示，已经有越来越多的新车买主利用网络查找汽车相关信息。

二、建立品牌

品牌其实是商品品质的代表，但是在网际网络发展之际，潜在竞争者的进入障碍低，会导致新产品、新品牌及新的电子商店不断地出现，再加上网际网络的搜寻成本相当低，消费者对产品品牌喜好的转换成本会相当低，转换速度也很快。因此，网络上所销售产品的品质保证，将有助于消费者购买行为的发生，尤其是同质化的产品或是替代性高的商品，产品品牌将成为品质保证的最佳标志，同时也是消费者购物的重要参考指标。当产品的品牌形象建立良好，通过网际网络可无远弗届地传播，更能增加品牌全球化的效果，其所拥有的市场商机，将是全球各地的消费者。相对地，新商品想进入网络市场，打响新品牌知名度是有其困难性的，除非该产品拥有进入新市场的优势，其成功的机会比较大。品牌形象强者会增强网络消费者的购买意愿，因此在网络购买产品的消费者非常重视品牌所提供的保障。

三、建立完整产品线

产品属性中，最常被提及的是商品特征，例如商品种类、商品选择性、商品样式、商品时髦性、商品品牌及商品齐全性。网络上所销售的商品基本上与一般传统渠道所销售的商品差异不大，最重要的是网络渠道所销售的商品是否能够符合消费者的需求。

营销组合中最重要的因素是产品。一个企业的产品组合，应该具有某一广度、深度和一致性。广度是指企业内有多少条不同的产品线，深度是指一个产品线所提供的平均产品项目。

四、网络产品的合理定价

网络商店与一般传统商店的不同，在于产品的呈现是虚拟的或实体物品。对消费者来说，选择网络购物，顾客除了应支付产品本身的价格外，还须支付运费，而网络所销售的商品，倘若不比市场商品价格便宜，则很难吸引消费者网络购买的兴趣。就网络商店而言，网络销售商品能比市面商品价格还低廉，在于大量贩售，获取规模报酬经济利益。亦即网络开设虚拟商店，相较于传统商店和无店铺营销，并没有店面成本、邮资、电话、电视广告及人员等费用，故网络销售的产品大都具有成本优势，可提供较具竞争力的价格，从而提升消费者改变购买渠道的意愿。根据购物网站的消费者行为调查，无论有或者无网络购物经验，对消费者来说，价格高低常常是决定个人选择网络购物的重要因素。网络购物意愿较高的消费者，其价格知觉较高，所以显示了在网络进行购物的消费者非常重视价格。

五、实体商品配送

消费者从完成订购货物的手续，一直到获得商品时，其所须等待的期间若是太长，或是交货时间发生延迟，将会导致消费者选择网上购物的几率大幅降低，即表示实体商品的运送速度，每每左右消费者对商品购物渠道的选择。因为当消费者完成订货手续时，会迫不及待想收到商品。网络消费者购物行为的调查，发现网站对于消费者订购的商品，如能快速且准确送达目的地，必能获取更多消费者选择电子商务的购买途径。譬如：Amazon 网络书店对于商品运送速度的保证，是构成消费者愿意继续在该网站进行购买行为的重要因素，也间接了强化消费者对该网站品牌忠诚度的提升。

14-3　影响渠道发展的因素

制定渠道策略最好是从分析最终购买者的需求开始，这样可以使渠道纳入整体营销方案的规划。影响渠道发展的因素很多，包括消费者的特性、产品特性、企业本身的特性、中间商的特性及外在环境，如图 14-3 所示。

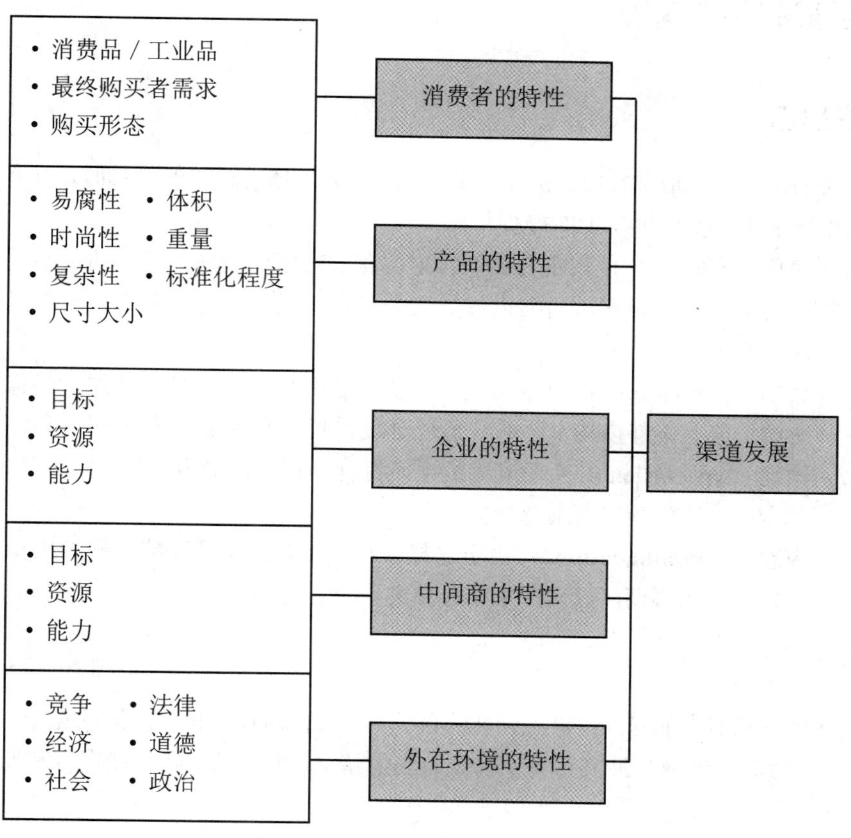

图 14-3　影响渠道发展的因素

14-4　渠道冲突

一、渠道冲突的定义

当某渠道成员感知到其他渠道成员妨碍其达成自身目标或经营绩效，即产生渠道冲突。渠道组织因为利益追求与经营考虑的不同，而会与其他成员发生渠道关系上的冲突。因此，渠道冲突可视为渠道关系中，因为预期与实际结果不一致，或其他渠道成员妨碍自身达成目标与绩效，因而引发双方的紧张关系或挫折感。

传统认为所有冲突都是不好的，组织必须尽可能避免冲突的发生，不过，有些学者并不同意这样的看法。有的学者将冲突区分为功能性冲突与非功能性冲突，认为功能性冲突可以刺激渠道成员修正原本欠佳的渠道行为与活动，提升渠道绩效。因此，渠道冲突不见得会对渠道结构产生负面影响，功能性的渠道冲突反而可活化渠道成员间的关系，增进渠道成员的工作效率，产生更好的渠道品质。

二、渠道冲突的成因

态度层面

态度层面是指渠道成员接收、执行与渠道结构、渠道环境相关的信息时，双方因为认知上的差异与沟通不良，所引发出情感上的挫折与仇恨。

1. **角色（role）**：角色规定占据某特定位置的渠道成员的行为。角色不同，渠道成员的权力与义务也不相同。当渠道成员认为其角色受到侵害，或其他成员对其要求过多时，就会产生渠道冲突。
2. **认知（perception）**：自身态度与价值观会影响渠道成员的认知，当渠道成员的认知不协调，或在某件事物上的看法出现分歧，则会产生渠道冲突。
3. **预期（expectation）**：当渠道成员预期将有不利于己的事情发生，而预先采取报复行动，就会引发原先预期的渠道冲突。
4. **沟通（communication）**：由于选择性认知与缺乏沟通网络，导致渠道成员间无法充分了解与互相协调，因而产生渠道冲突。

结构层面

渠道成员在利益上的对立，包含分歧的目标、寻求自治权与稀少资源的竞争，都会产生行为上的渠道冲突。此时渠道成员冲突行为不只反映在情绪上，更会以实际行动伤害其他渠道成员来表达其不满。

1. **分歧的目标**：当两个组织的成员必须在某些事情上合作，却无法达成共识或进行合作，则会产生目标上的冲突。
2. **寻求自治权**：当特定渠道成员想要控制某些活动，而另一个成员认为这些活动属于自身的内部统治权，或想逃避对方的控制，则两者间就会产生自治权上的冲突。
3. **稀少资源的竞争**：当渠道中的资源分配无法满足渠道中的所有成员，渠道成员间容易因为资源分配不均而产生渠道冲突。

三、渠道冲突的过程

渠道冲突不是静态的过程，也不表示当渠道成员之间一出现不同想法或做法，就会引发渠道冲突。渠道冲突是动态的程序，经过一连串不同阶段的渠道冲突，最后以冲突余波结束。冲突的起使与结束可分为三个阶段：

1. 第一阶段是冲突的起始期，此时渠道成员刚刚察觉到彼此在态度上的冲突。
2. 第二阶段则出现明显的行为冲突，此时双方的渠道冲突是显而易见的，以实际行动表现彼此的不满或仇恨。
3. 第三个阶段则是冲突结果显现期，此时可看出渠道冲突对渠道成员所造成的影响。

研究显示，态度上的因素较易引发态度上的冲突；而结构上的因素，则较易引发外显的行为冲突。不过，态度因素是引发渠道冲突的主要因素。

四、渠道冲突的类型

渠道冲突类型可分为水平冲突、业态间的冲突与垂直冲突 3 大类：

1. **水平式冲突（horizontal conflict）**：是指同一渠道层级中，经营相同业务范围的同类型中间商，因为彼此竞争所引发的冲突。
2. **业态间冲突（intertype conflict）**：是指同渠道中位于相同渠道层级的不同类型的中间商，因为彼此间的竞争所引发的冲突。
3. **垂直式冲突（vertical conflict）**：则是指同渠道中位于不同渠道层级的渠道成员彼此之间的冲突，发生在上下游成员之间的冲突。

五、渠道权力与渠道冲突

研究发现控制资产特殊性、拥有渠道权力的渠道成员，可要求被控制成员顺从其要求或命令，容易引发渠道成员间的紧张气氛，因而引发渠道成员间的冲突。资源依赖增加渠道权力，因为不同的资源能力会促使权力不平衡，导致潜在冲突。因此，渠道权力越大越容易引发渠道冲突。

六、渠道依存度与渠道冲突

因为依靠被依赖成员所提供的资产特殊性投资来达成目标，所以依赖成员会服从被依赖成员的要求与决策，以减少渠道冲突的发生，导致资源依赖的关系受影响。因此，当渠道成员间的依存度提高，则依赖成员会因为依赖资源提供者的资源与资产特殊性投资，所以会尽量避免交易双方发生渠道冲突，以免破坏资源交换的关系。

七、渠道冲突的解决

网际网络使得某些现有分销渠道与某些销售技术变得落伍，在这种情况下，便容易产生渠道冲突。因现有的销售力量和经销商，并不乐见他们的收入流向新的渠道，因而会很激烈地反对那些新的渠道。但当旧的渠道中间商拥有较大的渠道权力时，将会利用其权力使渠道结构不改变，于是便成为实体企业在进入电子商务的一个阻碍。学者提出了以下解决渠道冲突的方法：

1. 网络上的定价不低于其他渠道伙伴的零售价。
2. 在网络上的订单转向渠道伙伴去履行。
3. 在网络上只提供产品信息，而不接受线上订购。

4. 在网络上推销它的渠道伙伴。
5. 鼓励渠道伙伴在它的网络上做广告。
6. 在网络上对于所提供产品的订购作限制。
7. 在网络上对于所提供的产品，使用独特的品牌名称。
8. 在网络上提供产品，于较早的需求生命周期。
9. 更有效地沟通协调所有内在的（外在的）配送策略，供应商将感受到较低的内部（外部）渠道冲突。
10. 更有效地沟通所有内在的（外在的）配送策略，供应商将感受到较大的内在的（外在的）渠道协调。
11. 使用更高的内在的（外在的）目标，供应商将感受到较低的内部（外部）渠道冲突。

14-5 网络营销的渠道策略

一、网络营销渠道策略

网络营销者在分销策略方面有两种选择：由制造商直接销售、由制造商通过其网络中间商进行分销。

由制造商直接销售

由制造商直接销售是指制造商通过网络直接销售产品，形成一对一的市场。网络技术的发展，使遍布全球的网络直接连接到每一位最终消费者，制造商也可以直接销售无需中间商的参与。目前，越来越多的生产者建立了自己的网站直接面对最终消费者销售产品。一对一市场和销售的基本重点是：必须消除用一种形式对待所有顾客的思想，使产品和服务适合不同的需要。

然而，并不是所有的制造商都适合采用自己建立的网站进行直接销售，一个企业在决定是否自建网络进行直接销售时必须认真考虑企业本身的市场优势和产品的品牌知名度。如果一个企业能在本业内处于领导地位，并具有很高的品牌知名度，那么，建立自己的网站并进行营销活动，将是十分合理的选择。例如：戴尔电脑（Dell）与思科公司（Cisco）。

由于越来越多的企业在网络上建立网站，从而降低了市场的群聚效应。面对大量且分散的网站名称，网络消费者很难有耐心一个一个地去浏览一般中小企业的网站，特别是一些不知名的中小型企业网站。企业自建网站限制了网络消费者自由选择的权利。另外，企业自己建立网站并进行有效管理需要花费一笔不小的资金，除了在网络基础设备上的投资外，网站的推广费用也是一笔相当高的费用，这并不是每家企业都有财力负担与有能力建立的。因此，对于大多数中小型企业，自己建立网站从事营销活动并不是一个理想的选择。

由制造商通过其网络中间商进行分销

为克服网络直销的缺点，通过网络中间商进行网络间接销售对许多企业，特别是一些缺乏足够的市场优势和品牌知名度的中小企业，可能是一种较好的选择。网络上的中间商又称“网络中间商”。与传统中间商一样，他们不但具有连接制造商和消费者的桥梁作用，同样发挥着帮助消费者进行购买决策和满足需求的作用，帮助制造商掌握产品销售状况，降低生产者为达成与消费者交易的成本费用。

传统的零售商及分销渠道成员并不欢迎网络营销，因此常会与网络营销者发生渠道冲突。这种现象会造成许多严重的问题。即使网际网络的成长十分快速，但如果完全放弃既有的渠道是风险极高的。但企业又不应忽略网络营销所带来的机会和利益。因此双重分销策略也许是目前最好的分销方式。

二、网络商店配送服务规划

现今电子商务的发展已经逐渐改变了消费者的购物行为，在网际网络发展的初期，消费者有购买需求时，特别是信息涉入程度较高的产品，如 3C（电脑 computer、通信 communication、消费性电子 consumer electronic）产品，通常会利用网络进行信息搜集比较分析之后，基于安心与后续服务等考虑，最后选择到实体商店购买；但随着网络商店的发展成熟，消费者开始在价格与方便性（随时下单、直送到家）的考虑下反其道而行，在实体商店了解与体验实体商品，然后回到网络商店下单。

然而这样的转变关键在于消费者对下单后取得商品的忍受时间有多长，因为网络商店再如何先进，也不能免除物流出货的部分，暂且不论商品品质问题（有些商品本身就较少有品质差异的问题（如书籍等）以及品牌保证），它与实体商店当场验货、取货的情况就有天壤之别，因此 B2C 物流服务的水准就成了现阶段左右实体商品型网络商店发展的关键。本文提出一些简单观点，作为网络商店物流服务规划时的参考。

物流处理总时间

成功的网络商店经营是以消费者角度来思考，同样网络商店的物流服务也应由此出发，然而这是现阶段许多网络商店，甚至是知名的大型网络商店所忽视的。消费者所认知的物流处理时间是下单后取得商品所需的总时间，与网络商店所认知的仅物流配送部分的时间截然不同。

一般网络商店在接收网络订单后，尚需进行订单前置作业——付款确认 / 信用查核、转单 / 再下订，再进行物流作业——拣货 / 包装、配送出货 / 到店取货等多项作业，如图 14-4 所示。而且这些作业除配送公司出货可以在周末进行外，其他部分均在星期一到星期五的工作日执行，所以如果消费者的订单不幸没有在周末前完成则必须等待周末假期的时间，所以有心经营的网络商店应致力于订单处理总时间的缩短而非仅就部分作业时间进行改善。

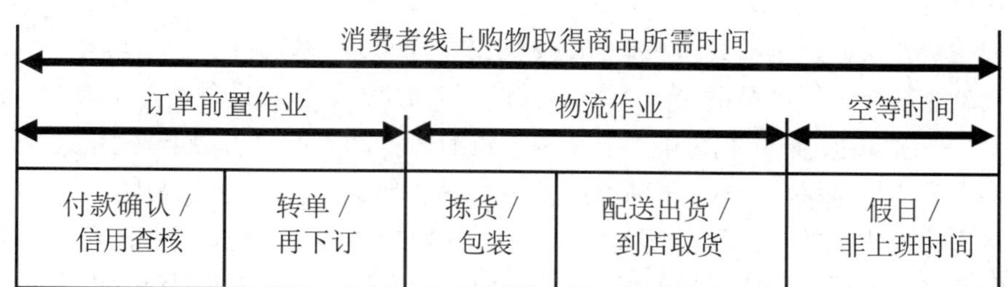

图 14-4　消费者下订单至取得商品所需订单处理作业

资料来源：魏志强（2004）

一般而言，消费者所认为下订单到货的时间，隔天到是最完美的，但他也知道不可能，所以可以接受 3 天左右的到货时间，5 天是一个临界点，但会觉得很久，而 7 天以上似乎很少人能忍受，除非消费者对该商品并不在乎（金额低且品质差异不大，仅是有趣的商品），或者商品抢手须预订等特殊状况，如情人节商品预订等。

在总订单处理作业中，现行配送公司都已经做到大部分城市隔日到货的服务，而且甚至可以达到市区内数小时到货的服务，而便利店的到店取货，对店配送也是每日一配，所以在配送出货、到店取货方面问题并不大；转单、再下订及拣货、包装部分则受限于整个物流处理运作模式，大多需半天到一天的时间，与批量处理和截单时间有很大的关系，必须在物流模式上做调整才可能改进；付款确认、信用查核则相对有较大的改进空间，付款确认部分，虽 ATM 转账均隔日内可完成确认，而以系统与银行连接的方式更可在消费者完成转账的数分钟内完成，但现今信用卡付款的方式，不少商家担心伪卡与消费者拒付的情况，所以宁可采取严格的信用查核以及通过收单银行的再次检查，因此至少需要两天左右的时间，造成不少的延误。

加强信息系统的整合、善用周末的时间进行送货，以及顾客信用分级都是可能的做法，业者应不断思考缩短物流处理总时间的可能。

物流作业模式

现行网络商店有买断囤货、转单供应商及按订单量进货再出货等 3 种物流作业模式，它们有不同的处理速度、库存成本以及服务品质的风险。买断囤货是最简单而普遍的作业模式（如图 14-5 所示），网络商店可能本身就是实体环境的供应商、批发商，或自行批货网上经营，故以批货的方式取得较佳的产品价格再销售给消费者。运作上，消费者下订后就直接进行拣货再出货给消费者，因此具有快速出货、高服务品质的优势，但也面临库存无法出清等相关成本风险的可能。

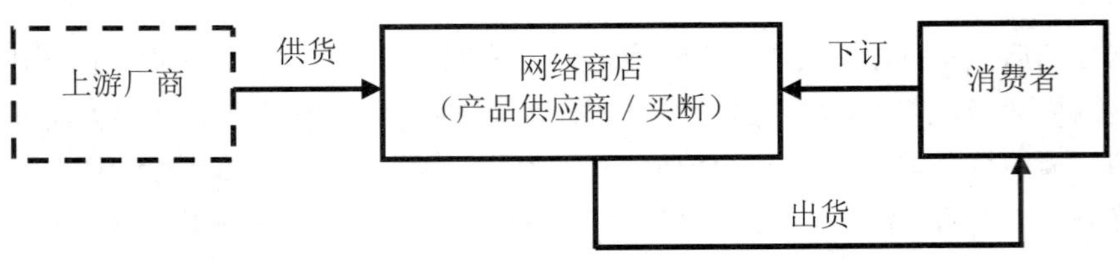

图 14-5 买断囤货物流作业模式

资料来源：修改自魏志强（2004）

转单供应商物流作业模式是大型纯网络商店所发展出的模式（如图 14-6 所示），网络商店挟带大量客群已然成为大型的虚拟渠道，为避免物流部分的投入成本，故运用其信息能力自动化转单给供应商是最佳的经营策略，包括 PChome Online 购物、Yahoo 奇摩购物都采取此模式。运作上，网络商店接单后就直接转单给产品供应商，由供应商以其物流方式直接出货给消费者，故全然没有库存的可能风险，通过自动化转单仍可能具有快速出货的优势，但服务的品质与稳定性反而是最大的风险，当然网络商店也可采取合约和限制物流公司出货的方式来控制出货品质。

按订单量进货再出货的物流作业模式最为特殊，少数实体零售渠道，或者拥有物流能力并具强大议价能力的业者，可采取此物流作业模式（如图 14-7 所示），故相对较少见到此模式。运作上，消费者向网络商店下订后，网络商店会集结订单再下单给产品供应商，产品供应商出货到网络商店的物流仓库后，网络商店再进行拣货包装与出货，故在服务品质以及库存成本控制上具有优势，但出货速度上则相对劣势，当然网络商店可采取付款查核与再下订同步进行的方式来缩短可能的时间，并且在大量且单一订单多品项的情况下取得服务的优势。

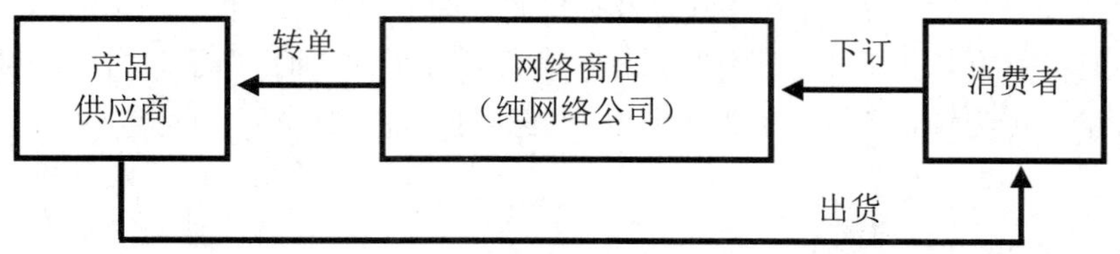

图 14-6　转单供应商物流作业模式
资料来源：修改自魏志强（2004）

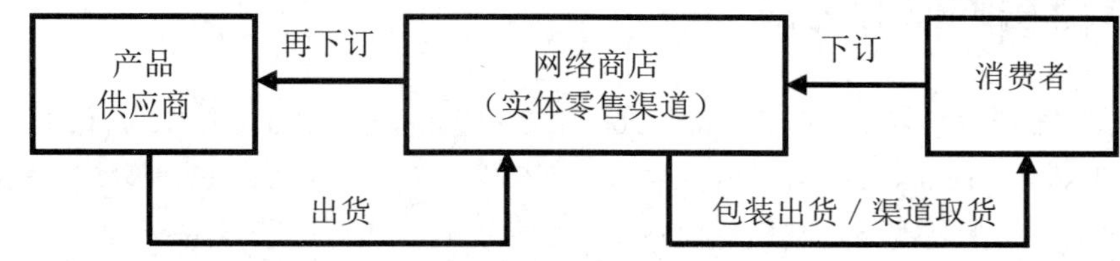

图 14-7　按订单量进货再出货物流作业模式
资料来源：修改自魏志强（2004）

在物流作业模式的选择与规划上，出货速度固然重要，但稳定的服务品质却更为关键，如到货的时间必须维持一定的水准，不能突然很快或很慢，反而不能给予消费者好的印象。

提供完善的信息

或许不少网络商店受限于既定的物流作业模式，无法在短时间内大幅缩短物流处理总时间，但可通过完善信息的提供，来改善消费者对处理总时间的认知，更可提升服务品质。因为消费者对物流处理总时间的看法是一项“认知”，不见得是处理时间的真正改善，如果消费者预期 5 天才到的货，4 天到了则觉得不错，3 天到了则非常惊奇，当然稳定的服务品质是让消费者的认知与实际的落差越小越好，不见得是越快越好。

完善信息的提供并不是提供消费者查询的接口，不少中大型网络都已经提供这样的服务，但仅提供“处理中”“已出货”以及“货送达”等简单的信息，对消费者的帮助相当有限。消费者真正所需要的是一种能预期处理时间的信息，以及即时的确认与通知，如预先告知可能的处理时间，并在处理的每一阶段告知情况，特别是出货时的通知，可准确预估到货时间，缩短认知与实际间的落差。

例如，全球最大的网络书店 Amazon 就做得相当不错，会针对每一项商品的库存状况标示可能的出货时间，如“24 小时之内”，再者，如有选购多项不同处理时间的商品还可选择先出货或一起出货，此外，Amazon 也公布了全球各区域的货运所需时间及费用，并以 E-mail 即时告知出货的相关信息。

毕竟网络商店既没有面对面的服务，也不像电话般可听到顾客的声音，要想获得消费者的青睐，就必须借由更充足而且正确的信息来达成，除订单的确认外，也应提供预估的处理和送货时间，以及真正出货时的即时通知，当然能提供消费者选择的机会将更为完美。

购物型网络商店相对于实体环境的购物商店在本质上已经具有便宜与便利的优势，但却不可避免较长的物流处理时间，何况大部分的网络商店是采取消费者先付款再出货的方式运行，很容易让消费者产生不安与焦虑而放弃购买，因此如何建立让消费者信赖的物流服务，便成了经营的关键。我们建议从物流处理总时间、物流作业模式以及提供完善的信息等三个观点来思考，虽然仍不能免除物流的作业，但相关的努力却可提升消费者对网络商店的信心，而更乐于购物，甚至可以成为网络商店本身的经营特色与竞争关键，值得企业投入更多的精力与努力。

14-6　全渠道零售

一、全渠道零售的概念起源

斯隆管理学院布伦乔尔森（Erik Brynjolfsson）等 3 位教授，在 2011 年 12 月份的《麻省-斯隆管理评论》（MIT sloan management review）中提出“全渠道”（omni channel）零售的概念，用以探讨在网络购物日益发达的情况下，传统零售业者正面临存亡危机。他们认为：“实体店面与网络店面之间的界线将会逐渐消失，世界变成一个没有隔墙的展示间”。传统零售业者拥有网络业者没有的实体店面，应通过结合数字与实体体验，并以“全渠道”服务顾客，才有机会反败为胜。全渠道零售的概念包含以下几个特点：

1. **多元渠道销售：**消费者可通过网络、电话、实体商店或虚拟商店、纸本型录或线上型录等多种方式向同一家企业购买商品。
2. **社交式购物（social shopping）：**消费者在购买决策过程中会以社群媒体来收集商品信息、表达或交换意见，进行社交式购物。
3. **消费者的购买决策模式与传统方式有所不同：**消费需求产生、信息搜集、商品评估与购买等将可在多元渠道中交错、激荡或反复，不会只专注在单一渠道。企业必须同时管理所有与潜在顾客互动的接触点，让他们有一致且满意的消费体验。
4. **消费者的基本需求并没有太大改变：**这也是最重要的一点，消费者的基本需求其实没有太大改变，只是变得更严苛、更难以满足，也变得更没有品牌忠诚度。

二、全渠道零售的定义

所谓全渠道零售（omni channel retailing）是指零售业者将能通过多元渠道与顾客互动，包括网站、实体商店、摊位、线上型录与纸本型录、客服中心、社群媒体、移动设备、游戏主机、电视、联网家电及上门服务等。传统零售商必须彻底更新观点，以便将各种多元渠道，整合成天衣无缝的全渠道体验，否则很可能将被时代淘汰。

三、全渠道零售的策略

进入全渠道零售时代，零售业有以下七项制胜策略：

1. **提供用心整理过的线上内容与令人心动的价格：**以亚马逊网站为例。网友会从亚马逊买东西，除了因为价格较低；也因为亚马逊网站用心整理商品的线上内容，整齐、系统地以顾客想要的方式呈现。这些做法简化了消费者的购买决策，让消费者不会迷失在商品的海洋中。

2. **利用数据与分析的威力：**进入全渠道零售时代，将面临数据量爆炸，零售业有机会更加了解顾客的购买行为，并直接与他们互动。因此，现在零售业面临的不是搜集不到想要的资料，而是有没有能力汇整多种来源的资料，进行特定地点与时间的分析与营销。例如根据消费者的购买纪录，寄给他一份专属的移动广告。
3. **应避免直接比价：**全渠道零售时代，消费者非常容易进行线上比价。零售业要想避开低价竞争，可以技巧性地把多个商品包装成组合进行销售，亦即进行多元搭售应用，增加消费者直接进行单一商品比价的难度。当然也可以借由推出“独家版”商品，降低直接比价的竞争压力。
4. **增加销售小众商品或冷门商品：**网络上销售小众商品或冷门商品较占优势，因为实体店面销售这些商品不符成本。过去，若顾客要到店面购买介于热卖型与小众型之间的商品，因为难以预期到底买不买得到，很花时间。现在，因为可以随时上网查询，使得购买这种介于中间地带的商品容易得多。零售商可以增加销售这一类的商品。
5. **不只重视商品本身，更要重视商品信息：**现在消费者可以从一个渠道了解商品（例如百货公司），从另一个渠道（例如团购网站）购买商品，因此企业应该整合商品信息，在多元渠道（包括网站、实体商店或虚拟商店、摊位、纸本型录或线上型录、客服中心、社群媒体、移动设备、游戏主机、电视、联网家电及上门服务等）上分享，吸引喜欢跨渠道购物的消费者。如果企业不同渠道的商品信息混淆，甚至互相冲突，将会引起消费者不满。
6. **筑高转换成本（switching costs），以削弱对手的竞争力：**所谓转换成本是指消费者从购买甲品牌转换到购买乙品牌时，所需付出的代价。当转换成本越高，消费者越不会转购其他品牌。因此企业应设法提高转换成本，以降低消费者投奔敌营的可能性。例如：提供一些竞争对手没有，而消费者内心又想要的服务。
7. **拥抱竞争：**在搜寻容易、透明度大增的全渠道零售时代，唯有提供更好的产品或更佳的服务才能胜出。若企业刻意避开产品或服务本身的正面竞争，即便成功也是短暂的。只有把产品、服务与价格等各方面都做得更好，才是长久之计。

四、全渠道零售与 O2O 结合

随着网络越来越普及，网络消费者的习性也渐渐发生改变，现今网络消费者会先到实体商店中体验商品，然后再到价格较低的网络商店购买，让实体商店俨然成了“展示中心”或“试衣间”，逛的人可能很多，但实际付费的人却渐渐减少。未来唯有能进行 O2O（Online to Offline）线上线下虚实多元渠道整合，并能满足消费者内心真实需求的企业才能胜出。

消费者的基本需求并没有太大改变，消费者仍要求商品品质要好，但价格要低、服务要好、安心、方便、速度快等，网络给予他们强大的力量，激发他们精明购物的潜能。因此，当消费者在实体商店看上某商品时，他会想上网买更便宜的同样商品。当上网买商品时，他又希望能立刻拿到。消费者总是希望通过科技与信息去让生活与购物更满意，现在他们有更多的选择，但又提出了更高的要求。

网络世界虽然可以轻易地比较价格，并浏览庞大的商品信息，消费者却难以体验商品的实际使用感受。再便利的网络购物机制，有时也很难让消费者安心作出最后的购买决策。而实体店面若未能跟上网络时代，善用自身优势创造出独特利基，最终也将被“展场化”的潮流吞没。

全渠道零售的真正精神是让“商品信息”透明，快速流通，并让顾客更满意、更安心。例如：实体商店主动在店内提供上网设备，让消费者能立刻现场比价，并能查询网友对此商品的评价与网络上详细的商品信息，如此就能兼备虚实商店的优势，让消费者快速买单。O2O 虚实整合趋势不可挡，企业必须快速转型，未来唯有虚实整合者才能成功。虚实整合是为了满足消费者的需求，数字转型必须从这个核心点出发。

五、虚实渠道整合创造独特顾客体验

过去，零售过程是线性的，产品从企业内部的设计、开发，到包装、营销、广告、销售，每个环节都可由企业单方面周密规划，操纵消费者的购买偏好。如今，零售业的销售过程是以消费者的内心需求为中心；移动设备和网络的普及让消费者拥有随时可取用、比较的信息和即时进行交易的平台，而社交网络发达则提高消费者的自主权与影响力，促使企业须提供更好的服务及更优质的产品。

借由“智能零售”进行虚实多元渠道整合，并进而创造独特的顾客体验。智能零售的概念，是打造与消费者互动的平台，提供个性化的购物体验，让消费者通过全渠道与单一品牌做到无缝连接。在前端，消费者无论用何种上网设备进行互动，都能随心所欲地存取商品信息，并得到即时准确的回馈。

打造个性化的购物体验，需依赖关键的“3C”，即：顾客（customer）、情境（context）、内容（content）。第一，认识顾客（customer）：从顾客的历史交易资料中看到其需求，进行分析预测，再予以归档。第二，确认情境（context）：撷取顾客即时互动资料与历史交易资料结合，预测顾客的下一次消费模式。第三，提供个性化的内容（content）：根据顾客背景及关联性分析，准确命中顾客购物决策关键，提供个性化的营销或优惠信息，完成绝佳的个性化服务并强化购物体验。

六、配送速度成关键：越晚送到退货率就越高

在全渠道零售的趋势下，多元渠道可以满足消费者的购物需求与习惯，有业者直接把实体据点当仓库，灿坤主打 4 小时，金石堂送书只要 3 小时。虽有条件限制，但网络购物平台为了争抢市场商机，也开始思考应对之道；后发网络平台品牌（如闪电购物网），率先推出 6 小时送达，迫使 PChome 也不得不跟进。

快速到货可以增加消费次数与营业额。PChome 之前推出 24 小时到货服务，缩短了四分之一的到货时间，结果营业额在一年内从每月 200 万元（新台币），冲上 2 亿元（新台币）；2013 年底台湾地区的 myfone 购物，推出台北地区最快 3 小时到货服务，仓储成本虽增加两到三成，但单月下单量立即提升一倍。

综观目前台湾地区的网络零售业者，纷纷喊出 24 小时、6 小时，甚至是 3 小时到货，多着重在“拼速度”方面，但全渠道零售趋势，未来更进一步的制胜关键仍将回归“顾客服务”。

学习测评

1. 什么是营销渠道？
2. 什么是营销中间商？主要有哪些种类？
3. 举例说明传统营销的渠道功能有哪些。
4. 简述目前常见的网络订货的分销渠道有哪些。
5. 举例说明影响渠道发展的因素有哪些。
6. 什么是渠道冲突？其成因有哪些？
7. 什么是全渠道零售？

案例讨论：统一速达

统一速达：http://www.t-cat.com.tw

台湾地区的网络创业潮，1999 年下半年是全盛期。统一超商转投资的配送公司“统一速达”也在当时宣布成立。网络业界都不看好统一速达，能够解决电子商务 “最后一里”（last mile）的物流配送。在这“最后一里”的必争之地，全省 2600 家门市的 7-ELEVEN，具备了得天独厚的条件，转投资的统一速达，专业物流配送，一出手便不同凡响。

早在 1997 年，电子商务还未在台湾地区沸腾发酵，统一集团就相中日本大和运输“宅急便”的配送经营模式，亲自数度到大和运输拜访，希望能将配送引进台湾地区。没想到成立时间恰巧遇上网络热潮，而且日本既有的配送网络，也为日本网络业解决了配送问题。统一速达未演先轰动，同时也引发了另一波配送热潮，好比东元集团和日本运通合作的“台湾配送通”就是一例。

统一速达要走自己的路，当务之急是建立 C2C 物流网络。日本配送能够蓬勃发展的原因，在于绵密的运输网，因此宅急便要在台湾地区生根，运输网络是要件，也是挑战。统一超商投资配送，是本业的延伸（垂直整合），为的是产生经营的相乘效果（综效）。统一超商以便利商店起家，擅长提供各式方便的服务，因此速达的出现，其实经营的关键，离不开服务优先的道理。

一、公司简介

1999 年 10 月，统一集团与日本大和运输株式会社签订技术合作契约，正式将“宅急便”服务引进台湾地区，这也是大和运输第一次对海外提供技术合作。经过一整年的规划与筹备，“统一速达宅急便”在 2000 年 10 月 6 日正式为消费者服务，初期设有 1 个转运中心、5 个营运所、88 辆配送车、108 位业务司机及超过 4000 家代收店，并提供一般宅急便、低温宅急便、到付宅急便等服务。

二、营销策略

■ 定位

在电子商务蓬勃发展的时代，强大的物流体系是企业不可或缺的后盾，而目前运输产业的发展趋势，正逐渐由企业间的 B2B 移转到更贴近消费者需求的 B2C，甚至是 C2C 市场，未来电子商务的发展将与超市的发展相辅相成，而统一速达宅急便将扮演配送商品到消费者手中的关键角色，希望台湾地区的消费者能够更轻松地享受统一集团所谓“人在家中坐，货从店中来”的生活。

■ 目标市场

宅急便是一种针对个性化物品，或以家庭货物为主的小宗化配送服务，强调便利、快速以及任何地点均可配送到达。

■ 营销组合

产品：现阶段的商品项目共有：一般宅急便（一般个人包裹的配送服务）、低温宅急便（特殊低温包裹的鲜活配送）、到付宅急便（运费采收件方付费的方式）及物贩宅急便（司机面售物品），初期种类仅限于统一矿泉水。而服务特征则为以下几项：

- 常温、冷藏、冷冻，鲜活配送最专业。
- 一通电话、上门送货。
- 全年无休，可指定时间点送达。
- 可约定时间，提供再次配送服务。
- 同县市上午寄送出当日送达，外县市隔日送达。
- 提供寄送物品简单的包装服务。
- 可利用电话或网络，进行货物追踪查询。
- 包裹送达前五分钟以电话告知，且提供不限次数的再配送服务。

渠道：统一速达宅急便服务范围一开始在台北地区，后来扩展至台湾地区的西半部，2014 年起东半部的宜兰、屏东、花莲等地也列入服务范围，消费者可前往 7-ELEVEN、福客多、康是美等全省总计超过 4000 家的代收点，寄送包裹。

价格：价格的制定需要考虑的因素有：相关法规对于汽车货运业关于运送货品价格制定

的规定，包裹的尺寸、重量及配送距离等。

促销：统一速达宅急便自正式对外营业就推出多项促销活动，包括在 5 家特约商店——7-ELEVEN、OK、福客多、康是美及圣娜多堡连锁商店购买礼盒即可享受宅急便的配送服务等。

讨论问题：

请以本章所学的网络营销渠道理论，分别以网络商店以及网络消费者观点，重新思考统一速达的实体营销渠道，如何与网络营销渠道进一步的整合？

网络营销组合——促销（Promotion）

15 CHAPTER

导读：Google——网络广告的巨人

2007 年 5 月 Google 宣布以 3.18 亿美元，收购线上广告公司 DoubleClick，引起微软和 AT&T 等业者与消费者团体强烈反对，指 Google 将垄断市场，进而危害市场发展和消费者权益。雅虎和微软随后也加紧并购脚步，防止 Google 做大。经过 1 年，随着美国联邦交易委员会（Federal Trade Commission，FTC）、欧盟委员会（European Commission）审查通过，终于在 2007 年 3 月 11 日正式完成并购。Google-DoubleClick 所受到的注目和争议，代表着线上广告势力更迭，以搜索广告为主的 Google 由此踏入显示广告，宣示多媒体和目标指向性（targeted）成为广告发展重点，并逐步紧逼雅虎和微软。

对 Google 而言，这次并购等于是让 Google 跨入了一个完全不同的广告市场，开拓了新的财源，难怪并购成功的消息一传出，Google 的股价立刻应声大涨了 5%。Google 的 AdWords 与 AdSense 广告经营模式，虽然拥有稳定且可观的获利，但是许多人却不断质疑，Google 的获利有 99%都是依赖于 paid search advertising，总有一天当市场饱和或是停止成长的时候，Google 会面临很大的危机，所以 Google 一直以来不断寻找新的广告方式，包括将 AdSense 本身扩展到 video 上去，或是与实体结合的 print ads 等。但是大部分的努力，都是聚焦在 Google 既有的架构和 AdSense 之下。

现在 Google 与 DoubleClick 的结合，实现了完全的互补，Google 就此跳出了 AdWords 和 AdSense 的框架，让 Google 在广告市场上又迈出了一大步，也告诉了大家，这家公司的成长力道还很强劲。

15-1 网络营销沟通组合

一、营销沟通组合

营销推广组合（marketing promotion mix）又称为营销沟通组合（marketing communication mix），是一种由广告、人员推销、销售推广、公共关系、直复营销组成的特殊组合，用来追求其营销目标。五种主要的营销沟通组合工具的关系如图 15-1 所示，其定义如下：

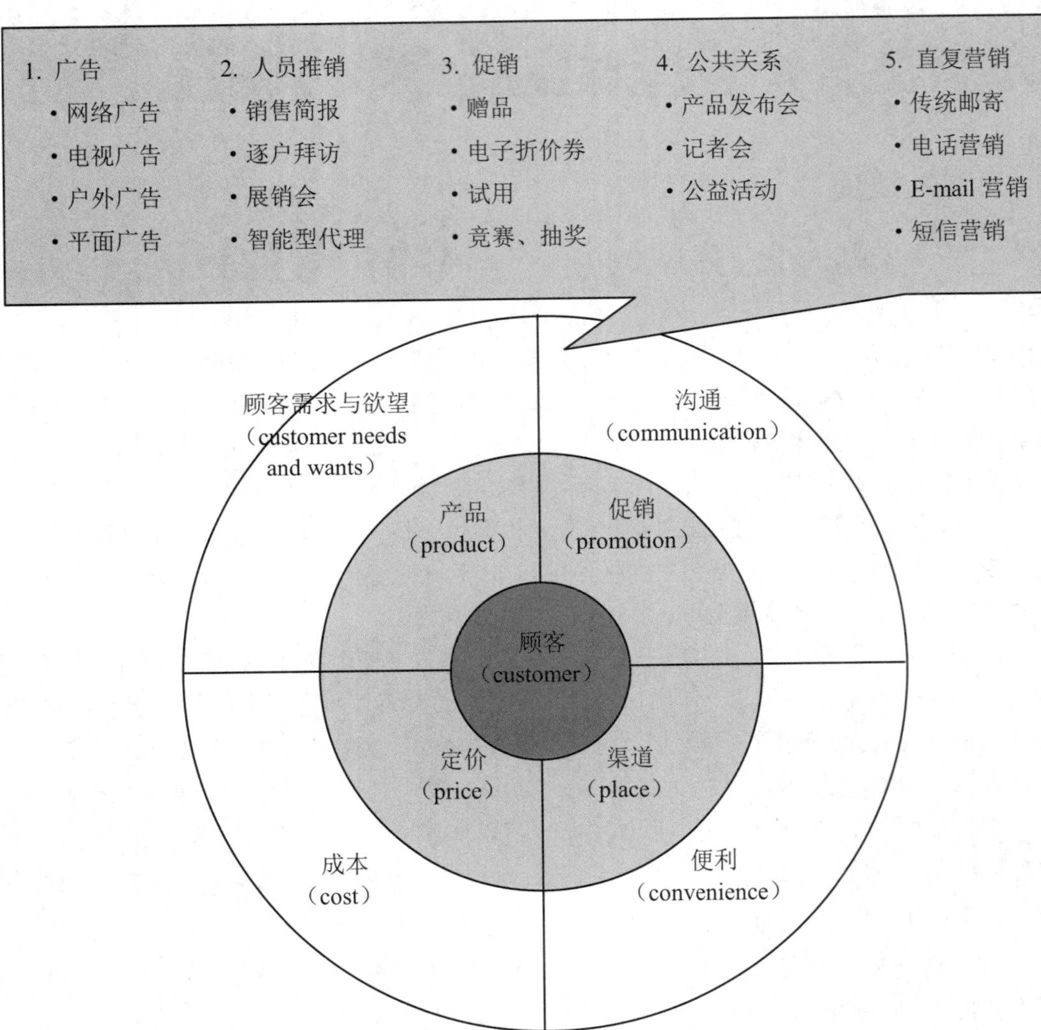

图 15-1 营销沟通组合

1. 广告（advertising）：任何由特定提供者给付代价，以非人员的方式表达及推广各种观念、商品或服务者。任何来自于组织、产品、服务或明确赞助商的构想，所支付的非个性化的沟通渠道。

2. **人员推销（personal selling）**：由公司的销售人员对顾客做个别报告，其目的在于促成交易与建立顾客关系。任何来自直接传送信息给一目标市场，配合立即性的预期或短期间回应的传播方式。

3. **销售推广（sales promotion）**：俗称“促销”，属短期的激励措施，以刺激商品及服务的购买或销售。提供额外的动机给消费者，以刺激达成短期销售目标。

4. **公共关系（public relation）**：借由获得有利的报道、塑造良好的公司形象、避开不实的谣言、故事和事件，与各种群体建立良好的关系。

5. **直复营销（direct marketing）**：与谨慎选定的目标个别消费者做直接沟通，以期能获得立即的回应——即使用邮件、电话、传真等其他非人身接触的工具，直接与特定的消费者沟通，或恳求获得直接的回应。应用销售人员与消费者面对面的沟通方式，以期立即传送讯息给消费者，或是借由人员间的互动，立即回应顾客的问题。

当这些营销沟通组合移植到网际网络（Internet）上来，就变成了网络广告、网络人员销售（网络智能型代理人销售）、网络促销、网络公共关系和网络直复营销。

二、营销沟通组合的任务目标

一般来说，营销沟通组合（营销推广组合）的任务目标可分为四个：

1. **告知（inform）**：传递产品或服务的基本信息。

2. **说服（persuade）**：用来改变顾客态度、信念与偏好。

3. **提醒（remind）**：用来提醒消费者对产品与品牌名称的熟悉。

4. **试探（testing）**：用来寻求新的营销机会，寻求潜在顾客或测试新的营销诉求。

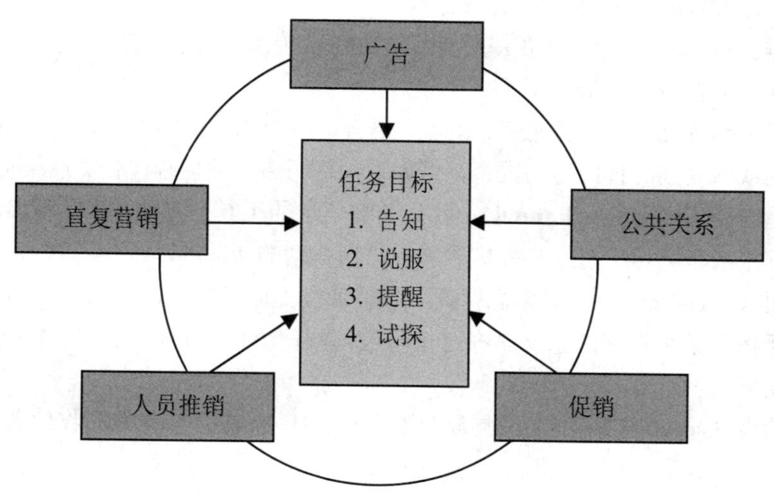

图 15-2　营销沟通组合的任务目标

三、沟通的过程

要了解网络营销沟通组合，必须先了解沟通的过程。简单地说，沟通是在信息由一个人传送到另一个人时产生的。沟通的发起者我们称之为发信者（sender），传送者经由渠道（channel）或媒介将信息传送给收信者（receiver），在沟通的过程中还有两个重要的部分：回馈与干扰（feedback and noise）。

在这个最基本的沟通过程中，始于发讯者想把某些讯息让收讯者（目标受众）知道，这些信息必须先经过编码（encode）成一个可被传送的方式（例如文字、语言）。信息经由各种不同的渠道或媒介（如电视、信件或网络广告）传送给收信者。收讯者解读这些信息后，可能也会传回一些讯息作为对传送者的一些回应。在沟通的过程中常会有一些噪音或干扰阻碍沟通的进行，如电话铃声、受人干扰，甚至语言问题等都是沟通的障碍，如图 15-3 所示。

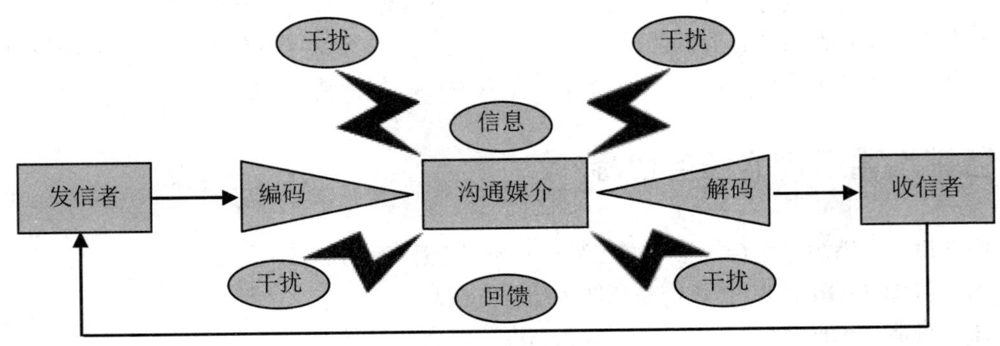

图 15-3　沟通的过程

1. **发信者（sender）**：有意和其他人或组织进行沟通的一方，也就是信息来源。一组信息的发信者可能由组织与个人所组成。
2. **编码（encoding）**：发信者将所要传达的信息转换成文字、图形、语言、动画或活动的过程，也就是信息制作。
3. **信息（message）**：一套文字、图形、语言、动画或活动的组合，也就是消费者所看到、听到或感受到的推广活动内容。例如：网络商店内的横幅广告、网络促销的折价券等。
4. **沟通媒介（message channel）**：就是负载信息的工具。例如：网际网络、手机短信、电视、报纸、宣传手册、户外广告牌、厂商赞助的活动等。
5. **解码（decoding）**：就是信息解读。收信者接受信息之后，会因个人的经验、认知等而赋予信息某种特殊的意义。在这个阶段，收信者的选择性注意与选择性曲解会影响解读结果。
6. **收信者（receiver）**：信息的沟通对象。包含 E-mail 直复营销的收件者、电视观众、报纸杂志的读者、广播的听众、活动的参与者、街上行人等。
7. **反应（response）及回馈（feedback）**：收信者在解读信息之后，会产生某些正面或负面的反应，这些反应会回馈给发信者，以便用来判断沟通的效果，或作为修改信息的参考。

四、发展有效营销沟通的步骤

为了有效地进行沟通，营销沟通者应注意以下几点：

1. **确定目标受众**：营销沟通者必须开始就明确地定出目标受众。受众可能是公司产品的潜在购买者或目前的使用者，是决策或影响者，是个人或群体，是特殊公众或一般公众。因为不同的目标受众对沟通者各项决策的影响甚深，如信息的内容、方式、时间、地点及信息传递者的人选。
2. **确定沟通目标**：目标受众一旦确定，营销沟通者即应界定所预期的反应目标。当然，最终的反应是购买行为，但购买是消费者漫长决策过程的最后结果。目标受众可能处于六个购买准备阶段，营销沟通者必须知道目标受众目前所在位置与针对不同阶段应采取何种行动。这些阶段包括：知晓、了解、喜欢、偏好、坚信、购买。
3. **设计信息**：确定想由目标受众得到哪些反应后，沟通者接着就要拟定信息。一个理想的信息应设法引起注意、维持兴趣、激起欲望及促成行动（即 AIDA 模式的架构）。事实上，几乎没有任何信息可以使消费者从知晓阶段一下子就到达购买阶段，但是，AIDA 的架构可用来提示信息所应有的特质。设计信息的步骤包含信息内容、信息结构与信息格式：
   - **信息内容**：沟通者必须提出某种诉求或主题以产生预期的反应。诉求可分成理性、感性与道德三大类。理性诉求是针对目标受众自身利益的追求，而设法证明产品能带来预期的好处。感性诉求是用来刺激正面或负面的情感，以激发其购买。沟通者可能使用正面的感性诉求，如：爱、荣耀、欢乐及幽默。道德诉求目的在于使受众了解何为“善行义举”。通常用来劝导人们支持某些社会运动，如净化环境、种族平等、男女平等与帮助贫困家庭等。
   - **信息结构**：沟通者必须决定如何处理三个信息结构问题。第一，是否要导出明确的结论，让受众去判断？第二，是否应提出片面或双面的论证？第三，应提出最坚定的论证，或是到最后才提出？
   - **信息格式**：沟通者也要能以有效的格式传达信息。
4. **选择媒体**：沟通者现在可以着手选择有效的沟通渠道。沟通的渠道可分两类——人员与非人员。
5. **选定信息来源的特性**：信息对受众的影响也受受众对沟通者的知觉情形左右。来源可靠的信息总是比较具有说服力。
6. **收集回馈**：信息传递出去后，沟通者还要探究其对受众的影响。通常包括调查目标受众，询问其是否能辨认或记得信息、看过几次信息、还记得哪些要点、对信息的观感如何、过去和目前对产品与公司的态度如何。最后，沟通者也希望能收集受众的行为反应——如有多少人购买该产品、喜欢该产品，或将该产品的信息转告他人。

五、网络营销沟通

网络营销沟通的定义

所谓网络沟通（network communication）是指利用计算机作为信息传送、接收的设备，通过网际网络将数字化的数据与信息，在使用者之间自由地传递与交换，借由网际网络沟通的应用系统软件让使用者彼此产生实质的互动，使单向、双向，甚至多向的沟通能顺利进行。

网络沟通是随着网际网络信息科技而兴起的沟通形式，而网络也成为一种具有多种面貌的大众媒体，其可用不同沟通形式连接人际沟通及大众沟通的特质。电脑网络的出现不仅重整了人类的思考模式，也改变了传统的沟通形态。我们接下来了解网络沟通的帮助与特性。

网络营销沟通的帮助

利用网际网络作为一个营销沟通媒体时，对消费者及企业双方均有极大的帮助。对企业而言，其帮助可分为三方面，即分销、营销沟通与作业性利益。

在消费者帮助方面：

1. 消费者在决策时有许多随时更新的信息可供参考。
2. 网际网络互动的本质允许较传统深入非线性的搜索渠道。
3. 网络也提供了重要的娱乐功能。

在企业帮助方面，包括分销帮助、营销沟通帮助、作业性帮助。

1. **分销帮助**
   - 对出版业、信息服务与数字产品来说，分销与销售成本趋于零，使分销渠道更有效率，也减少人工成本与时间花费。
   - 在销售的过程中，经由线上下单与表格填写，促进交易的效率，通过线上交易所获得的信息是收集顾客偏好极有成效的方式。
2. **营销沟通帮助**
   - 网际网络可传送公司信息给顾客，不仅对外部沟通有利，也促进内部沟通。互动的本质可以促进顾客关系，因此网络的互动潜力也增进了关系营销与顾客支援的成效。
   - 网际网络提供了产品在价格因素以外的竞争机会，因为网际网络可以强调营销组合中的任一项差异，如品牌已被视为一项重要的竞争项目。
3. **作业性帮助**
   - 网际网络可以减少信息处理过程中的错误、时间与人工成本。
   - 线上数据库减少与供应商间的成本。
   - 新市场与细分市场的创造，使销售量得以领先，较易进入新市场（特别是地理差距大）与快速进入新市场等。
   - 由于网际网络跨越性的特质，使厂商更容易接触潜在顾客，减少营运子流程中不必要的延迟。

网络营销沟通的特性

学者对网络沟通的特性整合为以下几点：

1. 网络传输具有即时性，取得信息的时间较短。
2. 匿名沟通的特质，因使用者间没有身份、性别、组织或社会阶层之分，也没有守门人过滤，有可能导致某种程度的坦白，然而也有可能由于匿名沟通而使网络沟通可信度受到质疑。
3. WWW 结合了文字、声音、图形与影像，以多媒体的形式呈现信息。
4. 网络的互动性包含人与电脑之间、使用者彼此间的交谈、信件往来及数据传输等。网络使用者可随时随地在其上进行互动。
5. 网络上信息的流动并不受到地理疆界的限制。
6. 网络媒体是小众化的，某类特定信息可以在大团体的个人间互相流通。
7. 网络沟通能让个人在较适宜的时间里收发信息，参与者不需同时处在沟通的情境中，可弹性地分配自己的时间。
8. 网络媒体的可接近性（accessibility）较传统媒体为高。通过网络的连接，信息接收者在信息权力的掌控上即是接收者也可是制造者。
9. 网络提供超文本（hypertext）内容，超文本的链接范围不只是网站文字，也可以扩展到图像及影音，这使得沟通的呈现方式有更多的选择。
10. 网络上的守门控制过程不如传统媒体严密。

网络营销沟通的模式

网络营销有三种沟通模式，有助于了解网络沟通上，媒体互动方式的演变。这三种沟通模式是：传统一对多营销传播模式、电脑中介传播模式与超媒体网际网络模式，说明如下：

1. **传统一对多营销传播模式**：这一模式成为许多沟通模式的基础。此模式是在“媒介效果论”时期的沟通方式，在媒介内容和受众之间并没有互动产生，信息接收者只是被动地接受媒介内容；传统的大众媒介大都属于此种非互动的沟通方式，例如报纸、广播、书籍及杂志等，在此种模式下信息接收者往往是被动的，如图 15-4 所示。

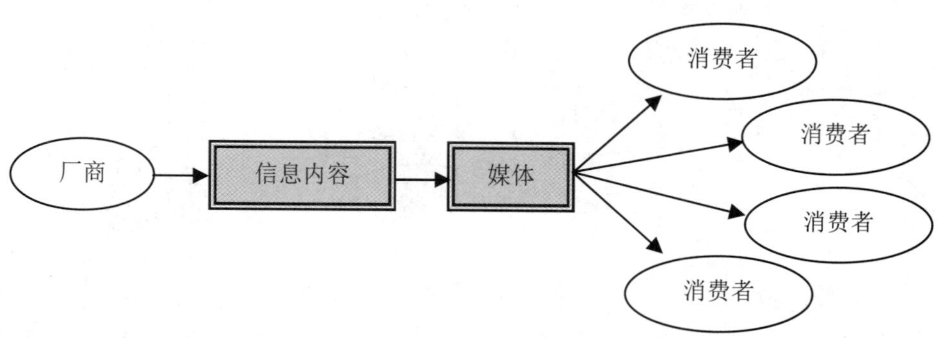

图 15-4　传统一对多营销传播模式

2. **电脑中介传播模式**：这是与传统模式最大的不同，在沟通的过程中可以看到互动式回馈的概念（如图 15-5 所示）。该模式是由传统的一对多模式所发展出来的，图中实线和虚线分别代表发信者和收信者，即两个不同个体间和媒介信息交换的过程。而信息接收者也可以在此沟通模式下进行互动，如电话及有线电视，信息接收者人不只是单向地接受媒介内容，也可以对媒介的内容产生回馈。

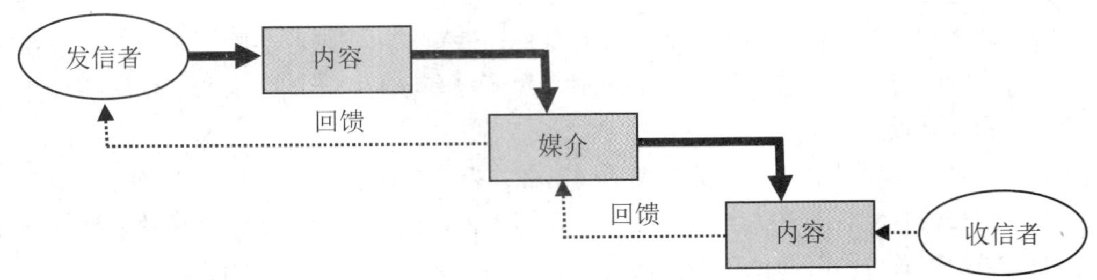

图 15-5 电脑中介传播模式

3. **超媒体网际网络模式：**超媒体沟通模式是因为新的沟通技术本质上具备了互动性，因此难以分辨它们是人际（interpersonal）或大众沟通（mass media）。此模式中媒介内容是超媒体，而媒介则是计算机网络；此模式也有互动产生，不过与第二种模式不同的是，第二种模式中信息接收者的互动是通过媒介彼此沟通，而此种模式中媒介与信息接收者在超媒体的环境下进行互动， WWW 即是最具体的例子，如图 15-6 所示。

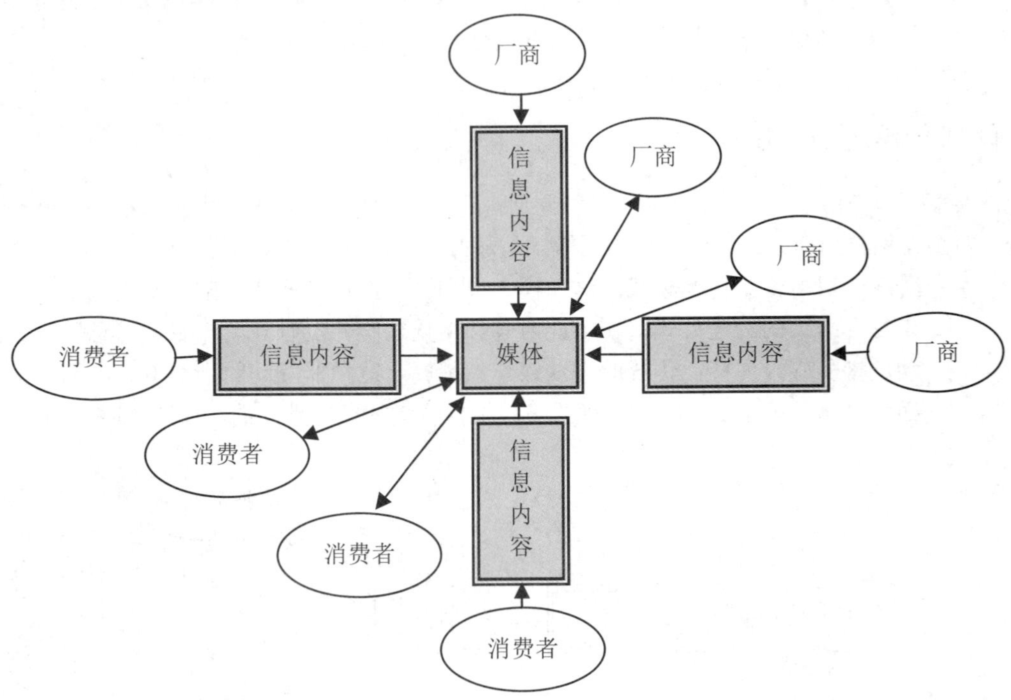

图 15-6 超媒体网络中介模式

总之，网络沟通模式与传统大众媒体沟通形态最大的不同在于，网络沟通中，不再是由少数讯息沟通者传送讯息给多数讯息接收者的形态，网络沟通中使用者可以更主动地进行双向信息交换与互动。网际网络的崛起，冲击并改变了人类当代的沟通模式。网络媒体作为一个中介，联系人与人的沟通，并组成了社会交往、互动的模式。网络科技所形成的沟通模式，消除了当代大众媒体单面向、中心化等缺点，提供给沟通者异质、多元的环境，使得网络上更有多元意见的可能。

网络营销沟通的干扰

网络沟通的“干扰”，是在网际网络沟通过程中扭曲编码传递或解码等因素，所有影响信息传达与理解的事物，对整个网络沟通历程均会产生影响者。亦即网际网络沟通中被打断、妨害、阻碍、中止、介入、干涉、干预，让沟通者感觉不愉快、不舒服、不方便、使紧张、使慌乱、使困惑、使迷惑等，或者网络信息接收者接收信息而言是无意义与不适当者。网际网络沟通的“干扰”可分为：

1. **技术上的干扰**：包含网页速度和下载时间、硬件配置和软件搭配问题、网络资源、病毒、失效浏览器、不可靠的电子邮件来源干扰。
2. **搜索相关的干扰**：包含缺乏在搜索引擎如何工作上的知识干扰、通过搜索引擎寻找信息位置的困难干扰、网址变更或消失、缺乏可以搜寻的网址、对浏览器特征的使用缺乏等干扰。
3. **实际性的干扰**：包含在企业中联网的计算机数量限制、缺乏时间、网络管理人员调动、网络密码异常、推动网络计划专业知识的缺乏等干扰。
4. **网络服务提供商（ISP）的干扰**：包含宽带无法连接、技术不支持等干扰。
5. **位置设计的干扰**：包含不良的设计位置与使用之前没有登记的位置。
6. **成本花费的干扰**：包含投资于计算机设备的费用、人员培训的费用、软件购置费用与维护费用等干扰。
7. **缺乏培训的干扰**：包含网络管理员、使用者与经理人在使用网络方面的培训。
8. **缺乏信赖的干扰**：包含信息传递的安全性发生问题，同事彼此间对信息来源的信任度。

六、AIDA 模式与效果阶层模式

营销沟通组合任务目标、AIDA 及购买准备阶段的关系如图 15-7 所示。

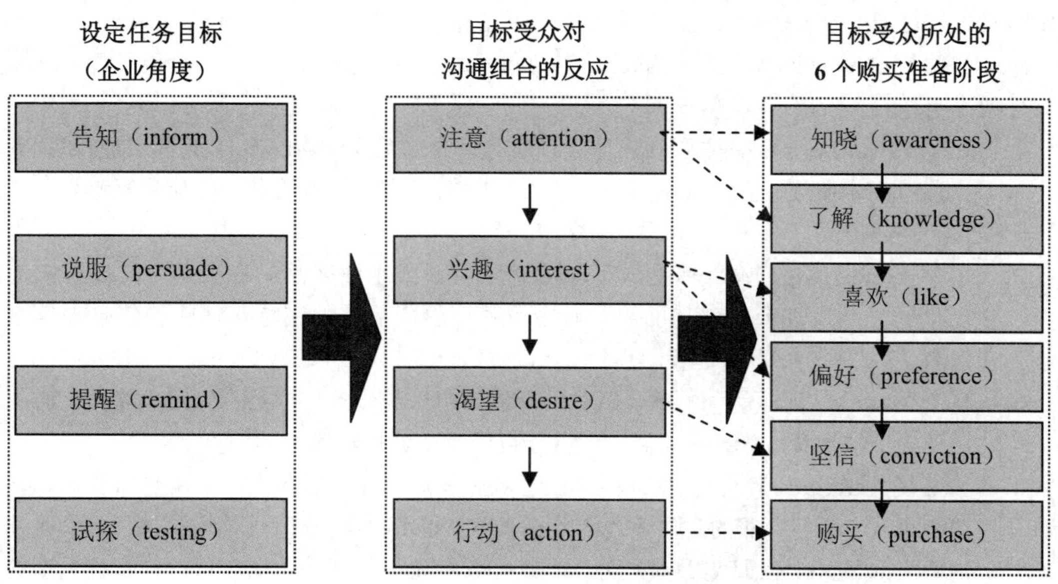

图 15-7　营销沟通组合任务目标、AIDA 及购买准备阶段

网络营销的中心观念是，企业通过网络提供产品或服务信息，以吸引消费者的注意、引发其兴趣，并使其产生购买欲望，最后导致购买行为的产生，也就是所谓的 AIDA 模式，期望能让消费者以最短的时间及最低的成本，购买或获得其想要的商品或服务，满足其需求，并使长期的顾客价值与企业利润得以最大化。

- **A——注意（Attention）**：广告、促销、人员推广、公关活动等是否能引起消费者的注意？容易引起消费者注意的广告，常见的方式如抽奖（赠品）、话题性标题、免费、把广告做得类似网站按钮，使消费者误点击等。都是策略之一。
- **I——兴趣（Interest）**：当消费者注意到产品讯息，是否产生兴趣，则是相当重要的问题。如何让消费者产生兴趣，和产品及消费者本身有很大的关系。产品是否具有 USP（独特销售主张），可引起消费者兴趣。消费者本身对此产品是否关心与重视则是另一关键。
- **D——渴望（Desire）**：消费者对广告很有兴趣，不一定会产生欲望（want）——“我需要这样产品”，所以广告营销中，强化消费者购买欲望，使其产生“我想买这个产品”是重要的一环。
- **A——行动（Action）**：营销的目的在于促使消费者产生行动，因此加速消费者行动的广告，也常出现在日常生活中，如“前一百名加送价值 500 元礼券”的广告，都是在鼓励有需求的消费者，立刻采取行动的做法。

网络营销是拥有极快速回应的营销系统，并且可以一次达成，结合注意、兴趣、欲望、购买（行动）的媒介，以及消费者行为和良好的网络营销与销售技巧，同时做好顾客服务才是网际网络营销的极致表现。

此外，在目标受众确定后，营销人员就要界定所要求的回应。企业在了解读者的需求（demand）与欲望（want）之后，其营销沟通组合必须符合这些需要与欲望。如果企业可以让消费者认为这些沟通组合长期受用，他们将会更容易接受企业的各项营销活动。虽然这些是企业推广与沟通活动所要努力的方向，但是企业应了解的是广告或促销活动未必会呈现立即的效果，因为任何一位消费者在决定购买之前可能处于 6 个阶段之一，称之为购买者准备阶段（buyer readiness stage）——知晓（awareness）、了解（knowledge）、喜欢（like）、偏好（preference）、坚信（conviction）、购买（purchase）。以下将分别说明这六个阶段。

1. **知晓（awareness）**：首先要确认目标听众对企业或企业产品的知晓程度，有时候读者并未注意到企业或企业产品的存在，那么此时的促销方向应放在如何让目标市场注意到该企业或产品。
2. **了解（knowledge）**：目标受众可能注意到企业或企业产品的存在了，但却不知道所提供的产品属性或特殊功能，此时企业就应将产品属性或特殊功能的信息提供给消费者。
3. **喜欢（like）**：目标受众了解了企业所提供的产品与服务，但是不一定喜欢，这时企业需要去了解消费者为什么不喜欢，并予以改善，然后再宣传其优点。
4. **偏好（preference）**：目标受众虽然已喜欢企业的产品与服务了，但不见得有偏好（喜欢是喜欢，可能购买的时候还是会购买竞争者的商品），此时营销人员的任务便是建立消费者的偏好，强调使用本公司产品或服务所获得的利益。然后再检视目标受众的偏好并有针对性地作出改变，且做检讨。

5. **坚信（conviction）**：目标受众有了偏好，但却不太具有信心，此时营销人员要增强让消费者确信购买与消费本公司的产品是一项正确的抉择。
6. **购买（purchase）**：有些目标受众可能下定决心要消费本公司产品了，但却迟迟未见具体行动，或打算慢一点行动。此时营销人员就要激励消费者采取立即的购买行动。

七、网络营销沟通组合的效果衡量

以下几点可以提供给广告主作为参考：

1. **决定自身的市场策略**：网络的普及已毋庸置疑，线上使用者持续增加，面对如此庞大的使用者，如果没有设定目标受众的话，那广告将毫无意义。因此在刊登网络广告前要明确为何要刊登广告、广告的目的为何、要刊登什么样的广告内容、以何种方式呈现广告、刊登广告的媒体及目标受众是谁等，这些是在刊登网络广告前所必须先行制定的市场策略。
2. **制定营销活动的目标**：市场策略确定后，制定营销活动的目标很重要，这也是日后评估网络广告效益的依据，因 AIDA 是指潜在消费者在接触到广告时一直到完成某种消费的行为中的几个动作，所以在制定广告营销活动的目标可以利用 AIDA 公式来制定。
   - **A——注意（Attention）**：通过网络沟通组合（广告、促销、公关、人员推销、直复营销）引起目标受众的注意。
   - **I——兴趣（Interest）**：目标受众在接收到广告主所传达的讯息后，因广告中提供给消费者有价值的利益，引起消费者的兴趣。
   - **D——渴望（Desire）**：当目标受众对广告主提供的利益有兴趣，且对他们有很大的吸引力，消费者会有想要得到这样一个东西的渴望。当目标受众对于广告的商品有兴趣，但并不代表会产生欲望去拥有这样一件商品。
   - **A——行动（Action）**：是指目标受众完成某种消费的行为，也是在整个行为中最重要的一环，因即使前三项的目的都达到了，如果没有购买行动，那这则广告还是无效的。
3. **刊登适当的网站广告**：制定了营销活动的目标后，下一步就是决定适当的网络广告，有了很好的营销目标及明确的广告诉求，接下来就是确定广告内容及媒体来进行宣传。在广告内容方面，应配合营销活动，彼此相互支持，才会达到极佳的效果；广告内容确定后，所选择的投放网站也很重要，例如以女性为诉求的化妆品广告就一定要选择女性用户较多的网站，否则刊登在以男性为主的网站上，其效果就可想而知了，所以选择适当的网络来刊登是非常重要的。
4. **根据原定目标检验效果**：并不是将广告放上网络就可以了，接下来检验广告的效果也是非常重要的，而检验是根据当时所设定的营销活动的目标来衡量，而不是以曝光率及点击率的高低来决定广告效果的好坏，若评估出和原先预定的目标相差较大，则需考虑更换另一组更合适的广告，才不会白白花费广告费用而得不到应有的回馈。

15-2 网络广告

一、网络广告的含义与特质

所谓网络广告，我们可以从字面上理解，网络广告就是以网络为媒体，在网络上播放的广告。网络广告包含网站广告（或称网页广告）、电子邮件广告等类型，但由于网站广告是网页广告最为流行的形式，因此在本文稍后所谈到的网络广告所指的即为网页广告。因此对于网络广告，我们可以定义它为，在互联网上，以网站为媒体，使用文字、图片、声音、动画或是影像等方式，来宣传广告所欲传达的讯息。

网络广告能够受到各方的注意，并对其极具信心，原因在于网络广告拥有其他媒体所没有的优势，说明如下：

1. **高互动性：**以网际网络为广告媒体，最大的优势就是在于与使用者的互动程度。通过网络互动的功能，使用者可以选择想要看的内容，或是要求想要的讯息，这些高互动性的网络广告，亦能够产生较佳的广告效果。
2. **网络无国界：**没有时间、地域的限制，是网际网络的特点之一。也是因为这个特点，使得网际网络消除了国界的概念，也使得网络广告能发挥极大的效用。
3. **能迅速得知广告效果：**网络广告的另一项特点就是当使用者点击广告或是浏览目的网页时，即能迅速得知网络广告的效果，这是其他广告媒体无法做到的，如此可以提供广告主或网络广告业者即时且准确的广告效果评估。
4. **广告成本效益较佳：**由于全球信息网的网站特色较为明显，因此有别于其他大众媒体（如：电视、广播、报纸），它能掌握使用者的特性，也使广告主容易进行市场细分，针对目标市场进行营销，让每一分钱都能花在刀刃上，进而使广告成本的效率提高。

除了以上几点，网络广告与其他媒体的许多不同之处详见表 15-1。

表 15-1 网络媒体与其他传统媒体比较表

项目＼类别	网际网络	平面媒体	广播	电视
信息接收者	集中、广大	广大	广大	广大
时效性	不定	延迟	立即	立即
信息种类	文字、图片 声音、影像	文字、图片	声音	文字、图片 声音、影像
数据传播方式	推、拉力兼具	推力	推力	推力
价格	低	中	中	高

续表

项目 \ 类别	网际网络	平面媒体	广播	电视
隐密度	高	低	低	低
更新速度	随时	慢	中	中
互动性	双向	单向	单向	单向
广告效果	立即	延迟	延迟	延迟

二、网络广告的类型

网络广告主要有两种方式，包括电子邮件广告及网页广告，在应用上各有其优缺点。电子邮件广告多以 HTML 及图片为基础，附在目标受众的邮件中。相对地，网页广告则常包括多媒体内容，在网页上可以加以运用的有：标题广告、赞助广告、分类广告、按钮广告、插播广告、动态广告等。

由于全球信息网具有能呈现多媒体且具备高互动的特性，使得网络广告有各种不同的呈现方式，这也是网络广告优于传统广告的特色之一，以下将对互联网上各种网络广告进行介绍。

横幅广告

网络横幅广告（banner ads）是现今最常被使用，也是一般最常见的网络广告方式。横幅广告主要利用在网页上的固定位置，利用文字、图形或动画来进行宣传，通常都会再加入链接以引导使用者至广告主的宣传目的网页。最常用的横幅广告尺寸是 486×60 或 486×80 像素，使用静态或动态的 GIF 格式。网络横幅广告的版位又可分为两大类：

1. **固定式版位：**固定式版位和平面广告的概念类似，即广告固定出现在某个网页上的特定版位，在刊登期间，网友在任何时候浏览该页面看到的都是同一则广告。
2. **动态轮替式版位：**广告版位由数支广告轮替播放，网友每次浏览该网页都会看到不同的广告，甚至网友按下“重新整理”（reload）或者“上一页”（back）键时，都会在网页上看到不同的广告。至于广告的轮替方式则由播放软件管控，播放软件会根据每支广告当初的目标设定（targeting），例如播放时段、内容版面或浏览器等条件来决定何时递送广告。

按钮广告

网络按钮广告（button ads）为较小型的标题式网络广告，形状似方形按钮，定位在网页中，通常是不动的，可通过点击链接到广告主的广告内容页。最常用的尺寸大小有四种：125×125、120×90、120×60、88×31。由于尺寸较小，因此通常表现手法较为简单，而其优点就在于能简单明了地传达信息，但是由于所占的版面小而且不显眼，因此效果通常不明显。

分类广告

所谓网络分类广告（classified ads），即网站利用类似电话簿黄页的广告分类方式，将广告按广告主登记的类型分为食品、餐厅、房地产、招聘等信息，供用户浏览。

插播式广告

网络插播式广告（interstitial ads）就是当使用者点击链接之后，会弹出另一个窗口，用以播放广告信息，并强迫使用者接受，容易对使用者造成困扰，根据网络使用调查，在吸引使用者的广告类型中位居最后一名。

弹出式广告（pop-up ads）是插播式广告的一种特殊形式，它是在网页下载过程中，打开一个小的广告窗口，广告格式可以是任何 Web 标准，例如 HTML、GIF、JPG、Flash 等。

卷轴广告

卷轴广告的设计理念是希望达到如影随形。它的位置会随着卷轴而不断上下卷动，所以无论网友浏览到网页的任何地方，还是可以看到卷轴广告。此外，网友在卷动广告时，多半会用鼠标去点卷轴，同时目光也会不自觉得移到卷轴的鼠标游标处，那么要不看到卷轴广告也难。

赞助式广告

网络赞助式广告（sponsored ads）为新兴的一种网络广告形态，其类似于传统广告中的赞助方式，广告主经由提供网络上各种活动的赞助，获得网络广告宣传位置或活动冠名资格。通常可分成三种形式：内容赞助、节目赞助、节日赞助。

1. **内容赞助：**是指在广告商拟定的内容中，放置广告并发布广告主信息的一种赞助形式。
2. **节目赞助：**是指广告主出资赞助网站特别推出的活动，在该活动中放置广告并发布广告主信息的一种赞助形式。
3. **节日赞助：**是指广告主出资赞助网站在特别日期或特别节日推出的活动，在该活动中放置广告并发布广告信息的一种赞助形式。

目前的赞助式网络广告大多采用策略联盟的方式，例如宏碁戏谷网站与和泰汽车进行策略联盟，宏碁戏谷网站推出赛车游戏，由和泰汽车出资，宏碁戏谷网站则在网站与游戏中宣传和泰汽车产品信息。

动态式广告

动态式广告（movement Ads）为目前最新的网络广告播放方式，国内最早是由 Yahoo 奇摩所采用。根据网络使用调查，最吸引使用者的广告类型第一名即为动态式广告，动态式的网络广告结合文字、图形、动画与音效，并利用最新的动画技术（如：Flash）以动态的方式来播放广告，动态式网络广告可能随着使用者卷动画面或使用者的鼠标而移动，或是以独占整个网页页面的方式出现，能增加曝光率，吸引使用者注意，也可能因触发使用者的好奇心而增加广告点击率，虽然动态式网络广告对使用者有着一定程度的干扰，但其效果却非常显著。

网络营销广告的形式多种多样，并且不断发展变化，如图 15-8 所示为新浪网首页的网络营销广告。

图 15-8 新浪网首页的营销广告

资料来源：http://www.sina.com.cn

三、网络广告的主要参与者

1. **广告代理商：**广告代理商主要扮演着桥梁的角色，协调广告主与媒体经营者的需要，使双方共享其利。倘若两者之间出了任何问题，广告代理商有责任出面解决。
2. **网站发展者：**在允许的环境之下，将企业的网络广告效益发挥到极大是每位网站发展者所应该做的事。
3. **营销研究者：**网络公司一般都会针对网络广告效益制作深入的研究报告，而这就是网络营销研究者所从事的工作。
4. **流量衡量分析的公司：**这些公司可以让企业了解到其网络广告每天的点击率和累计点击率，每一个广告点击者在进入该页面后的浏览行为。
5. **门户网站：**各门户网站仍是以网络广告为主要营收，因此门户网站常常是网络广告的兵家必争之地。
6. **广告主：**出资刊登广告的企业主。

四、网络广告计划

网络广告计划包括：界定目标顾客群、选择广告渠道、选择广告代理商。

1. **界定目标顾客群：**产品广告或企业形象广告希望让哪些消费者看到，确定消费者是哪些社群，哪个阶层，哪个区域。可以避免网络广告无的放矢，既达到广告效果，又节约广告费用。只有界定了目标顾客群，才能在选择广告渠道时，正确选定顾客的电子邮件、恰当地新闻群组和电子公告栏、设计适当的网页。
2. **选择广告渠道：**广告渠道有很多，分类如下：
   - 通过电子邮件发布广告。

- 通过新闻群组或电子公告栏发布广告。
- 通过赞助商发布广告。
- 在网站上发布广告。
- 在广告线上交换发布广告。

3. **选择广告代理商：**一个企业要做广告，传统上，要先选择广告代理商，由广告代理商选择广告媒体。同样的，在互联网上，网络广告主也可以选择网络广告代理商，由该代理商选择合适的广告渠道，选择广告发布的网站，设计广告。目前常见的网络广告代理商有 AOL、Netscape、Infoseek、Excite、CNET 等。

五、网络广告收费模式

1. **千人印象成本（Cost Per Mille，CPM）收费模式：**广告商对广告主的广告曝光每 1000 人次所收取的费用。

$$\text{CPM}=\frac{\text{广告购买成本}}{\text{含有广告页的访问次数}}\times 1000$$

例如：某广告主付出 40 万元的成本，向某知名网站购买网络广告，该网站访客率为 200 万人次，该网站广告提供的千人印象成本（CPM）为 200 元。

$$\text{CPM}=\frac{400{,}000}{2{,}000{,}000}\times 1000=200$$

2. **每次点击成本（Cost Per Click-through, CPC）收费模式：**广告商是按照广告被点击的次数来计价。一般来说，CPC 的费用比 CPM 的费用高得多，但是，广告主往往更倾向于选择 CPC 这种付费方式，因为这种付费方式反映了消费者确实看到了广告，并且进入了广告主的网站。
3. **点击（click）收费模式：**按一段时间内，一个网上所有链接被点击的次数收费。
4. **固定（flat fee）收费模式：**制式收费，每周、每月（台湾地区较常用）。
5. **每笔销售（Cost Per Sales, CPS）收费模式：**每笔交易成功，交易一笔算多少钱（美国较常用）。广告主为规避广告费用风险，只有在广告带来产品的销售后，才按销售笔数付给广告商较一般网络广告价格更高的费用。

六、网络广告效果评估

目前评估网络广告的效果，常见的有：

1. **曝光数（impression）：**曝光数指的是广告被成功递送的次数，假如广告刊登在固定版位，那么在刊登期间获得的曝光数越高，表示广告被看到的次数越多。
2. **每千人印象成本（CPM）：**广告曝光 1000 次所需要的成本，广告主可借由此数值进行网络与传统媒体的效果比较。CPM 虽然是效果评估指标之一，但现也有许多网站将 CPM 当成一种计价方法。
3. **点击（click）：**网友在点击广告后，通常会链接到广告主的网页，获得更多的产品信息，而点击次数（click through）除以广告曝光总数，可得到点击率（Click Through Rate，

CTR），这项指标也可以用来评估广告效果。

4. **转换率（conversion）**：广告的主要目的不外乎是销售商品，以网络下单成交笔数除以点击次数可以得到转换率，这项数据是比点击率还更进一步的效果评估指标。而影响转换率的两个因素：
   - 点击率（Click Through Rate，CTR）：点击次数和广告曝光次数之间的比值。
   - 成交率（Look-to-Buy Rate，LBR）：指访问网站的人潮中在网站上直接下订单的比例。

转换率 = 点击率（CTR）×成交率（LBR）

例如：假设 CTR=1%，LBR=2%，则 conversion rate = 0.02%，也就是广告曝光 100 万次，可形成 200 次交易。

5. **网站流量衡量指标**
   - 网络频宽：根据网站的频宽去计算同一时间可能的最大浏览人数。（不易得到。）
   - 上网人数：最可能作假，较好的方式就是运用会员制，或是查询 IP 地址，设定 Cookie 程序可锁定访客是否来自同一部电脑。
   - 键阅率（hit rate）：网站的"hit"指的是浏览器向网站服务器要求下载的文件数，包括文字、图片、影片、声音，每个被索阅的档案都算是一次"hit"。所以键阅（hit）数与网页设计大有关系，相似的内容，多放几个图片，服务器所记录的 hits 数就会增加许多；访问网站人次多，hits 数当然也会随之增多，而且 hits 数通常是访问网站人次的数十甚至数百倍，不可硬把这两者画上等号。有些网站常常把它们的键阅率（hit rate）当做是访问网站人次，来增加网站的知名度，其实这是错误的，而且重要的是一个网站"键阅"次数如果很大，只能代表主机很忙碌，却不能证明其他事情，因为一个网站通常包括许多"键阅"，所以 hits 根本无法正确代表网站流量。
   - 网页曝光（Page Impressions）：由澳大利亚、巴西、德国、日本、马来西亚、西班牙、瑞典、英国及美国等国家共同组成的"国际发行量稽核局联盟"同意采用"网页曝光"作为网站流量的稽核标准。"网页曝光"成为公认衡量网站流量的标准，就像报纸杂志的发行量、电视广播的收视率一样，广告主可以据此选择适当的媒体组合，对于网络广告的市场大有帮助。网页曝光在英文里，除了前面提到的 page impressions 外，有时也被称作"网页阅读"（page views）或 page requests，事实上意思都一样。

七、网络广告的误区

由于互联网属于分众媒体，而非大众媒体，许多企业认为做广告要找门户网站，其实这并不是十分正确的观念，因为大部分的商品都有特定的消费群体，企业在目标顾客群外，不应该耗费太多的营销资源（企业资源有限），企业应该集中所有营销资源在企业目标顾客群上（除非企业不了解自己的目标顾客是谁），并选择主要诉求符合产品目标顾客群的适当媒体。

某些网站的访客，基本上只对某件事物有兴趣，如果企业可以清楚地定义自己的目标顾客群，而且可以找到符合这些目标顾客群的网站，这些网站的产品未必与自己企业的产品相类似，但是却可以选择与这些网站合作或是举办活动，一般来说，企业的获利要比在大型门户网站做广告还要高。

15-3 人员推销

人员推销（personal selling）是“一对一”及“面对面”的小众式沟通，销售人员就是信息传播的媒介，此种方式可以针对不同顾客提供不同的信息，针对目标群体的特性，修正信息传达的方式与内容，是十分有效的沟通方式，不过时间与成本也是最高的。在电子商务环境中，一对一的营销沟通变成了十分方便的方式，可以针对顾客不同的需求提供不同的信息内容，同时也减少了人员销售庞大的人事成本与时间的种种限制。

人员推销在消费者购买过程的某些阶段——尤其在建立购买者的偏好、坚信与行动之际是最有效的一种推广工具。而且比起广告来说，更具有三项特质：面对面的接触、与人结交、引起反应等。人员推销是营销组合中唯一一种双向沟通，也是瞄准顾客群最直接、互动效果最佳的推广方法。

一、推销与拉销

推销（push）策略是营销人员将产品通过一种正向营销渠道的努力方向，由总公司→经销商→零售商→消费者，或者是由总公司直接推销到消费者的一种推动力量。其推销的重点是通过人员推销（personal selling）的方式，介绍产品的特性（features）与利益（benefits）给消费者，对于市场上的顾客，采取重点击破的方式，先由点连成线，由线连成面，再由面连成空间。

拉销（pull）策略则是营销人员通过各种可能的大众传播媒体，将产品的所有信息传递给消费者，再让消费者自行到各地总公司所设的采购点购买，这是让消费者通过“逆向”的营销渠道（消费者→零售商→经销商→总公司），产生一种“指名购买”的拉销力量。其市场的顾客具有全面性、广泛性，营销公司企图以一种“一网打尽”的方式，达到其营销的目的。

适用范围之别

1. **工业性产品适合推销：**推销策略适用范围，在于当此项产品的市场消费者是某些特定的顾客，而且这些顾客是可接近性的（approachable），同时，产品的特性与利益通过人员来沟通（person-to-person）比较易于被接受时，则采用推销策略较易成功。所以，一般言之，工业性的产品（industrial products）大致上是采取推销策略。推销策略的产品，此时的市场消费者对产品的信息了解程度比较偏向“不完全性”（incompleteness），对价格的敏感性较小，市场可谓处于一种“封闭性”的市场（close market），营销公司通过强有力的推销人力组织，向特定的顾客渗透介绍其产品的特性与利益，凭业务代表强有力的推销介绍手腕以达成交易，成交的价格往往也有较高的毛利。而由于推销策略的产品，其销售着眼点较偏向于人员的推销，交易的成功，业务代表的功劳占有较高的贡献度。所以，营业代表的业务奖金比率往往较高。因此，对营业人员薪酬的设计方式以采取“底薪少，奖金高”的方式为宜。

2. **消费性产品适合拉销**：拉销策略的适用性，在于当此项产品的市场消费者是广泛的一般大众，营销公司无法用人员推销的方式来接近（unapproachable），而产品的特点在其品牌的知名度更甚于其产品的特性与功能时，则采用拉销策略为宜。所以，一般言之，消费性的产品（consumer products）大致采取拉销策略。拉销策略的产品，此时的市场消费者对产品的信息了解度比较偏向“完全性”（completeness），对价格的行情信息都能有清楚的了解，市场处在一种“开放性”的市场（open market）。营销公司通过大众传播媒体，将产品的信息传递给消费者，让广大的消费者来购买以产生拉销的力量。其营销的着眼点在于提高销售量，而其单位毛利往往较低。同时，由于交易的成功，业务人员所占的贡献度较低。所以，营业代表的业绩奖金较低。因此，对营业人员薪酬的设计方式，以采取“底薪高、奖金少”的方式为宜。

营销组合的运用

推销与拉销策略在营销组合（marketing mix）上的应用亦有其不同点。

1. **推销策略**：推销策略在产品策略方面，强调其产品的特性（features）、功能（functions）与利益（benefits），而这些产品的特性、功能与利益，通过其有组织的强有力的直销人力传递给特定的可能消费者。其产品的定价，往往针对高价位的市场消费者，采取较高的毛利率，而且最后的成交价格往往没有一定的水准，视逐笔交易而异。推销策略的营销渠道以采取直销为主，即使是为求销售量、销售区域的扩大，广设经销商、零售商等间接销售的网络，而其经销商、零售商对最终消费者的销售方式，亦是以人员的直接推销为主。总公司在渠道经销网的选择，以考虑该经销商的直销能力强弱与否为主，而非考虑该经销商在实体分配、存储转运、送货服务水准如何。总公司与渠道网彼此在营销上的努力，为致力于交易的达成，售价的提高，远甚于致力于销售量的增加。因为，潜在的消费者毕竟只有特定的少数而非大量，而市场消费者的市场信息还不是很灵通，对价格尚未敏感，大可尽可能提高最后成交价，以提高公司的毛利，营业人员亦可领取较优厚的奖金。
2. **拉销策略**：拉销策略在产品策略方面，强调产品的差异化、多样化与品牌的优越性，以提高消费者对品牌的忠诚度，产生重复性的购买行为。而这些产品差异化、品牌优越性是通过大众传播媒体传递到广泛的一般消费大众。其产品的定价往往采取较低的毛利率，其营销渠道以采取间接销售为主，为使散布各地的消费者购买上的方便，总公司必须设立密集性的渠道网，渠道网上的分子所扮演的销售角色，是提供存储转运、送货服务等实体分配功能为主，所有交易行为的发生，大都是顾客慕名自行找上门而来，而非渠道分子去介绍、推荐、推销而来。因此，渠道结构上的利润分配、渠道分子的利润比率比推销策略的渠道分子利润比率低，营业代表的销售奖金比率也往往较低。总公司的渠道经销网的选择，着重于经销商的实体分配能力而非其人员推销能力。总公司在营销上的努力，为致力于提高消费者的品牌忠诚度与重复购买力，以提高产品的销售量及普及率，而在售价方面，由于消费者对市场的信息充分熟悉，因此，售价往往是一致的水准。

二、人员推销的任务

人员推销所担负的任务，不外乎下列六项：

1. **发掘**：开发新顾客。
2. **沟通**：促进消费者对产品特性的了解。
3. **推销**：促使顾客接受新产品。
4. **服务**：提供技术性服务以促进销售。
5. **收集情报**：收集竞争者及顾客的信息。
6. **互动**：维持顾客忠诚度。

三、人员销售的工作类型

销售人员所负担的工作与职位名称，可能因企业不同而不同。从工作类型来分析，主要可分为下列三大类：

1. **订单开发者（order getter）**：主要工作任务在于开发新业务、与新顾客建立关系，对于工业用品而言，订单取得型销售人员尤其重要。销售人员不只要熟悉商品，甚至要能为企业用户寻找解决方案，才能赢得企业顾客的信任。
2. **订单接受者（order taker）**：即对经常性、已建立的顾客群，完成销售交易并维持顾客关系。此类按其工作性质又可分为三类：
   - 驾驶员订单接受者：其最主要工作在于运送货物。例如配送物流的驾驶人员，送货是其主要任务，订单取得并不重要。
   - 内部订单接受者：此类销售人员在企业内部工作就可取得订单，其主要工作在于如何给予顾客有效建议、快速交易和完成交易细节。例如超市柜台结账人员或电视购物频道的接待人员。
   - 外部订单接受者：此类销售人员须至顾客处才能取得订单。此类订单通常是重复性购买，所以困难度不像订单开发者那么高。
3. **销售支持者（supporting salesperson）**：前述两类为订单导向销售人员，而支援型销售人员的任务在于，协助订单导向销售人员取得订单、加强顾客关系并借此维系长期交易。
   - 传教士销售人员（missionary salesperson）：传教士销售人员所针对的是现在或未来的潜在顾客，提供信息和服务，创造未来销售机会和在分销渠道中提升组织商誉，如解释产品、进行展示，通常他们都不会直接接触商品销售。
   - 销售工程师（sales engineer）：本身拥有专业背景，专为顾客所定制的产品提出详细说明，同时也顺应顾客特殊需求而调整产品。通常所销售的产品属于精密仪器或设备等。
   - 销售团队（sales force）：强调长期关系、售后服务及顾客满意。

四、人员推销的步骤

有效人员推销的步骤如下：

1. **寻求商机**：找出潜在的消费者。
2. **筛选商机**：过滤不好的潜在消费者，考虑要素通常包括确认消费者需求、购买力、接纳意愿、所在位置、限制条件等。
3. **事前准备**：产品或服务、顾客及其需求、主要竞争者、本身条件等。
4. **推荐与示范**：销售人员的仪表、开场白、接下去的话题。销售人员推荐商品的过程通常是按 AIDA 模式——引起注意、保持兴趣、激发欲望、促使行动。
5. **处理异议**：解答顾客疑问。
6. **结束销售**：提供减价、服务等促使顾客购买。
7. **售后服务**：确保交易条件与商品品质如先前承诺。

五、智能型代理人

智能型代理人具有独立行事（autonomous）的能力，可以接受使用者与其他智能代理人的委托，代办各类事项。智能型代理人是一个计算机程序，如同现实世界中的业务助理，会一直在网际网络上活动，可以在既定规则与授权范围内，没有时间与空间的限制，帮助其委托人进行信息收集整理过滤、线上交易、行程安排、会议协调、拍卖叫价，甚至休闲旅游的安排等工作。

智能型代理人很适合担任中间商代理人与推销人员的角色。Resnick（1998）认为代理人中介的电子商务，有益于减少下列的问题：

1. **搜索成本（search cost）**：买卖双方的互相寻找，可以因为代理人的中介辅助而减少花费的时间与成本。
2. **不完全的信息（incomplete information）**：有些信息是买方或卖方会尽力去隐藏的，例如：卖方对于价格的信息、产品品质的信息等，会尽量隐藏不让买方知道，而买方也会尽量隐藏消费者偏好等信息，以避免价格歧视之下，被剥削消费者剩余。代理人中介的电子商务中，买方的代理人可以长期在网络上广泛地收集相关的信息，而卖方的代理人也可以借着对于使用者概况（user profile）的记录与分析，以获得使用者偏好的信息。
3. **合约的风险（contracting risk）**：买卖双方有可能因为担心付款或交货的问题，而无法进行交易，代理人中介的电子商务中，可以通过自己信任的第三者代理人的保证、保险、处罚等机制，克服合约的风险。
4. **定价的无效率（pricing inefficiencies）**：即使供需双方的价格相符合，仍有些交易可能因为错失了机会而无法完成，例如：二手房屋的买卖等。代理人可以帮助委托人在网络上，通过长期地经营、信息的收集过滤等方式，改善这个问题。
5. **隐私权（privacy）**：有时候进行交易的买方或卖方不希望透露自己的身份信息，通过智能型代理人中介，可以将信息保存在代理人方，而不会影响到隐私信息的保密。

由于上述五种中介的角色，再加上智能型代理人可以长年无休地帮助委托人在网际网络上工作，因此可以应用的范围与功能，还有很多可以发挥的空间。

15-4 网络促销

一、促销的定义与特质

促销（sales promotion）能直接地给予促销对象诱因，刺激立即的购买行为。美国营销协会（American Marketing Association）认为凡不同于人员推销、广告等的推广活动都属促销活动。因此对于网络促销可定义为："在一个全球性的信息传播网络上，利用各式各样、尤其是短期性质的诱因工具，刺激目标顾客对特定产品或服务，产生立即或热烈的购买反应。"根据学者对促销的定义，可归纳出促销具有以下特质：

1. 促销是一种短期、暂时性的活动，通常都有一定期限。
2. 促销的目的在于刺激促销对象的立即购买行为。
3. 促销是针对特定对象的活动。而按照促销对象的不同，可分为消费者、零售商及经销商三类。
4. 无法归属于人员推销、广告等的推广活动都属促销范围。

二、促销的分类

促销可以从促销方法、促销时间、促销期间、促销对象等四个方面进行分类。

1. **按照促销方法分类**
   - 特价：大拍卖、积分券、优惠券等。
   - 气氛营造：服装秀、店铺改装、包装纸等。
   - 赠品：附属赠品、有奖问答等。
   - 产品接触：试用、试销、展示会、新产品发布会、商展等。
   - 服务：停车券、送货等。
2. **按照促销时间分类**
   - 定期：指定期举办促销活动。
   - 不定期：指不定期举办促销活动。
3. **按照促销期间分类**
   - 年度促销：即一年一度的促销活动，如周年纪念、创业纪念。
   - 季节促销：以季节为单位促销，如清凉特卖等。
   - 月间促销：以月为单位的促销活动。
   - 旬间促销：以十天为单位的促销活动，可分上、中、下旬三种。
   - 周间促销：以周为单位的促销活动。
   - 特定日促销：即在一月中选定一日作为特卖日的促销活动。

- 特定时间促销：即在一日中选定某时段特惠优待，如下午茶时间。
- 联合促销：即换季期间或特定纪念日举行联合促销。

4. 按照促销对象分类

- 对企业内部：可分为对销售相关部门的促销及对一般部门的促销。
- 对经销商：指对渠道商的促销，可再分为对批发商促销、对零售商促销、对代理商促销。另外，还可进一步再细分为对机构促销以及对机构的推销员促销。
- 对消费者：包括可能购买者、使用者、一般消费者等。

三、促销的工具

网络促销常见的促销工具，包含折价促销、折价券、试用、赠品、抽奖与竞赛等。在这当中，折价券、试用、抽奖与竞赛在网络中已被普通应用。根据调查，网络促销比直接邮寄的回应要高出3倍。

1. **折价促销：**折价促销是让消费者直接获得经济诱因，以刺激销售的促销方式。然而，折价促销并非适用于所有产品种类，需搭配特定产品特性方可使用，调查指出在降幅相同的情况下，知名度高、占有率高的产品与占有率低的产品相比，回收效果更好。
2. **折价券促销：**折价券（coupons）是极为普遍的一种促销方式，研究显示，折价券促销与降价有截然不同的效果，通常折价券所提高的购买量会是降价的数倍，学者认为两者的差异在于降价促销是临时性购买，折价券促销则是计划性购买。
3. **试用：**此促销方式是将商品给目标消费群试用，期望消费者在试用过后，引起对该产品的购买意愿。学者指出，处于导入期的产品，由于市场渗透率较低，因此采用试用促销方式对扩大顾客层极有帮助。就产品类别而言，消耗量大的民生必需品，如洗发水、乳液等较能提高拆封使用几率，原因在于此类产品使用频率高、试用风险低，甚至具保留至特殊时机使用的价值，所以不失为一项极佳的促销方式。
4. **赠品促销：**赠品促销即赠送产品以外的商品或提供其他额外好处以吸引消费者，与试用不同之处在于，赠品赠送之物并非商品本身，不像试用可以免费取得。研究指出，赠品效果在于使消费者产生回馈义务，通常当赠品价值越高，消费者回馈意愿越高；赠品需与商品形象相辅相成，因此如何提供正确的赠品比赠品本身的经济价值更为重要。
5. **抽奖：**抽奖活动与赠品促销最大的不同在于获取抽奖促销的利益具有几率性，并非所有购买产品的消费者均能获得奖品，正因无法预期最终结果，增添了抽奖活动刺激感与趣味性。抽奖活动的促销方式明显地比网上的促销活动效果大，会诱使消费者购买较多的商品。
6. **竞赛：**此种促销活动是邀请消费者参与竞赛活动，如征文、猜谜、建议等，再由评审决定得奖者，予以实质奖励。通常，竞赛式促销可将产品相关信息纳入，使消费者通过活动增加对商品的了解，甚至可借由竞赛活动建立品牌形象，让产品定位更为鲜明。

四、电子折价券

何谓电子折价券（e-Coupons）

企业使用折价券进行产品的促销已经有很长的历史，而学者们对于折价券的定义虽然有所分歧，但大致可以归纳为：持有人可以凭此券购买特定产品，并享有券上所载明的折扣优惠。

近几年来，由于网际网络的开放商业行为及快速发展，而出现了电子折价券的应用。广义来说，所谓的电子折价券是将折价券的性质与功能应用于网络技术或平台上，其中可能包括在电脑、手机类移动终端等传输硬件上使用。

电子折价券的分类

企业对折价券的应用，在通过网络技术的发挥后，产生了许多不同的形式与类型。按照电子折价券使用媒介的不同，可以分为以下三种类型：

1. **网上打印：**将厂商或是渠道商所提供的电子折价券，通过打印获得实体电子折价券的效果，即本研究所定义的形式，例如肯德基等快餐餐厅曾经提供的食品优惠等。这类电子折价券虽然通过虚拟渠道的传播，但是仍然必须转换为实体的纸张证据，才可以到商店享受折扣优惠，对于厂商来说，优点是可以节省折价券印刷所产生的成本，但是却将之转嫁给了消费者。
2. **手机下载：**这是属于一种目前普遍流行的较新形式的电子折价券，消费者到实体商店进行消费时，通过手机下载可用的折价券信息，并出示给销售人员观看，即可获得商品服务或价格上的折扣。
3. **上网购买：**这类折价券是在相关网站或是电子报等网络传播媒介中刊登折价券的广告，类似于传统的刊登在报刊上的折价券报，但是其使用的商店也是网络上的虚拟商店，而折扣的条件是打开网页后即可获得优惠，此形式的折价券可以说是一种变形的折价券手法，在购买的整个过程中，不会获得任何的折价券实体或是虚拟证据，而可以直接在消费中获得商品与服务的折扣。

在上网打印形式的电子折价券，因为所包含信息的不同，又可以区分为两种不同类型的电子折价券，一类是相似于传统折价券所包含的信息，即只有折扣商店与商品的名称、折扣的比例及折扣使用的最终期限等；而另一类电子折价券，在使用二维码技术及会员数据库的建立下，除了以上的信息外，还提供电子折价券打印者本身的一些个人资料，例如使用者的姓氏等，方便商店销售人员在服务上的提升，及厂商对电子折价券使用者相关资料的建立，对业者及消费者都有一定程度的好处。电子折价券与传统折价券的差异如表 15-2 所示。

表 15-2　传统折价券与电子折价券的对比

	传统纸质折价券	网络电子折价券	手机电子折价券	PDA 电子折价券
发行方式	纸质	图片形式	短信	文件
发送方式	寄送、派送、夹报、刊登于印刷媒体	网站、电子邮件传送	逐一发送短信、广播发送短信	类似于网际网络电子折价券

续表

	传统纸质折价券	网络电子折价券	手机电子折价券	PDA 电子折价券
折抵方式	持纸质折价券折抵	将折价券打印出后持纸质折价券折抵	出示手机上的短信	出示 PDA 上的电子折价券
消费者持有折价券的成本	几乎无	打印费用	若为厂商主动发送，则无；若为消费者主动下载，则需负担短信费用	几乎无
结账时销售点的账务处理	将折价券收下作为折抵依据	将折价券收下作为折抵依据	直接在账单折扣	直接在账单折扣
消费者对折价券真实性的评价	易于判断折价券的真实性	不易判断电子折价券的真实性	可追踪通信记录，因此不易有伪造的情况	不易判断电子折价券的真实性
折价券的附带广告效果	高，消费者可能保留该产品广告以备未来使用	高，消费者可能保留该产品广告以备未来使用	较低，因为短信能传达的信息过少，广告效果有限	较低，受限于 PDA 的硬件，能传达的信息较为有限
发行量控制	可	否	不易控制	否
在使用者间流通方式	通常不再流通	使用者间自由流通	通常不再流通	使用者间自由流通
发行成本	高	低	低	低
仿（伪）制、窜改	较难	易	易	易
可复制	通常不可	可	可	可

此外，通过网际网络的可互动性，使得产品与折扣不再由厂商独自制定，而可以由消费者参与讨论与要求，故可再区分为推式及拉式电子折价券。

1. **推式电子折价券**：由厂商决定产品及折扣幅度，再提供给消费者使用。
2. **拉式电子折价券**：由消费者通过相关电子折价券收集网站或电子邮件的串连及建议，利用群体压力，促使厂商推出消费者所需要的电子折价券。

电子折价券的功能

总的来说，不论电子折价券的类型或形式为何，其所能发挥的功能大致可以包含以下几点：

1. **刺激试用**：通过价格的折扣，降低消费者使用新商品的风险，刺激潜在消费者进行商品的试用。
2. **增进使用**：使商品试用者增加商品的使用，进而建立惯性或是忠诚，转换成为长期的忠实用户。
3. **传递信息**：有效地将促销的信息传递到大多数潜在顾客和既有顾客手中。
4. **顾客维持**：在不断的销售促进活动下，抓紧维持现有的忠实顾客。
5. **促进销售**：根据经济学原理，价格下降将导致购买量的提升，可以增加既有顾客的购买量。
6. **产品推广**：通过电子折价券的相关链接，帮助顾客进入企业或产品的网页，进而了解产品与企业的信息与形象。
7. **互动参与**：消费者可以对折扣商品与优惠幅度的决策进行参与及建议，增加企业与顾客间的互动。

8. **资料收集：**结合会员制度，建立良好的顾客数据库。

15-5 网络公共关系

在 1990 年代出现了“营销”与“公共关系”（public relation）结合的学术领域——“营销公共关系”（marketing public relation）。对企业而言，营销公共关系不仅可以使消费者听见企业的信息，也可在消费者心中留下印象；而企业通过营销公关活动赞助各项文艺等活动时，则会赢得消费者的注意与尊重。

公共关系在营销中的角色，有日益重要的趋势，好的营销公关活动，不仅可以提高产品与品牌的知名度，并且可以增进消费者对产品与品牌的认识与认同。许多营销活动的进行均依赖公共关系的建立。

网际网络的特性改变了公共关系从业人员的使用媒介，以及与目标大众沟通的方式，将公共关系推向另一个新纪元。新信息科技的发展对公共关系效果计量方面将更有效率，相对的，广告的重要性因此降低。相形之下，公共关系的地位更加重要。公共关系与新科技的相互辅佐应用将成为一个绝佳的策略工具，其应用有：

1. **预测公共关系的效果：**通过网际网络的讨论区或社群意见，可以得知相关公众对企业或产品的印象与评价。
2. **符合科技与专业的新需求：**利用科技的传播基数可以使目标听众的范围缩小并更精准，同时可以追踪目标听众对其的态度与意见。网际网络与信息科技也使即时传播及数据库分析变得可行。
3. **以科技获取力量：**网际网络与信息科技可以控制知识的传播与扩散，使传播信息更具时效性。

一、原则

Kent 与 Taylor（1998）提出经由网际网络建立公共关系对话的五项原则，如下：

1. **建立对话回路：**专业与立即的回应。对话回路可以供公众查询组织，让组织有机会可以回应问题、相关事务及疑难。但若只是在网站上提供信息是不够的，必须要能够提供公众需要且想要的信息才行。且如果网站管理端不回应使用者的信息，而且也不参与或不能协调彼此的关系，那么将使用者的电子邮件地址提供给组织成员也是没有用的。因此企业必须指派专业的特定人选作为线上接触的公关人员，这样才能够回答问题、解释企业政策。此外，网站中的对话回路必须完整，亦即必须有专职人员专门回应相关信息、问题与要求，此外，也必须随时监看自己的网页，以便了解情况并适时作调整，这样网站才能让沟通活动更有效。
2. **提供有效的信息：**网站必须致力于提供所有的公众具有普遍价值的信息，例如组织的背景、历史及本身的相关信息等。有用的信息意指具有层次与结构的概念。受到使用者青睐的网站是因为本身具有“前进”（on-going）的价值，所以使用者才会光临。因为公众依赖企业网站所提供有用的、值得信赖的信息，所以这个特征建立了对话关系的基础。企业网站的公共关系目的不止在于培养与公众间的关系，还要注意公众的利益、价值与关心的事务。为公众提供有效的信息不是为了消除争论或赢得赞赏，而是让他们能够与组织对话，而其对话的感觉就像是在跟消息灵通的伙伴沟通一样。另外，要确定网站信息经常更新，并且是容易取得的，这样才可以确保信息的可靠性、有效性。

3. **吸引访客回流：**根据 Forrester（1998）在 Alertbox 针对企业网站的“致命缺点”的调查，最致命的两个缺点为：第一，使用者无法在网站中找到想要的东西；第二，使用者第一次使用的经验不佳，从此不再上门。因此，好的网站应该要有一些吸引使用者再度光临的特质，例如：随时更新的信息、特殊的论坛、新的评论、线上问答区域及为有兴趣的访客回答问题的线上专家。因为好的企业网站是来自于顾客回流的肯定，以及停留的时间和互动的程度，如果网站没有进步，使用者往往在用尽信息之后就不再光临。如果网站持续更新极有价值的信息，对于公众而言会较可靠，而且也会觉得这个组织是负责、可信赖的。对于公关从业人员来说，建立对话关系的几个条件里，更新信息是最容易达成的方式。如果只是把更新的信息或是有趣的内容放在网站上，那么这只是一种单向的公共关系。如果要让这些信息以更互动的方式展现出来，那么企业网站上就必须提供论坛、问答形式、专家上网（如公司内部主管每月一次上网）与公众对谈等功能。此外还包括提供 FAQ、容易下载或转寄的信息、常常被提及或要求的技术性或专门信息、连到当地代理机构或信息提供者的指引性服务或链接。

4. **界面直观、易用：**不管使用者是为了寻求信息或是好奇而光临一个网站，都希望很容易在这个网站找到想要的东西，而且很容易了解这个网站。目录表（index）或网站地图（site map）很有用，这些信息都必须妥善地规划与分层。不应该让使用者或访客像寻宝一样“猜测”网站中包含哪些信息，或哪些信息藏在什么地方，要尽可能让使用经验变得更容易、更直觉（Mandel，1997）。很多网站的呈现方式是文字先于图片，因为文字载入的速度要比图片快得多，而且排版排得好的网页比起要花三十秒载入的图片要更吸引人。太多的图片会扰乱那些急着要看到信息的使用者，况且，这些图片通常不会提供多余的信息。组织良好的文字比起图文夹杂的呈现方式，对于寻求信息的公众来说比较容易找到想要的信息。网络的目的是希望能够提供更丰富的内容，但是，如果网站是以提供信息为主，应该要尽可能让网页呈现得更快更有效率。理论上而言，包含信息的网站应该要让所有的人都能够接近，界面设计尽量不要使用超过一般使用者常用的软件，也不要超过使用者计算机效能能够负荷的程度。

5. **明确的指引：**网页的设计者应该要注意链接的设计以免让使用者在网站中“迷路”，必须提供清楚的引导与选择。对于对外的链接，必须设想访客在网站中所希望的是能够在这个网站中寻求想要的信息，而不是短暂地“经过”。如果组织的网站是为了建立与促进与公众间的对话关系而不是为了“娱乐”他们，那么网站就应该只加入必要的链接，而且在这些链接的网页上也要有清楚的路径让访客得以回到组织本身的网页。对话沟通应该是互动的目的而非营销或广告的手段。许多使用者“迷路”或一去不回的原因，就是因为使用者可能逛着逛着就回不到原本的网站，或是被其他网站吸引住。如果组织的目的是提供信息，应该要拒绝赞助商的广告，或是有技巧地将广告的图像放在不容易误导使用者的地方。

二、互动与应用

随着国际互联网络、多媒体时代的到来，计算机技术的发展对于企业公关的推展产生了重大的影响，从电子邮件到网上信息服务，未来的企业公关借由不同的计算机技术而发展。网际网络为公共关系从业人员提供了一个高度互动的媒介，因此公关从业人员不只是单方面对公众发送信息，未来更可以直接与公众沟通、在网上交换信息。例如：对内传送员工通知；对外介绍企业、推出新产品和服务、标志设计、市场调查、发布新闻、监测媒体报道、制作发送年度报告等。企业网站与网页对于这样的公关功能所提供的服务还包括：作为发布新闻的渠道、研究公众、传播组织信息、立即反应组织问题及危机等。这样也有利于降低企业的传播宣传成本，并使公关的内容趋于规范和程序化。因此，企业与公众的双向传播交流将变得更即时、更充分，也真正实现了对话而结束了过去的独白状态。

互动网站是种大规模的网络公关，提供给使用者信息，并增强他们对网站的回应性。常见的网络公关互动功能有：娱乐（游戏下载、免费电子贺卡、壁纸）、建立社群（网络活动、聊天室、讨论区）、消费者沟通渠道（联络我们、顾客反馈、线上支持）、提供信息（新闻室、最新消息、新品推荐）、协助网站导航（site map、产品搜寻）等。

三、企业识别系统

企业识别系统（Corporate Identity System，CIS）概念产生的背景，是由于不断发展的信息化时代中，过多的信息及商品优越性的相似，更凸显形象差异化有其必要性，加上企业组织不断扩大，企业内部的信息传递活动不再灵活，面对这种现象，企业开始寻找对策，企业识别系统从此形成。另一方面是因为时代的变迁，社会价值观的变化，消费形态也随之产生重大转变。

从1945－1960年，即第二次世界大战结束后，社会经济属于物质缺乏期，企业只要生产产品就能顺利卖出。从1960－1970年，企业只要推出品质优良而价格便宜的商品，就一定能畅销，这样的时期是单靠“商品力”的营销时代。但到了1980年时，商品仅以“物美价廉”为号召，已起不了多大作用，此时须有营销渠道及营销手法，才能造就良好的销售业绩，这是个依赖“商品力”和“销售力”的时代。而进入90年代，除了“商品力”“销售力”，还必须加上“形象力”。因为在现代社会中，商品及企业均处于相同条件下，由消费者同时做选择，在这种情况下，如何使商品产生差异化，就在于形象了，而企业强化形象力的做法，也就是企业识别系统的追求。

企业识别系统（CIS）在结构上可分为视觉识别（Visual Identify，VI）、理念识别（Mind Identify，MI）、行为识别（Behavior Identify，BI）及听觉识别（Hearing Identify，HI）等要素，企业识别系统（CIS）在运用时就是足以代表企业的标志系统，目的是使顾客在接触到此标志时，能产生认同的反应与认知的行为。

1. **视觉识别**（VI）：为静态的识别符号，具体化、视觉化的传达形式，项目最多、层面最广、传播力与传染效果最具体而直接。
2. **理念识别**（MI）：是企业识别系统（CIS）的基本精神所在，其内涵有经营信条、精神标语、企业风格文化、经营哲学与方针策略。

3. **行为识别**（BI）：立基于经营理念的引导而采取的业务活动，诸如企业内部的活动、制度与外部的社会公益活动、消费者服务等。

4. **听觉识别**（HI）：普及性难度较高，主要为搭配识别，以歌曲、音乐、旋律等为主。

企业识别系统（CIS）为塑造企业印象的主要工具，企业必须借助企业识别系统，将其企业各方面的特征及其经营理念以整体的方式表现出来，以在众多的竞争者中脱颖而出，获得其顾客、投资者、员工及其他周围群体的注目，塑造其独特的企业印象，进而影响其决策行为。

网际网络使得大众跨越了时间和空间的障碍，交换取得的各种信息，为了要使企业识别系统更加迅速广泛获得大众的了解和认同，并且正确无误地快速推广开来，将企业识别系统和网络网络结合就成了重要的趋势了，利用网际网络的特色来辅助企业识别系统的运作，更可加强企业识别系统的效果，并且也提供了另一条更有利的渠道来传播企业的识别系统。

15-6 网络直复营销

一、直复营销的基本概念

直复营销（direct marketing）起源于1961年，起初的概念起源于邮购订单（mail order），之后由于计算机技术的发达，使得直复营销进一步成为一套可以追踪与分析消费者购买与付款行为，并能以“一对一”为营销基础的营销方法。而直复营销的定义随着科技的进步与环境的改变也由以往较狭义的范畴转变到现在较为广义的定义。直复营销在1980年代较狭义的定义如下：“直复营销是一种分销的方法，在买方与卖方交易的过程中没有销售人员与销售据点的介入。”

而现今直复营销则更强调多样化媒体接触方式的运用以及更多样化的销售渠道。现今的直复营销，根据直复营销协会（Direct Marketing Association，DMA）对其所下的定义如下：“直复营销是指一种互动式（interactive）的营销模式，借由一种或多种广告媒体，对不论身于何处的消费者产生影响，借以获得可加以衡量的反应或交易，并将活动所获得的信息存放于数据库中，以便日后修改营销计划之用。”直复营销大致具有3个特征：

1. **直复营销是非公共性的（nonpublic）**：信息通常只呈现给某特定的人员。
2. **直复营销具有立即性（immediate）与定制化（customized）**：信息可以非常快速地传送，且其亦针对特定的消费者来诉求。
3. **直复营销具有互动性（interactive）**：允许营销人员与消费者之间进行对话，且信息会根据消费者的回应而加以改变。

由此可知，直复营销用于高度目标营销的活动上颇为适合，并进而建立一对一的顾客关系。而直复营销发展的方向有：

1. 直复营销应结合咨询顾问、代理商以及信息科技等多元服务，同时直复营销也将广泛应用在不同产业。
2. 直复营销可使企业与目标顾客之间的沟通更直接、更具影响力。未来接触工作将直接针对目标顾客，而非经过大众传播工具。
3. 直复营销除了具有信息传达功能以外，也可以同时达成品牌建立效果，为了得到更多的经济效益，未来的直复营销不仅限于一对一的沟通方式，也可将具有相同特质的分众独立出来成为沟通对象。

4. 将大量传播经费投资于大众媒体广告的企业将成为直复营销的主要使用者，因广告已经不是建立品牌的唯一工具，与目标顾客一对一的接触将日益重要。

若要有效执行直复营销计划，营销者必须要先了解下列五点：

1. 收集与辨别顾客和潜在消费者的相关信息。
2. 运用数据库技术将杂乱无意义的信息，转换成可供使用与可显现消费者行为的有意义的信息。
3. 运用统计方法分析顾客与潜在消费者的行为模式，并按其特性将其区分为具有不同特性的数个组，但组内具有同质性的不同群体，之后再对每个群体在回应、购买、支付、停留与离开等行为上的几率与特性进行评分和排序，以作为制定营销策略时的参考。
4. 评估收集、复制与分析数据等程序的经济效益，并评估发展与执行直复营销计划后预期会产生的收益。
5. 积极寻找从直复营销程序中出现的营销机会，发展顾客关系与建立商机。

二、直复营销与数据库

直复营销在执行时十分重视数据库的使用，适当的使用数据库可以帮助企业达到：❶减少营销费用：借由数据库的使用，以增加新名单中的消费者与原有顾客的回应率、消费金额以及减少在接触时的费用。❷创造更多销售：借由数据库的分析，适当区分与辨认不同消费者的消费习性，并根据相关习性提供符合消费者兴趣与需求的商品。❸掌握并预测未来的商机：借由数据库分析以往营销活动的结果，了解活动成功与失败的原因，以提高日后营销活动执行时的效率，避免发生同样的错误。简单地说，数据就是有效营销执行的关键，没有数据库就没有所谓的直复营销。

而数据库中所需建立的数据，一般而言，包括来自企业内部与外部的资料，企业内部的资料包括现有顾客的消费记录、现有顾客或消费者的生活形态、人口统计与财务信用数据、以往对潜在消费者的宣传记录以及其他与营销决策有关的资料。外部资料则需要设法获得新的消费者宣传名单，与一些辅助性资料，如：市场调查、研究报告、消费者行为调查等数据，这些数据收集的来源与方法如下：

从公司内部收集

对企业现有的顾客而言，可以收集的资料包括：❶有关顾客与企业间的交易记录资料，如：购买频率、最近几月内的购买情形、购买的金额等，此方面的资料不管在任何行业中都会有记录，是最基本的顾客资料。❷非交易资料的其他资料，如：以往的宣传状况、消费者服务的互动情况等、取消订购的情形、商品退回的记录、顾客抱怨记录、公司内部维护某顾客群时所花费的成本等。❸顾客的回应资料，回应资料包括顾客回应索取资料与顾客回应购买何种商品的资料。通过此方面资料的收集，公司可以节省成本。举例来说，在一个多阶段式的销售流程中，营销者在第一阶段会先向顾客寄出能直接回应的各式宣传信息后，通过对顾客回应索取资料率的了解，公司在第二阶段可以根据顾客是否回应，实施具有差异化的宣传措施。比如对有回应的顾客寄发解说更详尽清楚的精美型录，对没有回应的顾客则寄发较节省成本的简单型录。因此，通过对顾客以往消费记录的收集，公司可以评估现有顾客每个人对公司收益的贡献程度，且可以进一步发展可用的营销预测模型，而这些资料大致上也都可以直接从公司内部获得。对于潜在消费者而言，公司可以获得的资料很少，因为潜在消费者还没有成为公司的顾客，所以公司并没有办法从他们身上收集到只有针对顾客才会产生的资料（如交易资料）。但是公司针对潜在消费者，还是可以收集到的资料包括对潜在消费者所进行过的宣传活动记录，如被宣传过的次数、形式与回应情形。

另外除了上述所提到的资料外，公司主要还可以经由对顾客与消费者建立双向对话的渠道获得，营销人员运用与顾客双向沟通的机会，将公司所欲了解的信息通过简单的问卷调查形式建立在信函或任何形式的能达到双向沟通的媒体中，通过这样的方式，公司可以收集到有关顾客与潜在消费者在人口统计、购买行为、生活形态与所处的地理位置上的信息，通过这些信息的收集，营销者就可以针对公司锁定的目标顾客，以及对公司营收有最大贡献的顾客分析其特性，以帮助营销人员在决定最具效率的宣传名单与其他营销决策时之用，而这种信息收集的方式也就是运用了关系营销的营销概念。

向第三方信息收集公司购买

在美国，这类资料的来源主要是来自于美国人口调查局（U.S. Census Bureau），另外还包括将资料进一步做分类与分析的资料公司所提供。而这些公司所提供的主要服务包括：根据不同的人口统计、生活形态、行为态度与财务形态特性等不同的要求来提供名单资料。为了方便不同市场规模的企业营销人员的需求，这些信息通常还可以进一步分为不同地区、邮政编码、街道、邮件递送路线。而目前企业在从事直复营销时可外包的资源包括：❶直复营销广告公司：提供直复营销创意及协助执行。❷文案撰写者：让直效广告更具吸引力。❸名单公司：专业名单搜寻者，拥有许多来源的名单。❹名单 complier 公司：分析产品诉求，帮助预测出最佳回应顾客群。❺名单中介者：协助各家名单的搜寻，节省四处探访的时间。❼名单管理者：拥有特定的自有名单并协助管理。

学习测评

1. 什么是“营销沟通组合”？其包括哪 5 种工具？
2. 简述有效营销沟通的步骤。
3. 简述网络营销沟通的模式。
4. 简述网络营销沟通的干扰有哪些。
5. 什么是网络广告？它有何优势？
6. 什么是促销？什么是网络促销？
7. 简述常见的网络促销工具有哪些。
8. 什么是电子折价券？
9. 什么是直复营销？

案例讨论：传统媒体大转型：udn 买东西

http://shopping.udn.com

创立 60 年的媒体集团联合报系，2011 年 5 月 24 日宣布跨足电子商务市场。联合报系投资 5 千万元打造全新、全客层的网络购物平台——udn 买东西购物中心。udn 买东西将延续联合报“正派办报”的精神，提供消费者最安全、多样化的购物体验。

联合报系在坚持耕耘媒体本业外，也积极迎合数字时代，1999 年 9 月成立联合新闻网（udn.com），每月不重复浏览人数高达 600 万人，不仅连续三年蝉联企业网站第 1 名，更同时夺得“台湾地区百强网站”第 14 名及“移动上网”第 6 名等多项殊荣，优异表现得到各界肯定。

消费者可通过联合新闻网，连接至 udn 买东西购物中心。2011 年刚开站时，udn 买东西共有760间厂商进驻，超过8万件商品上架，至2011年底商品数达15～20万件，商品种类涵盖多元化，可让消费者一站购足，并提供完整资金流、物流等服务。

udn买东西经营团队在2011年10月17日正式成立，短短七个月完成网站建置、招商并宣布上线，创下台湾地区业界创建大型购物网站最快的纪录，提供与其他大型购物网站相同等级的商品、资金流与物流等服务，并抢先取得ISO27001国际信息安全认证，完整保护消费者信息安全。

完整CRM顾客需求研究让“udn最懂你”。在购物网站琳琅满目的数10万种商品中，却找不到自己最需要的那一样吗？udn买东西领先网购业界，率先创建完整的CRM顾客行为分析系统，可通过每位会员的点击记录、购买状况与购物行为等资料，分析出消费者最感兴趣、最需要的商品，通过精准营销信息，将最新、最好、最优质的商品主动提供给消费者，好像一个最贴心的购物伙伴，不会要你乱买，只提供需要的商品，只有udn买东西“最懂你”。udn买东西认为若CRM做得好，能精准抓到消费者喜好，商品就不会无限制扩张下去，并判断以台湾地区市场大小，最后大约控制在15万件商品左右。

“一站购足”是udn买东西购物中心的宗旨，一开站提供超过8万件商品上架销售。而为建构完整的电子商务版图，udn买东西也结盟其他当红的电子商务平台，提供消费者全方位购物选择，包括主打团购的“Groupon网站”、旅游专业网站“雄狮旅游”，都可从udn买东西直接链接，与庞大网友一起团购最热门的商品，或者参加最热门的旅游行程。策略联盟的网站也会为udn买东西的会员，提供专属的团购优惠商品、超值优惠旅游行程，享受当红平台全部整合，保证“最好买”。

udn买东西购物中心现也囊括最当红的品牌进驻，如美国第一夫人米歇尔·奥巴马的爱牌“大东山珠宝”、顶级家电代名词“伊莱克斯”（Electrolux）、台湾偶像剧最爱配件“故事银饰”、纯天然有机保养品“美国布朗博士”、网络爆红甜点“红砖布丁”、最热门女装品牌“天使小恶魔”等。最当红、优质的品牌，udn买东西全都一网收罗。

延续联合报系始终关怀台湾地区当地特色，并展现MIT商品魅力，是udn买东西创立的使命，特别首创OCOP（One City One Product）专馆，深入台湾地区的大小城市、乡镇，发掘不为人知、却独具地方文化与意义的特色产品，发扬MIT（Made In Taiwan）精神，让消费者通过网络，就能感受台湾地区专属商品的生命力。如现在推出的有新竹关西玉山面、南投信义乡晨轩梅、苗栗华陶窑桐花杯等。

在短短两年间，udn买东西成为台湾地区网购平台第6强，已由2011年开站时的八万件商品上线，快速扩增为40万个品项以上的商品，品类包括美妆保健、流行服饰、精品名表、鞋包配饰、3C家电、居家生活、家具寝饰、食尚良品、图书文创、运动交通、品牌专馆等，无所不包。如今消费者无论爱什么、找什么、要什么，都可以快速又方便地在udn买东西购物中心买得到。

讨论问题：

1. 请根据本章所学为udn买东西设计新的网络营销推广策略。
2. 请从“媒体”与“渠道”的角度，解析udn买东西。

移动商务与网络营销

16 CHAPTER

导读：台湾地区移动购物趋势

GROUPON 团购网站 2014 年 3 月 15 日调查报告指出，(台湾地区) 移动购物有 3 大趋势：

1．随时买：GROUPON 发现，以购物时间来看，过去 PC 网购多集中于周一到周五的上班时间，移动设备（手机、平板）随时随地都可联网消费的特性，让购物时间分布得更为平均，不分平日、假日或上班、下班，“夜晚睡前”与“午餐时间”则为两大消费高峰。

2．买更多：在购物金额上，台湾消费者在移动装置上的平均消费金额已追平 PC，尤其在休闲活动类。餐厅美食部分，烤肉及火锅类最受移动消费者欢迎。宅配商品中，以 Beats 耳机、MIT 保暖羽绒被等生活用品在手机上卖得最好。而手机族购买休闲旅游票券方面，则以温泉泡汤最为热销。

3．集中都会区：以消费者分布位置来看，大都市已成移动购物主力，依次为“台北市”“新北市”“高雄市”“台中市”。

2013 年 9 月 GROUPON 已陆续推出新版移动 App 的“即买即用”与“附近好康”功能，根据消费者所在位置搜寻附近优惠，立即到店使用，为 GROUPON 创造每月两位数的移动业绩增长。近来则推出新版移动网页，优化使用界面，以商品图像为呈现方式，同时强化商品频道的导览界面，App 版的“附近好康”功能也即将在新版移动网页推出，让消费者可以更快找到好康。

16-1 物联网

一、何谓物联网

物联网（The Internet of Things）的概念是在 1999 年提出的，所谓“物联网”是指将各种信息传感设备，如无线射频识别（RFID）装置、红外感应器、全球定位系统（GPS）、激光扫描器等装置与网际网络结合起来而形成的一个巨大网络。其目的是让所有的物品都与网络连接在一起，方便识别和管理。

顾名思义，物联网就是“物物相连的网络”。这有两层意思：第一，物联网的核心和基础仍然是互联网，是在网络基础上延伸和扩展的网络；第二，其用户端延伸和扩展到任何物品与物品之间，进行信息交换和通信。

物联网是利用无所不在的网络技术建立起来的，其中非常重要的技术是 RFID 电子标签技术。预计物联网是继电脑、网际网络与电信网络之后的又一次信息产业浪潮。有专家预测十年内物联网就可能大规模普及，这一技术将会发展成为一个上万亿元规模的高科技市场。

网际网络完成了人与人的远端交流；而物联网则完成人与物、物与物的即时交流。物联网概念的问世，打破了之前的传统思维。过去的思路一直是将物理基础设施和 IT 基础设施分开，一方面是机场、公路、建筑物；另一方面是数据中心、个人电脑、宽带等。在物联网时代，二者将融为一体。

国际电信联盟 2005 年一份报告曾描绘“物联网”时代的景象：当司机出现操作失误时汽车会自动报警；公文包会提醒主人忘带了什么东西；衣服会“告诉”洗衣机对颜色和水温的要求等。

二、物联网的特征与发展阶段

2009 年 10 月 5 日，在瑞士日内瓦开幕的世界电信展（ITU World 2009）上，中国移动总裁王建宙发表演讲时表示，物联网有三个特征：

1. 全面感知：即利用 RFID、传感器、二维码等随时随地获取物体的信息。
2. 可靠传递：通过各种电信网络与网际网络的融合，将物体的信息即时准确地传递出去。
3. 智能处理：利用云端计算（cloud computing）、模糊识别等各种智能计算技术，对大量的数据和信息进行分析和处理，对设备物实施智能化的控制。

此外，业界表示物联网发展可分为三个阶段，第一个阶段是“信息汇聚”，第二个阶段是“信息处理”，未来的物联网将采用多种传感技术聚合处理信息；最后一个阶段是“泛聚合阶段”，这也是物联网最终的目标。

三、物联网时代的数据管理挑战

英国学者 Joshua Cooper & Anne James（2009）曾发表《物联网时代下数据管理的挑战》一

文，根据不同的数据类型来探讨未来“物联网”时代中所将面对的可能的数据管理问题。在考虑间断型与连续型数据特性后，Joshua Cooper & Anne James（2009）将“物联网”环境下所有的数据类型区分为：

1. RFID 数据。
2. 寻址 / 单一辨识。
3. 对象、程序与系统的描述性数据。
4. 定位数据与环境数据。
5. 感应器数据：多维度时间序列数据。
6. 历史数据。
7. 实体模块。
8. 执行组件状态与控制指令。

根据前述数据分类与物联网环境特性下，进一步指出数据管理所面临的问题：

1. 数据数据量、范围与索引。
2. 查询语言。
3. 运作建模与处理。
4. 数据异质性与整合。
5. 时间序列数据汇整。
6. 数据归档。
7. 数据保护。

四、物联网商业模式目前暂时无法大规模商业用

首先，物联网在体制上相互分割，缺乏资源共享；其次，技术上感测器、芯片、关键设备制造等整合技术尚未成熟；第三，物联网技术标准缺乏统一；第四，商业模式仍处于初级阶段，成本较高，不适合大规模商用；第五，安全和隐私不能得到保障；第六，网址资源严重不足。

16-2 移动商务的基本概念

一、商业结构转移——从电子商业到移动商业

随着电子商务的热潮全面降温，媒体、投资者和股市都把注意力移到了移动网络上，那么问题来了“移动商业会不会出现？”“它会以什么样的形态出现？”“企业又要如何利用无线科技经营其业务？”

1. **微软（Microsoft）**：为什么要从个人计算机软件厂商转型为多平台基础设施服务企业？
2. **英特尔（Intel）**：为什么要从微处理器制造商转型为移动网络连线与通信产品制造商？
3. **诺基亚（Nokia）**：为什么要从移动电话制造商转型为移动经济服务设备商？
4. 日本 **NTT DoCoMo**：为什么要将 i-mode 移动网络服务输往欧美？

这些变化都凸显出商业结构转型的现象：电子商业——固定式，以个人电脑为主的商业模式，将转变成移动商业——移动化，以人为主的商业模式。从历史演化的角度来看，只要顾客一有新的习性和期望，就会形成新的商机和新的商业结构。顾客的习性很容易受到新科技的影响，所以企业才会竞相成立新的公司，以补足其间的落差。问题是您准备好了吗？

图 16-1 说明了过去 20 多年来所发生的商业结构改变。前两次的改变主要在于系统整合与企业重组，主要影响为企业之内，而后三次的改变，则包括电子商务、电子商业与移动商业，主要影响为企业之内外。最后，则由人迁就电脑（以个人电脑为主），转变成手持设备到处可用（以个人为主）。

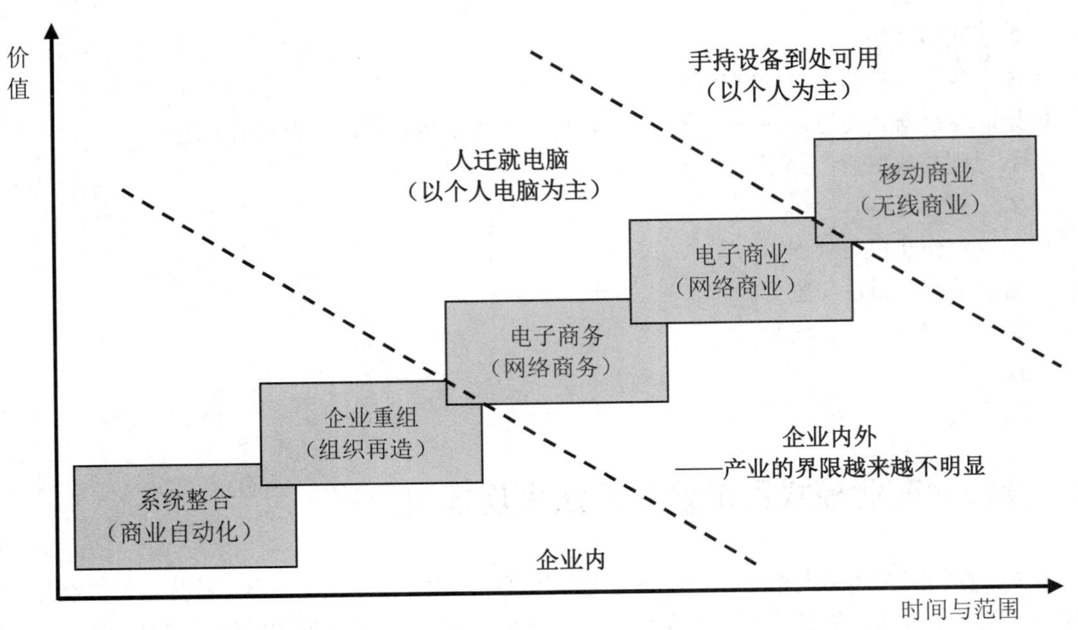

图 16-1　商业的演进

资料来源：修改自 Kalakota & Robinson（2001）

电子商务（e-Commerce）是指通过网络买卖产品服务。电子商业（e-Business）的范围比电子商务更为广泛，泛指一切能让企业从事电子商务交易的科技应用与经营模式。目前大部分电子商务与电子商业所设计与开发的应用程序，几乎都是以个人电脑为考虑要点，基础设备主要以有线的形式存在。但随着无线网络的兴起与逐渐普及，这种固定式的电子商业典范将逐渐演化成移动商业。

那问题又来了？什么是移动商业（m-Business）呢？简单来说，就是：

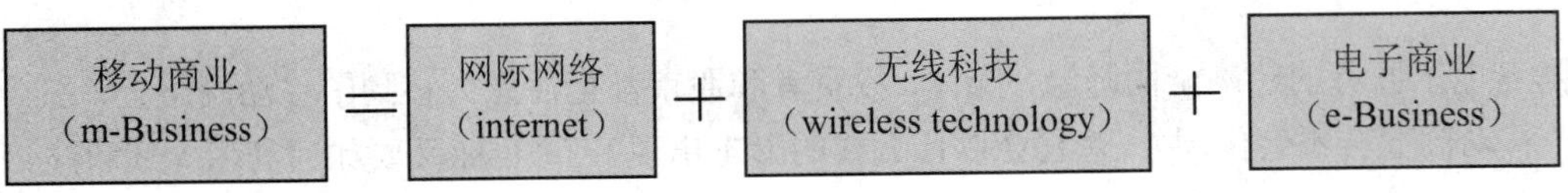

移动商业是指业务上必须应用的基础设备，业者可以靠移动设备维系业务关系，并销售产品或服务。移动商业如果是幕前，那电子商业就是幕后所发生的一切商业行为。因此，移动商业是电子商业的衍生体，用以顺应新的消费渠道形态的挑战。

此外，值得注意的是，移动商业会表现在 3 种层次之上：基础设备和各式移动设备、消费者应用和体验、协同关系与供应链。

所谓“移动化”有“离线”与“上线”两种不同状态：

1. **离线移动**：是指虽然不连接网络，但还是可以利用手持设备运行独立的程序。注意，移动设备就算不接上网络其用处还是很大的。
2. **上线移动**：通常又称为“无线上网”，只要手持设备通过无线网络，就可以交换电子邮件、短信，并接收网页内容等，都属于这个范畴。

离线移动和上线移动（无线上网）的差别会影响移动商业应用程序的设计方式与用途。而发展移动商业应小心三个主要陷阱：

1. **速度过快**：一窝蜂地追求快速成长，养大了对资金的胃口，不断地融资，这种操作方式无疑是自寻死路。
2. **时髦和体面不能当饭吃**：光鲜亮丽的前景有助于募集资金，但要获利那还要多多努力。
3. **创新的扩散是个漫长的过程**：不论是个人、经济、社会，接受新科技再快，也需要时间，问题是企业永远不会提前知道消费者到底准备好没？

记住，消费者到底要买什么？既不是作业系统、处理器，也不是硬件架构。消费者要的是简单而有效的解决方案。有句名言“在淘金热期间，唯一赚钱的是卖铲子的商人。”

二、何谓移动商务

Müller-Veerse（1999）认为，移动商务是通过无线通信网络来进行资金流交易的任何活动。Aberdeen Group（2000）认为，移动商务是由移动无线设备、无线网络、应用服务提供者、信息与交易促成者四项基本元素互相配合所组成。

Kalakota & Robinson（2001）认为，移动商务是将无线科技连接至网际网络，并加上电子商务的功能，即：

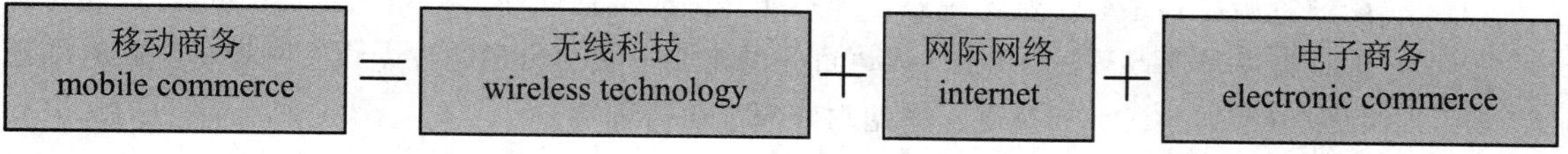

三、移动商务技术的演进

科技不断进步，使得移动商务这几年有重大的发展。移动技术演进过程如表 16-1 所示。

表 16-1　移动技术的演进

阶段	信号类别	时程	技术标准	适用服务	讯息内容
第 1 代（1G）	类比信号	1979 年起	AMPS、TACS、NMT	基本语音传输	Voice
第 2 代（2G）	数字信号（9.6K）	1992 年起	GSM、TDMA、CDMA、PDC	进阶语音传输、文字短信服务（SMS）	Voice
第 2.5 代（2.5G）	数字信号（57.6～384K）	2001 年起	GPRS、EDGE	文字短信服务（SMS）网际网络	Voice/Data

续表

阶段	信号类别	时程	技术标准	适用服务	讯息内容
第3代（3G）	数字信号（384K～2M）	2001年起	WCDMA、CDMA2000	网际网络、影音传输、多媒体传输	Voice/Data
第3.5代（3.5G）	数字信号（约30Mbps）	2005年起	HSDPA	提高数据传输速度	Voice/Data
第3.75代（3.75G）	数字信号（约30Mbps）	2005年起	HSUPA	提高数据上传速度	Voice/Data
第4代（4G）	数字信号（约100Mbps）	2008年起	WiMAX II、LTE、UMB	没有正式定义，但是有预期达到的目标	Voice/Data

四、移动商务的应用范围

移动商务的应用范围主要可分为三大类：

1. **B2C 移动商务：**主要应用在企业与消费者间的联系或交易，包括移动银行 / 移动券商、移动购物、短信服务（SMS/MMS）、移动广告等。
2. **B2B 移动商务：**主要应用在上、中、下游厂商间的联系或交易，包括移动企业资源规划、移动供应链管理、移动企业顾客关系管理与移动企业门户网站等。不论是订单、原材料运送通知、信息通知、配送查询等，许多企业流程已经电子化；而无线通信科技可以进一步让这些协同作业更有弹性且更即时，使企业及合作伙伴间的信息流通更透明，提升协同作业的效率，并强化产业的价值体系（value system）。
3. **B2E 移动商务：**B2E 移动商务能够让企业的员工通过无线上网连接企业内部系统（如企业资源计划系统、顾客关系管理系统、供应链管理系统、知识管理系统等），随时随地查询各项商品现况。B2E 移动商务也能让企业的员工通过无线上网设备，随时随地收发电子邮件、处理公文、查阅与修改工作日程等。

五、移动增值服务

何谓移动增值服务

郭英峰与陈邦诚（2006）认为，移动增值服务是移动电信业者将自制内容或通过策略联盟方式，与内容业者合作，提供一般手机用户一般话务以外的移动数据或影音的信息服务，例如：个性化铃声、文字短信服务、多媒体短信服务、移动游戏、图案、电子交易等。

移动增值服务的特性

Muller（2000）认为，移动增值服务具有如下特性：

1. **无所不在：**移动增值服务的终端设备为移动设备，因此任何具有无线通信功能的设备，都可以即时地将信息传给使用者。

2. **可及性**：由于移动设备具有即时通信的功能，因此，可以在任何时间与地点将各种信息与服务通过设备传达给使用者。
3. **安全性**：借由移动设备 SIM 卡的技术，电信业者可以确认使用者的身份。
4. **便利性**：由于移动设备属于个人化使用设备，也可以存储某些信息在其中，因此可以相当便利地使用移动增值服务，来使生活便利。
5. **定位**：由于移动通信的基地可以通过三点定位的方法，将使用者所在的区域辨识出来，因此可针对使用者发送特定区域内的商家折扣信息，或通过定点的方式进行搜寻。
6. **即时连接**：通过目前的通信技术（如 GPRS、WAP 等），都可以将移动设备连接至不同的终端设备，可即时与网络相连接，进而取得需要的信息。
7. **个人化**：由于移动设备是通过手机将服务与信息传达给使用者，而其又属于个人化的使用商品，因此电信业者可以通过定制化的过程，将不同的信息与服务，传送给不同的手机使用者，如信用卡账单、折价券与促销信息等。

移动增值服务的应用分类

移动增值服务的应用，根据消费者使用目的的不同可分为四大类：

1. **移动通信服务**：这是目前台湾地区用量最大的移动增值服务，提供消费者彼此之间即时通信的服务，如文字短信（SMS）、电子邮件（E-mail）及多媒体短信（MMS）等。
2. **移动娱乐服务**：主要是提供消费者娱乐性的应用服务，如铃声下载、图像下载、游戏下载等。移动娱乐是仅次于移动通信的第二大移动增值服务应用。
3. **移动交易服务**：提供消费者金融与商务的服务，如移动购物、移动银行、移动购票与定位服务等。
4. **移动信息服务**：提供消费者即时的信息服务，如新闻气象、股市信息、地图查询、停车位查询等。

16-3 移动经济的潮流

一、移动经济

移动商业最麻烦的部分显然不是科技本身，而是要如何判断消费者的接受速度与范围。

消费者喜好的改变

有三种消费者趋势会影响到移动经济的塑造：

1. **连成一体的社会和人口结构**：消费者希望不管身在何处，都能保持通信与随时取得信息，实现更紧密的联系。
2. **消费者对服务速度的要求变更快**：时间就是金钱，消费者已厌倦等待服务，他们希望新科技能消除大排长龙的现象，并缩短等待服务的时间。
3. **简便好用**：科技来自于人性，只有更人性化的产品与服务才是消费者想要的，而这种人性化的服务有两个要件，一贯的程序与美好的体验。

移动经济的潮流如图 16-2 所示。

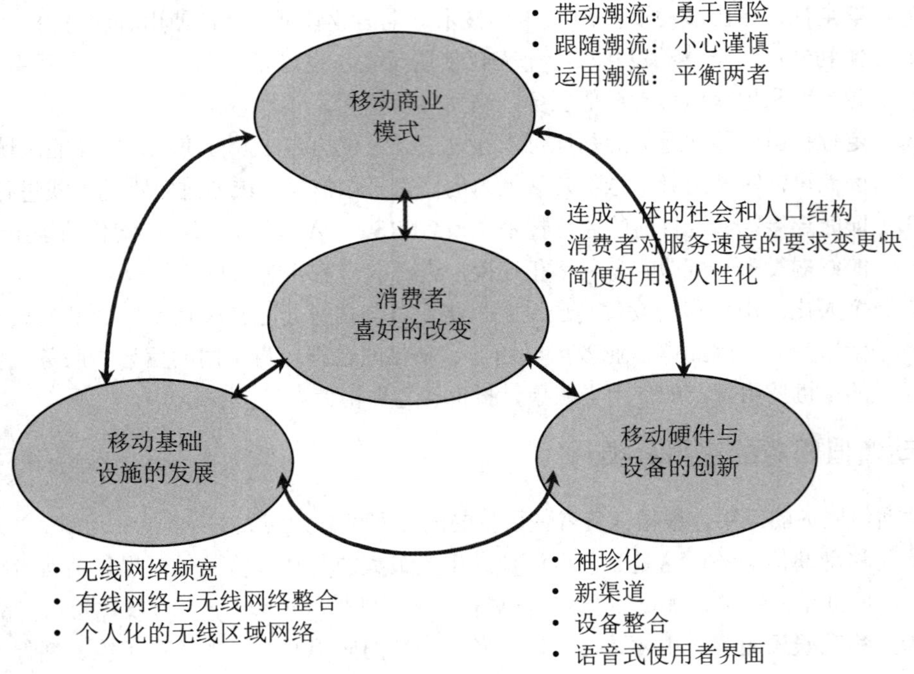

图 16-2 移动经济的潮流

资料来源：修改自 Kalakota & Robinson（2001）

移动硬件与设备的创新

有四种移动硬件与设备的创新会影响到移动经济的塑造：

1. **袖珍化**：消费者对手持设备的要求不断提高，希望更精巧、更省电，但功能更强大。
2. **新渠道**：消费者互动的新渠道正以智能型移动设备的面貌出现，包括汽车、家电和玩具等。
3. **设备整合**：例如电话与电脑整合的智能型手机平台、个人电脑与传呼机的结合，以及电话与 PDA 的结合等。
4. **语音式使用者界面**：更小更好，所以绝不可能再回头使用键盘式输入，因此新一代语音式使用者界面的输入方式顺应而生。

移动基础设施的发展

有三种移动基础设施的发展会影响到移动经济的塑造：

1. **无线网络频宽**：想要平稳地传送影音，至少要有 128K 以上的频宽，而比较平稳则要 300K 以上，目前无线网络的主流是 Wi-Fi 与 3G，2014 年台湾地区第 4 代（4G）无线网络正式开始。
2. **有线网络与无线网络整合**：有线网络上已充满了多姿多彩的网络内容，唯有加快有线网络与无线网络的整合，移动商业的发展才会真正见到曙光。

3. **个人化的无线区域网络**：蓝牙解决消费者满地电线的问题，更形成了短程的无线个人区域网络（personal area network）。

三种移动商业模式

在这场移动经济中，企业有三种移动商业模式可以选择：❶带动潮流：勇于冒险；❷跟随潮流：小心谨慎；❸运用潮流：平衡两者。

二、移动价值链

移动商务价值链

移动商务价值链（mobile commerce value chain）最早是由 Veerse 学者提出，总共定义了 11 个在移动商务中的供应链角色，如图 16-3 所示，详细说明如下：

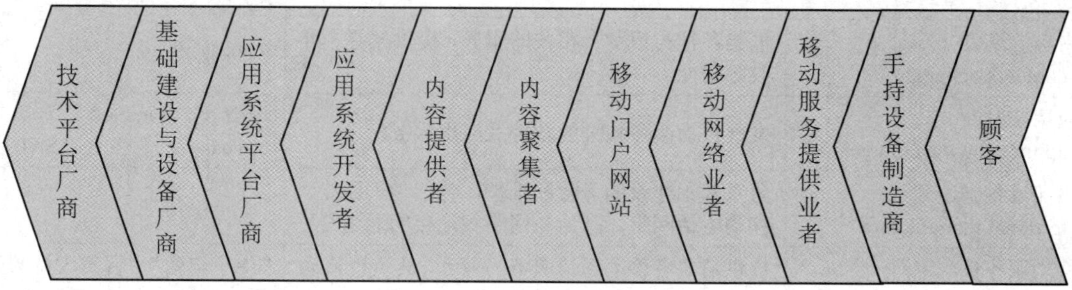

技术平台厂商 | 基础建设与设备厂商 | 应用系统平台厂商 | 应用系统开发者 | 内容提供者 | 内容聚集者 | 移动门户网站 | 移动网络业者 | 移动服务提供业者 | 手持设备制造商 | 顾客

图 16-3 移动商务价值链

1. **技术平台厂商（technology platform vendors）**：提供装置于移动设备的作业系统（operating system）与浏览器（browser）等。
2. **基础建设与设备厂商（infrastructure and equipment vendors）**：提供无线网络架构与设备，以及开发移动商务环境所需的服务器等。
3. **应用系统平台厂商（application platform vendors）**：扮演无线网络应用系统的中介架构。
4. **应用系统开发者（application developer）**：开发执行于移动设备操作系统的应用软件，如 Microsoft Windows CE 或者 Palm 等。
5. **内容提供者（content providers）**：设计各式增值服务内容，让移动用户通过移动设备读取资源，如移动购票、移动导航等信息服务。
6. **内容聚集者（content aggregators）**：提供移动用户搜寻资料或者分类资料的功能。
7. **移动门户网站（mobile portal providers）**：集结各类应用软件让移动用户使用，如收发 E-mail、传送短信与社群交友等。
8. **移动网络业者（mobile network operators）**：一般由电信业者所扮演，支持用户通过移动设备连线，提供移动网络增值服务内容给移动用户。
9. **移动服务提供业者（mobile service providers）**：移动增值服务一般是由服务供应商提供，再经由与电信业者结盟，将服务供应商的内容置入电信业者的入口网页，供用户读取或下载，如日本电信业者 NTT docomo。

10. 手持设备制造商（handset vendors）：专门制造支持各项协议的手持设备，例如 WAP、GRPS 等不同协议电信系统的移动设备。

11. 顾客（customer）：泛指使用移动增值服务的使用者。

经由价值链分析，获知供应链中的每个角色各司其职、专业分工，以期能带给移动用户更便利的服务，并提供企业更佳的商业经营模式。

移动网络产业价值链

根据美林证券的研究报告指出“移动网络产业价值链”可以区分成六个角色，分别为内容汇聚者、应用发展商、终端设备制造商、移动服务供应商、网络营运者、系统整合者，而贯穿整个价值链的核心价值在于打动消费者的“应用与内容服务”，整理如表 16-2 所示。

表 16-2 移动网络产业价值链

价值活动	功能	业者
内容汇聚者（content packaging）	汇集各种与消费者相关的服务，提供搜寻、分类等功能	网络业者
应用开发商（application development）	发展移动商务相关的软件及应用服务	甲骨文（Oracle）、赛贝斯（Sybase）、思爱普（SAP）
终端设备制造商（terminal manufacture）	负责基础建设的运营和维护，包括骨干网络、移动电话网络、基地与网络相连接的通道	“中华电信”
移动服务供应商（mobile service provider）	提供消费者移动通信服务的业者，其负责移动通信服务的实际运营、营销及客户服务	“中华电信”“台湾大哥大”、远传电信、和信电讯
网络运营者（network operation）	整个移动通信网络应用服务背后所需要的网络基础建设和运作维护	“中华电信”
系统整合者（system integration）	建设移动通信网络时，提供所需要的各种基地设备、骨干网络、移动电话网络传输设备，以及网络管理等系统设备	韩国三星、德国西门子

三、移动商务的未来——下一代移动商务

无所不在商务（u-Commerce）与无声商务（s-Commerce）

移动商务只是改变的第一步，未来的世界将是一个无远弗届、无时无刻、无线路（或装置限制）、无沟通范围的商业形态，称为“无所不在商务”（u-Commerce）。然而 u-Commerce 并不是用以取代电子商务或移动商务的，事实上，它与这两者同时存在，只是企业所能交易或沟通的范围会无限制地扩大。

u-Commerce 中的 u 是指无所不在的意思（ubiquitous），泛指“不被实体线路或传统商业交易定义所束缚的商务”。u-Commerce 涵盖了企业及其员工、供应链伙伴以及所有相关个人或组织的信息流动，代表随时随地的信息交流。简单来说，“u 化”是希望通过科技，创造一个“以人为中心”，提供各种服务的线上环境。

在 u-Commerce 的世界，所有的个人装置与网络都被各式各样不同的设备连接在一起，中间的媒介不只是手机，也可能是家里的电视机、计算机或各种交通工具。人与人、人与机器设备，甚至是机器与机器间的沟通将不再有速度的问题或地点的限制。也许有一天，你的车子会自动检测出某个零件出了问题，自动与修车厂联系，然后根据你的时间表，自动跟修车厂预约一个修车时间。

无所不在商务另一个重大趋势是无声商务（Silent Commerce），简称（s-Commerce）。无声商务是借由科技将物品变得具有智慧与互动能力，无声商务将开启商业上的无限可能，创造崭新的商业模式。在电子商务领域，讨论的不外乎人们如何通过电脑、PDA 或手机的形式沟通。但不论使用的是哪一种工具，进行沟通的主角都是“人”。但“物品”对“人”或“物品”对“其他物品”沟通，这就需要没有人力介入的“无声商务”(s-Commerce)。

无声商务运作的幕后功臣在此：一枚几乎可附着或嵌入在任何物体上的使用无线射频技术（Radio Frequency Identification Device，RFID）的标签。这枚标签能够连接关于产品的各种信息，包括制造地点及方式。

RFID 可以取代现今较为粗糙的条码系统，因为每一个物品都会有独一无二的身份，且信息可以在不须扫描的情况下就被传递分享。当企业将 RFID 和可以同步感应、记录、传递物品信息的微感应器加以结合，就能随时确认货品处理或存储的现状。故可以应用于检查鱼类是否新鲜、啤酒的温度或是精密器材是否遇湿受潮。居家、办公室或厂房可以被远端监控，或是事先设定在必要时作出各种应变。

以位置为基础的服务（LBS）

以位置为基础的服务（Location Based Service，LBS）：是通过移动电信服务厂商的网络（例如 GSM 网或 CDMA 网）获取用户的位置信息（经纬度坐标），在电子地图平台的支持下，为用户提供相对应服务的一种移动增值服务。目前 LBS 的主要应用有：紧急救援、个人定位、追踪或导航、适地性广告、基于位置的计费、交通拥堵报告、城市风光导游等。目前的 LBS 服务大致可分成下列几种用途：

1. **基本服务**：就像以往的 GIS 服务一样，提供使用者目前位置的信息。如果要前往某个地方时，走哪条路比较方便…等。这类目前在汽车导航上已经有相当广泛的应用。
2. **急难服务**：也是 LBS 服务能够发展的原因。当有使用者发生山难或者迷路，自己也不知道身在何方；或者是使用者可能经过短暂通信，来不及告知救援人员方位即丧失通信时。我们就需要通过手机来得到初步的定位，缩小救援人员搜寻的范围，缩短搜救时间。
3. **被动的移动增值服务**：除了基本的位置信息之外，可以再附加上其他有用的信息，来做移动增值服务。例如：除了告诉使用者他所在的地点之外，还能查询周边是否有电影院、餐厅、加油站、停车场等信息，方便使用者搜寻，这在目前已是很常见的服务了。
4. **主动的移动增值服务**：除了可用来搜寻使用者所在地点附近的信息外，另一方面，也可以与系统及商家合作，做到主动性的增值服务。例如使用者经过 SOGO 百货公司，系统就主动将今天 SOGO 可能有的特惠活动，通过短信的方式来传递给使用者，又称为“适地性短信广播”。
5. **其他类的应用服务**：这类服务通常与使用者的“绝对位置”无关，而是利用使用者与其他标的物的“相对位置”所做的加值应用。例如：让使用者搜寻他附近的其他使用者，来提供交友服务。或者利用使用者目前所在的方位，对应的某个游戏中（例如大富翁或其他冒险游戏）的应用。

16-4 移动商业的样貌

想要在移动商业中获利，企业必须明确在移动商业应用中扮演什么样的角色，需思考 3 个关键问题：

1. **创新和顾客价值：**在无限宽广的移动浪潮中，企业应该争取哪些机会？哪些机会具有最大的效能或创造价值的潜力？企业目前又有哪些完整的核心能力与资源？
2. **可获利的营运模式：**许多新兴的电子商务企业也都输在这点上。如果缺乏获利的合理机会，创新就失去了意义。为顺应移动科技的挑战，企业要怎样靠既有的创新获利？企业还需要什么特点才能保证获利？哪些创新可以让消费者愿意掏出钱？
3. **投资焦点：**企业的资源与时间是有限的，企业必须筛选出具有潜力的移动商业创新。同样的，消费者的目光与时间也是有限的，企业必须设法从众多的竞争者中脱颖而出。

企业如果要对移动商业提出完整的愿景，首先就必须认清移动商业的样貌。而移动商业的样貌是由六个评估移动商业环境的架构所组成的，如图 16-4 所示。

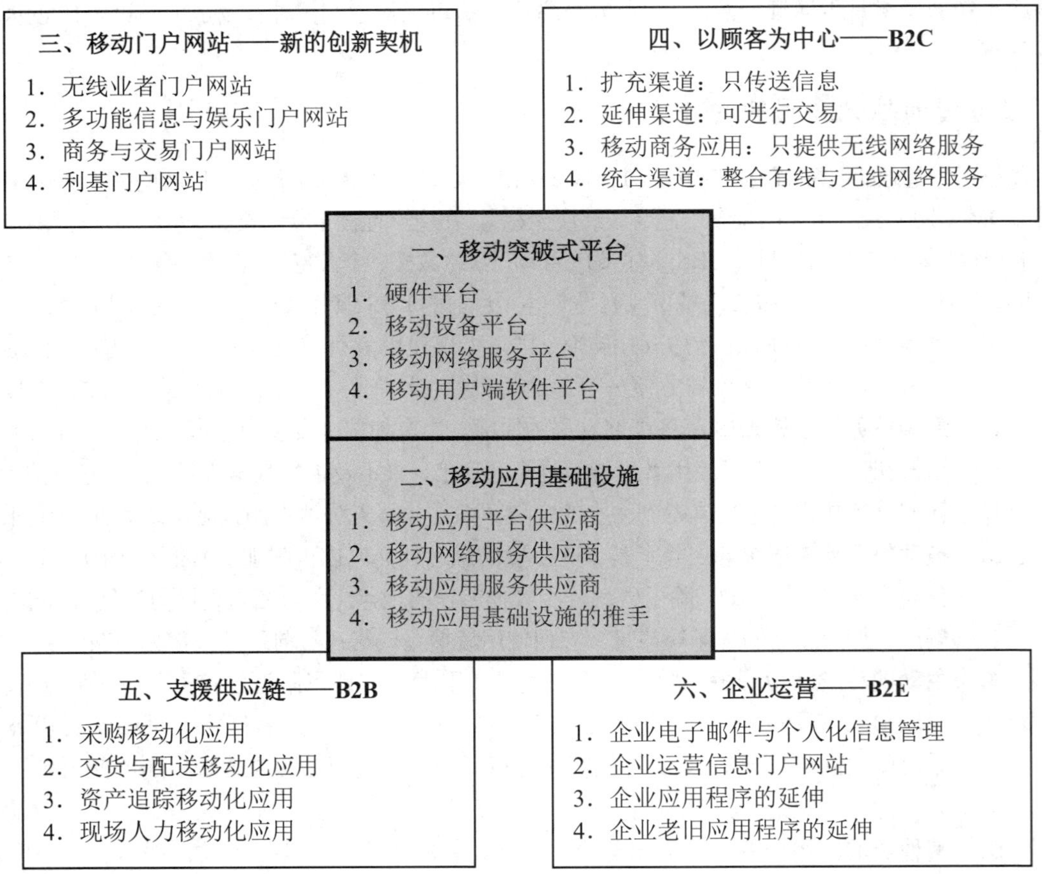

三、移动门户网站——新的创新契机

1. 无线业者门户网站
2. 多功能信息与娱乐门户网站
3. 商务与交易门户网站
4. 利基门户网站

四、以顾客为中心——B2C

1. 扩充渠道：只传送信息
2. 延伸渠道：可进行交易
3. 移动商务应用：只提供无线网络服务
4. 统合渠道：整合有线与无线网络服务

一、移动突破式平台

1. 硬件平台
2. 移动设备平台
3. 移动网络服务平台
4. 移动用户端软件平台

二、移动应用基础设施

1. 移动应用平台供应商
2. 移动网络服务供应商
3. 移动应用服务供应商
4. 移动应用基础设施的推手

五、支援供应链——B2B

1. 采购移动化应用
2. 交货与配送移动化应用
3. 资产追踪移动化应用
4. 现场人力移动化应用

六、企业运营——B2E

1. 企业电子邮件与个人化信息管理
2. 企业运营信息门户网站
3. 企业应用程序的延伸
4. 企业老旧应用程序的延伸

图 16-4 移动商业的样貌

资料来源：修改自 Kalakota & Robinson（2001）

一、移动突破式平台

长久以来，软件与硬件企业都知道不论在哪一个市场，最赚钱的办法就是拥有平台，让其他开发人员来撰写相关的应用程序。对移动领域的很多企业来说，最重要的问题并不是开发哪些产品才符合市场的需求，而是要认清哪些产品未来可以当作其他产品的平台。移动平台企业提供了工具与基座后，其他人可据此建立本身的解决方案，例如新的：

1. **硬件平台**：微处理器、芯片组、数字信号处理器、闪存存储器。
2. **移动设备平台**：移动电话、PDA、平板电脑、移动家电。
3. **移动网络服务平台**：移动网络操作系统、工具、程序语言。
4. **移动用户端软件平台**：移动用户端操作系统、工具、浏览器。

很多企业都忽略了两件事，一是决定自身产业适用何种移动技术平台，二是决定哪种移动平台可以为企业长期的产品与服务带来最大商机。其实只要仔细思考就会发现，若能善用长期的移动平台优势，就能创造出很多具有商机的产品或服务。

二、移动应用基础设施

移动应用基础设施，这些企业扮演推动、传递与管理移动应用与服务的角色，共可分为 4 类，包括：

1. **移动应用平台供应商**：主要负责移动网络的安全存取服务、使用者管理服务、通信服务、门户网络服务、移动商务交易服务，如：奥维（Openwave）和 Every Path。
2. **移动网络服务供应商（M-ASP）**：主要负责提供企业移动应用程序服务，如：Aether 和 JP Mobile。
3. **移动应用服务供应商**：主要负责提供移动连线服务，让移动设备连接无线网际网络，如：AT&T、GoAmerica 和 Palm.net。
4. **移动应用基础设施的推手**：主要负责数据交易安全服务（如 Verisign）、数据同步化服务（如 Synchrologic）及内嵌式数据库服务（如 Sybase）。

数据同步化的作用在于让两组不同的资料看起来一样。同步解决方案在移动离线环境中非常重要，因为使用者只有在“需要”时才会连接无线网际网络。

对手持设备来说，内嵌式数据库确有存在的必要。这类数据库的基本条件包括：可以和服务器层次的数据库进行同步、可以支持离线作业。企业如果想要加入移动经济的行列，就必须先建立”移动应用基础设施”，才能开发与落实创新程序。

三、移动门户网站——新的创新契机

1. **无线业者门户网站**：如 AT&T 的 WordNet、NTT DoCoMo 的 i-Mode。
2. **多功能信息与娱乐门户网站**：如新浪（Sina）、美国在线（AOL）等。主要提供传信服务——电子邮件，联络服务——企业视频会议或亲友间视频通话，符合个人化需求的内容服务——照片分享服务，以及游戏服务。

3. **商务与交易门户网站：**从单纯的信息服务转变成交易服务，如亚马逊（amazon）、eBay等。商务与交易门户网站，又称为垂直门户网站，它是一个终点网站，可以让买卖双方同时在此沟通、交换意见、推销、针对拍卖物出价、交易、协调存货与交货事宜。
4. **利基门户网站：**只针对某特定领域提供服务，如Barpoint专事整理CD、书籍、影片等商品信息数据库，提供查询、短评、价目表等服务；又如Yodlee专事打造无线个人化网站。

四、以顾客为中心——企业对消费者（B2C）

企业可以通过四种渠道传达消费者移动体验：

1. **扩充渠道：**只传送信息。换句话说，企业通过移动渠道，只是为了让消费者更了解其产品与服务。但这种做法只限于“营销”目的而无“销售”作为，也就是只当作型录式的解决方案。扩充渠道的应用还包括移动折价券，以及顾客服务与回馈等。
2. **延伸渠道：**消费者除了可以取用移动信息外，还可以进行移动交易。例如可以在CDNow的移动网站购买CD，也可以下载相关评论和新闻报道等。
3. **移动商务应用——打造新的消费者体验：**只提供无线网络服务，例如移动购票、移动购物、移动银行、移动交易等。
4. **统合渠道：**整合有线与无线网络服务。企业终究免不了要整合无线、有线、传统三种经营模式。所有的渠道革新刚开始都想要完全取代现有的渠道，但随着时间过去，新的渠道反而会被当成辅助渠道，既然现有的渠道不会被取代，那么企业就必须面对整合不同渠道的艰巨挑战。其次，不管企业花了多少力气想要让消费者使用某些渠道，消费者最后还是会选择自己想用的渠道。他们会看邮购目录、逛购物中心、打免费电话及上网。

五、支援供应链——企业对企业（B2B）

移动化的供应链管理应用包括：

1. **采购移动化应用：**基本上是电子化采购的延伸，也就是利用手持设备来下采购单。
2. **交货与配送移动化应用：**例如联邦快递（FedEx）或UPS快递的送货员在写字板上涂涂写写，这种写字板就是一种无线式的交货与配送移动化设备，可以把现场活动与企业内部营运作业整合起来。
3. **资产追踪移动化应用：**不妨想象一下，供应链某种原料来自日本，到了中国制成零件，接着再到新加坡组成产品，然后送到旧金山仓库，再运到纽约进行零售，最后才送到顾客手中。几十年来，传统的供应链都是这样运行，您知道您的产品在哪里吗？企业顾客越来越希望按照自己的意愿随时随地得知所订物品的位置与状况，希望能了解存货的变动情形、存货的闲置情形，并随时检视本身的资产，资产追踪移动化应用这时就派得上用场了。
4. **现场人力移动化应用：**例如道路救援中人力的派遣。

六、企业运营——企业对员工（B2E）

越来越多的企业考虑采用移动员工应用程序，主要原因有 3 个：

1. **在运营方面**：所有企业都知道，员工的时间是宝贵的有限资源。所以企业必须一方面满足员工对于企业营运信息的需求，一方面要尽量压低成本，并减少错误。
2. **在科技方面**：移动设备越来越便宜，功能越来越强大，员工对于移动设备的适应力也越来越好。
3. **在财务方面**：移动化企业营运的投资成果会表现在成本缩减、品质提升和顾客回应速度加快上面。

移动员工应用程序架构包括：

1. **企业电子邮件与个人化信息管理**：例如微软的 Exchange 及 Lotus 的 Notes。
2. **企业运营信息门户网站**：例如业务人员可以靠个人化的企业门户网站取得并管理顾客资料、浏览产品目录、检查存货、下单订购，并与同事、合作伙伴或顾客往来。
3. **企业应用程序的向前延伸**：例如移动自动化销售。
4. **企业老旧应用程序的延伸**：大部分的企业都有老旧的信息系统，如何与移动商业系统整合，是企业面临的一大挑战。

16-5 移动营销与适地性营销

一、移动营销的定义

“移动营销”可定义为“利用无线媒体与消费者沟通并促销其产品、服务或理念，借此创造利润”。移动广告为通过非固接网络的方式，将广告信息传送至手机或平板电脑等无线通信设备上以达到广告传播的效果。以文字为主的短信，只不过是移动广告的一种媒介。移动广告的特性为：时效性高、具有恒网（Evernet）特质、可传送个性化的即时信息；但碍于无线通信屏幕的大小，仅能传送促销性及品牌广告型的简易广告信息。”目前已发展出的移动营销手法包括动画式、插播式、文字式、交易式、回应式、赞助式、折价式、书签式及横幅式广告等。

移动广告将摒弃传统将广告“推”（Push）向顾客的做法，而是由使用者根据本身的需要，主动向广告商“索取广告”，将广告“拉”（Pull）到手机或平板电脑上阅读或存储使用。“广告”将成为实用的信息。

移动媒体的营销规划中必须思考并坚持“M.A.G.I.C”的原则。其所代表的也就是移动多媒体（mobile multimedia）、随时随地任何人（anytime anywhere anyone）、全球化移动服务解决方案（integrated wireless solution）、定制化的个人服务（customized personal service）。但 MAGIC 的营销规划，还须配合移动通信科技发展的现实来执行。

二、短信广告

短信服务（SMS）

短信即简短讯息服务（Short Messaging Service，SMS），是通过移动电话传送或接收文字信息，而信息是由文字或数字两者混合组成。

无线广告商业协会（Wireless Advertising Association，WAA）公布 SMS 在 GSM 的规格，较大的 SMS 广告为 Full Message，约 160 个字母（character），较小的为 Sponsorship，约 34 个字母。非 GSM 系统的 SMS 广告，Sponsorship 相同，Full Message 则为 100 个字母。WAP 广告则分文字（text）、图像（graphic）、文字加图像及插播式广告（interstitial），插播式广告将在出现 5 秒后消失，也可以选择直接跳过。

多媒体短信服务（MMS）

传统的短信服务只能传送较少的文字与基本的图形，多媒体短信服务（Multimedia Message Service，MMS）以改良传统 SMS 为目标，发展可以传送多媒体内容的短信，包括各式各样的彩色文字、图片、动画及声音、影音短片。

三、适地性营销（LBM）与适地性服务（LBS）

适地性服务（LBS）：人在哪，生意就在哪

许多营销老手可能会这么说：营销就是在正确的地方、正确的时机，提供适当的营销信息给正确的人。适地性营销（Location-Based Marketing，LBM）是根据目标顾客所在的地点，派送适地的营销信息到目标顾客的移动设备。这类技术的背后是目标顾客的住址信息、其移动设备或汽车上的全球定位系统（GPS）。

所谓“适地性服务”（Location-Based Service，LBS）是指业者根据使用者所持移动设备的所在位置和其他信息，提供给使用者相关的增值服务。目前在市面上最常见的适地性服务有：移动导游、车队管理、地点查询、资产追踪服务以及电子优惠券等，都是属于适地性服务的应用。

当网络与手机结合后，让原本就已经打破过去大众概念的个性化服务，更加受到重视，适地性服务也因此成为焦点。适地性服务整合 GPS 定位、移动通信和导航等多种技术，提供与空间位置相关的综合应用业务。一开始用来作为紧急救援及企业外勤人员的管控，如今已拓展到生活层面的应用范畴，如社群、娱乐、餐饮、购物，都可以通过这样的技术，精准掌握消费者的位置，进而提供最近距离的服务，因此相当具有商业开发潜力。

适地性营销（LBM）：人在哪，营销就在哪

所谓“适地性营销”（LBM）是指利用手持式设备 APP 应用程序中的“适地性服务”（LBS），帮助营销者随时随地进行营销活动，达到“目标消费者在哪里，营销就在哪里”的境界。

学习测评

1. 什么是移动商业？
2. 什么是适地性营销？
3. 什么是适地性服务？
4. 什么是物联网？
5. 简述落实移动商业的四要素。

个案讨论：从 Android Market 到 Google Play

Android Market 是一个由谷歌（Google）为 Android 创建的服务，允许用户浏览和下载一些由第三方开发商为 Android 系统开发的应用程序。用户可以购买或免费试用，将该应用程序直接下载到 Android 的手机中。

Google 于 2009 年初推出移动应用软件平台 Android Market，不到一年的时间，应用程序数量就突破 1 万个。软件业者表示，苹果、Google 等移动应用软件平台，提供了一个全球性渠道，但苹果的 App Store 仍是最赚钱的平台，其平均月营收约为 Android Market 的 40 倍。

Google 的 Android 软件应用平台成长惊人，2009 年 3 月份时，仅有 2000 多个应用程序上线，到年中时有 5000 多个，而 9 月初就已突破 1 万个，但仍无法与苹果 App Store 的 7 万个应用程序相比。Google 的 Android 平台以免费下载的应用程序居多，超过六成（64.2%），付费的产品约有 35%。在 1 万个应用程序中，以游戏软件的比例最高，达 2 成。

Google 推出的新版本中增加了几个新功能，例如将应用程序分成 4 大类，包括运动、保健、主题、漫画等，同时强化搜索功能。另外，还新增了热门付费应用、热门免费应用及最新加入应用等选项。

不过，许多软件开发商反应，Android 开发不是很容易，Google 对此进行了改进，所以新版中将强化分类功能。移动娱乐开发商 Larva Labs 透露，旗下某款热门商品在 Android Market 一天约有 62.9 美元的收入，但在苹果的 App Store 却能够创造 3500 美元的营收。根据调查，苹果的应用软件市场 App Store 平均每月营业额达 2 亿美元，但 Android Market 却只有 500 万美元。

台湾地区许多软件厂商也同时在苹果及 Google 的软件市场上架，业者私下表示，两个平台的营收比例差距很大，几乎有 40 倍的差距。

Android Market 目前营收远落后于苹果 App Store，主要原因有几个，首先是内置 Android 操作系统的手机，2009 年中旬之后才问世，下半年虽然有近 20 款上市，但市场普及需要时间。另一个问题在于，Google 针对 Android Market 的付费金流机制并不普及，目前仅有 9 个国家开通付费下载，其他市场都仅能使用免费的应用程序，所以付费的比例相对低很多。

2012 年 3 月 7 日，Google 正式启动名为“Play”的新平台，取代 Android Market 以正面迎战 App Store。Android Market 经过一段时间的演化，已经从原本简单的 Android App 卖场，变成了从图书、音乐到电影无所不包的大集市。为了彰显这个转变，并把重心放在内容上，Google Play 新平台上市。其中，让人注目的变革在于 Android Market、Google Music、 eBookstore，将从 2012 年 3 月 7 日开始统一更名为“Google Play”。Google Play 整合影片、音乐、电子书、应用程序与游戏等四大服务，旨在达到“多屏一云”，单一账号就能装置互通的境界。这为旗下的各种内容提供了一个方便的品牌，例如 Books、Music 和 Videos 等 App 便更名为“Play Books”“Play Music”和“Play Movies”，而原本的 Android Market 则变成了“Play Store”。未来 Google 有意将策略从以 Android 为核心，转移到以云端为基础，服务所有的平台，因此 Google 未来还会增加一个“Play”项目，将 Play 平台带到所有的浏览器里。

讨论问题：

1. 你认为 Google Play 所带来的顾客价值有哪些？Google Play 有哪些优缺点？
2. 与苹果的 App Store 相比，你认为应朝哪一个方向发展？